中国信息经济学会电子商务专业委员会 **推荐用书**

高等院校电子商务专业系列教材

电子商务概论（第2版）

主编 董晓华 副主编 董峻岐 余海兰 何宗涵

重庆大学出版社

内容提要

本书紧紧围绕 21 世纪新型电子商务人才培养目标,充分借鉴国外同类教材的经验,系统而全面地介绍了电子商务的整体框架、基础知识及相关应用,全书共分 9 章,主要包括电子商务导论、电子商务模式、网络市场、网络营销、电子商务与物流、电子商务支付、电子商务安全技术、电子商务战略、电子商务法律问题等内容。每章以案例导入开始,以思考题结尾,结构清晰,通俗易懂,引导性强。

本书可作为高等学校电子商务、工商管理、经济管理以及计算机应用等专业本科生、研究生和 MBA 的教学和培训参考教材,也可作为其他专业和对电子商务感兴趣人员的自学参考书及培训班的培训教材。

图书在版编目(CIP)数据

电子商务概论/董晓华主编.—2 版.—重庆:
重庆大学出版社,2017.1(2020.9 重印)
高等院校电子商务专业系列教材
ISBN 978-7-5689-0157-4

Ⅰ.①电… Ⅱ.①董… Ⅲ.①电子商务—高等学校—
教材 Ⅳ.①F713.36

中国版本图书馆 CIP 数据核字(2016)第 220954 号

高等院校电子商务专业系列教材
电子商务概论
(第 2 版)
主 编 董晓华
副主编 董峻岐 余海兰 何宗涵
责任编辑:范 莹 版式设计:范 莹
责任校对:邬小梅 责任印制:张 策

*

重庆大学出版社出版发行
出版人:饶帮华
社址:重庆市沙坪坝区大学城西路 21 号
邮编:401331
电话:(023) 88617190 88617185(中小学)
传真:(023) 88617186 88617166
网址:http://www.cqup.com.cn
邮箱:fxk@ cqup.com.cn(营销中心)
全国新华书店经销
中雅(重庆)彩色印刷有限公司印刷

*

开本:787mm×1092mm 1/16 印张:17 字数:403 千
2017 年 1 月第 2 版 2020 年 9 月第 8 次印刷
印数:18 501—21 500
ISBN 978-7-5689-0157-4 定价:38.00 元

高等院校电子商务专业系列教材编委会

顾　问

第 3 版修订和新版序

重庆大学出版社"高等院交电子商务专业本科系列教材"出版 10 多年来,受到了全国众多高校师生的广泛关注,并获得了较高的评价和支持。随着国内外电子商务实践发展和理论研究日新月异,以及高校电子商务专业教学改革的深入,促使我们必须把电子商务最新的理论、实践和教学成果尽可能地反映和充实到教材中来,对教材全面进行内容修订更新,增补新选题,以适应新的电子商务教学的迫切需要,做到与时俱进。为此,我们于 2015 年启动了本套教材第 3 版修订和增加新编教材的工作。

从 2010 年以来,中国的电子商务进入新的发展阶段:规模发展与规范发展并举。电子商务三流规范发展与中国电子商务法制定同步进行:①商流:网上销售实名制由国家工商总局负责管理;②金流:非金融支付服务资质管理由中国人民银行总行负责管理;③物流:快递业务规范管理由国家邮政局负责管理;④电子商务立法:中国电子商务法起草工作由全国人大财经委负责组织 。中共中央、国务院及多个部委陆续出台了一系列引导、支持和鼓励发展电子商务的法规和政策,极大地鼓舞了已经从事和将要从事电子商务活动的企业、行业和产业,从而推动了电子商务在我国的稳步发展。特别是李克强总理提出:"互联网 +"行动计划以来,电子商务在拉动内需、促进就业和促进创业的作用正空前显现出来。全国从中央到地方多个层面和行业对电子商务的认识逐步提高,电子商务这一先进生产力正在成为我国经济社会新的发动机。

2015 年 7 月 28 日人民日报报道:全国总创业者 1 000 万,大学生占 618 万。其中应届毕业生占第一位,回国留学生占第二位,在校大学生占第三位。2016 年 5 月 5 日中央电视台新闻报道:全国大学生就业 20% 由创业带动;全国就业前十大行业中互联网电子商务排名第一。中国的大学正在为中国的崛起提供源源不断的人力支持、智力支持、创新支持和创业支持,互联网、电子商务正成为就业、创业的领头羊。

在教育部《普通高等学校本科专业目录(2012 年)》中已经把电子商务作为一个专业类给予定义,即在学科门类:12 管理学下设 1208 电子商务类,120801 电子商务(注:可授管理学或经济学或工学学士学位)。2013 年教育部公布了新二届高等学校电子商务类专业教学指导委员会(2013—2017 年),其由 39 位委员组成,是第一届 21 名委员的近两倍,主要充实了除教育部直属高校以外的地方和其他部委所属高校的电子商务专家代表。

截至 2015 年底,全国已有 400 多所高校开办电子商务本科专业,1 136 所高职院校开办电子商务专科专业,几十所学校有硕士培养,十几所学校有博士培养。全国电子商务专业在校生人数达到 60 多万,规模全球第一,为我国电子商务产业和相关产业发展奠定了坚实的基础。

重庆大学出版社10多年来一直致力于高校电商教材的策划出版,得到了"全国高校电子商务专业建设协作组""中国信息经济学会电子商务专业委员会"和"教育部高等学校电子商务类专业教学指导委员会"的大力支持和帮助,于2004年率先推出国内首套"高等院校电子商务专业本科系列教材",并于2012年修订推出了系列教材的第2版,2015年根据教育部"电子商务类专业教学质量国家标准"和电子商务的最新发展启动了本套教材的第3版修订和选题增补,增加了新编教材14种,集中修订教材10种,电子商务教指委有14名委员参与主编,2016年即将形成一个近30个教材品种、比较科学完善的教材体系。这是件特别值得庆贺的事。

我们希望此套教材的第2版修订和新编能为繁荣我国电子商务教育事业和专业教材市场、支持我国电子商务专业建设和提高电子商务专业人才培养质量发挥更好更大的作用。同时我们也希望得到同行学者、专家、教师和同学们更好更多的意见和建议,使我们能够不断地提高本套教材的质量。

在此,我谨代表全体编委和工作人员向本套教材的读者和支持者表示由衷的感谢!

总主编 李 琪

2016年5月10日

第 2 版前言

　　电子商务是 21 世纪市场经济发展建立的新型生产关系过程中必然产生的一种新经济模式,同时对国民经济中的各个环节的影响也日益深刻。由于电子商务的快捷、方便、不受时间和空间的限制等特点,目前已经渗透到人们的生产和生活各个环节中。截至 2015 年 12 月,中国的网民数量已经达到 6.88 亿人,2015 年电子商务交易规模达到了 16.2 万亿元人民币,网络零售行业也达到 3.8 万亿元人民币。随着国家"互联网 +"战略方针的提出,电子商务的冲击不仅仅是创造了基于网络的商务,还致力于构建新的产业秩序。目前,最热门与最危险的新的商业模式通常都与互联网有关。

　　电子商务实践的迅速发展也为电子商务的教学和研究提出了新的挑战,我们也在不停地探索,如何更好地满足社会的需求。目前,农村电子商务的快速发展、智慧城市的建设、产业互联网的迅猛发展都对我们提出了更高的要求。在 2015 年初,我们广泛征求各界的意见以使本书的修订工作做得更好。在修订过程中,我们努力追求体系的科学性及教学的实用性。本书的主要特点可以归纳如下:

　　①教学目标明确。通过对本书的学习,可使学生掌握网络环境下开展商务活动的基础知识、基本原理和基本运作管理技能。能够灵活运用电子商务相关理论及知识,帮助传统企业或者创新企业从事电子商务实践。

　　②课程内容定位明确,编写主线清晰。电子商务涉及两个方面:技术层面和管理层面。本书主要介绍管理层面的电子商务,主要围绕电子商务的应用与实施进行介绍。同时,我们也非常重视互联网环境下的电子商务安全,因此在第 7 章介绍了电子商务的安全要素。

　　③体系科学先进。每章包括"本章学习目标""导入案例""本章内容"和"思考题",每章学习循序渐进,便于教师教学和学生学习。本书还提供了大量关于电子商务的最新研究课题,包括移动商务、电子商务经济学、协同商务、电子商务战略等,分别从理论和应用角度对这些问题进行了阐述。

　　④跨学科方法。电子商务是一门交叉学科,与电子商务相关的学科主要包括财务会计、管理信息系统、市场营销学、管理学以及人力资源管理等学科。另外,电子商务还涉及很多非商业学科领域,如公共管理、计算机科学、工程学、心理学、政治学以及法律等。

　　⑤载体和配套内容多样。本课程教材体系除纸质主教材外,还配有 PPT 课件、学习指导、演示和测试题。同时,通过配套网络环境进行内容更新及交流。

　　与第 1 版相比,第 2 版更符合现代电子商务的发展需求。本书重点解析了电子商务是如何经营和管理的,同时对其主要的机遇、局限性、问题及风险作出评价。

本书分为 9 章,主要包括电子商务的整体框架、基础知识及相关应用。

第 1 章介绍了电子商务的发展、基础定义及重要概念,电子商务的基本框架和功能、电子商务的分类,以及电子商务的最新发展。

第 2 章介绍了电子商务模式以及 O2O、跨境电子商务等,对移动电子商务、社交电子商务、协同商务、农村电商等也进行阐述。

第 3 章详细介绍了网络市场的基本概念、功能、基本特征、市场结构、发展史和发展趋势,以及对新兴电子市场:App 和微商城进行详细描述。

第 4 章介绍了网络营销的基本定义、特点和主要内容,表明了网络营销对于企业的重要性。对网络营销推广中常用的几大工具,包括网络广告、微博、企业网站、搜索引擎、SNS 社区等进行了阐述。

第 5 章介绍了物流及物流的相关概念、功能、分类及发展趋势,同时对电子商务与物流、现代物流的关系进行了分析。对电子商务物流中几大现代新技术及其应用,包括条码技术、射频技术、GIS 与 GPS、物联网技术,并对其在物流领域中的应用作了详细介绍。

第 6 章介绍了电子支付的基本定义、特征、发展历程、分类,并介绍了几种不同的电子商务支付方式。对网上银行和移动电子商务支付也进行了深入分析。

第 7 章介绍了电子商务安全的主要内容,以及所面临的主要安全威胁,并提出了相应的安全对策。

第 8 章介绍了电子商务战略基本情况、实施全过程,对全球化背景下的全球化电子商务战略进行了分析。

第 9 章介绍了电子商务的法律问题,指明了电子商务法的作用,并介绍了我国与国外关于电子商务立法概况。

本书的编写工作如下:董晓华、董峻岐负责整本书的总体构思和统稿;董晓华、董峻岐、蒲崇敬负责撰写第 1,6,7,8 章,何赛、董银、黎志豪负责撰写第 2,3 章,何宗涵、龚婷婷负责第 4,9 章编写,余海兰、白琳琼负责第 5 章编写。

在本书的编写和出版过程中得到了西安交通大学李琪教授、重庆大学邵兵家教授、重庆师范大学李明教授,以及重庆大学出版社的指导、支持与帮助,在此表示衷心的感谢。

本书在编写过程中借鉴了国内外大量的出版物和网上资料,为尊重原作者的辛勤劳动,尽可能查找原始出处并注明。由于编写体例的限制,部分内容只有在最后的参考文献中列出,在此,谨向各位原作者表示由衷的敬意和感谢。

由于电子商务的不断发展和作者的水平有限,书中问题在所难免,敬请读者批评指正。

董晓华

2016 年 5 月

第 1 版前言

中国的电子商务不断发展,2008 年在电子商务行业可谓是风起云涌。截至 2008 年 6 月底,中国网民数量达到 2.56 亿人,网民规模跃居世界第一位。在所有互联网应用中,网民购物使用率为 25%,用户人数达到 6 329 万人。2008 年,中国电子商务交易额达到 3.1 万亿元人民币,网络购物交易额达到 1 257 亿元人民币;网民数量的剧增,网购市场的日渐成熟,电子商务已融入了我们的生活。2008 年 4 月 10 日,淘宝商城 B2C 新平台的正式上线测试,使得阿里巴巴实现了其集 B2B、B2C、C2C 三种模式于一身的电子商务互联网企业的目标。2008 年底,搜索巨头百度将自己的触角伸向了电子商务,正式推出了网络购物平台百度“有啊”。电子商务的发展正在发生突飞猛进的变化。电子商务服务业异军突起,成为促进电子商务应用、创新和发展的推动力量,交易服务、业务服务、技术服务等三大平台建设使电子商务从网上商店和企业门户的初级形态,过渡到囊括企业资源计划、客户关系管理及供应链管理等核心业务流程的高一级形态,并大大促进了物流业、金融信贷业、IT 行业等商务服务业的发展。同时,也促使相关企业形成新的价值链,组成更高效的战略联盟,共创更大利益。

在全球金融危机冲击下,电子商务能够帮助中国企业拓展市场、降低成本、提高效率,已经成为中国现代服务业的重要组成部分,有利于推动传统产业的转型升级,有利于现代商贸流通体系形成,在促进国民经济发展中占有重要地位。

电子商务的迅速发展为电子商务的教学和研究提出了更高的要求,需要我们不断探索、钻研、满足未来电子商务的发展需要。在编订此书的过程中,我们努力追求体系模块的科学性和教学的适应性。本书的主要目标和特点可以归纳如下:

(1)教学目标明确。通过对本书的学习,可使学生了解到互联网环境下开展电子商务活动的基础知识、基本原理和基本运营管理的电子商务知识。能够熟练运用电子商务的相关知识和理论,以及电子商务商业模式,帮助企业解决电子商务活动的实际问题。

(2)课程内容定位明确,编写主线清晰。从商务应用角度出发,在了解电子商务基本原理的基础上,介绍电子商务支柱板块、电子商务环境。

(3)体系科学先进。每章包括“学习目标”“知识要点”“本章小结”“思考题”,同时提供不同专业背景的、不同学时的教学和学习指导方案,便于教师教学和学生学习。

(4)跨学科方法。电子商务是一门交叉学科,与电子商务有关的学科包括财务会计、管理信息系统、市场营销学、管理学以及人力资源管理等学科。另外,电子商务还涉及很多非商学学科领域,如公共管理、计算机科学、工程学、心理学、政治学以及法律等。

(5)载体与配套内容多样。本书体系除了纸质主教材外,还配有 PPT 课件、学习指导、演示、测试题。

本书分为 11 章,主要包括电子商务的整体框架、基础知识及相关应用。

第 1 章介绍电子商务的概念、功能、发展历史和价值。

第 2 章介绍电子商务的几种交易模式、电子商务系统的三个层次和两大支柱,电子商务与企业 ERP 和 CRM 系统的关系。

第 3 章介绍电子商务的技术基础,计算机网络通信协议、IP 地址、域名和 DNS、因特网接入技术,EDI 以及数据库技术和其他常用技术。

第 4 章介绍信息化的概念,企业信息化与电子商务的关系。

第 5 章介绍网络营销模式与战略、网络环境的营销技术、网络营销战略管理等内容。

第 6 章介绍电子支付的概念、模式,网上银行的功能技术与经营模式和移动支付的概念。

第 7 章介绍物流的概念、分类及功能,物流配送流程、物流运作模式等内容。

第 8 章介绍电子商务面临的安全威胁及对安全的基本要求,常用的安全技术原理和手段。

第 9 章介绍电子商务系统的建设方法和建设方案。

第 10 章介绍电子政务的概念、特点与模式框架。

第 11 章介绍电子商务法律法规和相关制度。

本书由董晓华、何俊辉总体设计,编写人员分工完成。具体分工如下:由董晓华编写第 1,3,6,8 章,由邵兵家编写第 2,5,10 章,由何俊辉编写第 4,7,9,11 章。

在本书的编写和出版过程中得到了西安交通大学李琪教授、重庆大学邵兵家教授以及重庆大学出版社的指导、支持与帮助,在此表示衷心感谢。

本书在编写过程中借鉴了国内外大量的出版物和网上资料,为尊重原作者的辛勤劳动,尽可能查找原始出处并注明。由于编写体例的限制,部分内容只有在最后的参考文献中列出,在此谨向各位原作者表示由衷的敬意和感谢。

由于电子商务的不断发展和作者的水平有限,书中问题在所难免,敬请读者批评指正。

董晓华
2009 年 3 月

目　录

第1章
电子商务导论

📖 **本章学习目标**

- 熟悉电子商务的发展、定义及其重要意义;
- 熟悉电子商务的框架、功能、分类及应用;
- 了解大数据的结构、应用和云计算;
- 了解"互联网+"的内涵及其特征;
- 熟悉电子商务的商业模式及价值;
- 了解电子商务带来的影响及利益;
- 熟悉电子商务发展的现状及趋势。

案例导入

韩都衣舍:从20万到15亿

韩都衣舍电商集团创立于2006年,是中国最大的互联网时尚品牌运营集团,凭借"款式多、更新快、性价比高"的产品理念,深得全国消费者的喜爱和信赖。2010年获得"十大网货品牌"以及"最佳全球化实践网商"的荣誉称号;2012—2014年,在国内各大电子商务平台连续三年女装排名均在第一位。2014年,韩都衣舍女装取得了天猫历史上第一个全年度、双十一、双十二"三冠王",男装取得了天猫原创年度第一名、童装取得了天猫原创年度第三名。2011年3月,获得IDG近二万美元的投资。2014年9月,获得由李冰冰、黄晓明、任泉三人成立的Star VC投资,成为其首个投资项目。

截至2016年1月,公司有58个业务部门,员工超过2 600人。自2008年起至今,韩都衣舍先后经历了单品牌运营阶段、多品牌运营阶段、时尚品牌孵化平台阶段。韩流文化不断席卷内地,看韩剧、韩国综艺,听韩国音乐,去韩国旅游等,在很多女生看来是一种风尚。韩都衣舍在这阵韩风下,致力于韩式女装开发,经过长期柔性供应链的积累,韩都衣舍每年开发3万款产品,超过Zara每年22 000款的历史开发纪录数量,已经是全球第一。

不论是品牌数量还是市场表现,韩都衣舍都足以称得上是中国最大的互联网时尚品牌运营集团。专家称,韩都衣舍的发展不是简单的扩张,而是进化。而这个进化,是跨越式巨大的质变,这可以比喻为"小蝌蚪进化为深海鲸鱼"(图1.1)。

从2008年创立,到2014年实现销售15亿元人民币,韩都衣舍取得了惊人的发展。据

图 1.1 韩都衣舍天猫旗舰店首页图

介绍,韩都衣舍发展至今,共经历了 4 个阶段:

1.0 阶段是 2008—2011 年单品牌运营;

2.0 阶段是 2012—2013 年多品牌运营;

3.0 阶段是 2014 年至今品牌孵化平台;

4.0 阶段是通过"韩都衣舍+"模式打造互联网时尚品牌生态系统。

目前,韩都衣舍处于 3.0 至 4.0 的关键阶段。所谓的 4.0 阶段,是通过"韩都衣舍+"模式,打造互联网时尚品牌生态系统。在 2016 年,韩都衣舍平台将全面开放,对接互联网品牌、传统线下品牌、制造工厂、创业团队、海外品牌等,提供柔性供应链、IT 系统、仓储客服系统、战略、金融、人才等方面的支持,依托淘宝、天猫、京东等综合性电子商务平台,打造一个互联网时尚品牌生态系统,基于行业的深度垂直平台。

从网店到具有全球影响力的时尚品牌孵化平台,坚持独一无二的互联网品牌进化逻辑。"作为一家纯互联网企业,我们的发展始终没有图纸可依,但符合互联网的发展逻辑,也可以说是一个互联网品牌的进化逻辑。"韩都衣舍创始人、CEO 赵迎光说。

互联网时代并不缺乏渠道,没有自己的品牌,只能是附庸。这就是韩都衣舍的第一层逻辑。品牌的一个大趋势是越来越细分,而越细分市场就越容易饱和。只有做多品牌,才能更加准确地覆盖更多的消费群体。这是韩都衣舍的第二层逻辑。在多品牌的运营中逐渐形成成熟的品牌孵化机制,打造时尚品牌孵化平台就水到渠成。这是韩都衣舍的第三层逻辑。

截至目前,韩都衣舍通过自孵化、合资、合作及代运营等方式,将品牌数量扩充至 28 个,产品涵盖女装、男装、童装、户外、健走鞋、箱包等品类。不论是品牌数量还是市场表现,韩都衣舍都足以称得上是中国最大的互联网时尚品牌运营集团。

2015 年的"双十一",赵迎光和他的韩都衣舍继续冲击新的巅峰。当问及当初在创立韩都这个品牌时,是否会想到现在的辉煌,赵迎光笑道:当然想象不到,而互联网的魅力就在这儿!互联网不是渠道,而是革命。实现梦想,超越梦想的伟大就在这儿!"

2008 年,一家名叫"韩都衣舍"的小蝌蚪上线运营。

2015 年,已是深海巨鲸。

(资料来源:百度百科)

1.1 电子商务定义与重要概念

2002 年,现代管理大师,93 岁高龄的彼得·德鲁克对电子商务有过这样的叙述:

互联网革命所带来的翻天覆地的变化就是电子商务。互联网迅速渗透到各个角落,它已经成为或终将成为商品、服务,甚至管理工作和各种专业技能的全球配送渠道。电子商务正在从根本上改变全球的经济,改变市场行业结构,改变产品、服务以及它们的配送形式,改变消费行为和客户价值,改变劳动形式以及劳动力市场。互联网将更多地影响我们的政治和整个社会,影响我们周围的世界,以及世界上形形色色的人们的生活方式。

全球首富比尔·盖茨曾说:"21 世纪要么电子商务,要么无商可务。"阿里巴巴创始人马云也曾说过:"现在你不做电子商务,五年之后你必定会后悔。"两人的话虽然有些绝对,但也反映了未来的趋势。传统商城的销售正在被电子商务分流,电子商务未来会代替一部分传统商城的功能。就目前的形势来看,电子商务引导全球经济市场已是大势所趋。

1.1.1 电子商务的定义

所谓电子商务(electronic commerce,EC),是指通过计算机网络,包括互联网实现的买卖、交换、配送商品、服务、传递信息的过程。电子业务是广义的电子商务,不仅指商品、服务的买卖,还包括客户服务,与商业伙伴的协调、合作,利用网络开展学习活动,以及组织内部的电子信息交换。

从微观上来说,电子商务是指各种具有商业活动能力的实体(生产企业、商贸企业、金融机构、政府机构、个人等)利用网络和先进的数字化传媒技术进行的各项商业贸易活动。从宏观上来说,电子商务是计算机网络的又一个革命,是通过电子手段建立的一种新的经济秩序,它不仅涉及互联网技术和商业交易本身,还触及诸如金融、法律、税务、教育等社会其他各个层面。

电子商务基于 Internet 和 Intranet(或广域网、局域网),包括了从销售、市场到商业信息管理的全过程。在这一过程中,任何能加速商务处理、减少商业成本、创造商业价值、创新商业机会的活动都应该归入电子商务的范畴。它将公司内部雇员、顾客、供应商和股东一条龙形式地联系起来,既能解决交易问题,还能解决协作、服务问题。

1.1.2 电子商务的通用交易过程

一次完整的商业贸易过程包括交易前的了解商情、询价、报价,发送订单、应答订单,发送、接收收送货通知、取货凭证、支付汇兑过程等,还包括行政过程中的认证行为,涉及资金流、物流、信息流的流动。电子商务的通用交易流程如下:

1)交易前的准备

这一阶段主要是指买卖双方和参加交易各方在签约前的准备活动。

①买方根据自己要买的商品,准备购货款,制订购货计划,进行货源市场调查和市场分析,反复进行市场查询,了解各个卖方国家的贸易政策,反复修改购货计划和进货计划,确定

和审批购货计划。再按计划确定购买商品的种类、数量、规格、价格、购货地点和交易方式等,尤其要利用 Internet 和各种电子商务网络寻找自己满意的商品和商家。

②卖方根据自己所销售的商品,召开商品新闻发布会,制作广告进行宣传,全面进行市场调查和市场分析,制定各种销售策略和销售方式,了解各个买方国家的贸易政策,利用 Internet 和各种电子商务网络发布商品广告,寻找贸易伙伴和交易机会,扩大贸易范围和商品所占市场的份额。其他参加交易各方有中介方、银行金融机构、信用卡公司、海关系统、商检系统、保险公司、税务系统、运输公司也都为进行电子商务交易做好准备。

2）交易谈判和签订合同

这一阶段主要是指买卖双方对所有交易细节进行谈判,将双方磋商的结果以文件的形式确定下来,即以书面文件形式和电子文件形式签订贸易合同。

电子商务的特点是可以签订电子商务贸易合同,交易双方可以利用现代电子通信设备和通信方法,经过认真谈判和磋商后,将双方在交易中的权利、所承担的义务、对所购买商品的种类、数量、价格、交货地点、交货期、交易方式和运输方式、违约和索赔等合同条款,全部以电子交易合同作出全面详细的规定,合同双方可以利用电子数据交换（EDI）进行签约,可以通过数字签名等方式签名。

3）办理交易进行前的手续

这一阶段主要是指买卖双方签订合同后到合同开始履行之前办理各种手续的过程,也是双方贸易前的交易准备过程。交易中要涉及有关各方,即可能涉及中介方、银行金融机构、信用卡公司、海关系统、商检系统、保险公司、税务系统、运输公司等,买卖双方要利用 EDI 与有关各方进行各种电子票据和电子单证的交换,直到办理完可以将所购商品从卖方按合同规定开始向买方发货的一切手续为止。

4）交易合同的履行和支付过程

这一阶段是从买卖双方办完所有各种手续之后开始,卖方要备货、组货,同时进行报关、保险、取证、信用等,卖方将所购商品交付给运输公司包装、起运、发货,买卖双方可以通过电子商务服务器跟踪发出的货物,银行和金融机构也按照合同,处理双方收付款、进行结算,出具相应的银行单据等,直到买方收到自己所购商品,完成了整个交易过程。

传统的商贸业务中的支付过程主要有两种形式:一是用支票方式,这种方式多用于企业的商贸过程;二是现金方式,这种方式比较广泛,也常用于企业对个体消费者的商品零售过程。电子商务的发展催生了网上支付系统,网上支付快速、便捷、低成本、联通性等优点也同时促进了电子商务的交易。

1.1.3 电子商务的重要概念

1）完全（Pure）和不完全（Partial）的电子商务

根据数字化程度的不同（从实物到数字的转变）,主要包括 3 个方面:所销售的产品（服务）、销售过程和配送代理（或中间商）,将电子商务分为完全电子商务和不完全电子商务（图1.2）。

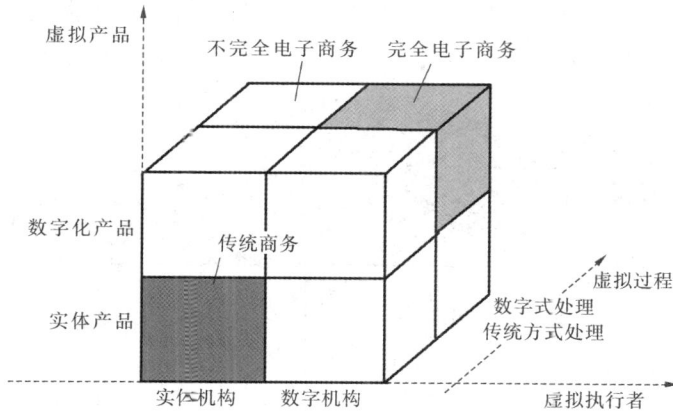

图 1.2　电子商务各种要素的不同组合

传统商务的所有维度都是实体的,完全电子商务的所有维度都是数字化的。除此之外的立方体包括数字维度和实体维度的混合。如果至少有一个维度是数字化的,我们就认为这是电子商务,但不一定是完全电子商务。例如:乐视用户在浏览网站的时候,发现有观看付费影片的需求,则通过购买单部影片的方式获得,该用户在线下订单,并在线支付后,就可以有观看权限。商品、付款、传输都是数字化的,这就属于完全电子商务。

2)电子商务组织

纯粹的实体公司或是组织可以称为砖瓦灰浆式组织,也可以称作旧经济组织。若一家企业或是组织只开展电子商务活动,不管是纯粹的还是部分的,那么就可以称其为虚拟组织或是纯电子商务组织。另外一类是介于二者之间的称为砖瓦鼠标式组织,他们从事一些电子商务活动作为营销渠道的补充。许多传统企业都在摩拳擦掌地一步步开展电子商务活动,例如永辉超市、长安汽车等。

1.2　电子商务框架、功能和分类

1.2.1　电子商务框架

电子商务涉及的领域十分广泛,包括多种类型的活动、组织机构和技术。因此,美国学者特班教授提出了电子商务的 5 支柱框架理论(图 1.3)。

从图 1.3 中可以看出,最高层电子商务的应用是丰富多彩的,为了实施这些应用,企业需要与之匹配的信息、基础设施和支持服务体系。5 个支持领域说明如下:

①人:包括买方、卖方、中介、信息系统专家、其他员工以及其他任何参与者。

②公共政策:包括法律和其他政策问题,还包括政府和行业权威机构制定的技术标准。

③市场营销和广告:和传统商务类似,电子商务也需要市场营销和广告支持。

④支持服务:电子商务需要大量的支持服务,包括内容创建、支付、订单传递、物流配送等。

⑤业务伙伴:合资、交易以及各种类型的业务合作在电子商务中经常出现,他们经常发生在整条供应链上。

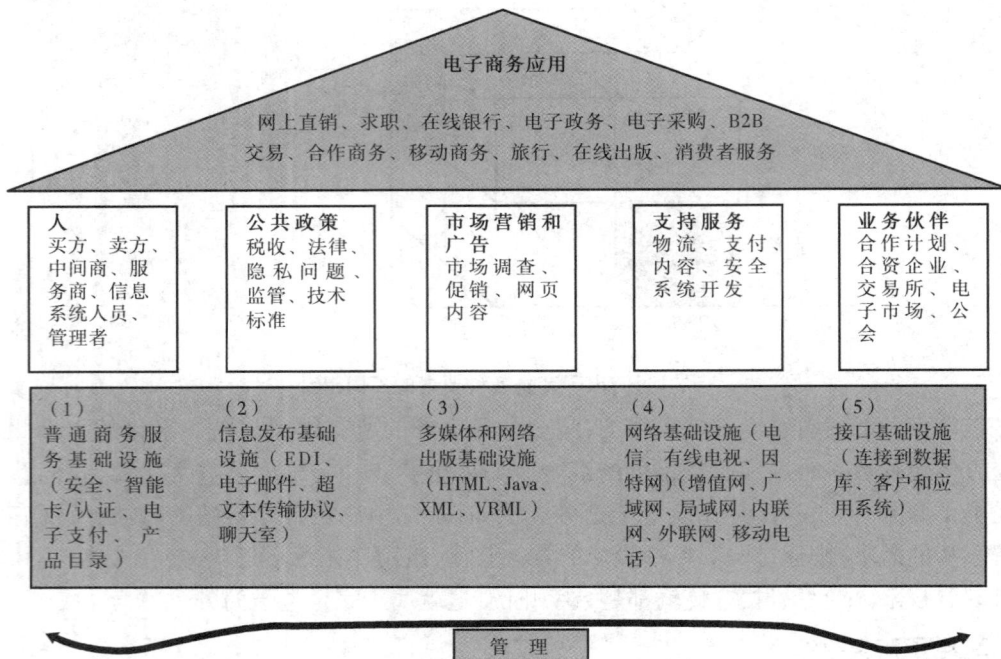

图1.3　电子商务框图

1.2.2　电子商务的功能

电子商务可以提供网上交易和管理等全过程的服务,因此它具有广告宣传、咨询洽谈、网上订购、网上支付、电子账户、服务传递、意见咨询、交易管理等各项功能。

1)广告宣传

电子商务可凭借企业的 Web 服务器和客户的浏览,在 Internet 上发布各类商业信息。客户可借助网上的检索工具(Search)迅速地找到所需商品信息,而商家可利用网上主页(HomePage)和电子邮件(E-mail)在全球范围内作广告宣传。与以往的各类广告相比,网上的广告成本最为低廉,而给顾客的信息量却最为丰富。该功能目前被企业广泛采用,许多门户网站收入的很大部分来自企业的广告宣传费用。目前,各类广告层出不穷,营销的精准度不断提高。

2)咨询洽谈

电子商务可借助非实时的电子邮件(E-mail),新闻组(NewsGroup)和实时的讨论组(chat)来了解市场和商品信息、洽谈交易事务,如有进一步的需求,还可用网上的白板会议(WhiteboardConference)来交流即时的图形信息。网上的咨询和洽谈能超越人们面对面洽谈的限制、提供多种方便的异地交谈形式。

3）网上订购

电子商务用户可借助 Web 中的邮件交互传送实现网上的订购。网上的订购通常都是在产品介绍的页面上提供十分友好的订购提示信息和订购交互格式框。当客户填完订购单后,通常系统会回复确认信息单来保证订购信息的收悉。订购信息也可采用加密的方式使客户和商家的商业信息不会泄露。

4）网上支付

电子商务要成为一个完整的过程。网上支付是重要的环节。客户和商家之间可采用信用卡账号进行支付。在网上直接采用电子支付手段将可节省交易中很多人员的开销。网上支付将需要更为可靠的信息传输安全性控制以防止欺骗、窃听、冒用等非法行为。

5）电子账户

网上的支付必须要有电子金融来支持,即银行或信用卡公司及保险公司等金融单位要为金融服务提供网上操作的服务。而电子账户管理是其基本的组成部分。信用卡号或银行账号都是电子账户的一种标志。而其可信度需配以必要技术措施来保证。如数字证书、数字签名、加密等手段的应用提供了电子账户操作的安全性。

6）服务传递

对于已付了款的客户应将其订购的货物尽快地传递到他们的手中。而有些货物在本地,有些货物在异地,电子邮件将能在网络中进行物流的调配。而最适合在网上直接传递的货物是信息产品。如软件、电子读物、信息服务等。它能直接从电子仓库中将货物发到用户端。

7）意见咨询

电子商务能十分方便地采用网页上的"选择""填空""评论"等格式文件来收集用户对销售服务的反馈意见。这样使企业的市场运营能形成一个封闭的回路。客户的反馈意见不仅能提高售后服务的水平,更使企业获得改进产品、发现市场的商业机会。

8）交易管理

整个交易的管理将涉及人、财、物多个方面,企业和企业、企业和客户及企业内部等各方面的协调和管理。因此,交易管理是涉及商务活动全过程的管理。

电子商务的发展,将会提供一个良好的交易管理的网络环境及多种多样的应用服务系统。这样,能保障电子商务获得更广泛的应用。

1.2.3　电子商务的分类

1）按交易主体性质划分

按交易主体性质可以分为企业（Business）、政府组织（Government）、个体消费者（Consumer）等,基于不同的组合,可以将电子商务分为 B2B、B2C、C2B、C2C、B2G、C2G 等主要类型。

企业间电子商务（B2B）指所有参与者都是企业或其他组织的电子商务,如生产制造商通过互联网采购向批发商或零售商销售产品等。企业间开展交易的计算机网络可以是买卖某一方所有或多方共同所有，也可以是第三方所有。国内提供第三方 B2B 交易的平台代表有阿里巴巴、慧聪网、中国化工网、环球资源、敦煌网等。

企业与消费者电子商务（B2C）指企业向个体消费者提供产品或服务的电子商务，如天猫直接向消费者销售电子产品、服装、食品等，这种模式也称为电子零售（E-Tailing）国内比较著名的 B2C 电子商务企业代表有京东商城、1 号店、苏宁云商、当当网等。国外比较著名的是亚马逊网站、新蛋网、zappos、Quidsi 等。

消费者与企业电子商务（C2B）指的是个体消费者向企业提供产品或服务的电子商务，或者个体消费者通过计算机网络寻求卖主，让供应方对产品或服务进行报价。产品定制和团购模式是 C2B 的两种比较常见的模式。美国的 www.priceline.com 就是提供 C2B 服务的网站。

消费者间电子商务（C2C）指的是消费者直接与其他消费者进行交易的电子商务，如个人在淘宝集市上出售产品或服务。国内提供 C2C 交易的平台有淘宝网、拍拍网等。国外比较出名的是 eBay。

企业与政府间电子商务（B2G）指的是企业向政府提供产品或服务的电子商务，如政府部门通过计算机网络采购办公设备。

消费者与政府电子商务（C2G）指个体消费者向政府部门提供产品或服务的电子商务。

O2O 即 Online to Offline，也即将线下商务的机会与互联网结合在了一起，让互联网成为线下交易的前台，同时起到推广和成交的作用。例如，周末了，在猫眼上查看电影信息，然后选座、在线支付购买电影票，到了观影时间，抵达观影电影院，取票观看。

协同商务（Collaborative Commerce）：个人或群体有时候利用网络沟通，合作共事，这样的商务活动就是协同商务。其实，协同商务就是一种电子商务技术，人们利用这种技术来提升企业内部以及企业之间的合作与交流。

2）按交易使用的网络类型

按照开展电子商务的主体所使用的网络类型，可以分为基于 EDI 网络的电子商务、基于互联网的电子商务、基于内部网的电子商务和移动商务 4 种。其中，移动商务指在无线环境中完成的电子商务交易和活动。

1.3　新形势下的电子商务发展

1.3.1　电子商务 2.0 时代：从社交网络到虚拟世界

电子商务的 1.0 时代主要是网络交易、网络服务以及以公司为主导的在线合作。如今，电子商务 2.0 时代已经全面铺开，它主要表现在 Web2.0 工具、社交网络、虚拟世界等。

1）社交计算

社交计算指的是信息技术与社会行为的融合。它主要通过各种计算机和网络工具来实现,例如微型博客、即时通信、百科、论坛、社交网络服务、社会化书签以及其他各种社交软件和服务软件。

传统的计算机技术的关注点在于企业经营和商务流程,目标是降低成本、提高生产率。社交计算的关注点在于关系管理方面,致力于改善人与人之间的合作交流,关注用户创造的内容。传统的管理模式是自上而下的沟通,而社交计算促进了自下而上以及用户之间的沟通。在这样的社区里,个体成了组织的驱动力。在社交计算以及社交商务活动中,人们通过网络互相协作,不仅从专家那里得到了建议,还从相互交往中得到智慧,有利于商品的口碑营销和圈子营销。

社交计算的优势在于人们可以让所有人都了解网络用户自己编制的信息,这种信息可以是用户自己编辑上传,也可以是其他工作者进行有效整理得到的。信息都是个体提供的,所有网络用户可以共享,而且一般是免费的。社交计算主要是 Web 2.0 工具实现的。

2) Web 2.0

Web 2.0 指的是一个利用 Web 的平台,由用户主导而生成的内容互联网产品模式,为了区别传统由网站雇员主导生成的内容而定义为第二代互联网,即 web 2.0,是一个新的时代。

"Web 2.0"的概念 2004 年始于出版社经营者 O'Reilly 和 MediaLive International 之间的一场头脑风暴论坛。身为互联网先驱和 O'Reilly 副总裁,Dale Dougherty 指出,伴随着令人激动的新程序和新网站间惊人的规律性,互联网不仅远没有"崩溃",甚至比以往更重要。更进一步说,那些得以活过泡沫破裂的公司之间似乎拥有某种相同点。难道是互联网泡沫破裂标志着互联网的一个转折点,因而导致了诸如"Web 2.0"这种运动? 人们同意这种说法,"Web 2.0"的概念由此诞生了。Web 2.0 更注重用户的交互作用,用户既是网站内容的浏览者,也是网站内容的制造者。所谓网站内容的制造者是说互联网上的每一个用户不再仅仅是互联网的读者,同时也成为互联网的作者;不再仅仅是在互联网上冲浪,同时也成为波浪制造者;在模式上由单纯的"读"向"写"以及"共同建设"发展;由被动地接收互联网信息向主动创造互联网信息发展,从而更加人性化。

Web 2.0 模式下的互联网应用具有以下显著特点:

①用户分享。在 Web 2.0 模式下,可以不受时间和地域的限制分享各种观点。用户可以得到自己需要的信息也可以发布自己的观点。

②信息聚合。信息在网络上不断积累,不会丢失。

③以兴趣为聚合点的社群。在 Web 2.0 模式下,聚集的是对某个或者某些问题感兴趣的群体,可以说,在无形中已经产生了细分市场。

④开放的平台,活跃的用户。平台对于用户来说是开放的,而且用户因为兴趣而保持比较高的忠诚度,他们会积极地参与其中。

2009 年,卡拉卡斯将 Web 2.0 比作一种新的数字生态系统,主要表现在 5 个方面,即创造性、联通性、协作性、整合性、社区性。

Web 2.0 概念的说明,通常采用典型 Web 2.0 网站案例介绍,加上对部分 Web 2.0 相关技术的解释,Web 2.0 技术主要包括:博客(Blog)、RSS、维基百科(Wiki)、网摘、社会网络(SNS)、P2P、即时信息(IM)等。这里就不一一赘述了,关于 Web 2.0 更多的内容在以后的章节中会阐述。

3)社交网络和社交服务网站

社交网络是由多个节点(它们可以是人,也可以是群体或组织)联系在一起组成的社交圈。这些节点由于一个或是多个相互依存的关系而连接在一起,例如价值观、愿景、理念、经济交往、友谊、亲密关系、兴趣爱好等,社交圈的结构往往十分复杂。聚焦在社交网络的个体可以搭建自己的主页,并在主页上发表文章,上传照片、图片、视频、音乐,把自己感兴趣的内容分享出来。社交网络用户还可以选择兴趣标签,就会接收相关内容到自己的首页。社交网络的用户利用聊天工具(即时通信或者微博)交谈,分享最新趣事。

(1)社交网络服务网站

社交网络服务网站(Social Networking Service,SNS)(例如微博、Facebook)为人们提供网络空间,供他们免费搭建主页。网站还提供各种工具,方便用户在网站上开展活动,例如:屏蔽广告、屏蔽关键词、投票、抽奖、个性装扮等,这些工具有的免费使用有的需要付费。社交网站以人为本,例如,最近两年大火的网红小鲜肉 TFBOYS,很多综艺节目、电影、访谈节目或是音乐网站、社交网站都能看到他们的踪影。"TFBOYS 诞生于互联网,他们的粉丝主要活动在互联网平台上,他们的影响力实现质的飞跃依靠的正是互联网力量。"音悦台董事长兼 CEO 张斗说。"在 TFBOYS 的发展历史中,网络平台的作用非常大。"时代峰峻(经纪公司)一位负责人对《财经天下》周刊表示,由于粉丝偏年轻化,所以公司会选择年轻人更容易关注到的渠道来推广 TFBOYS。从 2009 年开始,时代峰峻将自己许多练习生的视频发到微博和视频网站上。当时,时代峰峻打的算盘是,通过互联网让网民对旗下练习生的人气和潜力做一个初期评估,这些练习生被统一称为"TF 家族"。时代峰峻的聪明之处在于,他们并没有像传统经纪公司一样根据自己的评估标准打造艺人,而是通过这些网络视频的人气反馈来权衡每一位练习生的价值。

2011 年下半年开始,时代峰峻开始有计划地在网上推出王俊凯等人的翻唱视频。对时代峰峻而言,这些在互联网上的尝试让他们获得了意外之喜。2012 年,王俊凯和王源的翻唱视频《一个像夏天一个像秋天》让时代峰峻迎来了第一次爆点。这个视频仅仅在新浪微博的转发量就超过 8 万次,截至 2012 年 9 月,视频网络总点击量超过 500 万次。目前,三个成员的微博粉丝数均已超过 1 000 万,社交网络力量之大由此可见。

社交网络开始的时候只是用作社交活动的,但是如今,企业也开始用社交网络开展商务活动,例如,Linkedin.com 网站把企业联系在一起,按照行业、职能、地域、客户关注度等分类地结成网络。

(2)网络社交

网络社交是指各种以 Web 2.0 技术为基础的各种交流活动。例如编写博客,在社交网络上分享文字、图片、视频并开发个人主页等(图 1.4)。

目前,全球各地主要有如下一些社交软件:

微信 WeChat:截至 2016 年 6 月 30 日,微信活跃账户有 7.62 亿。它是世界上最大的通信应用之一。微信成功的关键之一就是,它实际上不仅仅是一个通信应用,你还可以使用它做很多事情,比如打游戏、转账汇钱、视频通话、打车、订餐、购买电影票、读新闻、预约医生等。

Facebook:这是全球访问量最大的网站,截至 2015 年 10 月 Facebook 全球用户数量约为

图 1.4 中国社交媒体使用图

15 亿。

YouTube：世界上最大的视频网站，现在 YouTube 有超过 10 亿用户，用户在此网站上上传、观看、下载、评论视频。YouTube 作为当前行业内在线视频服务提供商，系统每天要处理上千万个视频片段，为全球成千上万的用户提供高水平的视频上传、分发、展示、浏览服务。2015 年 2 月，央视首次把春晚推送到 YouTube 等境外网站。

微博：中国新浪网推出的一个社交软件，微博是一个基于用户关系信息分享、传播以及获取的平台。用户可以通过 Web、Wap 等各种客户端组建个人社区，以 140 字（包括标点符号）的文字更新信息，并实现即时分享。还有热门话题、热搜、热门微博 TOP、微音乐、微视频等，2015 年 12 月底新浪微博月活跃用户 2.36 亿，因微博也产生了微博反腐、微博打拐、微博营销、自媒体等微博文化。

Snapchat：是一款"阅后即焚"照片分享应用，利用该应用程序，用户可以拍照、录制视频、添加文字和图画，并将他们发送到自己在该应用上的好友列表。这些照片及视频被称为"快照"（"Snaps"），而该软件的用户自称为"快照族（snubs）"。人类已经进入了"过度分享"的阶段，尤其对于那些一出生就面临着信息可分享于网络的青年人，拥有手机后的他们更加可以随时捕捉可分享的内容。这些内容并不都是美好的，它们可能只是一些鬼脸或者是并无意义的照片。但他们面临的问题是，已有的社交网络并不适合永久记录这些内容。

Instagram：是以一种快速、美妙和有趣的方式将你抓拍下的图片分享彼此的图片分享应用，目前已被 Facebook 收购。Instagram 提供了这样一套顺畅的操作流程：拍照—滤镜特效（以 Lomo 风为主的 11 种照片特效）—添加说明/添加地点—分享（可以共享到 Twitter、Facebook、Tumblr、Flickr 以及 Foursquare，甚至新浪微博这些主流社交网络）。同时 Instagram 基于这些照片建立了一个微社区，在这里你可以通过关注、评论、点赞等操作与其他用户进行互动。

4）企业社交网站和社交商务

有些为企业经营开发的社交网站是公用平台，例如：Linkedin。Linkedin（领英）创建于 2002 年，致力于向全球职场人士提供沟通平台，并协助他们事半功倍，发挥所长。作为全球最大的职业社交网站，Linkedin 会员人数在世界范围内已超过 4 亿，每个《财富》世界 500 强公司均有高管加入。领英有 3 大特色产品：职业身份、知识洞察、商业机会。

目前，全球各地主要有如下一些企业社交服务软件：

①Slack:Slack 是聊天群组 + 大规模工具集成 + 文件整合 + 统一搜索。截至2014年底,Slack 已经整合了电子邮件、短信、Google Drives、Twitter、Trello、Asana、GitHub 等 65 种工具和服务,把可以把各种碎片化的企业沟通和协作集中到一起,这对于工作人员来说实在是一件省时省力的软件。2015 年 2 月 Slack 企业聊天工具成立一年日活跃用户达到 50 万人,用户发送的聊天信息达到 17 亿条。

②企业级服务具备未来独角兽群的潜力:在不长的时间内,美国出现了一批重量级的互联网巨头公司,例如互联网女皇 Mary Meeker 在 2015 年的互联网报告里就用多个篇幅提到了企业服务领域,以及里面的多个行业领导公司 Stripe(线上支付)、Zenefits、Docusign(文件签名/交易管理)、Domo(商业分析)、Square(线下支付)、Intercom(客户沟通)、Gainsight(客户成功)、Directly(客户服务)、Anaplan(企业规划及业绩优化)、Greenhouse(招聘)、Checkr(背景调查)、GuideSpark(员工培训)、Envoy(访客管理),涉及支付、HR、电子签名、IM、招聘等多种服务,这些公司的规模都将达到或者超过独角兽级别。

而在中国,企业级服务的发展参差不齐,比较好的如支付(支付宝、微信支付)、招聘(前程无忧、51job、赶集网、大街)、客户沟通(微信、微博)等,其他领域还没有突出的企业。比较值得注意的是微信,微信不仅在个人通信领域比较有特色,在企业级服务方面通过服务号、订阅号有无限的可能。谢晓萍在《微信思维》一书中写道:"微信不仅是一个应用、它完全是一种全新的思维方式;微信不仅是连接客户的工具,它完全是全新的客户体验生活方式;微信不仅是能带来订单的平台,它完全是一种全新的管理和生产方式;微信不仅是一个营销广告的渠道,它完全是与客户对话的方式;微信不仅是微信,它完全是未来!"

社交网站上人们或企业组织使用社交软件来开展电子商务活动,这样的活动称作为社交商务(Social Commerce)。到 2010 年夏天,全球有近 100 万家企业已经在 Facebook 网站上开设了公司主页,它们在 Facebook 网站上开展营销活动、客户沟通服务等。在亚洲东部的中国,传统企业开始开通微博微信,并在这些社交网络软件上运营维护,适时发送产品信息和营销信息。如麦当劳微信服务号对于推出的新品,都有一个与用户互动的接口,用户参与活动可以乐享优惠活动。这些活动或是玩游戏,或是帮忙分享等既与用户产生了互动,又让新品迅速进入市场。

5)虚拟世界

虚拟世界(Virtual World,也称为虚拟实景)是指基于计算机的 3D 模拟情境,用户以自己化身的形式存在,相互之间都能生动地看到对方。在虚拟世界里,计算机模拟形成了视觉存在,这种存在可以操控模拟世界里的各种物件,给人一种身临其境的感觉。虚拟世界最初是在游戏里存在的,然而,虚拟世界跨过了游戏的门槛,进入了很多不同的领域。

(1)化身

虚拟世界有许多能够沟通交流的动画人物,它们实际上就是赋予了人物个性的软件代理,称作人物化身。这些化身就是用 2D 或是 3D 的形式呈现出来,有着人的性格和行为方式的动画形象。高级的化身还会说话、做动作并且带有面部表情。人们可以利用化身进行交流,包括声音、文字等。制作化身的目的是为了带有一定的情感,使得计算机塑造的任务对用户显得更加可信和人性化,使得人机界面显得更加自然和亲近。一些房地产公司用化身来充当销售代理,一些旅行社公司让化身充当导游,负责接待任务。由于化身进行沟通显得更加个性化,能够开展一对一的服务,所以,它有助于提高客户满意度,也提高了企业维系老客户的能力,对了解客户、提高广告的效率很有帮助。

（2）虚拟世界的商务活动

虚拟世界为商务活动搭建了一个有趣的平台,许多企业和组织将虚拟世界看作一种新的广告形式和销售形式。例如,苹果公司在 second life 网站建立了一家虚拟商店。商店里,用户可以去浏览最新的苹果产品。可以在 3D 的虚拟环境里体验产品、交换信息,企业因此有了接触各色客户的机会。虚拟购物带来更好的网络购物体验,利用软件扫描感应系统和摄像头,你可以直接在屏幕上看到自己穿戴新衣服、新包的模样,如果合适直接就可以通过网络购买。虚拟技术还可以实现跟名厨学做菜、听大师讲课、虚拟房地产交易等。

6）电子商务的未来:Web 3.0 和 Web 4.0

（1）Web 3.0

Web 3.0:将不仅是购物、娱乐、信息搜索,而将是一种新一代的商务应用,商务与社交计算将融合在共同的基础平台上。因此,Web 3.0 不仅将利益传递到从事企业电商的人手里,它会从根本上改变个人以及为之服务的企业的发展路径,改变整个社交网络。

Web 3.0 将在如下方面满足用户的需求:远程联系更加便捷,方法更多;出现新的网络服务,都可以在浏览器窗口显示;更加有力的搜索;对人们的日常生活产生更多的影响,更多的用户友好型形式;新的人工智能;更多 3D;更多的无线网络社交应用。

Web 3.0 时代,人们更多地使用可视化的手段对数字信息进行归类、展示、使得交流、分析、感知、搜索都更加丰富多彩、其驱动力是新的分类概念,那就是经过编码的、标准化的、自我控制的语义学分类方法。各种信息不是依靠超级链接联系一起,而是依靠高度标准化的、可描述的元数据联系起来。当然,Web 3.0 的这些功能要实现,计算机智能还需要上升到一个台阶上。

（2）Web 4.0

Web 4.0 是 Web 3.0 以后的新一代互联网技术。Web 4.0(ubiquitous,无所不在的网,作用:连接情报)的具体内容还不大清楚,在笔者看来,Web 4.0 的含义关键在于它在任何时候、任何地方都能够提供给你任何需要的东西。

1.3.2 大数据和云计算

1）电子商务跨入大数据时代

大数据(Big Data),已经不再是一个陌生的词语。在这个海量信息的时代,大数据无时无刻不在影响、惠及、改变着我们的生活。有人认为大数据时代已经来临。全球每天通过 Internet 网络传输的电子邮件多达 2 100 亿封;Facebook 每月新增 10 亿照片和 1 000 万个视频;腾讯公司注册用户超过 7 亿,同时在线人数超过 1 亿。

根据互联网数据中心的报告,2012 年全球的数据总量为 2.7 Zb(1 Zb 相当于十万亿亿字节),预计到 2020 年,全球的数据总量将达到 35 Zb。在这个数据为王的时代,如何挖掘、利用数据显然已经成为了各个行业、企业竞争的焦点。那么,电子商务又该如何开发和利用大数据的价值呢？这值得人们共同探讨。

2) 大数据概述

（1）定义

对于大数据研究机构 Gartner 给出了这样的定义。大数据是需要新处理模式才能具有更强的决策力、洞察发现力和流程优化能力的海量、高增长率和多样化的信息资产。

麦肯锡全球研究所给出的定义是：一种规模大到在获取、存储、管理、分析方面大大超出了传统数据库软件工具能力范围的数据集合，具有海量的数据规模、快速的数据流转、多样的数据类型和价值密度低4大特征。

大数据技术的战略意义不在于掌握庞大的数据信息，而在于对这些含有意义的数据进行专业化处理。换而言之，如果把大数据比作一种产业，那么这种产业实现盈利的关键，在于提高对数据的"加工能力"，通过"加工"实现数据的"增值"。

从技术上看，大数据与云计算的关系就像一枚硬币的正反面一样密不可分。大数据必然无法用单台的计算机进行处理，必须采用分布式架构。它的特色在于对海量数据进行分布式数据挖掘，但它必须依托云计算的分布式处理、分布式数据库和云存储、虚拟化技术。

随着云时代的来临，大数据也吸引了越来越多的关注。《著云台》的分析师团队认为，大数据通常用来形容一个公司创造的大量非结构化数据和半结构化数据，这些数据在下载到关系型数据库用于分析时会花费过多时间和金钱。大数据分析常和云计算联系到一起，因为实时的大型数据集分析需要像 MapReduce 一样的框架来向数十、数百甚至数千的电脑分配工作。

大数据需要特殊的技术，以有效地处理大量的某个时间内的数据。适用于大数据的技术，包括大规模并行处理（MPP）数据库、数据挖掘技术、分布式文件系统、分布式数据库、云计算平台、互联网和可扩展的存储系统等。

（2）发展大数据的意义

现在的社会是一个高速发展的社会，科技发达，信息流通，人们之间的交流越来越密切，生活也越来越方便，大数据就是这个高科技时代的产物。阿里巴巴创办人马云在演讲中就提到，未来的时代将不是 IT 时代，而是 DT 的时代，DT 就是 Data Technology 数据科技，显示大数据对于阿里巴巴集团来说举足轻重。

有人把数据比喻为蕴藏能量的煤矿。煤炭按照性质有焦煤、无烟煤、肥煤、贫煤等分类，而露天煤矿、深山煤矿的挖掘成本又不一样。与此类似，大数据并不在"大"，而在于"有用"。价值含量、挖掘成本比数量更为重要。对于很多行业而言，如何利用这些大规模数据已成为赢得竞争的关键。

大数据的价值体现在以下几个方面：

①对大量消费者提供产品或服务的企业可以利用大数据进行精准营销；

②做小而美模式的中长尾企业可以利用大数据做服务转型；

③面临互联网压力之下必须转型的传统企业需要与时俱进充分利用大数据的价值。

企业组织利用相关数据和分析可以帮助它们降低成本、提高效率、开发新产品、作出更明智的业务决策等。例如，通过结合大数据和高性能的分析，下面这些对企业有益的情况都可能会发生：

①及时解析故障、问题和缺陷的根源，每年可能为企业节省数十亿美元。

②为成千上万的快递车辆规划实时交通路线，躲避拥堵。

③分析所有 SKU，以利润最大化为目标来定价和清理库存。

④根据客户的购买习惯，为其推送他可能感兴趣的优惠信息。

⑤从大量客户中快速识别出金牌客户。

⑥使用点击流分析和数据挖掘来规避欺诈行为。

（3）大数据的结构

想要系统地认知大数据，必须要全面而细致的分解它，本书主要从 3 个层面来展开：

第一层面是理论。理论是认知的必经途径，也是被广泛认同和传播的基线。在这里从大数据的特征定义理解行业对大数据的整体描绘和定性；从对大数据价值的探讨来深入解析大数据的珍贵所在；洞悉大数据的发展趋势；从大数据隐私这个特别而重要的视角审视人和数据之间的长久博弈。

第二层面是技术。技术是大数据价值体现的手段和前进的基石。在这里分别从云计算、分布式处理技术、存储技术和感知技术的发展来说明大数据从采集、处理、存储到形成结果的整个过程。

第三层面是实践。实践是大数据的最终价值体现。在这里分别从互联网的大数据、政府的大数据、企业的大数据和个人的大数据 4 个方面来描绘大数据已经展现的美好景象及即将实现的蓝图。

（4）大数据的步骤

数据的应用大致分以下几个步骤：

①数据采集、核实与过滤。

②在数据仓库内的分类和储存。

③数据挖掘以找到数据所隐含的规律和数据间的关联。

④数据模型建立和参数调整。

⑤基于数据的应用开发和决策支持。

（5）大数据的应用

①洛杉矶警察局和加利福尼亚大学合作利用大数据预测犯罪的发生。

②Google 流感趋势（Google Flu Trends）利用搜索关键词预测禽流感的散布。

③统计学家内特·西尔弗（Nate Silver）利用大数据预测 2012 美国选举结果。

④麻省理工学院利用手机定位数据和交通数据建立城市规划。

⑤梅西百货的实时定价机制。根据需求和库存的情况，该公司基于 SAS 的系统对多达 7 300 万种货品进行实时调价。

⑥医疗行业早就遇到了海量数据和非结构化数据的挑战，而近年来很多国家都在积极推进医疗信息化发展，这使得很多医疗机构有资金来做大数据分析。

3)大数据的电子商务应用

(1)个性化和精准的商品推荐

网络上的信息量越来越巨大,而消费者的精力和对信息的处理能力却是有限的。消费者很难对大量的信息进行筛选和分析。这时电商可通过对数据的采集分析、根据用户的需求将用户细分为不同的群体为用户提供个性化的服务。比如,电商可根据用户的购买历史和浏览记录分析出用户的喜好对其进行个性化的产品推荐或是广告的推送服务,这种有针对性的导购可大大增加促销的成功率,同时节省了大量人力、物力的成本,增加了产品销售量。

(2)优质产品信息的汇总

电商还可根据商品的购买和浏览数据将最热门和最优的商品筛选出来,以吸引更多的消费者同时也帮助消费者节省了挑选和比较的时间,例如由淘宝网衍生出的商品推荐网站:蘑菇街、美丽说。淘宝网买家将自己喜欢的商品链接到其网页上或者进行巧妙的搭配,让更多的消费者进行筛选和评论。还有新浪微博的热门微博榜、热门话题等,就是将微博的转发评论量进行统计,筛选出热门微博将网民的兴趣点汇集到一处更增加了微博的浏览量。

(3)强大的信息检索服务

消费者在面对电商网站上海量的商品信息时往往很难找到自己所需的商品,这时就需要电商为其提供准确的信息检索服务,电商必须将产品进行归类,在每个大类下又再进行细分,在消费者进行检索时,能够将用户所提供的关键词与产品信息快速准确地匹配,进行相应智能检索,得出符合用户需求的信息和产品最大限度地提升客户满意度,可供消费者进一步依据自身需求进行产品的筛选,将消费者需求与商品迅速匹配起来,极大地节省了购买筛选的时间。

(4)更加细化的服务领域

电商可根据消费人群的不同需求,将营销目标投入到某个具体的领域。例如,聚美优品将目标客户群定为女性,主要销售洗护用品、彩妆、美容产品等。酒仙网瞄准了酒类市场,销售白酒、葡萄酒、洋酒、保健酒等各种酒类,这满足了消费者对某方面的特定需求,为消费者提供了正品保障,将服务领域进一步细分。

实际例子

Amazon 近几年推出了 FDFC(Forward Deployed Fulfillment Center)的概念,以加快对顾客配送的速度。Amazon 的订单履行中心分两个层级:FC 和 FDFC,其中 FC 品种更齐全,而 FDFC 在物理位置上更靠近目标市场,但品种重点容纳针对目标市场的热销商品,顾客的大部分需求可以通过 FDFC 来满足,不能满足的长尾商品则由 FC 来满足。这样顾客急需的商品多数可以通过 FDFC 以更快捷和低成本的物流来完成。由于热销商品是随着时间和季节而改变的,故将什么商品储存在 FDFC 的决策是动态调整的,而此决策的依据就是对顾客需求的分析和预测。

淘宝在 2012 年推出了淘宝时光机。该应用通过分析顾客自注册为用户以来的行为,用幽默生动的语言告知顾客淘宝的成长和该用户相类似喜好的其他用户的统计行为,对该顾客经过分析后对其喜好的了解和对其行为的预测,等等。用生动的文稿和个性化的数据拉近了和顾客的距离。支付宝在 2014 年 12 月推出了"十年账单日记"记录了用户的支付生活,分析了用户的行为,查看信用、人脉、理财等情况,拉近了与用户之间的距离。

Google 的 Adsense 对顾客的搜索过程和其对各网站的关注度进行数据挖掘。并在其联盟内的网站追踪顾客的去向，在联盟网站上推出和顾客潜在兴趣相匹配的广告，精准化营销，提高转化率。

4）大数据对电子商务的挑战

虽然电子商务企业已经走在大数据时代的前列，但在开始规划大数据美好蓝图的同时也要警惕其面临的挑战和风险。

一是企业信息化投资将规模化发展，电商企业内部的经营交易信息包括商品、物流、信息以及用户的社交信息、位置信息等将构成企业大数据的主要来源，其信息量远远超越了现有企业 IT 架构和基础设施的承载能力。其实，时性要求大大超越了现有的计算能力，此外，电商企业还将面临数据孤岛。数据质量、数据格局等数据治理问题，要想依靠大数据获益，我国电商企业必将进行新一轮的信息化投资和建设。

二是相关管理政策尚不明确。大数据时代下，云计算必将成为电商企业选择的业务模式，其本质是数据处理技术，数据是资产，云为数据资产提供了保管访问的场所和渠道。云计算所提供的服务既包括软件服务和应用平台服务，又包括基础设施服务，但目前我国针对云计算服务的管理政策和技术标准尚未明确。

三是数据安全与隐私问题突出。一方面，大量的数据汇集，包括大量的企业运营数据、客户信息、个人的隐私和各种行为的细节记录。面临的数据泄露风险将会增大。电商企业既要防止数据在云上丢掉，也要防止数据在端上被窃取和篡改。另一方面，一些敏感数据的所有权和使用权还没有明确的界定，很多基于大数据的分析都未考虑到其中涉及的个体的隐私问题。

在未来，大数据将会像土地、石油和资本一样成为经济运行中的根本性资源。在大数据的时代，数据就是直接的财富，就是核心的竞争力。电子商务将要跨入一个数据兴则企业兴，数据强则企业强的竞争时代。大数据将成为电子商务的新武器，谁拥有大数据和对大数据的强大处理能力，谁就有制胜的砝码并将最终赢得市场。

1.3.3 互联网 +

1）"互联网 +"的提出

国内"互联网 +"理念的提出，最早可以追溯到 2012 年 11 月于扬在易观第五届移动互联网博览会的发言。易观国际董事长兼首席执行官于扬首次提出"互联网 +"理念。他认为，在未来，"互联网 +"公式应该是我们所在的行业的产品和服务，在与我们未来看到的多屏全网跨平台用户场景结合之后产生的这样一种化学公式。我们可以按照这样一个思路找到若干这样的想法。而怎么找到你所在行业的"互联网 +"，则是企业需要思考的问题。

2014 年 11 月，李克强总理出席首届世界互联网大会时指出，互联网是大众创业、万众创新的新工具。其中"大众创业、万众创新"正是此次政府工作报告中的重要主题，被称作中国经济提质增效升级的"新引擎"，可见其重要作用。

2015 年 3 月，全国两会上，全国人大代表马化腾提交了《关于以"互联网 +"为驱动，推进我国经济社会创新发展的建议》的提案，表达了对经济社会的创新提出了建议和看法。他呼吁,我们需要持续以"互联网+"为驱动,鼓励产业创新、促进跨界融合、惠及社会民生,推动我国经济和社会的创新发展。马化腾表示,"互联网+"是指利用互联网的平台、信息通信技术把互联网和包括传统行业在内的各行各业结合起来,从而在新领域创造一种新生态。他希望这种生态战略能够被国家采纳,成为国家战略。

2015 年 3 月 5 日上午,十二届全国人大三次会议上,李克强总理在政府工作报告中首次提出"互联网+"行动计划。李克强总理在政府工作报告中提出,制订"互联网+"行动计划,推动移动互联网、云计算、大数据、物联网等与现代制造业结合,促进电子商务、工业互联网和互联网金融(ITFIN)健康发展,引导互联网企业拓展国际市场。

2)"互联网+"的内涵

"互联网+"是创新 2.0 下的互联网发展的新业态,是知识社会创新 2.0 推动下的互联网形态演进及其催生的经济社会发展新形态。"互联网+"是互联网思维的进一步实践成果,它代表一种先进的生产关系,推动经济形态不断地发生演变,从而带动社会经济实体的生命力,为改革、创新、发展提供广阔的网络平台。"互联网+"也是指互联网作为一种先进生产力,通过和线下融合互动,促进传统产业和传统消费转型升级的同时,助力国家提升综合国力的长远目标。

通俗来说,"互联网+"就是"互联网+各个传统行业",但这并不是简单的两者相加,而是利用信息通信技术以及互联网平台,让互联网与传统行业进行深度融合,创造新的发展生态。它代表一种新的社会形态,即充分发挥互联网在社会资源配置中的优化和集成作用,将互联网的创新成果深度融合于经济、社会各领域之中,提升全社会的创新力和生产力,形成更广泛的以互联网为基础设施和实现工具的经济发展新形态。

近几年来,"互联网+"已经改造影响了多个行业,当前大众耳熟能详的电子商务、互联网金融、在线旅游、在线影视、在线房产等行业都是"互联网+"的杰作。

"互联网+"有 6 大特征:

①跨界融合。+就是跨界,就是变革,就是开放,就是重塑融合。敢于跨界了,创新的基础就更坚实;融合协同了,群体智能才会实现,从研发到产业化的路径才会更垂直。融合本身也指代身份的融合,客户消费转化为投资,伙伴参与创新,等等,不一而足。

②创新驱动。中国粗放的资源驱动型增长方式早就难以为继,必须转变到创新驱动发展这条正确的道路上来。这正是互联网的特质,用所谓的互联网思维来求变、自我革命,也更能发挥创新的力量。

③重塑结构。信息革命、全球化、互联网业已打破了原有的社会结构、经济结构、地缘结构、文化结构。权力、议事规则、话语权不断地发生变化。"互联网+"社会治理、虚拟社会治理会有很大的不同。

④尊重人性。人性的光辉是推动科技进步、经济增长、社会进步、文化繁荣的最根本力量,互联网的力量之强大;最根本的也来源于对人性最大限度的尊重、对人体验的敬畏、对人的创造性发挥的重视。例如 UGC、卷入式营销、分享经济等。

⑤开放生态。关于"互联网+",生态是非常重要的特征,而生态的本身就是开放的。推进"互联网+",其中一个重要的方向就是要把过去制约创新的环节化解,把孤岛式创新连接

起来,让研发由人性决定市场驱动,让创业努力者有机会实现价值。

⑥连接一切。连接是有层次的,可连接性是有差异的,连接的价值是相差很大的,但是连接一切是"互联网 +"的目标。

3)"互联网 +"的实际应用

(1)工业:工业4.0

"互联网 + 工业"即传统制造业企业采用移动互联网、云计算、大数据、物联网等信息通信技术,改造原有产品及研发生产方式,与"工业互联网""工业4.0"的内涵一致。

"移动互联网 + 工业"。借助移动互联网技术,传统制造厂商可以在汽车、家电、配饰等工业产品上增加网络软硬件模块,实现用户远程操控、数据自动采集分析等功能,极大地改善了工业产品的使用体验。

"云计算 + 工业"。基于云计算技术,一些互联网企业打造了统一的智能产品软件服务平台,为不同厂商生产的智能硬件设备提供统一的软件服务和技术支持,优化用户的使用体验,并实现各产品的互联互通,产生协同价值。

"物联网 + 工业"。运用物联网技术,工业企业可以将机器等生产设施接入互联网,构建网络化物理设备系统(CPS),进而使各生产设备能够自动交换信息、触发动作和实施控制。物联网技术有助于加快生产制造实时数据信息的感知、传送和分析,加快生产资源的优化配置。

"网络众包 + 工业"。在互联网的帮助下,企业通过自建或借助现有的"众包"平台,可以发布研发创意需求,广泛收集客户和外部人员的想法与智慧,大大扩展了创意来源。工业和信息化部信息中心搭建了"创客中国"创新创业服务平台,链接创客的创新能力与工业企业的创新需求,为企业开展网络众包提供了可靠的第三方平台。

(2)金融:互联网金融

互联网金融(ITFIN)是指传统金融机构与互联网企业利用互联网技术和信息通信技术实现资金融通、支付、投资和信息中介服务的新型金融业务模式。支付、众筹、理财、保险、征信、借贷等,借助互联网工具,使得金融力量喷发。例如:互联网企业基于大数据技术,在放贷前可以通过分析借款人历史交易记录,迅速识别风险,确定信贷额度,借贷效率极高;在放贷后,可以对借款人的资金流、商品流、信息流实现持续闭环监控,有力降低了贷款风险,进而降低利息费用,让利于借款企业,很受小微企业的欢迎。

(3)城市:智慧城市

李克强总理在政府工作报告中首次提出"互联网 +"行动计划,并强调要发展"智慧城市",保护和传承历史、地域文化。加强城市供水供气供电、公交和防洪防涝设施等建设。坚决治理污染、拥堵等城市病,让出行更方便、环境更宜居。

智慧城市作为推动城镇化发展、解决超大城市病及城市群合理建设的新型城市形态,"互联网 +"正是解决资源分配不合理,重新构造城市机构、推动公共服务均等化等问题的利器。譬如在推动教育、医疗等公共服务均等化方面,基于互联网思维,搭建开放、互动、参与、融合的公共新型服务平台,通过互联网与教育、医疗、交通等领域的融合,推动传统行业的升级与转型,从而实现资源的统一协调与共享。

从另外一个角度来说,智慧城市正为互联网与行业产业的融合发展提供了应用土壤,一方面推动了传统行业升级转型,在遭遇资源瓶颈的形势下,为传统产业行业通过互联网思维及技术突破推进产业转型、优化产业结构提供了新的空间;一方面能够进一步推动移动互联网、云计算、大数据、物联网新一代信息技术为核心的信息产业发展,为以互联网为代表的新一代信息技术与产业的结合与发展带来了机遇和挑战,并催生了跨领域、融合性的新兴产业形态。

（4）交通:智慧交通

2009年,IBM提出了智慧交通的理念,智慧交通是在智能交通的基础上,融入物联网、云计算、大数据、移动互联等高新IT技术,通过高新技术汇集交通信息,提供实时交通数据下的交通信息服务。大量使用了数据模型、数据挖掘等数据处理技术,实现了智慧交通的系统性、实时性、信息交流的交互性以及服务的广泛性。

智慧交通系统主要解决4个方面的应用需求:

①交通实时监控。获知哪里发生了交通事故、哪里交通拥挤、哪条路最为畅通,并以最快的速度提供给驾驶员和交通管理人员。

②公共车辆管理。实现驾驶员与调度管理中心之间的双向通信,来提升商业车辆、公共汽车和出租车的运营效率。

③旅行信息服务。通过多媒介多终端向外出旅行者及时提供各种交通综合信息。

④车辆辅助控制。利用实时数据辅助驾驶员驾驶汽车,或替代驾驶员自动驾驶汽车。

数据是智慧交通的基础和命脉。以上任何一项应用都是基于海量数据的实时获取和分析而得以实现的。位置信息、交通流量、速度、占有率、排队长度、行程时间、区间速度等是其中最为重要的交通数据。

近几年,某些方面有了进展。"互联网+交通"已经在交通运输领域产生了"化学效应",比如,大家经常使用的打车软件、网上购买火车票和飞机票、出行导航系统等。从国外的Uber、Lyft到国内的滴滴打车、快的打车,移动互联网催生了一批打车、拼车及专车软件,虽然它们在全世界不同的地方仍存在不同的争议(法律性、安全性等),但它们通过把移动互联网和传统的交通出行相结合,改善了人们出行的方式,增加了车辆的使用率,推动了互联网共享经济的发展,提高了效率、减少了排放,对环境保护也作出了贡献。

（5）农业:互联网+农业

农业是中国最传统的基础产业,急需用数字技术提升农业生产效率。通过信息技术对地块的土壤、肥力、气候等进行大数据分析,然后据此提供种植、施肥相关的解决方案,大大提升农业生产效率。此外,农业信息的互联网化将有助于需求市场的对接,互联网时代的新农民不仅可以利用互联网获取先进的技术信息,也可以通过大数据掌握最新的农产品价格走势,从而决定农业生产重点。与此同时,农业电商将推动农业现代化进程,通过互联网交易平台减少农产品买卖中间环节,增加农民收益。面对万亿元以上的农资市场以及近七亿的农村用户人口,农业电商面临巨大的市场空间。

（6）智慧医疗

互联网医疗,是互联网在医疗行业的新应用,其包括了以互联网为载体和技术手段的健康教育、医疗信息查询、电子健康档案、疾病风险评估、在线疾病咨询、电子处方、远程会诊、及远程治疗和康复等多种形式的健康管家服务。互联网医疗,代表了医疗行业新的发展方向,有利于解决中国医疗资源不平衡和人们日益增加的健康医疗需求之间的矛盾,是卫生部积极引导和支持的医疗发展模式。

"互联网＋"医疗有助于降低医疗成本。基于远程医疗、可穿戴设备等技术,患者可及时获得医疗信息与医疗支持,主治医生可对患者情况进行持续跟踪、合理用药,可有效降低患者的就医频次和医疗费用。

4)"互联网＋"电子商务

在零售、电子商务等领域,过去几年都可以看到和互联网的结合,正如马化腾所言:"它是对传统行业的升级换代,不是颠覆掉传统行业。"在其中,又可以看到"特别是移动互联网对原有的传统行业起到了很大的升级换代的作用"。2014 年,中国网民数量达 6.49 亿,网站 400 多万家,电子商务交易额超过 13 万亿元人民币。在全球网络企业前 10 强排名中,有 4 家企业在中国,互联网经济成为中国经济的最大增长点。

2014 年 B2B 电子商务业务收入规模达 192.2 亿元人民币,增长 28.34%;交易规模达 9.4 万亿元人民币,增长 15.37%。同时,B2B 电商业务也正在逐步转型升级,主要的平台仍以提供广告、品牌推广、询盘等信息服务为主。阿里巴巴、慧聪网、华强电子网等多家 B2B 平台开展了针对企业的"团购""促销"等活动,培育企业的在线交易和支付习惯。截至 2014 年,中国跨境电子商务试点进出口额已突破 30 亿元。一大批跨境电子商务平台走向成熟。外贸 B2C 网站兰亭集势 2014 年前三季度服装品类的净营收达到 3 700 万美元,同比增速达到 103.9%;订单数及客户数同比增速均超过 50%。

在未来,还需要巩固和增强我国电子商务发展领先优势,积极发展农村电商、行业电商和跨境电商,进一步扩大电子商务发展空间。让电子商务与其他产业的融合不断深化,网络化生产、流通、消费更加普及,释放经济活力。

伴随知识社会的来临,驱动当今社会变革的不仅仅是无所不在的网络,还有无所不在的计算、无所不在的数据、无所不在的知识。"互联网＋"不仅仅是互联网移动了、泛在了、应用于某个传统行业,更加入了无所不在的计算、数据、知识,造就了无所不在的创新,推动了知识社会以用户创新、开放创新、大众创新、协同创新为特点的创新 2.0,改变了人们的生产、工作、生活方式,也引领了创新驱动发展的"新常态"。

1.4 电子商务的影响

1.4.1 电子商务商业模式

1)商业模式

电子商务的一个重要特征是它能不断催生新的商业模式。商业模式是指开展商务活动的方法,企业就此获得收益,维持生存和发展。商业模式还有一层含义,那就是企业在一条价值链处于什么地位,即企业组织通过什么方式为产品或服务提升价值。在许多情况下,企业有很多种商业模式,并且,商业模式是企业经营规划的一个部分。

综合了各种概念的共性的基础上,提出了一个包含10个要素的参考模型。这些要素包括:

①价值主张(Value Proposition):公司通过其产品和服务所能向消费者提供的价值。价值主张确认了公司对消费者的实用意义。

②目标群体(Target Customer Segments):公司所瞄准的消费者群体。这些群体具有某些共性,从而使公司能够(针对这些共性)创造价值。定义消费者群体的过程也被称为市场划分(Market Segmentation)。

③分销渠道(Distribution Channels):公司用来接触消费者的各种途径。阐述了公司如何开拓市场,它涉及公司的市场和分销策略。

④客户关系(Customer Relationships):公司同其消费者群体之间所建立的联系。这里所说的客户关系管理(Customer Relationship Management)即与此相关。

⑤价值配置(Value Configurations):资源和活动的配置。

⑥核心能力(Core Capabilities):公司执行其商业模式所需的能力和资格。

⑦价值链(Value Chain):为了向客户提供产品和服务的价值,相互之间具有关联性、支持性活动。

⑧成本结构(Cost Structure):所使用的工具和方法的货币描述。

⑨收入模型(Revenue Model):又叫盈利模式,公司通过各种收入流(Revenue Flow)来创造财富的途径。

⑩裂变模式(Fission Mode):首先以一个(或几个)点为基础,成功突破一个(或几个)点后,再进入严格的复制。

下面主要介绍盈利模式和价值主张。

2) 盈利模式

盈利模式归纳了企业或是电子商务项目如何创造收益。例如,合一集团优酷视频的盈利模式就是广告、会员交费等。主要的盈利模式有如下几种:

销售:企业通过销售商品或提供服务而获得收益。京东、苏宁、亚马逊等都是在网络上销售产品。

交易费:这是指企业按照交易量的多少收取佣金。例如,房屋主人出售住房,他会向中介支付一笔交易费。房价越高,佣金比例越高,那么佣金也越高。有时候,佣金是按交易次数收取的,例如,在线股票交易一般是按照每次交易收的固定费用。

月租费:客户按月缴纳固定的费用,由此获得企业提供的服务。例如:我国收取的网络接入费,或电视收视费用,缴纳完费用后能享受相应的服务。

广告费:企业允许个人或公司在自己的网上刊登广告,收取费用。例如:微博的广告推广,以及一些视频网站看完广告才能观看视频。

会员费:企业向客户推荐其他企业的网站,并由此收取一定的介绍费。

订阅费:指的是对于有价值的内容进行订阅,收取费用。例如,订阅某本杂志、报纸和报告等。

许可费:许可费可以按年收取,也可以按使用次数收取。例如,微软公司对使用面向工作站、网络服务和大型计算机的 Windows NT 网络操作系统的工作站都要收取费用。

其他收益来源:有些企业允许用户在网站上玩游戏,但要收取费用,有的企业实时转播体育赛事,并向观看的用户收取费用。

企业设计收益模式来介绍它如何创造收益,设计商业模式来解释其获得收益的流程。

3) 价值主张

商业模式中还包括对价值主张的描述,价值主张即公司通过其产品和服务所能向消费者提供的价值。价值主张确认了公司对消费者的实用意义。消费者从企业落实商业模式中可以得到的利益,这些利益包括无形的、难以量化的利益。价值主张是营销计划的重要组成部分。

网络市场如何创造价值? 2001 年,有学者指出电子商务企业创造的价值表现在 4 个方面,即检索和交易的成本效益、补充效益、锁定效益和创新效益。

成本效益:广泛搜集信息,提高决策的速度。客户可以在更大的范围选择商品和服务,形成规模效应,也就是生产和销售的数量越多,单位成本就越低。

补充效益:把商品和服务捆绑在一起,结果就比单独销售产生更大的价值。电子商务提供了这样的条件,并且很容易实施和管理。

锁定效益:提高转换成本,把客户锁定在既有的供应商身上。

创新效益:通过种种创新的方法来创造价值,例如程序化的交易方式,把合作伙伴联系在一起,孵化新的市场。

4) 商业模式的功能

商业模式有如下的一些功能或说是目标:

①描述企业主要的经营流程。

②描述企业在价值链的位置,包括潜在的商务伙伴或竞争对手。

③描述供应链和价值链。

④设计企业的竞争策略及长期经营计划。

⑤设计客户价值诉求。

⑥识别客户价值诉求。

⑦识别细分市场(例如,说明谁是为了什么目的或是利益使用这一技术或是服务,创设流程如何,企业在哪个区域经营)。

⑧描述企业的价值链结构。

⑨预测企业的成本和收益以及成长目标。

5) 电子商务的一般商业模式

电子商务企业有很多商业模式,本书第 2 章有详细介绍。以下描述的是电子商务的最普遍的商业模式。

(1) 在线直销

最常见的模式是在线直接销售商品和服务,这种销售有的是生产厂家直接销售给客户,省去了中间环节和实体店铺。有的是零售商销售给消费者,使配送更加便捷。如果产品和服务都是数字化的,那这样的销售模式就会更加有效率。主要用于 B2B 和 B2C 模式中。

（2）网络招投标平台

通常采购数量大的买家都会通过招投标平台来完成大宗采购。利用网络进行招投标既节约时间，又节省成本。有些政府机构也会通过网络上的平台来完成采购。

（3）电子市场和电子交易

电子市场以单独的形式存在已经有几十年的时间了（例如股票交易和期货交易市场），但是发展到今天，形形色色的电子市场都引入了新的、更加有效的方法，加速交易的流程。现在人们较多地关注垂直市场，也就是在某一行业内开展电子市场。

（4）病毒营销

病毒营销指的是人们利用电子邮件和社交网络对广告内容进行口口相传式的宣传。因此，只要能够说服人们向亲朋好友发送宣传资料，或者动员好友参加某些活动，企业就能提高品牌的知名度，甚至还能实现销售。现在随着社交网络的流行，这种广告使用得很多。

（5）团购

团购就是团体购物，指的是认识或不认识的消费者联合起来，加大与商家的谈判能力，以求得最优价格的一种购物方式。根据薄利多销的原理，商家可以给出低于零售价格的团购折扣和单独购买得不到的优质服务。团购作为一种新兴的电子商务模式，通过消费者自行组团、专业团购网站、商家组织团购等形式，提升用户与商家的议价能力，并极大程度地获得商品让利。

1.4.2　电子商务带来的影响和利益

1）电子商务给企业带来的影响

（1）不断变化的经营环境

经济、法律、社会、技术等各种因素以及全球化的趋势，使得企业经营环境中的竞争越来越激烈，客户则有了越来越明显的主动权。这些外部的环境因素变化非常快、非常剧烈，往往无法预测，因此企业需要快速反应。企业不仅要应对风险，而且要捕捉机遇。由于变化的速度越来越快，不确定因素越来越大，企业不断地推出新产品，速度要快，成本要低。例如，曾经一度风靡的凡客诚品、校园人人网等现在也萎靡了，新的其他产品迅速取代它们，曾经的辉煌不代表永远辉煌，风险一直都在，只有领头人具有战略眼光并不断刷新自己才能屹立不倒。

（2）对企业管理的影响

电子商务使得整个企业的组织开始变革，具体表现如下：

①组织的扁平化，组织扁平化意味着企业打破部门之间的界限，把相关的人员集中起来，按照市场机会去组织跨职能的工作。

②组织决策分散化，电子商务的发展使得企业过去高度集中的决策中心组织爱变为分散的多中心决策组织。企业决策由跨部门、跨职能的多功能性的组织单元来决定。管理大师彼得·德鲁克认为，未来的典型企业是以知识为基础的，一个由大量根据来自同事、客户和上级反馈信息进行自主决策、自我管理的各类专家构成的组织。

③运作虚拟化，它打破了企业之间、产业之间、地域之间的各种界限，把现有资源整合的超越时空、利用电子手段传输信息的经营实体。

电子商务的不断发展，一种创新型管理模式具有柔性化、集成化和智能化的特征。目前的管理模式的特征如下：

在管理思想上，强调高效、敏捷，要求在市场变化作出反应。

在管理体制上，注重各环节的协调、配合和并行合作。

在组织功能上，强调企业领导者的协调、服务、创新，着力培养企业员工的团队精神，增强企业的凝聚力。

在管理的任务方面，强调以客户的需求为中心，以满足客户需求，赢得客户信任为企业管理活动的出发点。

2) 电子商务带来的利益

电子商务给人们带来了很多的利益。电子商务技术具有多种多样的特征，例如技术辐射的全球性，信息可以让几亿人分享，方便人们互动。应用的多样性，基础设施的不断完善和应用潜力增强，这些都对个人、组织乃至整个社会形成了潜在的利益。这些利益目前只是初露锋芒，在以后的发展中，利益会不断完善补充并让人们感知。

（1）为企业带来的利益

如表 1.1 所示。

表 1.1　电子商务为企业带来的利益

给企业带来的利益	具体陈述
覆盖全球	可以在较大范围乃至全球范围内寻找供应商和客户，并且速度快、成本低
降低成本	降低信息处理、储存、传递的成本
帮助解决问题	利用新技术解决问题
改善供应链	减少存货规模、配送延误，降低配送成本
提供个性化产品和服务	按客户需求提供产品服务，速度快、成本低
利基市场	卖方选择狭窄的经营范围，依然能够盈利
商业模式创新	帮助企业创新商业模式
产品市场化速度加快	加快经营流程，提高生产效率
降低通信成本	与传统的通信相比，互联网的应用成本低
提高采购效率	开展网上采购，方便降低成本
改善客户服务和客户关系	促进与客户的沟通，改善客户关系
促销信息及时更新	各种信息可以第一时间发布，到达客户手中
方便中小企业竞争	中小企业以其独特的商业模式与大企业竞争
减少库存	用规模定制、预售的方式减少库存
组织变革	促进企业变革组织形式，适应新的时代

（2）为消费者和社会带来的利益

如表1.2所示。

表1.2　电子商务为消费者和社会带来的利益

为消费者带来的利益	具体陈述
选择丰富	可以从众多的商家、产品、款式中挑选
购物不受时空限制	可以跨时空购物
个性化的产品和服务	可以定制各种产品和服务
产品和服务价格下降	通过比价，选择性价比高的产品
配送及时	完成支付后，数字产品可以马上下载
信息丰富	方便搜索商品，网络上商品描述比较详细
方便远程办公	可以在家学习或办公
方便在线交往	可以选择各种社交软件进行交友
方便寻找稀有产品	参与在线竞价，收集稀缺商品
购物便利舒适	可以悠闲地购物，没有店员打扰
为社会带来的利益	具体陈述
方便远程办公	方便在家工作，减少交通拥堵，减少污染
促进就业	电子商务产生了很多就业机会
提供更多的服务	可以让人享受到教育、医疗等
提升生活质量	百姓可以购买自己心仪的产品和服务
缩小数字鸿沟	方便农村地区享受更多的政府服务，购买价廉物美的东西

3）电子商务面临的壁垒

如表1.3所示。

表1.3　电子商务面临的壁垒

技术层面的壁垒	非技术层面的壁垒
在质量、安全、可靠性方面缺乏标准	安全问题和隐私问题使得有意购买在线产品的人犹豫
带宽不够，尤其是对移动商务、视频、图像等更是如此	对电子商务及陌生的卖家不信任使得消费者犹豫
现有的应用软件和数据库老化	许多法律问题和政策问题还不够清晰和完善
互联网接入的成本依然很大	有些客户难以适应电子商务，更喜欢面对面的交易
需要物流仓储的新技术支持	电子商务需要的是流量，但是做好的难度很大
	网络诈骗有增无减、形式百变
……	许多企业经营失败，难以获得风险投资
	电子商务的新型人才比较缺乏

根据国际上知名软件公司的一项调查表示,电子商务发展面临的障碍主要表现在如下几个方面:

①对新技术的需求。

②实施困难。

③人们担心安全问题。

④缺乏技术力量。

⑤缺乏客户。

⑥投入成本高。

有的学者也指出,电子商务发展面临的壁垒可以分为行业壁垒(如政府、私营企业、事业单位组织)、内部壁垒(如安全性、技术知识匮乏、时间与资源匮乏)、外部壁垒(如法律不完善)。范图恩等人还列出了全球电子商务发展面临的最棘手的问题,包括文化差异、组织差异、异构、国际贸易壁垒、标准缺失,等等。在实施电子商务的时候,这些问题都必须得到解决。还有一个个重要的问题就是网络伦理问题。

1.5　电子商务的发展现状和趋势

1.5.1　全球电子商务发展概况

全球电子商务的发展始于 20 世纪 90 年代中期,以在互联网上发布旗帜广告为起点,以 1995 年美国亚马逊电子商务为代表。从 1995 年至今,全球电子商务的发展大致可以划分两个时期,即 1995—2000 年的第一代电子商务,2001 年至今的第二代电子商务。

2008 年,世界范围的电子商务继续快速发展,成为经济全球化的助推器。电子商务的广泛应用降低了企业经营、管理和商务活动的成本,促进了资金、技术、产品、服务和人员在全球范围的流动,推动了经济全球化的发展。目前,电子商务的应用已经成为决定企业国际竞争力的重要因素,美国的亚马逊、eBay 以及中国的阿里巴巴等公司的成功说明电子商务正在引领世界服务业的发展,并影响未来的商业发展模式。

从整体情况来看,2008 年世界电子商务交易额达 13.8 万亿美元,占全球商品交易额的 18%,以美国为主的发达国家仍然是电子商务的主力军,中国等发展中国家电子商务异军突起,逐渐成为国际电子商务市场的重要力量。2008 年,B2B 电子商务市场仍占主导地位,B2C、C2C、G2C、G2B 等迅猛发展,呈现多元的态势。以大型骨干企业为龙头的行业电子商务是 B2B 主流力量,ASP 等第三方电子商务平台就成为中小企业电子商务应用的成功发展模式之一。

以欧美国家为例,电子商务业务开展得如火如荼,在法、德、等欧美国家电子商务所产生的营业额已占商务总额的 1/4,在美国则高达 1/3 以上,而欧美国家电子商务的开展也不过才十几年的时间。在美国,美国在线(AOL)、雅虎、电子港湾等著名的电子商务公司在 1995 年前后开始盈利,到 2000 年创造利润 7.8 亿美元;IBM、亚马逊书城、戴尔电脑、沃尔玛超市等公司开展电子商务业务也赚取了巨额利润。欧美国家电子商务飞速发展的原因有如下几点：

①欧美国家拥有计算机的家庭、企业众多,网民人数占总人口的 2/3 以上,尤其是青少年,几乎都是网民,优越的经济条件和庞大的网民群体为电子商务的发展创造了良好环境。

②欧美国家普遍实行信用卡消费制度,建立了一整套完善的信用保障体系,这解决了电子商务的网上支付问题。在欧美国家,每个人都有一个独一无二、不能伪造并伴随终生的信用代码,持此信用卡进行消费,发卡银行允许大额度透支,但持卡人需在规定时间内将所借款项归还,如果某企业或个人恶意透支后不还款,那也就意味着以后他无论走到何地,他的信用记录上都会有此污点,不论他想贷款买房、购车或办公司,银行都不会贷款给他,这在贷款成风的西方世界是极其可怕的。

③欧美国家的物流配送体系相当完善、正规,尤其是近年来大型第三方物流公司的出现,使得不同地区的众多网民,往往能在点击购物的当天或第二天就可收到自己所需的产品。这要得益于欧美国家近百年的仓储运输体系的发展史。以美国为例,第二次世界大战后,许多企业将军队后勤保障体系的运作模式有效地加以改造运用到物资流通领域中来,逐渐在全国各地设立了星罗棋布、无孔不入的物流配送网络,即使在电子商务业务还未广泛开展的十多年前,只要客户打电话通知要货,几乎都可以享受免费的送货家政服务。美国联邦快递、UPS(联邦包裹快递)等都是大型物流公司的典范,专门负责为各个商家把产品送到顾客手中,有了这样庞大的、完善的物流配送体系,当电子商务时代到来后,美国只需将各个配送点用电脑连接起来,即顺理成章地完成了传统配送向电子商务时代配送的过渡,电子商务活动中最重要、最复杂的环节——物流配送问题就是这样轻而易举地解决了。

1.5.2　我国电子商务发展的基本情况

1)我国电子商务发展历程

这些年来,伴随着我国国民经济的快速发展以及国民经济和社会发展信息化的不断进步,我国电子商务行业虽然历经曲折却仍然取得骄人成绩。纵观电子商务发展历程,可以将其划分为 3 个历史阶段：

第一个时期,初创期(1997—2002 年)。互联网虽然是舶来品,但是却受到人们的热切期待。加之此时美国网络热潮兴起,也促使我国互联网得以快速发展,中国化工网、8848、阿里巴巴、易趣网、当当网、美商网等知名电子商务网站很快就在最初的几年时间里发展起来。然而,由于这段时期我国信息化发展水平仍然较低,社会大众对于电子商务仍然缺乏了解,加上不久之后的互联网泡沫等,电商网站大多举步维艰。不过,这段时期的经历为我国电子商务发展打下了很好的基础,营造了很好的社会舆论和环境。

第二个时期,快速发展期(2003—2007 年)。在这段时期里,电子商务的发展获得了难得的历史机遇,支撑电子商务发展的一些基础设施和政策也在这期间得以发展起来。阿里巴巴先后建立淘宝网并推出"支付宝"。国家也先后出台了一些促进电子商务发展的重要措施,《国务院办公厅关于加快电子商务发展的若干意见》《电子商务发展"十一五"规划》等接连落地,从政策层面为电子商务发展指明了方向。

第三个时期,创新发展期(2008 年至今)。尽管受到国际金融危机的影响,但是 2008 年以来我国电子商务仍然以较高的速度增长。这段时期的特点是,我国电子商务初步形成了具有中国特色的网络交易方式,网民数量和物流快递行业都快速增长,电子商务企业竞争激烈,平台化局面初步成型。

2)电子商务发展现状

当前,我国电子商务发展正在进入密集创新和快速扩张的新阶段,日益成为拉动我国消费需求、促进传统产业升级、发展现代服务业的重要引擎。具体而言,具有以下几个特点。

其一,我国电子商务仍然保持快速增长态势,潜力巨大。我国近年来的电子商务交易额一直保持快速增长势头。特别是网络零售市场更是发展迅速,2012 年达到 13 110 亿元。2015 年天猫"双十一"购物狂欢节成交额达 912 亿元,更是让人们看到我国网络零售市场发展的巨大潜力。毫无疑问,电子商务正在成为拉动国民经济保持快速可持续增长的重要动力和引擎。

其二,企业、行业信息化快速发展,为加快电子商务应用提供坚实基础。近年来,在国家大力推进信息化和工业化融合的环境下,我国服务行业、企业加快信息化建设步伐,电子商务应用需求变得日益强劲。不少传统行业领域在开展电子商务应用方面取得了较好成绩。农村信息化取得了可喜的成绩,创新电子商务应用模式,涌现出一批淘宝店,一些村庄围绕自身的资源、市场优势,开展特色电子商务应用。传统零售企业纷纷进军电子商务。其他行业如邮政、旅游、保险等也都在已有的信息化建设基础之上,着力发展电子商务业务。

其三,电子商务服务业迅猛发展,初步形成功能完善的业态体系。从电子商务交易情况来看,近年来出现了一些新的发展趋势。

一是发展模式不断演变。近年来 B2B 与 B2C 加速整合,并由信息平台向交易平台转变。

二是零售电子商务平台化趋势日益明显。具体包括 3 种情况:追求全品类覆盖的综合性平台,专注细分市场的垂直型平台,大型企业自营网站逐渐向第三方平台转变。

三是平台之间竞争激烈,市场日益集中。以阿里巴巴、京东商城为第一梯队拉开了与其他中小型电子商务企业的差距。

从支撑性电子商务服务业来看,近年来出现了不少重大的变化。比如,各方面的功能日益独立显现,呈现高度分工的局面;新一代信息技术在电子商务服务中得到快速应用,除了物联网技术外,大数据正逐渐让数据挖掘发挥其精准营销功能;电子商务平台的功能日益全能化。从辅助性电子商务服务来看,围绕网络交易派生出一些新的服务行业,如网络议价、网络模特、网(站)店运营服务与外包等。

其四,跨境电子交易获得快速发展。在国际经济形势持续不振的环境下,我国中小外贸企业跨境电子商务仍逆势而为,近年来保持了 30% 的年均增速。有关部门正加紧完善促进跨境网上交易对平台、物流、支付结算等方面的配套政策措施,促进跨境电子商务模式不断创新,出现了一站式推广、平台化运营、网络购物业务与会展相结合等模式,使得更多中国制造产品得以通过在线外贸平台走向国外市场,有力推动了跨境电子商务纵深发展。

此外,电子商务发展环境不断改善。全社会电子商务应用意识不断增强,应用技能得到有效提高。相关部门协同推进电子商务发展的工作机制初步建立,围绕电子认证、网络购物等主题,出台了一系列政策、规章和标准规范,为构建良好的电子商务发展环境进行了积极探索。

根据艾瑞咨询发布的2014年电子商务的发展现状报告称,2014年中国电子商务市场交易规模12.3万亿元,增长稳定(图1.5)。

图1.5　中国电子商务市场交易规模

2014年中国电子商务市场交易规模13.4万亿元,增长27.2%,其中网络购物增长48.7%,在社会消费品零售总额渗透率年度首次突破10%,成为推动电子商务市场发展的重要力量。另外,在线旅游增长27.1%,本地生活服务O2O增长42.8%,共同促进电子商务市场整体的快速增长(图1.6)。

艾瑞统计数据显示,中国电子商务市场细分领域中,移动购物市场发展迅速,未来几年将保持48%的复合增长率,成为网络购物市场快速发展的主要推动力;此外,在线旅游和O2O未来几年也将保持20%以上的复合增长率,发展快速。艾瑞分析认为,未来几年,移动购物和O2O将成为电子商务市场中发展最快的细分领域。其中,移动购物方面,移动互联网的普及、网民从PC端向移动端购物的倾斜、移动购物场景的完善、各电商企业移动端布局力度的加大以及独立移动端平台的发展,均是推动中国移动购物市场快速发展的重要因素,预计未来几年仍会保持较快的增长速度。O2O方面,我国本地生活服务O2O市场发展快速,餐饮、休闲娱乐等O2O已经粗具规模,但本地生活服务O2O在整体本地生活服务市场中渗透率相对来说还较低。未来随着实物类电子商务用户群体网络消费内容的不断扩大、移动互联网的飞速发展都将推动本地生活服务O2O的快速发展(图1.7)。

3)电子商务的发展趋势

未来电子商务的发展取决于商业模式的不断创新和信息技术的发展。

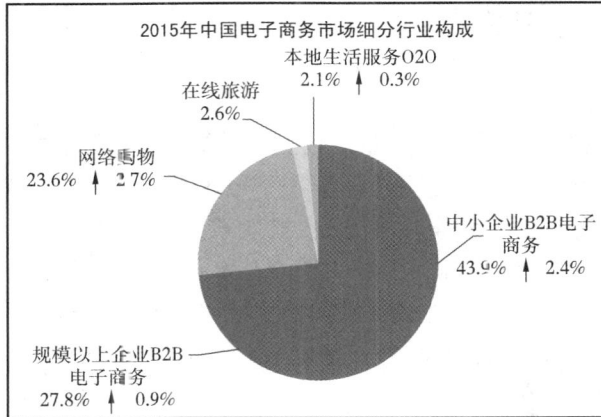

图 1.6　2015 年中国电子商务市场细分行业构成

大类别	小类别	2014年规模（亿元）	2018年规模（亿元）	CAGR（2014—2018年）
B2B电子商务	中小企业B2B电子商务	61 358.6	116 627.3	17.4%
	规模以上企业B2B电子商务	28 782.6	42 140.1	10.0%
网络购物	网络购物（移动+PC）	28 145.1	73 000.0	26.9%
	移动网络购物	9 297.1	45 039.7	48.4%
	PC网络购物	18 848.0	27 960.7	10.4%
在线旅游	在线机票	1 607.3	3 250.0	19.2%
	在线酒店	636.1	1 620.0	26.3%
	在线度假	426.5	1 286.7	31.8%
O2O	餐饮O2O	941.9	2 127.3	22.6%
	休闲娱乐O2O	660.0	1 521.5	23.2%
	婚庆O2O	45.2	227.1	49.7%
	亲子O2O	55.7	135.9	25.0%
	美容美护O2O	54.1	88.7	13.2%

图 1.7　中国电子商务主要细分市场未来发展预期

（1）商业模式创新

成功的商业模式是企业维持发展、保持竞争优势的核心要素。从互联网电子商务成功和失败的案例能够清晰地发现商业模式对企业的意义。许多互联网公司错误地或者高估了公司的盈利模式和客户价值体现而失败。也可以发现，近几年互联网公司不断洗牌，强强联合，弱肉强食，不适者淘汰。腾讯与京东合作，阿里巴巴持股新浪，美团网与大众点评合并，滴滴与快的、58 与赶集、去哪儿与携程网、美丽说与蘑菇街、苏宁易购在天猫开了旗舰店等，大牌的相似业务的互联网企业纷纷联合发展，而其他小的互联网企业如果没有独特的商业模式,解决用户的痛点,满足用户的需求更是难以立足。在未来,商业模式会不断地创新,能够体现用户的价值。

（2）智能化

电子商务所依赖的网络环境拥有大量的信息或是数据,对于信息的收集、分析和利用依靠人工环节是难以实现的,智能技术将广泛应用于电子商务的各个环节,如从供应商、商业伙伴的选择到生产过程的优化,从个性推荐、智能搜索到智能化自适应网站,从物流配送到客户的售后服务与客户关系管理等。主要的智能技术包括自然语言处理和自动网页翻译、多代智能代理技术、智能信息搜索引擎和数据挖掘技术、商业智能、面向电子商务的群体智能决策支持系统、智能工作流管理、知识工程及知识管理等。在应用层面,比如说运用智能的穿戴设备进行健康管理、游戏体感设计等,例如亚马逊在仓储方面,自动化仓库、机器人上架拣货,或是无人机送货等。在展示端,例如天猫客户端最近推出的"魔搭",可以随意给模特搭配服饰鞋帽等,一键生成到搭配效果,合适的可以直接点击购买,相当于在线的试衣间。但是,现在仍然是模特试穿,缺少个性化,在未来应该可以上传自己的照片展示自己身材特点,然后试穿效果会更加个性化和智能化。商务智能技术的应用效果取决于人工智能技术的发展。

（3）新型网络技术

信息技术仍然不断地向前发展,而这个发展过程往往并不在人们的预料中,因此不断推出的新的计算技术、网络技术也将不断推动电子商务的发展。

P2P技术仍处于发展与成熟阶段。

无线网络的宽带目前还显得不足,尤其是有些公共场合,还有移动的交通工具,第4代移动通信技术将大大推动移动电子商务的发展。但是,4G流量耗费大、成本高,对此我国三大运营通信商还需要推出合理的流量套餐。

网格计算将彻底改变现有的计算模式。它利用互联网把分散在不同地理位置计算机组织成一个"虚拟的超级计算机",其中每一台参与的计算机就是一个节点,所有参与计算的节点组成了一张网络,整个互联网上的计算资源将得到充分的利用。

三网融合,指的是电信网、广播电视网、互联网在向宽带通信网、数字电视网、下一代互联网演进过程中,三大网络通过技术改造,其技术功能趋于一致,业务范围趋于相同,网络互联互通、资源共享,能为用户提供语音、数据和广播电视等多种服务。三合并不意味着三大网络的物理合一,而主要是指高层业务应用的融合。三网融合应用广泛,遍及智能交通、环境保护、政府工作、公共安全、平安家居等多个领域。以后的手机可以看电视、上网,电视可以打电话、上网,电脑也可以打电话、看电视。三者之间相互交叉,形成你中有我、我中有你的格局。

大数据、云计算、移动互联网三大技术将继续助力电子商务的发展。随着我国物联网、云计算和移动互联网等新一代信息技术的跨越式迅猛发展和普及应用,互联网用户呈现出爆炸式增长,为中国电子商务的飞跃发展奠定了基础。

（4）协同商务

协同商务就是将具有共同商业利益的合作伙伴整合起来,他主要是通过对与整个商业周期中的信息进行共享,实现和满足不断增长的客户的需求,同时也满足企业本身的活力能力。通过对各个合作伙伴竞争优势的整合,共同创造和获取最大的商业价值以及提供获利能力。网络技术的迅速发展,使得企业内部部门之间、企业与企业之间的分工协作发生了变化,从而引起企业的组织形式、组织文化、管理方式决策过程发生了变化,相继出现了虚拟企业、动态联盟等企业组织形式。协同已经是企业必须面对的现实。企业的生产、经验、管理均需协同技术的支持,包括产品协同设计、协同产品商务、工作流协同管理、产品和过程的集成技术、分散网络化制造、面向协同工程的友好的人机界面和通信。协同商务也不再仅仅是一个概念,而是与企业的业务紧密结合在一起。

完整的一套协同商务系统包括多个模块,每个模块有多个部件,通过整合,它们形成一个完全集成的基于 Web 的方案。包括:企业信息门户、知识文档管理、客户关系管理、人力资源管理、资产管理、项目管理、财务管理、工作流程管理、供应链管理。

①企业信息门户(Information Portal)将企业的所有应用和数据集成到一个信息管理平台之上,并以统一的用户界面提供给用户,使用户可以快速地获取个性化的信息。

②知识文档管理模块(e-Document)在一个数据库中存储和管理各种信息和事务,e-Document 是存储企业电子数据的基础,知识积累和共享的平台。

③客户关系管理模块(e-CRM)将客户集成到服务、销售、产品和财务等视角中来,真正获得对客户 360 度的观察。

④资产产品管理模块(e-Logistics)对产品、服务、价格、资产等信息进行管理,并且通过 Internet 以及 Intrant 共享这些信息。

⑤项目管理模块(e-Project)管理与项目相关的信息,安排项目的计划、监督实施、监控项目的资金运转。

⑥人力资源管理模块(e-HRM)对企业的组织架构、职位构成以及各个员工的相关信息进行管理和维护,对用户在系统的中的角色权限和安全级别进行管理。

⑦财务管理模块(e-Financials)录入相关的数据,并形成各种报表,供管理层在线分析组织的经营状况和业绩表现。

⑧工作流程管理模块(e-Workflow)根据企业的组织和业务流程的不同,灵活的定制所需要的工作流程,实现企业运作的规范化、透明化和高效化。

(5)专门化

类似亚马逊、天猫这样的综合型电子商务网站数量不会增加了,用户对大牌电商有了品牌意识,而大量的利基电子商务会不断出现。利基市场指向那些被市场中的统治者、有绝对优势的企业忽略的某些细分市场或者小众市场,指企业选定一个很小的产品或服务领域,集中力量进入并成为领先者,从当地市场到全国再到全球,同时建立各种壁垒,逐渐形成持久的竞争优势。利基市场因互联网平台用户数量大,前提是这样的小众市场的产品或服务是用户的需求。利基市场电子商务的最大特点就是差异化,做别人还没有做的一小块市场来填补市场空缺,而差异化依赖的是创新思想。例如:现在很多的 O2O 市场做的都是小而美的服务,如打车市场,打车也分顺风车、快车、专车等;客运市场,也分货运或是搬家的运输服务等。通过这样的例子可以发现,即使是利基市场,只要能帮助用户解决问题,积少成多,也是可以发展下去的。

总之,未来的电子商务将会跨越空间,为更多人服务,不断普及电子商务市场,新的技术不断产生,商业模式也会不断革新,尤其是在国家推出"互联网+"行动计划的背景下,电子商务将会释放更大的能量,来改善我们的生活和工作,并创造价值。

思考题

1. 电子商务作用是什么?
2. 电子商务的分类是怎样的? 电子商务的基本模式有哪些?
3. 电子商务为什么会对企业经营形成压力? 企业应该如何应对这样的压力?
4. 企业为什么会频繁地改变自己的商业模式? 这样做有什么利弊?
5. 企业为什么愿意开展社交网络?
6. 公共社交网络(如 Facebook)与企业社交网络有哪些不同?

第 2 章
电子商务模式

📖 本章学习目标

- 了解网络经济与电子商务模式；
- 了解不同形式的电子商务概念及特征；
- 了解电子商务商业模式创新。

案例导入

豆瓣网商业盈利模式分析

豆瓣网是一家基于 Web 2.0 的网站。豆瓣从图书起步，并逐渐扩展到电影、音乐、旅游等领域，持续帮助每个人发现最适合自己的事物，找到自己的兴趣。在豆瓣上，用户可以自由发表有关书籍、电影、音乐的评论，可以搜索别人的推荐，所有的内容、分类、筛选、排序都由用户产生和决定，甚至在豆瓣主页出现的内容上也取决于用户的选择(图2.1)。这种独特的使用模式、持续的创新和对用户的尊重，让豆瓣被认为中国最有影响力的 Web 2.0 网站之一。豆瓣网通过用户自我创造与分享内容，形成无数个具有共同话题的小圈子，进而形成一个庞大的好友社区。目前，涉及的领域以个性的书评、影评和音乐评论为核心的交流内容，以此形成一系列的推荐机制。豆瓣主要通过用户点击及购买电子商务网站的相关产品，来获得收入。

自 2005 年 3 月成立至今 2012 年 8 月，豆瓣宣布其月度覆盖独立用户数 (Unique Visitors) 已超过 1 亿，日均 PV 为 1.6 亿。2013 年第二、三季度的豆瓣月度覆盖独立用户数均达 2 亿，较 2012 年同期增长一倍。作为一个社区，豆瓣不像通常社区网站为增加访问量而设积分和升级系统，它通过用户的收藏和评价来"推测"，靠自动排位上升。

可用性、操作性、人性化，是豆瓣坚持的 3 大原则。

产品定位:豆瓣表面上看去是一个评论(书评、影评、乐评)网站，但实际上它却提供了书目推荐和以共同兴趣交友等多种服务功能，它更像一个集 Blog、交友、小组、收藏于一体的新型社区网络。创始人杨勃在创站之初听取他人意见时，有人曾经提议，把网站做成一个面对手机用户的网站，杨勃则说:手机一年只出几十款产品，受众虽多，但是更适合专业的工程师们来评价。对于这种专业性与客观性极高的领域，一般用户将会以获取信息为主，缺少了互

图 2.1　豆瓣网站图

动。豆瓣网选择以图书为切入点,是因为书籍每年会出几万种,此前的书评主要由专家所出,而出版社的书评大多出于营销的目的。显而易见,没有人能了解全部的图书,豆瓣网就是要帮助用户去发现更多自身不知道但是却十分有价值的东西。对于一本图书,无论是专家还是普通的读者,不同的用户会都有不同的感受,用户将自己的评论在豆瓣网上进行分享,同时又可以了解其他用户对同一本书的不同想法,无形中大大丰富了网站内容。豆瓣网还把书评变为实际的商业模式,从而对购买者起到导向作用,这是豆瓣网成功的关键。目前,豆瓣网已经逐步扩展到电影、音乐、旅游等领域。豆瓣网通过和当当网、卓越网进行合作,由此产生的购买双方进行分成,此外还有一定的广告收益。杨勃表示,目前的分成已经能够满足网站的日常开销。以上只是以豆瓣网的读书版块为例,在电影、音乐板块等分享、互助和开放同样是豆瓣所倡导的目标。

盈利模式:豆瓣发展至今虽说拥有着5 000万的庞大注册用户资源,且网站发展规模也渐趋庞大,但因豆瓣网受制于其网站的设置风格及其遵循的发展路线等因素的影响,使其在网站盈利方面并没有像诸如新浪、搜狐等之类的热门网站一样,凭借着自身高访问量等优势坐收高额的广告效益,但要保证一个网站的日常运行势必得有着一定的资金支持,势必得有着一定收入去维持着它的发展。虽说豆瓣网相比较于新浪、搜狐等一线门户站的广告效益来说并不高,但豆瓣网也不例外有一定的收入。

电子商务分成:

①B2C电子商务网站分成:在豆瓣读书这一模块中,每本书的介绍页面的右上角均有一个区域,用于悬挂不同的购书网站的网站名和该书在此网站的价格,而购书网站的名称上都插有该网站对应书的网址链接,点击链接便可弹出购书网站的页面。每次有用户通过豆瓣网的链接进入该B2C电子商务网站购物,双方就会按照事先约定的比例进行利润分成。至今与豆瓣网合作的购书网站有5家,分别是卓越网、当当网、文轩网、北发读书网、99读书网

和京东网上商场。在读书频道,豆瓣除了与购书网站合作外,还与出版社合作,把出版社名称放在书的页面,但这种方式还只处于测试阶段。

②影院分成:在豆瓣电影这一模块中,会有对于电影的信息介绍。对于正在上映的最新电影,在这部电影的介绍页面的右上角处会列出"在线购票选座"信息框,在框中会有该电影的影讯链接,点击链接后网页将会跳转至豆瓣为该电影所设的影讯网页,网页内将罗列出各个与豆瓣合作的影院的地址等相关信息,以及播放该影片的时间安排,而同时每个电影播放时间都有链接,点击播放时间时,就会显示出一个小框,框内列出该电影在这时间播放的版本、时间长度、票价,以及在线购买该电影院影票的链接,通过该链接购买影票时,豆瓣网就会获得相应的分成。

③视频网站分成:对于已经下映的电影,这部电影的介绍页面的右上角处会列出"在哪儿看这部电影"信息框,在框中会有该电影的视频链接,用户点击链接后页面会跳转至该视频网站进行电影播放,豆瓣网便会得到相应的分成。

④其他:豆瓣音乐模块里也有上述类似的获得收入的形式,如与音乐碟、音乐下载服务、音乐会与音乐活动门票的销售网站链接而得到的分成。还有豆瓣同城推出不久的团购栏目,豆瓣在这栏目里发布团购信息,与拉手网、糯米网、美团网、乐团团网、聚美优品网等团购网合作,建立链接而获得销售分成。

在线广告:在线广告是网站最传统也是最常见的盈利模式,而在线广告就需要占据网页一定的界面,所以简约典雅的网页在作为豆瓣吸引用户的一大亮点的同时,也自然而然影响到豆瓣网在此方面的盈利,不过豆瓣也一直在摸索着既不会影响到网站风格与主旨,又可以增加其广告收入的盈利模式。最近这两年里,豆瓣也放宽了在线广告的投放限制,与其合作的广告商也逐渐增加。现今豆瓣网的在线广告是在豆瓣电影和豆瓣音乐页面的右上角以大小约为(7.3×7.3)cm 的界面挂出,和在豆瓣读书页面的右中部以(7.3×4.3)cm 的界面挂出。

(资料来源:http://site.douban.com)

2.1　网络经济与电子商务模式

2.1.1　网络经济概述

网络经济可以概括为一种建立在计算机网络(特别是 Internet)基础之上,以现代信息技术为核心的新的经济形态。它不仅是指以计算机为核心的信息技术产业的兴起和快速增长,也包括以现代计算机技术为基础的整个高新技术产业的崛起和迅猛发展,更包括由于高新技术的推广和运用所引起的传统产业、传统经济部门深刻的革命性变化和飞跃性发展。因此,绝不能把网络经济理解为一种独立于传统经济之外、与传统经济完全对立的纯粹的"虚拟"经济。它实际上是一种在传统经济基础上产生的、经过以计算机为核心的现代信息技术提升的高级经济发展形态。深化对知识经济的研究和认识,我们不难发现,尽管目前人们对未来经济的描述有多种说法,诸如知识经济、信息经济、后工业经济、新经济、注意力经济等,但它们的基础是相同的,这就是计算机与计算机网络,特别是国际互联网络。

2.1.2 网络经济的基本特征

1)快捷性

消除时空差距是互联网使世界发生的根本性变化之一。首先,互联网突破了传统的国家、地区界限,被网络连为一体,使整个世界紧密联系起来,把地球变成为一个"村落"。在网络上,不分种族、民族、国家、职业和社会地位、人们可以自由地交流、漫游,以此来沟通信息,人们对空间的依附性大大减小。其次,互联网突破了时间的约束,使人们的信息传输、经济往来可以在更小的时间跨度内进行。网络经济可以24小时不间断运行,经济活动更少受到时间因素制约。再次,网络经济是一种速度型经济。现代信息网络可用光速传输信息,网络经济以接近于实时的速度收集、处理和应用信息,节奏大大加快。如果说20世纪80年代是注重质量的年代,90年代是注重再设计的年代,那么,21世纪的头10年就是注重速度的时代。因此,网络经济的发展趋势应是对市场变化发展高度灵敏的"即时经济"或"实时运作经济"。最后,网络经济从本质上讲是一种全球化经济。由于信息网络把整个世界变成了"地球村";使地理距离变得无关紧要,基于网络的经济活动对空间因素的制约降低到最小限度,使整个经济的全球化进程大大加快,世界各国的相互依存性空前加强。

2)高渗透性

迅速发展的信息技术、网络技术,具有极高的渗透性功能,使得信息服务业迅速地向第一、第二产业扩张,使三大产业之间的界限模糊,出现了第一、第二和第三产业相互融合的趋势。三大产业分类法也受到了挑战。为此,学术界提出了"第四产业"的概念,用以涵盖广义的信息产业。作为网络经济的重要组成部分——信息产业已经广泛渗透到传统产业中去了。对于诸如商业、银行业、传媒业、制造业等传统产业来说,迅速利用信息技术、网络技术,实现产业内部的升级改造,以迎接网络经济带来的机遇和挑战,是一种必然选择。

3)自我膨胀性

网络经济的自我膨胀性突出表现在4大定律上,分别是摩尔定律(Moore's Law)、梅特卡夫法则(Metcalf Law)、马太效应(Matthews Effect)、吉尔德定律(Gilder's Law)。网络经济的4大定律不仅展示了网络经济自我膨胀的规模与速度,而且提示了其内在的规律。

4)边际效益递增性

边际效益随着生产规模的扩大会显现出不同的增减趋势。在工业社会物质产品生产过程中,边际效益递减是普遍规律,因为传统的生产要素——土地、资本、劳动都具有边际成本递增和边际效益递减的特征。与此相反,网络经济却显现出明显的边际效益递增性。

5)外部经济性

契约履行所产生的外部效应可好可坏,分别称为外部经济性和外部非经济性。通常情况下,工业经济带来的主要是外部非经济性,如工业"三废",而网络经济则主要表现为外部经济性。正如凯文·凯利提出的"级数比加法重要"的法则一样,网络形成的是自我增强的虚拟循环。增加了成员就增加了价值,反过来又吸引更多的成员,形成螺旋形优势。"一个电话系统的总价值属于各个电话公司及其资产的内部总价值之和,属于外部更大的电话网络本身",网络成为"特别有效的外部价值资源"。

6)可持续性

网络经济是一种特定信息网络经济或信息网络经济学,它与信息经济或信息经济学有着密切关系,这种关系是特殊与一般、局部与整体的关系,从这种意义上讲,网络经济是知识经济的一种具体形态,知识、信息同样是支撑网络经济的主要资源。美国未来学家托夫勒指出:"知识已成为所有创造财富所必需的资源中最为宝贵的要素,……知识正在成为一切有形资源的最终替代",正是知识与信息的特性使网络经济具有了可持续性。

7)直接性

为解释网络经济带来的诸多传统经济理论不能解释的经济现象,姜奇乎先生提出了"直接经济"理论。他认为,如果说物物交换是最原始的直接经济,那么,当今的新经济则是建立在网络上的更高层次的直接经济,从经济发展的历史来看,它是经济形态的一次回归,即农业经济(直接经济)—工业经济(迂回经济)—网络经济(直接经济)。直接经济理论主张网络经济应将工业经济中迂回曲折的各种路径重新拉直,缩短中间环节。信息网络化在发展过程中会不断突破传统流程模式,逐步完成对经济存量的重新分割和增量分配原则的初步构建,并对信息流、物流、资本流之间的关系进行历史性重构,压缩甚至取消不必要的中间环节。

2.1.3 网络经济的竞争原则

网络经济有着与传统经济迥然不同的特征、原理和规律。在网络经济中,企业必须顺应环境的变化,采取全新的竞争原则和竞争策略,方有可能在激烈的竞争中取胜。下面提出的5大竞争原则,勾画出一家公司由弱变强的若干重要途径。

1)主流化原则

网络公司相信,要使软件在市场中获得成功,必须激发大量需求。通过快速形成巨大的市场占有率,导航者成为这个领域的标准。这种为了赢得市场最大份额而赠送第一代产品的做法被称为主流化原则。主流化原则有助于吸引顾客,迅速提高市场份额,使企业在市场上占有主流地位。

主流化原则可以推广为:企业降低价格、锁定特定的用户群,发展长远的顾客。所谓锁定,是指通过吸引顾客,使顾客无法放弃你的产品以占领市场的过程。由于惯性、懒惰与时间的珍贵,人们愿意始终只与一个相对固定的公司进行交易。低价推动的正反馈机制是主流化原则的灵魂。微软公司通过每六个月发行一个新版本的方法,从用户身上获取大量利润。原用户不但本身被锁定在微软产品上,通过重复购买产生累积效应,而且还会向其亲戚朋友进行推荐,使微软产品的影响迅速扩大,在消费者心目中逐步变成一种时尚,一种非买不可的产品。这时,该产品已取得主流地位。

2)个人市场原则

在传统经济中,通行以全体顾客为对象的大批量生产、大众化销售方式。在网络经济中,出现了"柔性生产"技术。由于互联网的互动作用,企业易于了解消费者的个人偏好,可以借助于网络和计算机,适应个人的需要,有针对性地提供低成本、高质量的产品或服务。个体化产品的售价要比大批量生产的产品价格高,这不但因为支出的成本较高,而且因为它更容易激起顾客的购买欲望。Broad Vision 可在网上向人们提供经过剪裁的个人报纸。只要说出你感兴趣的新闻的范围、类型和侧重点,以及对于版面设计或其他方面的基本要求,你就能得到一份充满个人色彩的、图文兼茂的报纸。

3) 特定化原则

与个人市场原则密切相关的是特定化原则,即挖掘个人市场,然后瞄准市场中某类特定顾客。公司必须首先找出具有代表性的个人习惯、偏好和品位,据此生产出符合个人需要的产品。然后,公司找出同类型的大量潜在客户,把他们视作一个独立的群体,向他们出售产品(服务)。为了吸引特定顾客的注意力,公司应迎合他们共同的人生经历、价值观念和兴趣爱好,创造一个虚拟社会,唤起一种社区意识。虚拟社会能使客户树立对品牌的忠诚。在建立虚拟社会上投入的越多,得到的客户忠诚和收入回报就越多。

4) 价值链原则

一种产品的生产经营会有多个环节,每个环节都有可能增值,我们将其整体称作价值链。价值链原则包括 3 层含义:

其一,公司不应只着眼于价值链某个分支的增值,而应着眼于价值链的整合,着眼于整个价值链的增值。

其二,公司应尽可能多地拥有或控制价值链上的分支,并从中赚取尽可能多的利润。

其三,公司应缩短价值链,获取由被砍掉的价值链分支曾经获取的收入。

价值链的每一环节都应有价值增值,并使价值乘数达到最大。所谓价值乘数,是指增值总量与增加的投资之比。价值乘数的大小与客户数量、反应率、结账率(实际购买人数)和价格成正向关系,与广告费用成反向关系。公司应设法稳定价格、增加客户数量、提高反应率和结账率,减少广告费用。而要做到这一点,关键是瞄准特定市场、创造虚拟社会,锁定比较狭窄的客户群;或者运用"柔性生产",使个人需要得到较大的满足,使产品可以有更高的售价。换而言之,个人市场原则和特定化原则可使价值乘数达到最大化。

5) 适应性原则

由于互联性的存在,市场竞争在全球范围内进行,市场呈现出瞬息万变之势。精心制订好的发展计划,很可能在转眼间就成为一堆废纸。因此,对公司的经营策略及时作出调整,或使公司的组织结构具有足够的弹性,以适应市场的急剧变化,已成为任何公司必须遵循的最基本的竞争原则之一。公司的适应性原则包括 3 个方面的内容:公司产品的适应性、公司行为的适应性和公司组织的适应性。

公司产品的适应性:公司产品(服务)能适应消费者不断变化的个人需要。

公司行为的适应性:公司行为要适应市场的急剧变化。

公司组织的适应性:公司组织要富于弹性,能随着市场的变化而伸缩自如。

2.1.4　电子商务模式概述

电子商务模式,就是指在网络环境中基于一定技术基础的商务运作方式和盈利模式。研究和分析电子商务模式的分类体系,有助于挖掘新的电子商务模式,为电子商务模式创新提供途径,也有助于企业制定特定的电子商务策略和实施步骤。

2.1.5　电子商务模式类型

电子商务模式随着其应用领域的不断扩大和信息服务方式的不断创新,电子商务的类型也层出不穷,主要可以分为以下 7 种类型:

①企业与消费者之间的电子商务(Business to Consumer,即 B2C)。

②企业与企业之间的电子商务(Business to Business,即 B2B)。

③消费者与消费者之间的电子商务(Consumer to Consumer 即 C2C)。C2C 商务平台就是通过为买卖双方提供一个在线交易平台,使卖方可以主动提供商品上网拍卖,而买方可以自行选择商品进行竞价。

④线下商务与互联网之间的电子商务(Online To Offline 即 O2O)。这样线下服务就可以用线上来揽客,消费者可以用线上来筛选服务,还有成交可以在线结算,很快达到规模。该模式最重要的特点是:推广效果可查,每笔交易可跟踪。

⑤所谓 B2B 是 Business-To-Business 的缩写,意指供应方(Business)与采购方(Business)之间通过运营者(Operator)达成产品或服务交易的一种新型电子商务模式。

⑥BOB 是指供应方(Business)与采购方(Business)之间通过运营者(Operator)达成产品或服务交易的一种电子商务模式。

⑦B2Q 模式,通过在采购环节中引入第三方工程师技术服务人员,提供售前验厂验货、售后安装调试维修等服务。

1)B2C

企业与消费者之间的电子商务(Business to Customer,即 B2C)。这是消费者利用因特网直接参与经济活动的形式,类同于商业电子化的零售商务。随着因特网的出现,网上销售迅速地发展起来。

B2C 就是企业通过网络销售产品或服务给个人消费者。企业厂商直接将产品或服务推上网络,并提供充足资讯与便利的接口吸引消费者选购,这也是目前一般最常见的作业方式,例如网络购物、证券公司网络下单作业、一般网站的资料查询作业等,都是属于企业直接接触顾客的作业方式。可成以下 4 种经营的模式:

①虚拟社群(Virtual Communities):虚拟社群的着眼点都在顾客的需求上,有 3 个特质——专注于买方消费者而非卖方、良好的信任关系、创新与风险承担。

②交易聚合(Transaction Aggregators):电子商务即是买卖。

③广告网络(Advertising Network)。

④线上与线下结合的模式(O2O 模式)。

2) B2B

企业与企业之间的电子商务(Business to Business,即 B2B)。B2B 方式是电子商务应用最多和最受企业重视的形式,企业可以使用 Internet 或其他网络对每笔交易寻找最佳合作伙伴,完成从定购到结算的全部交易行为。其代表是马云的阿里巴巴电子商务模式。

B2B 电子商务是指以企业为主体,在企业之间进行的电子商务活动。B2B 电子商务是电子商务的主流,也是企业面临激烈的市场竞争、改善竞争条件、建立竞争优势的主要方法。开展电子商务,将使企业拥有一个商机无限的发展空间,这也是企业谋生存、求发展的必由之路,它可以使企业在竞争中处于更加有利的地位。B2B 电子商务将会为企业带来更低的价格、更高的生产率和更低的劳动成本以及更多的商业机会。

B2B 主要是针对企业内部以及企业(B)与上下游协力厂商(B)之间的资讯整合,并在互联网上进行的企业与企业间交易。借由企业内部网(Intranet)建构资讯流通的基础,以及外部网络(Extranet)结合产业的上中下游厂商,达到供应链(SCM)的整合。因此,通过 B2B 的商业模式,不仅可以简化企业内部资讯流通的成本,更可使企业与企业之间的交易流程更快速、更减少成本的耗损。

3) C2C

消费者与消费者之间的电子商务(Consumer to Consumer ,即 C2C)。C2C 商务平台就是通过为买卖双方提供一个在线交易平台,使卖方可以主动提供商品上网拍卖,而买方可以自行选择商品进行竞价。其代表是 eBay、淘宝电子商务模式。

C2C 是指消费者与消费者之间的互动交易行为,这种交易方式是多变的。例如,消费者可同在某一竞标网站或拍卖网站中,共同在线上出价而由价高者得标。或由消费者自行在网络新闻论坛或 BBS 上张贴布告以出售二手货品,甚至是新品,诸如此类因消费者间的互动而完成的交易,就是 C2C 的交易。

目前,竞标拍卖已经成为决定稀有物价格最有效率的方法之一,举凡古董、名人物品、稀有邮票等,只要是需求面大于供给面的物品,就可以使用拍卖的模式决定最佳市场价格。拍卖会商品的价格因为欲购者的彼此相较而逐渐升高,最后由最想买到商品的买家用最高价买到商品,而卖家则以市场所能接受的最高价格卖掉商品,这就是传统的 C2C 竞标模式。

C2C 竞标网站,竞标物品是多样化而毫无限制,商品提供者可以是邻家的小孩,也可能是顶尖跨国大企业;货品可是自制的糕饼,也可能是毕加索的真迹名画。且 C2C 并不局限于物品与货币的交易,在这虚拟的网站中,买卖双方可选择以物易物,或以人力资源交换商品。例如,一位家庭主妇以准备一桌筵席的服务换取心理医生一节心灵澄静之旅,这就是参加网络竞标交易的魅力,网站经营者不负责物流,而是协助市场资讯的汇集,以及建立信用评等制度。买卖两方消费者看对眼,自行商量交货和付款方式,每个人都可以创造一笔惊奇的交易。

4) C2B

消费者与企业之间的电子商务(Consumer to Business,即 C2B)。通常情况为消费者根据自身需求定制产品和价格,或主动参与产品设计、生产和定价,产品、价格等彰显消费者的个性化需求,生产企业进行定制化生产。

5)O2O

线上与线下相结合的电子商务(Online to Offline,即 O2O)。O2O 通过网购导购机,把互联网与地面店完美对接,实现互联网落地。让消费者在享受线上优惠价格的同时,又可享受线下贴心的服务。中国较早转型 O2O 并成熟运营的企业代表为家具网购市场领先的美乐乐,其 O2O 模式具体表现为线上家具网与线下体验馆的双平台运营。

6)BOB

供应方(Business)与采购方(Business)之间通过运营者(Operator)达成产品或服务交易的一种电子商务模式。核心目的是帮助那些有品牌意识的中小企业或者渠道商们能够有机会打造自己的品牌,实现自身的转型和升级。BOB 模式是由品众网络科技推行的一种全新的电商模式,它打破过往电子商务固有模式,提倡将电子商务平台化向电子商务运营化转型,不同于以往的 C2C、B2B、B2C、BAB 等商业模式,其将电子商务以及实业运作中品牌运营、店铺运营、移动运营、数据运营、渠道运营 5 大运营功能板块升级和落地。

7)B2Q

B2Q(企业网购引入质量控制),英文:Enterprise online shopping introducequality control,交易双方网上先签意向交易合同,签单后根据买方需要可引进公正的第三方(验货、验厂、设备调试工程师)进行商品品质检验及售后服务。

8)政府

企业与政府之间的电子商务涵盖了政府与企业间的各项事务,包括政府采购、税收、商检、管理条例发布,以及法规政策颁布等。政府一方面作为消费者,可以通过 Internet 网发布自己的采购清单,公开、透明、高效、廉洁地完成所需物品的采购;另一方面,政府对企业宏观调控、指导规范、监督管理的职能通过网络以电子商务方式更能充分、及时地发挥。借助于网络及其他信息技术,政府职能部门能更及时全面地获取所需信息,作出正确决策,做到快速反应,能迅速、直接地将政策法规及调控信息传达于企业,起到管理与服务的作用。在电子商务中,政府还有一个重要作用,就是对电子商务的推动、管理和规范作用。

2.2 B2B 电子商务

2.2.1 B2B 电子商务概述

B2B 即 Business to Business,而 B2B 电子商务是指企业与企业之间通过网络(互联网、内联网、外联网、专用网等)进行产品、服务及信息交换的电子商务活动。B2B 电子商务平台是指一个市场的领域的一种,是企业对企业之间的营销关系。电子商务是现代 B2B marketing 的一种具体主要的表现形式。它将企业内部网,通过 B2B 网站与客户紧密结合起来,通过网络的快速反应,为客户提供更好的服务,从而促进企业的业务发展。具体如表 2.1 和图 2.2、图 2.3 所示。

表 2.1　知名 B2B 网站

中国商务通	太平洋门户网	河北商贸网
阿里巴巴	一达通	CPbay 中国产品港湾
生意宝	全球五金网	际通宝
慧聪网	凡纳网	中国商业网
企发网	directindustry	中国制造交易网
B2B 建材网	中国供应商	爱致富网
数百亿网	环球资源	网商联盟
ECVV	72247 商务网	土佬哥商贸网
铭万网	百万网	蓝海网
中国食品交易网	商卖网	汽配中国网
外贸直通车	企汇网	书生商贸
中国制造网	物友网	昌盛商桥贸易网
中国网库	中国贸易资源网	黄页 88 网
百纳网	中国洁具网	天天新品网

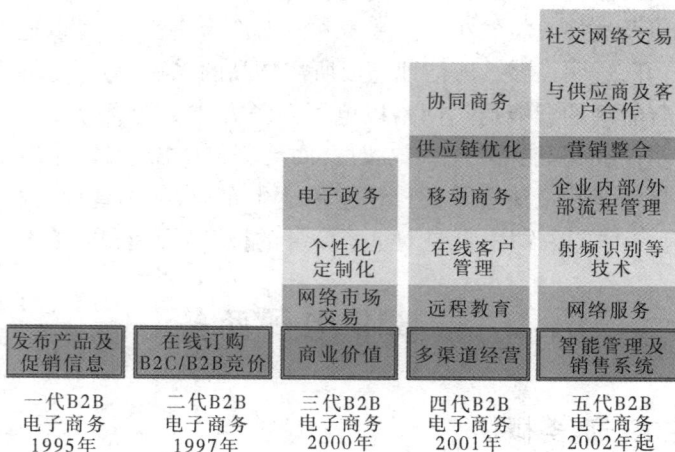

				社交网络交易
			协同商务	与供应商及客户合作
			供应链优化	营销整合
	电子政务	移动商务	企业内部/外部流程管理
	个性化/定制化	在线客户管理	射频识别等技术
	网络市场交易	远程教育	网络服务
发布产品及促销信息	在线订购 B2C/B2B竞价	商业价值	多渠道经营	智能管理及销售系统
一代B2B电子商务 1995年	二代B2B电子商务 1997年	三代B2B电子商务 2000年	四代B2B电子商务 2001年	五代B2B电子商务 2002年起

图 2.2　五代 B2B 电子商务

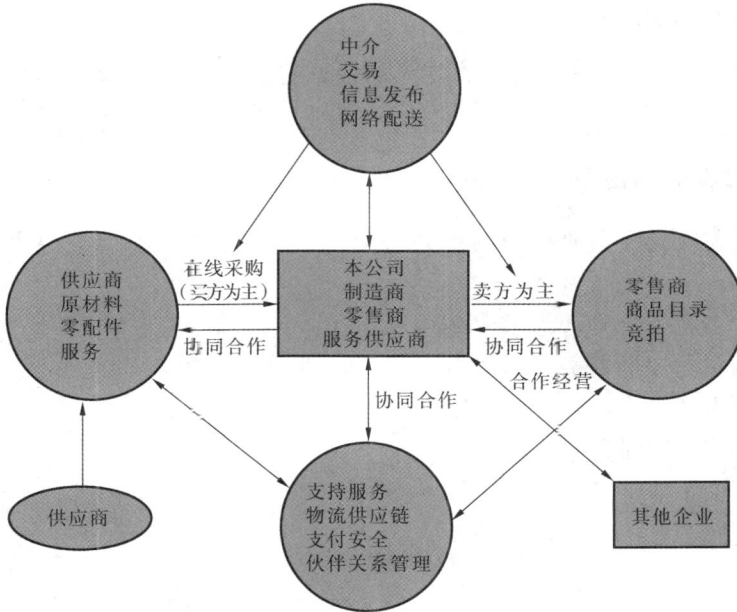

图 2.3　构成 B2B 的要素

2.2.2　B2B 电子商务的商业模式

B2B 电子商务模式是当前电子商务模式中份额最大、最具操作性、最易成功的模式。

面向制造业或商业的 B2B 模式称为垂直 B2B,垂直 B2B 可以分为两个方向,即上游和下游。生产商或商业零售商可以与上游的供应商之间的形成供货关系,比如 Dell 电脑公司与上游的芯片和主板制造商就是通过这种方式进行合作。生产商与下游的经销商可以形成销货关系,比如 Cisco 与其分销商之间进行的交易。

面向中间市场的 B2B 模式称为水平 B2B,水平 B2B 将各个行业中相近的交易过程集中到一个场所,为企业的采购方和供应方提供了一个交易的机会,像阿里巴巴、中国制造网、环球资源网、河北商贸网、东商网等。

2.2.3　B2B 电子商务的交易模式

B2B 电子商务模式按市场战略的不同又可以分为 3 种类型,即卖方控制型、买方控制型以及中介控制型。

1)卖方控制型市场战略

指由单一卖方建立,以期寻求众多的买者,旨在建立或维持其在交易中的市场势力的市场战略。

2)买方控制型市场战略

由一个或多个购买者建立,旨在把市场势力和价值转移到买方的市场战略,买方控制型市场战略除了由一个购买者直接建立的电子市场之外,还包括买方代理型和买方合作型两种买方控制型市场战略。

3）中介控制型市场战略

中介控制型市场战略是由买卖双方之外的第三者建立，以便匹配买卖双方的需求与价格的市场战略。

2.2.4 B2B 交易活动的类型

买方与卖方的数量，企业参与的形式，使得 B2B 电子商务形成了 4 种基本类型（图 2.4）。

①以卖方为主。一个卖家，多个买家。

②以买方为主。一个买家，多个卖家。

③网络交易市场模式。多个卖家对多个买家。

④供应链优化及协同商务模式。

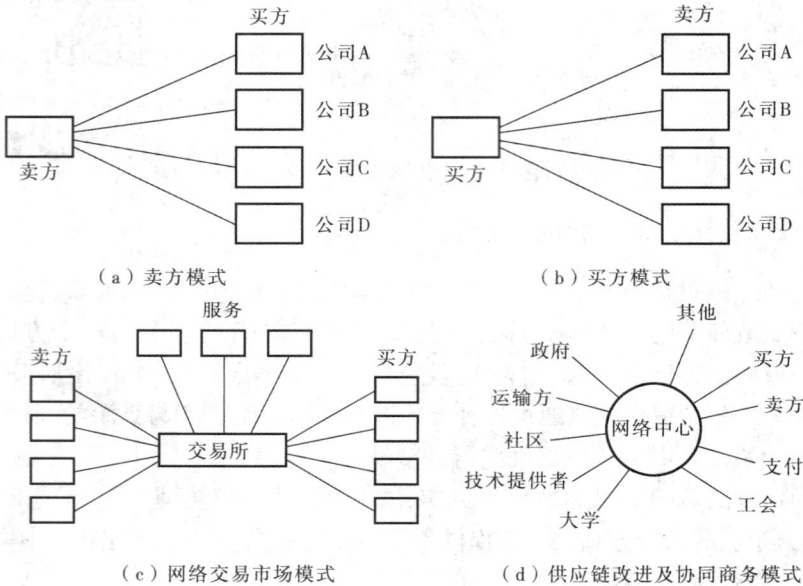

图 2.4　B2B 电子商务的类型

2.2.5 B2B 电子商务市场及服务的基本类型

B2B 电子商务市场有 3 种基本类型：

1）一对多及多对一的非政府网络市场

在一对多及多对一的市场中，一家企业扮演的角色或者单一的卖方（卖方为主的市场），或者是单一的买方（买方为主的市场）。从电子商务分类的角度看，这样的市场关注的是一家企业销售或是购买的需求，所以它也可以称为一家企业为中心的电子商务（Company-centric EC）。

在这样的市场中，某一家企业决定在交易中可以让谁参与，也有其来掌握信息系统。因此，这样的市场往往是独家操作的，运作的平台是买方或是卖方的公司网站，或者是在第三方(中介)的网站上。

2)多对多的多方交易市场

在多对多电子商务市场中,多方买家和卖家在网络上相遇,目的是参与相互之间的交易。这样的电子商务市场有多种,有的称作多方交易市场(Exchanges,Trading Communities,Trading Exchanges)。多方交易市场一般是由第三方经营,或者由产业联盟来运作。公共电子商务市场(Public E-marketplaces)的参与者则没有任何限制。

3)供应链优化及协同商务

B2B 电子商务交易较多地发生在供应链上的各家企业之间,因此,B2B 电子商务如何开展取决于供应链上既有的各种商务活动,例如生产、原材料采购、物流等。

企业间的交易并不局限于买卖活动,它还包括了协同商务,例如,沟通交流、协同设计、协同规则、信息共享等。

2.2.6 B2B 电子商务特征

1)交易各方:卖方、买方、中介

B2B 电子商务可以在制造商与客户之间直接进行,也可以通过网络中介(Online Intermediary)进行。中介是第三方,由其在买卖双方撮合交易。中介可以是虚拟的,也可以是砖瓦鼠标式的双渠道中介。将买家与卖家集成在一起的网络平台,是典型的 B2B 电子商务中介。

2)B2B 交易类型:企业如何采购

B2B 电子商务交易有现场采购与战略采购两种主要的形式。现场采购(Spot Buying)指的是一旦有需求就购买商品或是服务,购买的价格随行就市。买卖双方不一定要预先建立合作关系。股票交易和期货交易(原油、食糖、铜、谷物等)都属于现场采购的形式。战略采购(Strategic Sourcing,Systematic Sourcing)则是基于长期合同的购买活动,买卖双方是相互了解的。

现场采购在公共交易网站上完成比较省时省力。而战略采购则需要买卖双方面对面地谈判,这种谈判可以在线进行,也可以离线进行。谈判可以在企业自己的场所进行,也可以在公共交易场所的谈判室里进行。

3)交易商品的类型:企业采购什么

B2B 电子商务交易中主要采购两种商品:直接材料和间接材料。所谓直接材料(Direct Materials)是指直接用于生产的材料,例如生产汽车的钢材、印刷书籍的纸张等。直接材料的特征是一般可以预测和计划。它们一般不上架销售,采购量很大,而且采购前要为交易条件进行长时间的讨价还价。

间接材料(Indirect Materials)是生产、经营的辅助材料,例如办公用品、照明灯泡等。企业用它们来开展维修、日常经营等。有人也将它们称为非生产物资。

4)交易的方向

B2B 电子商务市场可以分为垂直市场和水平市场两种。垂直市场(Vertical

Marketplaces)是只针对一个行业或行业细分的市场,例如电子产品市场、汽车市场、医疗设备市场、钢材市场、化工市场等。而水平市场(Horizontal Marketplaces)则是供应各个行业都能使用的商品、服务市场,例如办公用品市场、电脑市场、旅游服务市场等。

B2B 电子商务市场的特征取决于市场上交易什么以及交易形式。例如,我们可以这样对 B2B 电子商务市场进行分类:

①战略采购加上间接材料 = 维修、保养、经营材料交易平台(水平市场);

②战略采购加上直接材料 = 销售直接材料的垂直市场;

③现场采购加上间接材料 = 面向现场采购的水平市场;

④现场采购加上直接材料 = 为 B2B 对方交易的垂直市场。

B2B 电子商务交易的特征见表2.2。

表 2.2　B2B 电子商务交易的特征

交易各方	交易的类型
买卖双方直接交易 通过中介交易 B2B2C:企业向企业客户销售,却递送给普通消费者	现场采购 战略采购
销售的商品	交易的方向
直接材料和易耗品 用于维修保养的间接材料 参与的企业数及参与形式 一对多:卖方为主的市场,网络店铺 多对一:买方为主的市场 多对多:多方交易的市场 多家相关的企业:协同合作,供应链	垂直的 水平的 开放程度 企业交易平台,有限参与者 企业交易平台,有限参与者 公共交易平台,不限参与者 企业交易平台,可以发挥公共交易平台的作用

2.2.7　B2B 电子商务的优势

B2B 电子商务提供了企业间虚拟的全球性贸易环境,大大提高了企业间商务活动的水平和质量,其突出优势表现在以下 4 个方面。

1)降低成本

对于企业而言,千方百计地降低成本是提高竞争力的重要策略,电子商务对于企业降低成本是行之有效的途径。一方面,电子商务能够降低营销成本。在任何商务活动中,经营者之间都要互相了解,互通信息,详细、深入地沟通和交流。与传统的营销方式相比,网络可以使企业以较低的费用进行宣传推广和信息传递。例如,企业可以利用各类门户网站制作链接和旗帜广告,也可以建立自己的网站为客户提供即时的商业信息、商品目录。另一方面,电子商务可以降低采购成本。对于企业来说,物资的采购是一个复杂的多阶段过程,需要耗费大量的时间、费用进行市场调查。而利用互联网进行采购,可以减少费用、提高效率。

2)提供超越时空界限的服务

B2B 电子商务帮助企业打破了时空的界限,使企业可以随时随地宣传企业形象,发布产品信息,并与客户、合作伙伴进行全方位的信息交流和沟通。在时间上,企业的网站可以全天候为客户、合作伙伴提供企业相关信息;在地域上,企业可以跨越国界把市场拓展到世界上的任何一个角落,增加了企业的贸易机会。

3)缩短订货和生产周期

更快、更准确的订单处理,可以降低安全库存量,提高库存补充的自动化程度,增强企业的快速反应能力,电子商务的应用加强了企业内部及企业间联系的深度和广度,改变了过去信息封闭的分阶段合作方式,使分布在不同地区的人员可以通过互联网协同工作,从而最大限度地减少因信息传递效率低而等待的时间。因此,B2B 电子商务可以缩短产品的生产周期,以同等的或较低的费用生产和销售更多的产品。

4)拓展市场,增强企业竞争力

B2B 电子商务可以使企业随时了解国际市场的供求变化,获得第一手的商业信息,用较低的成本与全球的贸易伙伴轻松沟通。B2B 电子商务是过去电子商务关系和商务活动的延续,是构筑在高信任度和商务合同的商务关系,能够更大限度地发挥企业对企业的大笔交易的潜在效益,这表现为供应的集中和配送的自动化实现,使企业能够快速拓展市场,增加贸易机会,增强竞争力。

2.2.8 企业开展 B2B 电子商务的基础及盈利模式

1)企业开展 B2B 电子商务的基础

B2B 电子商务是电子商务的主流模式,但是企业是否需要开展 B2B 电子商务,或者在何种情况下开展 B2B 电子商务,需要考虑以下 3 个方面的问题。

(1)企业的信息化水平

B2B 电子商务的开展不仅需要企业的基本的网络基础设施和电子商务平台,还需要有信息化、自动化的后台系统为其提供支持,包括企业资源计划(ERP)、计算机集成制造系统(CIMS)、供应链系统(SCM)等。这些先进的管理和制造系统是顺利实现 B2B 电子商务的重要条件,也是企业信息化水平的集中体现。缺少这些条件,企业即使能够利用 B2B 电子商务平台获得订单,也无法完全发挥 B2B 电子商务快速、高效、低成本、高集成性的优势。

(2)企业现有的市场框架

企业在决定是否采用 B2B 电子商务模式时,需要认真研究企业现有的业务系统,要分析 B2B 电子商务对企业现有的商务模式将产生怎样的影响。一般来说,如果 B2B 电子商务能够与现有商务模式形成良性互补,共同占领市场,则企业应当考虑开展 B2B 电子商务。如果 B2B 电子商务与现有商务模式存在严重冲突,可能会导致销售渠道混乱,则企业就要慎重考虑。

(3)企业的贸易伙伴应用 B2B 电子商务的状况

企业开展 B2B 电子商务不仅取决于企业的意愿,还取决于企业供应链的上下游贸易伙伴对于 B2B 电子商务的应用情况。如果贸易伙伴缺乏开展 B2B 电子商务的基本条件或还未开展任何形式的电子商务活动,则企业也无法应用 B2B 电子商务与其进行交易。从这个角度来看,电子商务效益的发挥在很大程度上取决于电子商务在企业中的推广应用程度和普及性。

2) B2B 电子商务的盈利模式

目前,各类 B2B 商务网站的主要收入来源包括会员费、广告费、竞价排名费、增值服务费、信息化技术服务费、代理产品销售收入、交易佣金、展览或活动收入等,下面主要介绍前面 5 种。

(1)会员费

企业通过第三电子商务平台参与电子商务交易,必须注册为 B2B 网站的会员,每年要交纳一定的会员费,才能享受网站提供的各种服务,目前会员费已成为我国 B2B 网站最主要的收入来源。比如阿里巴巴网站收取中国供应商、诚信通两种会员费,中国供应商会员费分为每年 4 万元和 6 万元两种,诚信通的会员费每年 2 300 元;中国化工网每个会员第一年的费用为 12 000 元,以后每年综合服务费用为 6 000 元;五金商中国的金视通会员费 1 580/年,百万网的百万通 600/年;Directindustry 工业 B2B 平台标准会员费 4 990 美元/年,增值方案6 942～19 266美元/年。

(2)广告费

网络广告是门户网站的主要盈利来源,同时也是 B2B 电子商务网站的主要收入来源。阿里巴巴网站的广告根据其在首页位置及广告类型来收费。中国化工网有弹出广告、漂浮广告、Banner 广告、文字广告等多种表现形式可供用户选择。

(3)竞价排名费

企业为了促进产品的销售,都希望在 B2B 网站的信息搜索中将自己的排名靠前,而网站在确保信息准确的基础上,根据会员交费的不同对排名顺序作相应的调整。阿里巴巴的竞价排名是诚信通会员专享的搜索排名服务,当买家在阿里巴巴搜索供应信息时,竞价企业的信息将排在搜索结果的前三位,被买家第一时间找到。中国化工网的化工搜索是建立在全球最大的化工网站上的化工专业搜索平台,对全球近 20 万个化工及化工相关网站进行搜索,搜录的网页总数达 5 000 万,同时采用搜索竞价排名方式,确定企业排名顺序。

(4)增值服务费

B2B 网站通常除了为企业提供贸易供求信息以外,还会提供一些独特的增值服务,包括企业认证、独立域名、提供行业数据分析报告、搜索引擎优化等。像现货认证就是针对电子这个行业提供的一个特殊的增值服务,因为通常电子采购商比较重视库存。另外针对电子型号做的谷歌排名推广服务,就是搜索引擎优化的一种,像 ecvv 这个平台就有这个增值服务,企业对这个都比较感兴趣。所以可以根据行业的特殊性去深挖客户的需求,然后提供具有针对性的增值服务。

(5)信息化技术服务费

B2B 网站通过提供技术化服务来扩大收入,如提供企业建站服务、产品行情资讯服务、企业认证、在线结算、会展、培训等。

2.3 B2C 电子商务

2.3.1 B2C 电子商务概述

B2C 中的 B 是 Business,即商业供应方(泛指企业),2(two)则是 to 的谐音,C 是 Consumer,即消费者。B2C 电子商务是按电子商务交易主体划分的一种电子商务模式,即表示企业对消费者的电子商务,具体是指通过信息网络以及电子数据信息的方式实现企业或商家机构与消费者之间的各种商务活动、交易活动、金融活动和综合服务活动,是消费者利用 Internet 直接参与经济活动的形式。

B2C 是企业对消费者直接开展商业活动的一种电子商务模式。这种形式的电子商务一般以直接面向客户开展零售业务为主,主要借助于互联网开展在线销售活动,故又称为电子零售(电子销售)或网络销售。

在今天,B2C 电子商务以完备的双向信息沟通、灵活的交易手段、快捷的物流配送、低成本高效益的运作方式等在各行各业展现了其极大的生命力。B2C 模式是我国最早产生的电子商务模式,以 8848 网上商城正式运营为标志。

2.3.2 B2C 电子商务的分类

1)综合型 B2C

发挥自身的品牌影响力,积极寻找新的利润点,培养核心业务。如卓越亚马逊,可在现有品牌信用的基础上,借助母公司亚马逊国际化的背景,探索国际品牌代购业务或者采购国际品牌产品销售等新业务。网站建设要在商品陈列展示、信息系统智能化等方面进一步细化。对于新老客户的关系管理,需要精细客户体验的内容,提供更加人性化、直观的服务。选择较好的物流合作伙伴,增强物流实际控制权,提高物流配送服务质量。

2)垂直型 B2C

核心领域内继续挖掘新亮点。积极与知名品牌生产商沟通与合作,化解与线下渠道商的利益冲突,扩大产品线与产品系列,完善售前、售后服务,提供多样化的支付手段。鉴于个别垂直型 B2C 运营商开始涉足不同行业,笔者认为需要规避多元化的风险,避免资金分散。与其投入其他行业,不如将资金放在物流配送建设上。可以尝试探索"物流联盟"或"协作物流"模式,若资金允许也可逐步实现自营物流,保证物流配送质量,增强用户的黏性,将网站的"三流"完善后再寻找其他行业的商业机会。

3)传统生产企业网络直销型 B2C

首先要从战略管理层面明确这种模式未来的定位、发展与目标。协调企业原有的线下渠道与网络平台的利益,实行差异化的销售,如网上销售所有产品系列,而传统渠道销售的产品则体现地区特色;实行差异化的价格,线下与线上的商品定价根据时间段不同设置高低。线上产品也可通过线下渠道完善售后服务。在产品设计方面,要着重考虑消费者的需求感觉。大力吸收和挖掘网络营销精英,培养电子商务运作团队,建立和完善电子商务平台。

4)第三方交易平台型 B2C 网站

B2C 受到的制约因素较多,但中小企业在人力、物力、财力有限的情况下,这不失为一种拓宽网上销售渠道的好方法。关键是中小企业要选择具有较高知名度、点击率和流量的第三方平台;其次要聘请懂得网络营销,熟悉网络应用,了解实体店运作的网店管理人员;再次是要以长远发展的眼光看待网络渠道,增加产品的类别,充分利用实体店的资源,既有仓储系统、供应链体系以及物流配送体系发展网店。

5)传统零售商网络销售型 B2C

传统零售商自建网站销售,将丰富的零售经验与电子商务有机地结合起来,有效地整合传统零售业务的供应链及物流体系,通过业务外包解决经营电子商务网站所需的技术问题,典型代表就是国美。

6)纯网商

纯网商指只通过网上销售产品的商家。纯网商的销售模式主要有自产自销和购销两种。纯网商是没有线下实体店的。

2.3.3　B2C 电子商务的主要商业模式

B2C 电子商务模式,是企业通过网络针对个体消费者实现价值创造的商业模式,是目前电子商务发展最为成熟的商业模式之一。其主要形式有门户网站、电子零售商、内容提供商、交易经纪人以及社区服务商等。

1)门户网站

门户网站是一个网站上向用户提供强大 Web 搜索工具,以及集成为一体的内容与服务提供者。随着网络经济的不断发展,尤其是信息搜索技术的不断提高,门户网站这种商业模式成为了网络的重要网站,在保持了强大的网络搜索功能外,向人们提供了一系列的高度集成的信息内容与服务,如新闻、电子邮件、即时信息、购物、软件下载、视频流等。从广义角度理解,门户网站是搜索的起点,向用户提供易用的个性化界面,帮助用户找到相关的信息。目前在中国,新浪网、搜狐网、易网已成为门户网站成功的范例。

在门户网站的发展中,逐步形成了水平型门户网站和垂直型门户网站两种类型。水平型门户网站将市场空间定位于互联网上的所有用户,如 Yahoo!、美国在线以及中国的新浪网、搜狐网、易网均称为水平型门户网站。垂直型门户网站的市场空间定位为某个特定的主题和特定的细分市场,如雅昌艺术网将市场定位为大型艺术品,通过资讯、交流、交易等各方面功能的整合,将艺术机构的传统形象及服务带入互联网世界,建立多赢的商业模式,现在已成为一家具有领导地位的艺术品市场增值资讯服务供应商。

2)电子零售商

电子零售商是在线的零售商,其规模各异,内容也相当丰富,既有像当当网一样大型的网上购物商店,也有一些只有一个 Web 界面的本地小商店。

1996 年前后,欧美发达国家出现了基于互联网的零售形式——电子零售。在随后的几年中,中国也产生了众多的网上商店。由于电子零售具有为消费者省时间、给消费者以方便、帮助消费者省金钱、向消费者传递优惠信息等优点,因此,对于这种新的零售形式的诞生,无论国内还是国外,消费者都表现了相当高的热情。

目前的电子零售商主要有两大类:一类是将传统实体商店与网络商店相结合形成的网络销售商店,人们通常称为"鼠标加水泥"型;另一类是纯粹由网络公司经营的网络销售商店,没有离线的实体销售商店的支撑与配合。

表 2.3 是 2012 年中国 B2C 在线零售商交易额 10 强。

表 2.3   2012 年中国 B2C 在线零售商交易额 10 强

名次	在线零售商	交易额/亿元	名次	在线零售商	交易额/亿元
1	天猫商城	2 072	6	小米手机网	100
2	京东商城	660	7	当当网	74.5
3	苏宁易购	188	8	易迅网	57.9
4	QQ 商城	115	9	唯品会	54.4
5	亚马逊中国	105	10	凡客诚品	45

3) 内容提供商

内容提供商是通过信息中介商向最终消费者提供信息、数字产品、服务等内容的信息生产商,或是直接给专门信息需求者提供定制信息的信息生产商。它通过网络发布信息内容,如数字化新闻、音乐、流媒体等。内容提供商将市场定位在信息内容的服务上,因此成功的信息内容是内容提供商模式的关键因素。信息内容的定义很广泛,包含了知识产权的各种形式,即所有以有形媒体(如书本、光盘或网页等)为载体的各种形式的人类表达。

内容提供商目前存在的最大问题是信息内容的版权问题。新兴的网络服务商很难拥有独一无二的信息源。在大多数情况下,信息服务主要由传统的内容提供商占领。如图书报纸出版商、广播台、电视台、音乐发行公司以及电影制片厂等,它们由于有传统而且稳定的信息来源,因此开展网上业务很有优势。

4) 交易经纪人

交易经纪人是指通过电话或者电子邮件为消费者处理个人交易的网站,采用这种模式最多的是金融服务、旅游服务以及职业介绍服务等。在金融服务方面,招商银行、中国工商银行等推出的网上银行服务成为金融个人服务的新亮点;在旅游服务方面,以携程网、春秋旅行网等为代表的旅游电子商务也纷纷通过电话或者邮件形式为旅游者提供便利;在职业介绍服务方面,中华英才网、前程无忧等是网上职业经纪人的代表。

5) 社区服务商

社区服务商是指那些创建数字化在线环境的网站,有相似兴趣、经历以及需求的人可以在社区中交易、交流以及相互共享信息。

社区服务商的盈利模式较为多样,包括收取信息订阅费、获得销售收入、收取交易费用、会员推荐费以及广告费等。从目前网络的发展来看,消费者对网络社区的兴趣不断提高,网络社区的市场机会相应增加,同时网络社区也不断增多,但面对同一个或者相似市场的社区重复现象较为严重,网络社区的市场细分没有深入应用。

2.3.4　B2C 电子商务的盈利模式

B2C 电子商务的经营模式决定了 B2C 电子商务企业的盈利模式。不同类型的 B2C 电子商务企业其盈利模式是不同的,一般来说主要通过以下 9 个方面获得盈利。

1) 销售本行业产品收入

通过网络平台销售自己生产的产品或加盟厂商的产品。商品制造企业主要是通过这样模式扩大销售,从而获取更大的利润。如 Dell 和海尔的电子商务网站。

2) 销售衍生产品收入

销售与本行业相关的产品,如中国饭统网出售食品相关报告、折扣订餐。

3) 产品租赁费

提供租赁服务,如太阳玩具开展玩具租赁业务。

4) 拍卖收费

拍卖产品收取中间费用,如汉唐收藏网为收藏者提供拍卖服务。

5) 销售平台费

接收客户在线订单,收取交易中介费,如九州通医药网、书生之家。

6) 特许加盟费

运用该模式,一方面可以迅速扩大规模,另一方面可以收取一定加盟费,如当当、莎啦啦、E 康在线等。

7) 会员费

收取注册会员的费用,有的电子商务企业都把收取会员费作为一种主要的盈利模式,如天猫商城等。

8) 信息发布费

发布供求信息、企业咨询等,如中国药网、中国服装网、亚商在线等。

9) 广告收入

广告收益几乎是所有电子商务企业的主要盈利来源。这种模式成功的关键是其网页能吸引大量的广告,吸引广大消费者的注意。

2.3.5　B2C 电子商务与 B2B 电子商务

1) B2B 在规模上远远大于 B2C

举一个简单的例子,消费品的交换流通可以简述为 B2B 原料采购、B2B 网上分销、B2C

零售 3 大环节。所以，单从销售规模上来看，B2B 就远远大于 B2C。

看一组美国统计局的数据，制造商销售收入占 44 360 亿元中的 42.0%，中间商销售收入（B2B 电商）占 51 660 亿元中的 52%，而零售商销售收入（B2C 电商）占 36 380 亿元中的份额仅有 4.0%。所以如果从销售额来看，B2B 对企业的影响程度也是远远大于 B2C 的。

2）B2B 的网上分销将成电商发展新趋势

国内电商市场不断扩大，互联网正在引发一场消费时代的变革，B2B 的网上分销将成电商发展新趋势。

（1）传统分销模式的局限

传统分销模式一般按地域进行，制造商—总代理—区域总代理—地方代理—零售商。经过层层环节后，产品最终流向消费者，并且在此期间，人员配置、管理缺陷等很多问题凸显出来。

网上分销则不具备以上这些局限，不仅突破了地域限制，并且可以将代理商与产品进行信息化、数据化管理。通过数据库就节约了很多精力，大大减少了人力、物力、财力的投入，节约了很多成本，并且使配送更加简捷、方便。

（2）网上分销渠道的潜力

通过 366EC 网上分销系统，企业可以节约很多成本，并且利用有限资源，跨过时间、地域限制获得更多利益。在网络上，拥有充足的空间和市场进行品牌宣传、产品推广；网上分销还可以和消费者进行直接接触，减少中间环节；可以掌控价格市场，避免价格战及不良竞争模式；可以开发各种渠道及代理，扩大分销市场等。

3）B2B 网上分销适用的对象

具有以下条件的企业都可以开展电子商务网上分销：

（1）传统批发商

通过网上分销，一是可以服务原有的下游代理商、分销商、零售商；二是可以拓展渠道范围，开发新的分销商、零售商，即四线至六线城市的中端零售商，利润渠道更加广阔，长尾收益更加丰富。

（2）传统连锁性商贸

传统连锁性商贸，可以通过网上分销整合卖家资源，扩展销售机会，对上游供应商具有更大的诱惑力。

2.3.6　B2C 电子商务模式分析

天猫经历了淘宝分拆、十月围城、更名天猫；京东经历了 C 轮融资 15 亿美元、组建大物流体系、大战各电商巨头；凡客经历了凡客体广告狂欢、产品种类扩张、公司巨额亏损。每次有这 3 家公司传出上市的消息时都得到了行业的激烈讨论，因为这 3 家巨头代表着 3 种 B2C 电商模式，这 3 种 B2C 电商模式各有优势。

1）天猫——为人服务做平台

虽然名字改了，但是天猫在 B2C 行业的领先地位还是无人能敌。天猫商城的模式是做网络销售平台,卖家可以通过这个平台卖各种商品,这种模式类似于现实生活中的购物商场,主要是提供商家卖东西的平台。天猫商城不直接参与卖任何商品,但是商家在做生意的时候要遵守天猫商城的规定,不能违规,否则他会处罚你。如果这家网络"购物商场"想赚更多的钱了,他就会增加租金,你不交他就会把你赶到(淘宝)集市上摆摊。而一些不服管制的业主就会拉大旗、耍大刀地跟这个商场的负责人理论。这就是天猫商城,与我们现实生活中的购物商场类似。

这种模式的优势是他的平台足够大,想卖什么就卖什么,前提是没有违法违规。商城负责维护这个平台的建立,而商户只管做自己的生意,盈亏要自负,与商城没有关系。不过不管你生意如何你都要交一定的场地费。如果想做推广你可以在商城内做做广告,搞搞促销活动,这些都是商户自愿的经营行为。商城负责竖立好自己的形象,能吸引足够多的消费者就够了,收入稳定。这种模式的优势在于随着市场变动,商户将会自行对市场做出反应,不需要商城去担忧。市场自由,没有太多条件限制,扩充性强。这种模式对于商城与商户都很稳定,除了一些管理上的纠纷,市场经营方面都是各顾各个的,不发生利益冲突。总的来说,这种模式优点在于收入稳定、市场灵活,商城不用花太多心思去管理各种产品的经营,而缺点在于盈利可能偏低,商城的战略变动可能会有商城内部商户的抵制,内部纠纷会比较多。不过这种模式更被商户们喜爱,因为他们可以在这个平台上获得利润,而京东的模式却是这些商户的敌人。

2)京东——自主经营卖产品

京东商城,2011 年 4 月 1 日宣布获得 15 亿美元的融资,从此京东商城便开始大手笔的"烧钱"行动。花费巨资自建物流体系、重金打广告、与行业竞争对手大打价格战。这些做法还是很有收获的,京东的市场份额不断提升。并且利用资金优势重创了线上与线下的竞争对手,彻底把国美和苏宁搞垮了,使得苏宁做起自己的网络商城苏宁易购,国美自建国美网络商城并收购库巴网来回击京东商城。

京东商城的模式就类似于现实生活中沃尔玛、乐购、家乐福等大型超市,引进各种货源进行自主经营。京东先通过向各厂商进货,然后在自己的商城上销售,消费者可以在这里一站式采购。京东自己负责经营这么庞大的网络商城,盈亏都看京东自己的经营能力。消费者购买时出现问题,直接找京东解决。

这种模式的优点在于他经营的产品多样,综合利润高。商城可以根据市场情况、根据企业战略对自己销售的产品做出整体调整。商城握有经营权,内部竞争小,对外高度统一。缺点在于内部机构庞大,市场反应较慢,竞争对手较多,产品种类扩充不灵活,容易与供货商发生矛盾,与京东商城类似的还有当当网等。

3)凡客——卖自己的产品

VANCL(凡客诚品),由卓越网创始人陈年创办于 2007 年,产品涵盖男装、女装、童装、鞋、家居、配饰、化妆品七大类,支持全国 1 100 城市货到付款、当面试穿、30 天无条件退换货。凭借极具性价比的服装服饰和完善的客户体验,凡客诚品很快成为了网民购买服装服饰的主要选择对象。

2010 年,凡客拥有超过 1.3 万名员工,30 多条产品线,产品涉及服装、家电、数码、百货等全领域,当年卖出了 3 000 万件服装,营收突破 20 亿元,同比增长 300%。到了 2011 年初,凡客 1 月份制订的目标营业额是 60 亿元,到 3 月份"修正"为 100 亿元。奔着如此远大的目标发展了 1 年,到了 2011 年末凡客库存达到 14.45 亿元,总亏损近 6 亿元,当年的凡客仅完成了 30 多亿的销售,是目标的三分之一。又顽强坚持两年后,凡客的结果是背负了高达十几亿元的债务和近 20 亿元的库存。2014 年凡客团队剩下不到 300 人。2016 年凡客团队仅仅还有 180 人左右,其中策划团队仅 3 人。2016 年 4 月 7 日,凡客 CEO 陈年发微博说:凡客十几亿元的债务和近 20 亿元的库存问题都已解决。凡客至今还活着。

2.4　C2C 电子商务

2.4.1　C2C 电子商务概述

C2C 电子商务(Consumer to Consumer)是指个人与个人之间的电子商务,是个体消费者之间的在线交易。这类商务活动还可以由第三方参与(eBay)或是在社交网络上进行,由它们自己组织、管理、促成交易。C2C 模式的思想来源于跳蚤市场,通过为个体买卖双方提供一个在线交易平台,使卖方可以在网上发布商品的拍卖信息,而买方可以自行选择商品竞价,或是由需购买商品的个人在网上发布求购信息,由多个卖者竞卖,或与买者讨价还价,最终达成交易的电子商务模式,这也是网络俗称的"网络拍卖"或"个人拍卖"模式。

这种模式为消费者提供了便利实惠,也为拍卖者提供了渠道,成为电子商务迅速普及与发展的重要环节。目前,该类模式的典型代表是美国的 eBay,国内的易趣、淘宝网等拍卖网站,拍卖的物品种类有计算机软硬件、家电、图书、手机等。

C2C 在线交易为网络购物和交易添加了新的色彩。C2C 交易在实体环境中是很多见的,例如二手房、车等二手交易。但是要在网络上开展起来还是有不少障碍,最主要的是买卖双方相互不了解,缺乏信任。于是,就出现了第三方支付平台(如支付宝等),还有网站提供的担保。C2C 在线交易的好处是它降低了买方的购物成本。当然,对于销售商品、服务的个体和小企业来说,销售成本也降低了。

如闲鱼网(图 2.5)是一个社区化的二手闲置交易市场,不仅支持各种同城及线上的担保交易,更安全,同时还有最专业的放心购二手商家,让你轻松在这买卖二手闲置。

社交网络(例如微博、微信、QQ,还有一些社交网络上的专用网页)为 C2C 在线交易的发展提供了理想的场所。人们以 C2C 在线交易的形式分享书籍或是销售服饰、鞋帽、化妆品,进行物物交换,销售其他商品,提供各类服务。

闲鱼官网

图2.5　闲鱼网站页面图

2.4.2　C2C 的应用形式

电子商务对传统的交易模式进行了重构。小企业甚至是个人都有与大企业相似的机遇。因此，许多网站相继问世，它们专门为个人与个人之间进行提供服务。以下是几种典型的应用模式。

1）C2C 拍卖活动

C2C 在线交易的一种成功的模式是在线拍卖。在许多国家，通过拍卖网站进行买卖十分流行。大多数买卖活动是中介网站操作的（易趣、淘宝），消费者可以登录一般的拍卖网站，也可以登录专门的拍卖网站，拍卖自己的产品或是竞价自己所需的商品。淘宝网，近几年向综合类购物网站发展，"万能的淘宝"就像机器猫一样，在上面一般都能找到自己需要的产品或服务。网络拍卖主要是通过一个网络拍卖平台进行的，由这个平台提供拍卖场地和有关技术支持以及知名度。网络拍卖网站的收入主要来自以下几个方面。

交易服务费。包括商品登录服务费、底价设置费、预售设置费、额外交易费、安全支付费、在线店铺费等。这笔费用根据交易的发送及内容收取，金额不等。

特色服务费。包括字体功能费、图片功能费、推荐功能费、属于促进交易活动的额外服务费，交易者可以根据需要使用。

增值服务费。信息发布费、辅助信息费，以及网络广告费等，也是根据需要选择使用项目。

成交手续费。又叫成交提成费，这是拍卖网站收入的最大来源，一般根据拍卖成交额的百分比收取。

2）分类广告

每天都有许多人通过分类广告销售产品和服务。网络上的分类广告有着诸多的优越性，例如，它的广告受众可以不受地域的限制，内容更新也非常快捷。这样做的结果就是供给一方的商品、服务数量增加了，而需求一方的潜在买家数量也大了。C2C 分类广告中，做得最好的是美国的 Craigslist。该网站上没有图片，只有密密麻麻的文字，标着各种生活信息,是个巨大无比的网上分类广告加 BBS 的组合。Craigslist 虽然看上去颇为乏味,但却是美国人最喜欢的网站之一。有人在这里卖掉自己的旧车,有人在这里租到中意的房子,有人在这里找到工作,还有人在这里找到女朋友。Craigslist 是一个免费自由平台,所有信息的发布都是自由和免费的,对于恶意信息的监控,网站主要倚赖的是客户的反馈。这是一个良性循环,网站的反馈越及时,人们就越信任该网站,也就会有越多的人自愿向该网站汇报他们发现的虚假信息。据国外媒体报道,美国市场调研公司 M:Metrics 公布的数据显示,分类信息网站 Craigslist 是美国手机用户浏览时间最长的网站,eBay 位居次席。目前,中国现在做得比较好的、知名的类似网站还比较少,有大型的招聘网站如 58 同城、赶集网等,但是这些网站上的信息质量不高,有很多中介公司不断发布招聘信息,用户不能获得真实可靠免费的信息,因为这些中介公司给求职者和用人单位提供对接需求,会变相收费,因此用户的体验很差,黏度下降,网站的流量就会减少。所以需要加强监控,鼓励真实有效的信息。

3) 个人服务项目

网络上有多种个人服务项目,例如律师、工匠、报税员、投资理财咨询、广告制作等知识类服务。现在有些网站提供这样的服务对接,例如威客模式。中国比较出名的猪八戒网,服务交易品类涵盖创意设计、网站建设、网络营销、文案策划、生活服务等多种行业。猪八戒网有百万服务商正在出售服务,为企业、公共机构和个人提供定制化的解决方案,将创意、智慧、技能转化为商业价值和社会价值。猪八戒网用服务宝还提供担保,为有才和有技术的人员创业提供了平台。

4) 社交活动中的 C2C 活动及虚拟设备交易

社交网络中的 C2C 交易包括实体产品如相机、服饰、鞋帽等以及数字产品如照片、视频、音乐、文档等,还有一些虚拟装备如游戏装备、游戏币等。近几年随着微信的发展,微商也成为一种流行的模式。

微商是什么?

微商(C2C)最早于 2012 年 7 月在广州、上海地区出现,随后以燎原之势迅速蔓延至北京、江苏、广东、浙江等发达省市。朋友圈微商的形成可能起源于朋友圈无意中分享的产品,比如在圈子中晒美白照片、奢侈品等。随后有人嗅到其中蕴藏的商机,形成了早期的微信代购群体。但是绝大多数人都支付不起高昂的奢侈品费用,朋友圈高仿品的出现迅速抓住了那些普通收入但是又存在较高物质虚荣心的群体。由此朋友圈 C2C 微商引爆了一个微商发展过程的小高潮。

在此之后,以面膜为主打的朋友圈微商出现了,这种大众化重复性的暴利消费品迅速占领了大量朋友圈,以至于提到微商绝大多数人都会联想到"朋友圈卖面膜的"。随后,有人开始卖化妆品、减肥药、水果、鸡蛋、大米等。可以用来买卖的几乎都有人尝试"微信摇一摇"。

于是,当人们打开微信之后,各种产品广告铺天盖地,假货、假海外代购更是屡见不鲜,严重损害了微信的用户体验。这时候,张小龙坐不住了,微信官方开始对于朋友圈卖货行为开展了一轮封杀。至此,势如破竹的微商终于遇到挫折,发展放缓。

此时,一些小品牌化妆品商发现,不少销售的快速增长中微商功不可没,它们的利益与微商紧密结合,共同的利益让有组织化的微商出现了。组织化的微商迎来了有一个大发展时期,至此微商进入代理模式阶段。早期从事微商的元老们摇身一变成为各个品牌的地区代理、总代理,同时通过发展很多不明就里的"小白鼠"当下级代理。但是绝大多数的产品并不受市场欢迎,全部积压在小代理与零售商的手里。这暴露出渠道管理的无力和混乱。所谓总代理并没有任何的管理经验和市场建设能力,只是依靠吸取众多下级代理的鲜血而暴富。同时,由于微商代理的管理混乱,部分微商甚至沦落为传销组织而引发法律性问题。与此同时,也有很多成功的个人借助微商强大的连接与分销能力获得成功,创造了月收入过万、上十万的神话。现在,微商在诸多问题引起了媒体与厂商的注意,越来越多的微商从业者认识到理性发展的重要性。

微商面临的问题

尽管微商的发展势头一时无两,但是在其火箭般制造一个又一个财富神话的同时,诸多弊端也逐渐显露出来。这些问题就如同机器上的螺丝钉,可能一颗两颗地掉落与损坏并不影响机器整体的运作,但是积少成多,问题不及时处理,总有一天会导致机器的整体崩溃。目前,微商主要面临以下几个方面的问题:

1. 微商的产品鱼龙混杂真伪难辨

对于微商这种新出现的商业模式,显然还没有完善的监管机制。在朋友圈的微商圈子中,既有物美价廉的真货,也有滥竽充数的仿品。特别是绝大多数人缺乏相关识别能力,甚至有些"代理"被蒙在鼓里,鹦鹉学舌式地分享推销产品,结果导致了微商中假冒伪劣、价格欺诈、虚假广告宣传事件层出不穷。

2. 微商从业人员素质参差不齐

据不完全统计,粤、浙、苏、京、沪等GDP领跑全国的省市微商已超过百万。如此庞大的从业规模难免出现素质低下的个别人员,但是这些人对微商的整体形象却产生极大的负面效果。微商中专门杀熟、以次充好、"宰肥羊"等现象层出不穷。

3. 微商运营模式粗鄙

虽然微商数目众多,但是"单打独干"式的独行侠最多,有组织、有分工的微商群体极少。很多人虽然从事"微商",但是缺乏相关微商运营知识,微商卖货还停留在暴力刷屏阶段,严重影响微信用户体验。有些微商拿到了企业的代理,但是一般的分销代理大部分都有销量要求,如果销量达不到,就会取消代理资格,重新转给新的代理商,有时候会使代理商为了保留代理权大量囤货,造成很大的经营风险。

4. 微商诱发法律风险

有些微商为追求较高的利润,拿到的所谓"正品"可能只是一批高仿产品而已。他们的下级代理商根本就不明真相,在分销过程中"复述"上一级代理的话,容易引起消费矛盾。出现质量问题,这种层层代理的模式也很难快速有效地解决。

除了上述问题外,微商这种新型商业也吸引了传销不法者的目光。新闻媒体已经报道了多起只为发展下线的微型版传销事件。"伪微商"用软件、网上工具和攻心营销发展下线,让分销商囤货,卖不出去时再传授"秘籍",就是继续发展下线建立自己的体系,最终的最下一级只剩手中一批卖不出去的面膜。之所以选择面膜,是因为面膜并非标准产品,成本和最终销售价格差距巨大,有足够的利润空间。

微商未来趋势

无论个人端微商还是企业微商均存在各自的缺陷——朋友圈卖货的个人微商缺乏优质的货源，在支付环节、物流环节以及售后方面存在先天不足；企业通过招收微商代理的形式虽然扩展了移动端销售渠道，但是又导致线上商品冲击线下门店、分销商散乱、渠道管理失控、市场混乱、内部价格战、分销商窜货等问题。

基于以上理由，单独朋友圈微商与企业微商的弊端都难以持久，会逐渐消亡。笔者非常看好微盟提出的微商模式：社会化移动社交电商模式。

在微商微盟模式中，以企业 B2C 微商为主，个人端 C2C 作为其补充分销方式。企业通过搭建统一的微信移动商城作为交易平台，让企业负责商品的上架下架、在线支付、客服咨询、运输物流、售后服务等环节，这样对于商品的质量与售后服务等消费者的切身权益有了直接保障。在商城中丰富的营销插件无论是一些节日商业活动的支持还是日常促销抑或单纯的提高客户黏度，这些在提高粉丝转化率上都是有很大帮助作用的。此外，商城的支付闭环、客服咨询工作、货物运送、售后技术支持等均关系到粉丝的购物转化率以及消费体验。

微商微盟模式中企业如何对微商分销做到强力管控呢？管控微盟自身的发展也是依托于庞大的分销加盟体系，企业微商分销所面临的诸多问题同样也曾困扰着微盟。结合自身的运营管理经验，微商微盟模式中由企业搭建一个统一的移动商城，每一个分销商或者线下门店都会有一个独立的分销商后台，分销商可以进行二维码管理、订单管理、粉丝管理、权限管理、财务管理、价格设置、买手推广等建立虚拟店铺，所有分销商无需囤货与发货，由企业负责相关物流环节与售后环节。企业可以移动商城后台越权查看所有分销商的销售信息。C2C 微商作为这种微商模式的重要补充：每一个品牌的消费者都可以申请成为微客，微客分享商品链接到朋友圈、微博、QQ 空间等社会化媒体上，通过熟人关系链实现口碑传播，一旦有人通过该链接进行交易，微客就能获得佣金，且佣金无需人力结算，SDP 自动进行分账。微盟本质上仍采取直销模式。无论是分销商还是微客，他们只推不销，核心目的是帮助拓展分销网络，发货环节仍由企业负责。

据笔者所知，像俏十岁、男人邦家纺、Happytee 等诸多知名品牌已经接入了微盟的微商分销系统，取得了相当不错的运营效果。因此，市场反馈的良好效果让人们有理由相信微盟用技术手段规范微商理性发展的战略是有十分广阔的商业前景。

2.5 C2B 电子商务

2.5.1 C2B 电子商务概述

马云说过："未来的世界，我们将不再由石油驱动，而是由数据驱动；生意将是 C2B 而不是 B2C，用户改变企业，而不是企业向用户出售——因为我们将有大量的数据，制造商必须个性化，否则他们将非常困难。"

C2B 电子商务模式就是消费者对企业，这里强调的是消费者的主导性和以消费者为中心的特点。C2B 电子商务模式关键在于通过 Web 2.0 的聚合技术将规模庞大的消费者聚集起来，形成一股合力，摆脱传统上消费者处于弱势地位的状态。C2B 网站本身作为交易平台,采用 Web 2.0 方式,聚集大量消费者,聚合消费者信息,以消费者为中心,作为消费者和企业的桥梁为消费者服务。C2B 电子商务模式主要应用于消费者联盟,个性化、定制化产品,个人经纪人 3 个方面。

C2B 存在的模式有如下几种。

1）聚定制

聚定制即通过聚合客户的需求组织商家批量生产,让利于消费者。天猫"双十一"的节前预售,即属于这种形式。其流程是在提前交定金抢占"双十一"优惠价名额,然后在"双十一"当天交尾款,这是"双十一"天猫最大的亮点。从"双十一"预热阶段各商家预售产品的火爆程度可管窥一二,带来了极大的增量,也奠定了"双十一"当天 350 亿元的成交基础。此类 C2B 形式对于卖家的意义在于可以提前锁定用户群,可以有效缓解 B2C 模式下商家盲目生产带来的资源浪费,降低企业的生产及库存成本,提升产品周转率,对于商业社会的资源节约起到极大的推动作用。聚划算、团购也属于聚定制的一种。

2）模块定制

聚定制只是聚合了消费者的需求,并不涉及在 B 端产品环节本身的定制。引领 C2B 模块式定制的当属海尔。海尔是国内率先引入定制概念的家电企业,通过海尔商城可以选择电器的容积大小、调温方式、门体材质、外观图案。2013 年上线的青橙手机也属于典型的模块化定制产品,手机的摄像头、屏幕、内存等参数均可以实现定制。这一类定制属于 C2B 商业模式里的浅层定制,它为消费者提供了一种模块化、菜单式的有限定制,考虑到整个供应链的改造成本,为每位消费者提供完全个性化的定制还不太现实,目前能做到的更多的还是倾向于让消费者去适应企业既有的供应链。

3）深度定制

深度定制也叫参与式定制,客户能参与到全流程的定制环节。厂家可以完全按照客户的个性化需求来定制,每一件产品都可以算是一个独立的 SKU（Stock Keeping Unit,库存量单位）,目前深度定制最成熟的行业当属服装类、鞋类、家具定制。以定制家具为例,每位消费者都可以根据户型、尺寸、风格、功能完全个性化定制,对现在寸土寸金的户型来说,这种完全个性化定制最大限度地满足了消费者对于空间利用及个性化的核心需求,因此正在蚕食成品家具的市场份额。而深度定制最核心的难题是如何解决大规模生产与个性化定制相背离的矛盾。深度定制典型的代表是定制家具企业尚品宅配新居网,这家被汪洋副总理称之为"这是传统产业转型升级的典范"的企业将 IT 技术与互联网技术进行深度整合,通过其设计系统、网上订单管理系统、条码应用系统、混合排产及生产过程系统解决了这一难题。

从 C2B 产品属性来分,可以分为实物定制、服务定制和技术定制。上面定制案例中提到的服装、鞋、家具等都属于实物定制。不久前,麦当劳公司正在美国加州南部市场测试"汉堡定制"项目也属于实物定制,该项目为用餐者提供了更多的定制化空间——可以通过安装于 iPad 上的菜单,在 20 种汉堡配料中任意选择搭配。此外,该菜单中还添加了 3 种全新的高价位特制汉堡。而服务定制大家比较熟悉的就是家政护理、旅游、婚庆、会所等中高端行业。技术定制最有前沿的方向是 3D 打印技术,作为科技界的"当红明星",3D 打印已遍及航空航天、医疗、食品、服装、玩具等各个领域,在拓展自身领地的同时,也潜移默化地改变着人们对于制造业的传统观念。3D 打印机也属于 C2B 时代的产物,如果能解决快速批量定制将引发下一次的工业革命浪潮。

2.5.2　C2B 电子商务案例

天猫购物节预售模式助商家精准锁定消费者

所谓 C2B 就是集采预售模式,互联网可在短时间内快速聚集单个分散的消费需求,给卖家一个集采大订单,卖家预先拿到订单后,可从供应链的后端、中端或前端进行优化,从而大大降低商品成本,给消费者优质价低的同时,也最大程度保障了卖家的利润。

经过此次"双十一",不少商家都感受到了 C2B 的优势,效率高、利润高、降低成本。因此,有业内人士预计,未来将有越来越多的店铺尝试 C2B 模式,"大家都尝到了这种模式的甜头,所以我们以后在淘宝、天猫购物的时候,恐怕会越来越多地看到无库存的商品,先预订后制作,发货时间会推迟。"

天猫提供的数据显示,仅仅一天,东北有机大米卖出 14 万斤(1 斤 = 0.5 千克),新疆阿克苏有机苹果卖出 2.5 万厂,家具建材卖出 58 万件,数码家电类 10 万件,整车卖出 2 100 辆。研讨会上,茵曼总经理方建平表示,通过预售,确实从供应链端就降低了生产成本,让消费者获得了更大实惠。"今年 11 · 11 之前,6 个定制款在天猫的预售平台展示订购,当时只是打好样衣,并没有货。"接到预售汇聚的消费者订单后才开始生产,其中 2 个款式就卖出 2 万多件。

随着网购的不断发展,网购平台也在逐步升级。而预售正在成为电商常用的模式。

近日,天猫"11 · 11 购物狂欢节"预售正式开始,消费者可登陆预售平台先付定金再付尾款购得商品,预售商品包括稀缺品、集采商品以及根据消费者个性定制的商品。

预售模式的推出将有助于商家更加精准地锁定消费者、提前备货,更有效地管理上下游供应链。这被业界视作对 C2B(即消费者对企业 Customer to Business)电商模式的新探索,也打响了天猫"11 · 11 购物狂欢节"的第一炮。

不仅锁定消费,商家们也纷纷拿出优惠券刺激消费。从 11 日开始包括 ONLY、adidas、飞利浦、海尔、宏碁等在内的几乎覆盖全类目的 1 500 多个品牌也全力参与优惠券发放,优惠券价值总额将突破千亿元级别,所有优惠券仅限"11 · 11"当天使用。

"请出价 C2B"受邀世界互联网大会

2015 年 12 月 16 日,第二届世界互联网大会在浙江乌镇拉开帷幕,"请出价 C2B"作为 C2B 电商行业和"二次元"垂直电商平台的代表应邀出席并和各位大佬一起同台发表演讲,其创始人兼 CEO 张帅在本次大会上发表主旨为"C2B 在供给侧改革中的角色"的重要演讲。

需求是核心,是供给侧改革中最重要的一环,C2B 是最好的需求汇集器。在习总书记和中央财经领导小组重点推进的供给侧改革中,核心问题在于需求与供给方的错位,我国有强大的规模化生产能力,但是无法满足日益增长的消费升级需求。也正因此无法把握 C 端需求的变化,而且看似强大的 B 端无法及时供给,只能让需求外溢,导致海淘盛行,原因很简单:"土和尚给不了的自然有洋和尚可以给。"

C2B 是什么?简而言之,就是汇集 C 端用户需求,反馈给 B 端供应商,高效匹配供需。

B端需要通过通路了解到老C端的新需求以及新C端的不同需求，才能发挥自己的供给能量。

未来"C2B"会从更为有趣的"二次元"类目兴起

在"90"后"95"后所代表的全新C端群体中，ACGN（Animation、Comic、Game、Novel）主宰的"二次元"世界里他们是原住民。这个次元中的个体需求更加多样化，对B端来说更难把握，不是刷电视台、砸广告就可以解决的。他们是趋多样化和反大众的，只有他们内心认可的大神（KOL），才可以进入他们的世界，燃起他们的"爱"（需求转化）。

如何在看似无解的快速变化C端需求中找到B（供给）端正解

"二次元"新世界中，KOL（Key Opinion Leader，意见领袖）将成为节点，在这些节点以及分支结构下，构成了兴趣、价值观、需求高度统一的群落。这样的伞状结构下，"伞尖"成为B端可以快速切入并抓住需求的关键性节点，也是C2B发挥节点桥梁作用之地。

举个例子，就目前"请出价C2B"团队的数据反馈，美漫系所代表的衍生品会比日漫系的衍生品需求更加统一且转化率与客单价更高，这可能跟以下4个方面相关：美漫系的KOL较少，相对应的C端需求更统一，节点容易抓取，美漫B端强大且灵活。这也恰恰印证了C2B电商在新生代需求中的桥梁作用。

"请出价C2B"创始人张帅在大会上的观点值得电商人思考："传统B2C电商在新消费群体中的作用力正在失效，而更契合人性需求的'发起即被满足'的C2B电商正在迭代老电商前辈的市场，直到完全取代。"

解释：所谓"供给侧改革"，就是从供给、生产端入手，通过解放生产力，提升竞争力促进经济发展。具体而言，就是要求清理僵尸企业，淘汰落后产能，将发展方向锁定新兴领域、创新领域，创造新的经济增长点。说得通俗点：想必大家都听过"需求侧"，就是那个有消费、投资、出口三驾马车的"需求侧"，"供给侧"则与"需求侧"相对应，与此同时，"供给侧"是劳动力、土地、资本和创新4大要素。

红领能为200万人定制衣服

外贸创新发展

几十年前，我们穿的是妈妈手工缝制的粗布衣服；进入工业化以后，我们穿上了个性化衣服，从这时候起，差异化需求与同质化生产的矛盾就成为服装业的一个痛点。能不能整合工业化生产资源，让顾客以低廉的价格享受私人定制般的服务？

在青岛红领集团的酷特智能系统上，通过量体等方式采集到体型数据后，全世界各地的顾客都可以在客户端上定制服装。从款式、面料、色系到肩型、口袋、绣字等诸多细节，顾客均可以根据自己的喜好来选择和设计。订单生成后，系统实时传入工厂排单生产，经过自动排版、自动剪裁、工业化生产、智能入库，然后包装发货，送到客户手里，整个过程只需7天。

借助这个神奇的"魔幻工厂"，红领集团在中国服装制造业订单持续下滑、许多服装企业经营跌入谷底的背景下逆势飞扬，2015年服装定制业务销售收入年增长率在100%以上，其中70%的订单来自欧美市场。

图2.6是红领集团官网首页画面。

2.6　红领官网首页

十年探索,"魔幻工厂"惊艳亮相

成立于1995年的红领集团曾经是一家传统的外贸加工企业,以接单代工为主要经营模式。红领集团董事长张代理说,他用了十年时间,一直在执着地打造"魔幻工厂"。早在2003年,红领就开始摸索信息化与工业化紧密结合的新商业模式,并且将定制业务注册成立了青岛酷特智能股份有限公司,专注研究实践"互联网＋工业",创造了C2M(顾客对工厂)的直销定制平台。

在生产车间,记者看到每一件定制产品都有一个伴随生产全流程的电子芯片,C2M平台以指令的方式将订单信息转换成生产任务并分解推送给每个工位,每个工位通过计算机终端从互联网云端下载和读取电子芯片上的订单信息,按要求完成加工。基于物联网技术,多个生产单元和上下游企业通过信息系统传递和共享数据,实现了整个产业链的协同,大大提高了生产效率。

大数据库,解决传统技术瓶颈

"个性化定制的瓶颈在于传统的手工打版。"红领集团总裁张蕴蓝介绍说,在西服制作中,打版这个环节相当于建筑业上的图纸设计。一个熟练的打版老师傅一天最多能打两个,还容易出现误差。如果使用手工打版,每天生产1 500多套定制西服就至少需要近千个打版师傅。张蕴蓝回忆说,从2003年以来,红领投入数亿元资金,以国外客户为主体,用3 000多人的工厂做试验室,研究积累了海量的版型数据、款式数据和工艺数据,囊括了服装设计行业的所有流行元素,建立了有超过百万亿种设计组合的数据库。"有了大数据的支持,一件西服只需要5分钟就可以自动排出版来。"张蕴蓝对记者说。

采访中,记者被工作人员带上了一辆外观极富魔幻色彩的大巴车。大巴上安装了具有世界先进水平的3D量体仪,仅需一两秒钟就能自动完成量体,获取顾客19个部位的22个数据。"我们将在全球投放3 000辆这样的量体大巴车。"红领集团董事长张代理表示,"我们将来不仅要卖定制西装,还要卖个性化穿着方案——不同场合、不同季节,从内衣到外衣甚至包括鞋子、箱包等在内的整套服饰解决方案。"

红领借助信息科技,经过十年验证历程,数亿资金投入,成功推出全球互联网时代的个性化定制平台——全球服装定制供应商平台,跨越时空、国界,消除了文化、语言障碍,为全球服装定制产业树立了新的里程碑。全球服装定制供应商平台,使传统产业深层融入科技,将服装定制的数字化、全球化、平台化变成现实,把复杂的定制变得简单、快速、高质、高效。7个工作日交付成品,一次性满足客户的个性化需求,真正实现了服装全定制、全生命周期、全产业链个性化定制的全程彻底解决方案。

全球服装定制供应商平台

无限制的自主设计,提供多种数据采集解决方案,真正实现一人一板、一衣一款、一件一流、超预期满足客户的个性需求。

全工艺快速服务优势

全手工、半手工、全毛衬、半毛衬、黏合衬的单体定制优势;7个工作日交付成品,小批量、多品种、快速加工和快速补货的生产优势。

标准化质保体系

确保定制服装精准合体、质量稳定;超强满足能力,客户只需经营好品牌,公司提供服装定制全程彻底解决方案。

裸价定制,打造成本优势

个性化的工业化生产,极大降低成本,顾客可以用最简单快捷的方式,最合理的价格穿上属于自己的专属服装,让奢侈品不再奢侈。

"消费者需求"直接驱动制造企业有效供给的电商平台新业态

现在零售的产品越来越贵,是因为厂家将库存、渠道和商场等中间商加价、营销费用分摊给消费者,推动了价格不断上涨。红领自主研发了在线定制直销平台——C2M平台(Customer to Manufactory 消费者需求驱动工厂有效供给)。

C2M平台是用户的线上入口,也是大数据平台,支持多品类多品种的产品在线定制。消费者通过电脑、手机等信息终端登录,在线自主选择产品的款式、工艺、原材料,在线支付后生成订单,实现从产品定制、交易、支付、设计、制作工艺、生产流程、后处理到物流配送、售后服务全过程的数据化驱动和网络化运作。顾客下单后,工厂才进行生产,没有资金和货品积压,运营简单,实现了"按需生产、零库存",可以最大限度地让利给消费者,而消费者也无需再分摊企业成本。定制生产在成本上只比批量制造高10%,但收益却能达到两倍以上。目前,通过C2M平台可定制产品的品类覆盖3岁以上男士、女士正装全系列产品,包括西服、西裤、马甲、大衣、风衣、礼服、衬衣等,款式消费者可以自主设计,3万多种面料和辅料可以选择。C2M同时具有很大的拓展性,红领计划将其打造成"跨界别、多品类、多品种、企业级"的跨境电商定制直销平台,即除服装外,其他类别的产品也可以实现在线定制。全球客户在C2M平台上提出定制产品需求,平台将零散的需求进行分类整合,分别链接平台上运作的N个工厂,完成定制产品的大规模生产和配送,凝聚出制造和服务一体化、跨行业、跨界别的庞大产业体系,产生非常价值。

来自光明网

2.6　O2O 电子商务

2.6.1　O2O 电子商务概述

O2O 即 Online To Offline,是指将线下的商务机会与互联网结合,让互联网成为线下交易的前台,这个概念最早来源于美国。O2O 的概念非常广泛,只要产业链中既可涉及线上,又可涉及线下,就可通称为 O2O。O2O 侧重服务性消费,包括餐饮、电影、美容、SPA、旅游、家政、健身、打车、租房等。O2O 电子商务模式需具备 5 大要素:独立网上商城、国家级权威行业可信网站认证、在线网络广告营销推广、全面社交媒体与客户在线互动、线上线下一体化的会员营销系统。

1) O2O 的发展历程

①在 1.0 早期的时候,O2O 线上线下初步对接,主要是利用线上推广的便捷性等把相关的用户集中起来,然后把线上的流量倒到线下,主要领域集中在以美团为代表的线上团购和促销等领域。在这个过程中,存在着主要是单向性、黏性较低等特点。平台和用户的互动较少,基本上以交易的完成为终结点。用户更多是受价格等因素驱动,购买和消费频率等也相对较低。

②发展到 2.0 阶段后,O2O 基本上已经具备了目前大家所理解的要素。这个阶段最主要的特色就是升级为服务性电商模式:包括商品(服务)、下单、支付等流程,把之前简单的电商模块,转移到更加高频和生活化场景中来。由于传统的服务行业一直处在一个低效且劳动力消化不足的状态,在新模式的推动和资本的催化下,出现了 O2O 的狂欢热潮,于是上门按摩、上门送餐、上门生鲜、上门化妆、滴滴打车等各种 O2O 模式开始层出不穷。在这个阶段,由于移动终端、微信支付、数据算法等环节的成熟,加上资本的催化,用户出现了井喷,使用频率和忠诚度开始上升,O2O 开始和用户的日常生活开始融合,成为生活中密不可分的一部分。但是,在这中间,有很多看起来很繁荣的需求,由于资本的大量补贴等,虚假的泡沫掩盖了真实的状况。有很多并不是刚性需求的商业模式开始浮现,如按摩、洗车等。

③到了 3.0 阶段,开始了明显的分化,一个是真正的垂直细分领域的一些公司开始凸显出来。比如专注于快递物流的递递易,专注于高端餐厅排位的美味不用等、专注于白领快速取餐的速位。另外一个就是垂直细分领域的平台化模式发展,由原来的细分领域的解决某个痛点的模式开始横向扩张,覆盖到整个行业。比如饿了么从早先的外卖到后来开放的峰鸟系统,开始正式对接第三方团队和众包物流。以加盟商为主体,以自营配送为模板和运营中心,通过众包合作解决长尾订单的方式运行。配送品类包括生鲜、商超产品,甚至是洗衣等服务,实现平台化的经营。2013 年 6 月 8 日,苏宁线上线下同价,揭开了 O2O 模式的序幕。

2) O2O 的消费流程

与传统的消费者在商家直接消费的模式不同,在 O2O 平台商业模式中,整个消费过程由线上和线下两部分构成。线上平台为消费者提供消费指南、优惠信息、便利服务(预订、在线支付、地图等)和分享平台,而线下商户则专注于提供服务。在 O2O 模式中,消费者的消

费流程可以分解为 5 个阶段:

（1）第一阶段：引流

线上平台作为线下消费决策的入口,可以汇聚大量有消费需求的消费者,或者引发消费者的线下消费需求。常见的 O2O 平台引流入口包括:消费点评类网站,如大众点评;电子地图,如百度地图、高德地图;社交类网站或应用,如微信、人人网。

（2）第二阶段：转化

线上平台向消费者提供商铺的详细信息、优惠(如团购、优惠券)、便利服务,方便消费者搜索、对比商铺,并最终帮助消费者选择线下商户、完成消费决策。

（3）第三阶段：消费

消费者利用线上获得的信息到线下商户接受服务、完成消费。

（4）第四阶段：反馈

消费者将自己的消费体验反馈到线上平台,有助于其他消费者作出消费决策。线上平台通过梳理和分析消费者的反馈,形成更加完整的本地商铺信息库,可以吸引更多的消费者使用在线平台。

（5）第五阶段：存留

线上平台为消费者和本地商户建立沟通渠道,可以帮助本地商户维护消费者关系,使消费者重复消费,成为商家的回头客。

3）O2O 电子商务作用

O2O 的优势在于把线上和线下的优势完美结合。通过网购导购机制,把互联网与地面店完美对接,实现互联网落地。让消费者在享受线上优惠价格的同时,又可享受线下贴心的服务。同时,O2O 模式还可实现不同商家的联盟。

①O2O 模式充分利用了互联网跨地域、无边界、海量信息、海量用户的优势,同时充分挖掘线下资源,进而促成线上用户与线下商品与服务的交易,团购就是 O2O 的典型代表。

②O2O 模式可以对商家的营销效果进行直观的统计和追踪评估,规避了传统营销模式的推广效果不可预测性,O2O 将线上订单和线下消费结合,所有的消费行为均可以准确统计,进而吸引更多的商家进来,为消费者提供更多优质的产品和服务。

③O2O 在服务业中具有优势,价格便宜,购买方便,且折扣信息等能及时获知。

④将拓宽电子商务的发展方向,由规模化走向多元化。

⑤O2O 模式打通了线上线下的信息和体验环节,让线下消费者避免了因信息不对称而遭受的"价格蒙蔽",同时实现线上消费者"售前体验"。

对本地商家来说,O2O 模式要求消费者进行网站支付,支付信息会成为商家了解消费者购物信息的渠道,方便商家对消费者购买数据的搜集,进而达成精准营销的目的,更好地维护并拓展客户。通过线上资源增加的顾客并不会给商家带来太多的成本,反而带来更多利润。此外,O2O 模式在一定程度上降低了商家对店铺地理位置的依赖,减少了租金方面的支出。

对消费者而言,O2O 提供丰富、全面、及时的商家折扣信息,能够快捷筛选并订购适宜的商品或服务,且价格实惠。

对服务提供商来说,O2O 模式可带来大规模高黏度的消费者,进而能争取到更多的商家资源。掌握庞大的消费者数据资源,且本地化程度较高的垂直网站借助 O2O 模式,还能为商家提供其他增值服务。

2.6.2 O2O 电子商务案例

O2O 对零售业的影响

零售是大行业,但近年来传统零售增速在放缓,传统业态中,只有便利店等少数业态仍能保持高速增长。消费人群的变化带来消费习惯的改变,给电商带来崛起与演进的机会,从传统的 B2C 电商到新兴的社区电商、O2O 业态,零售的本质从来都没有改变,供应链仍是核心基础,但营销手段、仓储物流的模式等发生了变化。

零售的本质主要由信息流、物流和资金流构成。信息流是指传统商品的陈列、展示、促销等,更多的是在营销方式上;物流牵扯到仓储和运输,以及末端到达用户的方式;资金流主要指资金支付的流转方式上。而新的 O2O 零售将信息流、物流、资金流进行了重新组织和改造,带来的是供应链流程、消费体验、获客方式与用户价值的变化。

一是门店功能的变化:传统门店里自带获客、营销、仓储、消费者上门自提以及支付的功能。传统电商和 O2O 零售其实是把这几个功能进行了剥离,获客、营销、支付大部分放到线上,门店转成仓库或自提点,或采用配送上门。

二是用户体验的变化:比如购物与收货流程的剥离,传统门店是把收货流程和购物流程统一了。另外是收货的方式,无论是快递还是最后一公里配送都是指定地点、指定时间的收货,和原有的门店自提不同。

三是获客方式和用户价值的变化:流量入口原本是完全放在线下,现在这个入口很大程度转到了线上。这不仅是获客方式的改变,传统的零售,不管是哪种零售业态,受地理位置等一些天然因素的限制,能承载的用户需求是有限的,而线上用户价值的延伸是近乎无限的,把握住流量入口,可以从高频的快销品零售到生鲜零售、到 3C 等中低频零售甚至到生活、旅游、金融等服务品类,从而极大地提高了潜在用户价值。

超市做 O2O 的 15 种模式

1. 便利店送货上门

全购便利推出了便利店网购送货上门服务,实体便利店附近范围内,用户网上订货,便利店最快 30 分钟送货上门。便利店是满足便利购物需求的零售业态,其核心竞争力在于"便利",全购便利需向两个方面优化,一是推出 App 购物,二是缩小配送范围,提高配送速度。

其实 PC 网上购物并不便利,并不是每个人身边随时有打开状态的电脑,同时又要登录,要完成购物流程,相对而言,使用手机 App 购物流程便利得多。

此 App 设计也要围绕"便利"二字,打开 App 就用瀑布流的方式展示商品,每类高销量和个性喜好排列商品顺序,方便类目选择,精选便利商品。并且还为 App 设计通话功能,用语音留言通话订货也许更加便利。

便利店满足便利购物需求,所以客单价不高,对应每单的绝对毛利也不高,如果配送范围过大,则毛利很难支撑配送成本。笔者建议便利店做网购送货上门,缩小配送范围,加快配送时间,既能优化便利体验,也能降低配送成本。

2. 便利店包裹代收

连锁便利店可推出快递包裹代收服务,免费代收包裹,能增加门店客流,增加销售额。如果向用户收服务费代收包裹,能增加收益。这个服务需要注意声明不验货,不对包裹内商品质量真假负责,对提货顾客需要电话身份验证。很多家长担心孩子不吃早餐,把早餐钱用于其他地方,那么便利店可考虑推出早餐预订服务,学生每天早上到便利店提取当天的早餐。总之能解决用户问题的商业模式才是有价值的,要多观察用户的痛点在什么地方。

3. 便利店整合配送和服务

如果便利店推出了送货上门的 App 或者 PC 端,可考虑把此社区其他商家商品纳入 App 服务体系,在 App 展示水果、餐饮等商品,有订单后,由便利店人员到商家取货送到用户家中。

便利店网上平台还可邀请保洁、开锁、疏通等服务商家入驻 App,有订单后商家上门服务,便利店为用户精选靠谱商家,并且担保服务售后,根据服务质量筛选商家。用此方法解决用户对服务商家不放心的顾虑,并从中得到返佣收益。总之便利店未来一定会成为社区综合入口,要用好互联网思维和互联网工具向此方向迈进。

4. 虚拟便利店的可能性

以上1、2、3点都是围绕实体便利店,但可换个思路,做成虚拟便利店,没有实体门店以上3种服务也能提供,这个方案节省了房租水电成本,但也失去了门店销售收益。虚拟便利店的思路和下文几种商业模式也可结合。

5. 集中购物需求

便利店满足便利购物需求,大型超市满足集中购物需求。我们可在便利店基础上满足集中购物需求,建立商品齐全的网上超市,顾客订货后,集中配送到便利店,顾客自提或者便利店统筹送货上门,这就能用"便利店+网上超市"满足家庭集中购物需求。

送到便利店而不是送到用户家中的原因是干线配送成本远低于最后一公里配送成本,只要单个便利店能聚众订单,则成本比传统电商低很多(仓库到便利店直接配送也没有包装成本了),低价丰富的网上超市业态有可能聚众足够订单。

6. 生鲜业务模式

在第5点介绍的"便利店+网上超市"模式中可加入生鲜自提业务,生鲜业务便利店不便操作,因为生鲜商品进货过程烦琐,生鲜商品必须较齐全,否则顾客很难搭配。生鲜电商也很少有成功的例子,因为生鲜商品不标准,送货成本高,保质期短,拒收后面临耗损。如果便利店陈列销售部分生鲜商品,消费者也能网上预订生鲜商品,每天集中送货到便利店,就能让消费者购买到齐全新鲜的生鲜商品。订购商品也能在门店按重量收费,就能解决生鲜商品标准化问题,集中配送,则配送成本低,如拒收可直接在门店打折处理销售。

此模式也可改为"生鲜店+网上超市"模式,网购毕竟不能解决生鲜商品体验问题,生鲜类商品门店陈列销售,其他商品(包含生鲜)网购的模式,线上线下结合,网购解决门店商品不够齐全问题,门店解决网购配送成本高问题,两种业态融合能相互解决问题。

7. 垂直人群模式

针对垂直人群提供有针对性的服务是一种思路,比如某些企业地处偏僻,购物不便,可和企业后勤联系解决企业员工购物需求,网上订货后固定时间送到企业,员工自提。或者把上文"便利店 + 网上超市"模式中的便利店建在办公楼,引入针对办公楼公司所需的商品和服务,最终建立成办公楼购物平台。

8. 大单采购模式

中小型企业单位福利礼品采购是一个较大市场,团购也是连锁超市重要的市场之一,连锁超市可考虑推出单位福利团购网站,推出各种商品组合,以透明价格,透明采购环节,多种可选套餐,方便简单为卖点经营。

9. 大卖场单店网购平台

前文写过为单个便利店建立网上平台做送货上门,同样,也可以为单个大卖场门店做网上平台,大卖场附近一定范围支持网购送货上门。便利店网购平台强调"便利",满足便利购物需求。大卖场门店的网购平台则要满足家庭一站式购物需求,商品丰富和价格实惠比便利更重要。

用户在大卖场单店网购平台订货,附近一定范围每晚 18:00—21:00 统筹送货上门。根据送货距离另收配送费用。因为是晚上统筹集中送货,所以配送费不高,传统电商快递不能送货到户(通常在楼下自取),不能夜间送货(家庭一般晚上才有人)。而超市商品油盐酱醋性质决定不能送货到用户单位自提回家,而要夜间送货到户,才最方便顾客。

10. 线上线下结合送货方式

网购体系也能为线下卖场服务,在大卖场购物最大麻烦是搬运商品回家,在大卖场购物也可提供送货上门服务,用户在大卖场购物,在服务台办理送货手续,订单和第 9 点中提到的网购平台订单一起夜间送货到户。网购体系为实体门店购物顾客提供增值服务。

11. 创业合伙人模式

第 9 点中提到的大卖场门店网购平台可加入创业合伙人模式,在卖场门店覆盖不到的密集住宅小区招募创业合伙人,合伙人负责网购平台在此社区的推广、配送、售后。只要此社区有新顾客,就奖励合伙人每个新顾客 20 元推广费(按每月净增量计算)。每天把此社区订购商品集中送货到合伙人处,合伙人负责统筹送货到户,每单收益 2 元配送费。只要合伙人每天在此社区平均聚众 30 个订单,则能达到每天工作 3 小时,每月收入 2 000 元的目标。合伙人等于在社区 0 成本创业,所发展的顾客能为自己带来持续收益,故能提供灵活、完美的服务。

12. 大卖场 App 模式

为大卖场开发 App 应用,作用可有以下几点:移动购物、去卖场前看看是否有所需商品,查找所需商品所在货架位置,代替会员卡积分换购,顾客支付工具,顾客购物记录工具,推荐活动通知渠道,顾客购物时根据商品价签上的二维码了解商品更多信息(包含其他顾客的评论等)。

13. 全员营销模式

大卖场网购平台用户名和 App 会员卡绑定,平台推出推荐人功能,大卖场工作人员负责发展亲朋好友注册并把自己设定为推荐人,全员下达任务,根据自己和自己推荐引入顾客每月购物金额奖惩。超市商品人人需要,传统卖场模式无法引入推荐人统计销量数据,结合网购平台就能实施全员营销计划。

14. 直销模式

传统雅芳、安利是直销的代表,因为运营成本、人员、培训等成本高,所以安利等品牌商品价格高,毛利高。互联网做直销推广成本较低,比如可以在自己的微博、微信上做营销,在QQ空间、QQ签名、名片上推广直销商品。特别是收入不高而且接触面广的用户,可用互联网工具用兼职做直销推广。此模式为互联网兼职直销人解决供应链、销售平台、配送和售后方面的问题,互联网直销人只负责在自己的人际关系中营销即可。建立购物网站,此购物网站不能开放注册,要注册必须填入推荐人注册码。这样推荐人和被推荐人就能绑定,被推荐人的购物毛利按一定比例返佣给推荐人。这个模式和安利等直销网站不同的地方是,低成本直销,所以毛利要求低,可用市场价格销售普通商品,不洗脑,不骗人,把网站本身应该付出的推广成本付给直销人。

15. 商品粉丝

对大卖场而言,引入网购平台,引入App会员卡,利于商品结构优化和个性推荐。大卖场在商品丰富和实惠上无法和淘宝天猫竞争,但能根据当地情况做到商品结构更加符合本地需求。传统卖场由于大部分顾客拒绝使用积分卡,无法跟踪用户消费数据,所以很难做商品优化。引入App和网购平台后,获取用户数据变得更多、更易(特别是高端顾客),可加入商品粉丝功能,跟踪哪类人,欢迎哪类商品,根据商品维度优化商品库存和盈利,根据顾客喜好推荐商品,当顾客关注的商品有活动时通知顾客。

这15种模式都是超市或是便利店可以操作的模式,以适应未来的趋势。

2.7 跨境电子商务

2.7.1 跨境电子商务概述

跨境电子商务作为推动经济一体化、贸易全球化的技术基础,具有非常重要的战略意义。跨境电子商务不仅冲破了国家间的障碍,使国际贸易走向无国界贸易,同时它也正在引起世界经济贸易的巨大变革。对企业来说,跨境电子商务构建的开放、多维、立体的多边经贸合作模式,极大地拓宽了进入国际市场的路径,大大促进了多边资源的优化配置与企业间的互利共赢;对于消费者来说,跨境电子商务使他们非常容易地获取其他国家的信息并买到物美价廉的商品。

2.7.2 跨境电子商务定义及分类

1) 跨境电子商务

跨境电子商务:简称跨境电商,是指分属不同关境的交易主体,通过电子商务平台达成信息或是商品交易的国际商业活动。目前根据跨境电商模式的不同,平台提供支付结算,跨境物流送达、金融贷款的服务内容均有不同。

2）跨境电子商务分类

（1）按照商业模式划分

在跨境电商市场跨境电商平台分为 B2B、B2C 以及 C2C 这 3 种类型。按平台服务类型划分，跨境电商平台分为信息服务平台和在线交易平台。

但在跨境电商市场中，跨境 B2B 模式在整体跨境电商行业中尤为重要，扮演着支柱型产业的角色。且跨境 B2B 平台的交易规模始终占据着整体跨境电商市场交易规模的 90% 以上。跨境电商还分为跨境出口和跨境进口两类，后者目前在国内主要为海淘服务。

①跨境 B2B 电子商务。B2B 电子商务是电子商务的一种模式，是英文 Business to Business 的缩写，即商业对商业，或者说是企业间的电子商务，即企业与企业之间通过互联网进行产品、服务及信息的交换。

跨境 B2B 是指分属不同关境的企业之间，通过电商平台达成交易、进行支付结算，并通过跨境物流送达商品、完成交易的一种国际商业活动。

代表企业：敦煌网、中国制造、阿里巴巴国际站、环球资源网。

②跨境 B2C 电子商务。B2C 电子商务指的是企业针对个人开展的电子商务活动的总称，如企业为个人提供在线医疗咨询、在线商品购买等。

跨境 B2C 是指分属不同关境的企业直接面向消费个人开展在线销售产品和服务，通过电商平台达成交易、进行支付结算，并通过跨境物流送达商品、完成交易的一种国际商业活动。C 类跨境电商平台同时在不同垂直类目商品销售上也有所不同，如 FocalPrice 主营 3C 数码电子产品，兰亭集势则在婚纱销售上占有绝对优势。C 类跨境电商市场正在逐渐发展，且在中国整体跨境电商市场交易规模中的占比不断升高。在未来，C 类跨境电商市场将会迎来大规模增长。

代表企业：速卖通、DX、兰亭集势、米兰网、大龙网。

③跨境 C2C 电子商务。C2C 电子商务是个人与个人之间的电子商务。C2C 即 Customer to Customer。主要通过第三方交易平台实现个人对个人的电子交易活动。

跨境 C2C 是指分属不同关境的个人卖方对个人买方开展在线销售产品和服务，由个人卖家通过第三方电商平台发布产品和服务售卖、产品信息、价格等内容，个人买方进行筛选，最终通过电商平台达成交易、进行支付结算，并通过跨境物流送达商品、完成交易的一种国际商业活动。

（2）按服务类型划分

跨境电商按服务类型可以分为信息服务平台和在线交易平台。

①信息服务平台。信息服务平台主要是为境内外会员商户提供网络营销平台，传递供应商或采购商等商家的商品或服务信息，促成双方完成交易。

代表企业：阿里巴巴国际站、环球资源网、中国制造网。

②在线交易平台。在线交易平台不仅提供企业、产品、服务等多方面信息展示，并且可以通过平台线上完成搜索、咨询、对比、下单、支付、物流、评价等全购物链环节。在线交易平台模式正在逐渐成为跨境电商中的主流模式。

代表企业：敦煌网、速卖通、DX、炽昂科技（FocalPrice）、米兰网、大龙网。

买全球、卖全球是跨境电商发展的宗旨,使得优质的产品、服务以及信息得到更加合理的配置。放眼世界,地球真正地成为了一个村庄,在高效率的电子商务时代,距离不再是问题。

2.7.3 跨境进口电子商务模式及优劣

近年来,购买跨境商品也成为一种流行趋势,当然购买跨境产品有很多渠道。因此,跨境进口电子商务产生了多种模式。

1）M2C 模式：平台招商

这一类的典型商家如天猫国际,开放平台入驻国际品牌。① 优势是用户信任度高,商家需有海外零售资质和授权,商品海外直邮,并且提供本地退换货服务;②劣势在于大多为TP(代运营),价位高,品牌端管控力弱,正在不断改进完善模式中。

2）B2C 模式：保税自营＋直采

这一类的典型商家如京东、聚美、蜜芽、达令等。

①优势在于平台直接参与货源组织、物流仓储买卖流程,销售流转高,时效性好,通常B2C 商家还会附以"直邮＋闪购特卖"等模式补充 SKU(库存量单位)丰富度和缓解供应链压力。②劣势在于品类受限,目前此模式还是以爆品标品为主,有些地区商检海关是独立的,能进入的商品根据各地政策不同都有限制(比如广州不能引入保健品和化妆品);同时还有资金压力:不论是搞定上游供应链,还是要提高物流清关时效,在保税区自建仓储,又或者做营销打价格战补贴用户提高转化复购,都需要钱;爆品标品毛利空间现状极低,却仍要保持稳健发展,资本注入此刻意义重大。在现阶段,有钱、有流量、有资源、有谈判能力的大佬们纷纷介入,此模式基本已经构建了门槛,不适合创业企业轻易入场了。

这里单独谈一谈大火的母婴垂直品类,前线商家有蜜芽等。母婴品类的优势是,它最容易赢得跨境增量市场的切口,刚需、高频、大流量是大多家庭单位接触海淘商品的起点。母婴电商大多希望能在单品上缩短供应链,打造品牌,获得信任流量,未来逐步拓展至其他高毛利或现货品类,淡化进口商品概念。劣势在于,母婴品类有其特殊性,国内用户目前只认几款爆款品牌,且妈妈们还都懂看产地,非原产地不买。几款爆品的品牌商如花王等,国内无法与其直接签约供货。母婴电商们现状都是在用复合供应链保证货源供应,如国外经销商批发货,国外商超电商扫货、买手、国内进口商等。这样一来,上游供应链不稳定,价格基本透明,且无毛利,部分商家甚至自断双臂大促战斗。目前基本所有实力派电商都以母婴品类作为吸引转化流量的必备品类,而创业公司们则逐渐降低母婴比例或另辟蹊径,开始不同方向的差异化竞争。

3）C2C 模式：海外买手制

典型商家如淘宝全球购、淘世界、洋码头扫货神器、海蜜、街蜜,海外买手(个人代购)入驻平台开店,从品类来讲以长尾非标品为主。全球购目前已经和一淘合并,虽然看来是跨境进口 C2C 中最大的一家,但全球购也有很多固有问题,比如商品真假难辨,区分原有商家和海外买手会造成很多矛盾等,在获取消费者信任方面还有很长的路要走。①优势：C2C 构建的是供应链和选品的宽度,电商发展至今,不论进口、出口、线上、线下,其本质还是商业零售和消费者认知。从工业经济到信息经济,商业零售的几点变化是:消费者主导化、生产商多元化、中间商信息化;而商品核心竞争力变成了个性需求和情感满足。

在移动互联网时代,人群的垂直细分,让同类人群在商品的选择和消费能力上有很大的相似度,人与人之间相互的影响力和连接都被放大了,流量不断碎片化是因为"80 后""90后"这一代人的价值观和生活消费方式决定的。千人千面、个性化是这一代人的基本消费需求逻辑,因此移动电商应场景化。其次,面对商品丰富度如此之高的现状,提高资源分配效率,如何更快地选到消费者想要的商品,节约选择成本也尤为重要。C2C 达人经济模式可以在精神社交层面促进用户沉淀,满足正在向细致化、多样化、个性化发展的需求,这一代人更注重精神消费,作为一个平台,每一个买手都是一个 KOL(关键意见领袖),有自己的特质和偏好,优秀买手可以通过自己的强时尚感、强影响力打造一些品牌,获得价值观层面的认同和分享,同时也建立个人信任机制。对比起来,B2C 的思路是强调标准化的商品和服务,从综合到垂直品类,在 PC 时代汇聚大规模流量;而移动电商,与传统 PC 端电商不同,有消费场景化、社交属性强的特征,对于丰富的海淘非标商品,C2C 的平台效应可以满足碎片化的用户个性需求,形成规模。②当然 C2C 的模式还是有它固有的劣势,传统地靠广告和返点盈利的模式,服务体验的掌控度差、个人代购存在法律政策风险,买手制平台的转化普遍目前只有 2%,早期如何获得流量,提高转化,形成海淘时尚品牌效应,平衡用户与买手的规模增长都是难点。

4) BBC 保税区模式

跨境供应链服务商,通过保税进行邮出模式,与跨境电商平台合作为其供货,平台提供用户订单后由这些服务商直接发货给用户。这些服务商很多还会提供一些供应链融资的服务。优势在于便捷且无库存压力,劣势在于,BBC 借跨境电商名义行一般贸易之实,长远价值堪忧。

5) 海外电商直邮

典型商家是亚马逊。优势在于,有全球优质供应链物流体系和丰富的 SKU;劣势是跨境电商最终还是要比拼境内转化销售能力,对本土用户消费需求的把握就尤为重要,亚马逊是否真的能做好本土下沉还有待考量。

6) 返利导购/代运营模式

一种是技术型,目前形态典型的商家有么么嗖、Hai360、海猫季。这些是技术导向型平台,通过自行开发系统自动抓取海外主要电商网站的 SKU,全自动翻译,语义解析等技术处理,提供海量中文 SKU 帮助用户下单,这也是最早做跨境电商平台的模式。还有一种是中文官网代运营,直接与海外电商签约合作,代运营其中文官网。这两种方式有着早期优势,易切入,成本低,解决信息流处理问题,SKU 丰富,方便搜索,而劣势在于中长期缺乏核心竞争力,库存价格实时更新等技术要求高,蜜淘等一些早期以此为起点的公司已纷纷转型。

7) 内容分享/社区资讯

典型商家如小红书,内容引导消费,自然转化。优势在于天然海外品牌培育基地,流量带到福利社转化为交易,但长远还是需要有强大供应链能力。

这些模式近年来迅速崛起,老牌电商战略布局,小企业纷纷发挥自有优势,海外购变得快捷便利,给消费者带来了优质的购物体验。当然也有一些难题,例如物流配送问题、产品标准问题、政策问题等,还需要改善。

阅读材料

跨境电商"野蛮生长"记

如果说2014年是"跨境进口电商的元年",那么2015年则被很多人称为"跨境电商爆发的一年"。传统零售商、海内外电商巨头、创业公司、物流服务商、供应链分销商竞相入局、百舸争流,新模式、新概念层出不穷。从年初电商巨头在韩国的刀光剑影,到如今,战火已向各个国家蔓延。这场跨境电商市场争夺战除了传统的价格战线,也扩展到了海外资源、关税物流、市场营销等各领域。

跨境电商如火如荼的背后,自然少不了资本的簇拥,据投融界统计数据显示,2015年跨境电商单个项目平均最低融资额达5 650万元。除了本身拥有雄厚资金作为支撑的阿里巴巴、京东等外,在巨头笼罩下的创业公司也相继囊获了大笔融资,得以空间野蛮生长。

发展的原因包括:

1. 政策利好

从2014年7月《关于跨境贸易电子商务进出境货物、物品有关监管事宜的公告》(56号文)和《关于增列海关监管方式代码的公告》(57号文)两项文件出台开始,跨境电商在政策层面上被正式承认,报税进口模式逐渐阳光化。

纵观2015年一整年,可以看出政府与跨境电商之间的关系仍处在红利涌现的"蜜月期"。具体来说,先是国务院接连发布文件,推出降低进口产品关税试点、税制改革和恢复增设口岸免税店的相关政策,全力促进消费回流。

同时,跨境电子商务试点范围逐渐放开,通过跨境电商渠道购买的海外商品只需缴纳等同于个人物品的"行邮税",被免去了一般进口贸易必须缴纳的"关税 + 增值税 + 消费税"三件套;在保税模式下,保税仓囤货的办法成了跨境电商缩短跨境配送时间、提高用户体验的一大利器。截至2015年10月,全国试点城市增8个,包括郑州、宁波、杭州、重庆、天津等。

此外,国家还出台相应条案鼓励跨境电子支付和海外物流的发展,以解决可能成为跨境电商发展瓶颈的支付难、物流慢等问题:在电子支付方面国务院表示将逐步推进跨境外汇支付试点,支持境内银行卡清算机构拓展境外服务;物流上的支持政策则包括"互联网 + 流通"行动计划等。

2. 资本催熟

虽然2015是资本由热转冷的一年,但多家跨境电商拿到的大额融资还是从侧面反映出资本市场对该行业的持续看好。2015年1月,洋码头就爆出已完成1亿美元B轮融资,创下当时跨境电商行业的融资新高。但这个记录很快就被追平、打破:3月,辣妈帮宣布获1亿元C轮融资,估值达到10亿美元;蜜芽则在9月放出1.6亿美元D轮融资消息。

资本成了初创公司快速成长的一针助推剂,让整个跨境电商行业在格局上呈现山头林立的态势。贝塔斯曼在2015年7月发布的跨境电商行业研究报告中表露了他们的观点:

"目前还没有出现一家消费者普遍认同的跨境进口电商,在这个新兴的风口,大佬和小弟的起跑线没有差太远,早期的发展会依靠政策红利、价格优势、品类丰富度,但最终还是会回归到零售层面的竞争。现阶段 B2C 模式已经不再适合一般创业公司轻易涉足,C2C 或其他模式还存在早期投资机会。"

3. 中产阶级崛起

资本看好的其实是一块用户需求高速增长的朝阳市场,海淘市场的交易规模在 2015 年迎来了一波爆发性增长。PayPal 和 国际市场研究机构 Ipsos 联合发布的第二届全球跨境贸易调查报告称,2015 年,有 35% 的中国网购消费者有过海淘经历,这一比例在 2015 年仅为 26%。可以看出,新用户的涌进也使得市场规模和消费能力不断升级;由此,海淘市场规模也进入了增长快车道,2017 年跨境电商市场的规模预计将达到 860 亿美元。

具体到用户的话,来自亚马逊的《2015 跨境电子商务趋势报告》显示:海淘人群以 35 岁以下,拥有本科及以上学历,月收入 5 000 元以上的中产阶级为主,"价格"和"品质"是他们的主要关注点。此外他们的购买行为呈现多样化的态势,这也意味着跨境电商拥有了多角度的进入机会。

事实上,从 2014 年开始,电商巨头们就相继以不同形式开始涉足跨境,2014 年 2 月,天猫国际正式上线。同年 6 月聚美极速免税店上线,8 月亚马逊引进了全球产品线,苏宁、唯品会、美丽说、蘑菇街等电商也纷纷入局。而 2015 年初,一场围绕韩国的争夺算是正式拉开了红海战的序幕。2 月份,为寻求供应商,聚美优品创始人陈欧率领高管团队前后拜访了 60 多家当地品牌商。3 月 25 日,唯品会与大韩贸易投资振兴公社签署合作备忘录。仅一天后,刘强东在首尔宣布正式启动京东"韩国馆",将通过自营直采和邀请韩国品牌入驻等多种方式,引进当地商品。在韩国的"短兵相接"后,各家巨头又相继在欧洲、美国等地点燃战火,国际化成为了传统电商巨头在 2015 年的主要战略。除了传统电商外,以在线游戏为主营业务的网易和物流起家的顺丰也跨界加入了这场红海战,试图以各自的内容优势和物流优势分得一杯羹:1 月 8 日,网易上线了"考拉海购",CEO 丁磊曾在内部表示:"网易将全力发展电商业务,在考拉海购上的资金投入没有上限!";1 月 9 日,顺丰速递旗下海淘电商平台"顺丰海淘"也随即上线,并在 10 月正式更名为"丰趣海淘",与优酷土豆签订入驻协议。

4. 创业公司野蛮生长

虽然笼罩在巨头林立的阴影下,但差异化竞争、资本的拥簇加上足够大的市场前景,都给了创业公司在这一年里继续野蛮成长的空间。蜜芽、贝贝网、辣妈帮都不约而同地选择了母婴——这个最容易赢得跨境增量市场的垂直品类作为切入口。在高频、刚需和大流量的推动下,上线不到一年的贝贝网于 2015 年 1 月宣布获得了 1 亿美元的 C 轮融资,并上线了海外购业务;9 月份,主打重度自营模式的"蜜芽"完成了 1.5 亿美金的 D 轮融资。除了母婴外,也有垂直于进口食品类的"鲜 life",以及从男性垂直人群切入的"XY"等。在此之前,大部分的跨境电商主要集中于 B2C,而 B 端的考核标准之一就是仓库效率的最大化,所以主打标品和爆款,这就给长尾、非标商品的海淘市场留下了机会窗口。走 C2C 模式的海豹、街蜜等都认为邀请海外买手(个人代购)入驻平台开店,是一种更有效的方式来拓展供应链和选品的宽度,实现了货源的多样性和商品品类的丰富性。此外,C2C + M2C 模式的"洋码头"在 9 月份开放了旗下的物流服务平台"贝海物流",意在开放生态圈、与更多玩家共同把市场做大。

虽然长尾非标是块巨头尚未涉足的领域,但跨境电商的产品跟国内品牌不一样,之前并没有线上和线下的销售数据,这就要求团队对可能受欢迎的产品非常敏感,同时具备产品运营能力。从"种草"到"拔草",拥有前端社区基因的"小红书"另辟蹊径,用内容引导消费,在16个月内完成了3轮融资。

不过,由于供货渠道的不稳定和个人代购的不可控因素,使得"B2C自营"和"C2C买手代购"模式都在某种程度上存在假货的风险。么么嗖、Hai360等一批轻模式、技术型商家应运而生。它们通过自行开发系统、与海外主流电商平台合作、抓取海量的SKU,帮助用户买到国外直邮的真货。

此外,与用户即时性的互动正在成为一种新的趋势。2015年2月底诞生的"波罗蜜",跳出了单向的图文和视频模式,通过载入移动视频互动技术,引导用户"边看直播边扫货"。

2.8 电子商务商业模式创新

2.8.1 电子商务商业模式创新途径

电子商务模式创新的关键是不断为客户提供价值。电子商务模式创新要从电子商务模式的构成要素和内容出发,针对企业电子商务所处的环境、资源、经营目标等多个因素进行考量,寻找最适合的电子商务模式。电子商务模式创新的途径主要是以下这些方面。

1)基于技术层面的电子商务模式的创新

电子商务是基于计算机网络的商务活动。一切与电子商务要素相关的技术都可能成为电子商务模式创新的源泉。例如,即通信技术、网络支付技术等为电子商务企业的服务带来了巨大的变化,推动了某些服务行业电子商务模式的创新。

2)基于管理方法的电子商务模式的创新

在电子商务企业的业务管理过程中,某些管理过程与方法严重影响电子商务的发展与客户价值的传递,于是可能形成电子商务模式创新的突破点。

3)基于产品特征的电子商务模式的创新

充分考虑商品的特征:细分市场;树立品牌;培养顾客对品牌的忠诚度。

4)基于5P4F理论的电子商务模式的创新

以5P4F理论和方法进行系统的拓展,为电子商务模式的分类体系提供新的思路。其中5P即产品(Product)、价格(Price)、渠道(Place)、促销(Promotion)和公共关系(Public Relationship);4F是指信息流(Information Flow)、资金流(Capital Flow)、物流(Logistics Flow)和商务流(Business Flow)。例如,戴尔公司的直销模式就是对渠道的一种创新,推动了戴尔公司的快速发展。

5)基于电子商务发展瓶颈电子商务模式创新

为解决网上支付安全问题及对二手产品交易人工鉴别问题,58同城网极力推崇面对面交易,其发展也不失为一种模式的创新。

用户的需求是多样化的,个性化需求是电子商务时代人们需求变化的新趋势。为满足人们的需求,现在的定制化产品越来越多。以及一些新的需求不断显现的同时,新的产品或服务便产生。例如,微信不断更新,不仅为个人提供通信等服务,还为企业提供订阅号和服务号,让企业与客户加强沟通管理。

2.8.2　电子商务商业模式最新发展

电子商务正在如火如荼地推进,规模不断扩大,就算拥有丰富运营的商城平台也致力于改进用户体验,通过价格、服务、品质提升活跃用户数,增加可信度和品牌意识。传统制造商企业也纷纷触网,抢占先机,布局业务以解决长远发展。目前电子商务模式主要出现了以下的变化。

1)移动电子商务

移动电子商务指的是利用移动设备开展商务活动。凡是通过移动通信网络开展的商务活动都属于移动商务,其中有 E2C、B2B、移动政务、移动远程教育以及通过移动无线设备开展的信息、货币、服务的交换。移动电商具有广泛性、便捷性、互动性、个性化、本地化的属性。现在,移动购物、移动视频、移动支付、打车、通信、O2O 等服务在移动设备都有提供。

移动网络正在带来商业模式变革和产业链的利益重构,将线上虚拟经济与线下实体经济融合的商业模式将会酝酿巨大的产业机会。移动电子商务的快速发展,必须是企业应用的成熟和用户对移动设备的使用习惯增强。移动电子商务的业务范畴中,有许多业务类型可以让企业用户在收入和提高工作效率上得到很多帮助。企业应用的快速发展,将会成为推动移动电子商务的最主要力量之一。无论是互联网企业还是传统企业,在发展过程中都需要不断更新自己的电子商务发展模式。

2)社交电子商务

社交电子商务指的是通过社交网络或是 Web 2.0 软件工具开展商务活动。社交商务有助于社会交往和用户的内容创造,所以,社交商务就是社会活动与商务活动的融合。IBM 公司提出的社交电商的概念那是指电子商务中的口口相传,把销售商的产品和购买者的互动结合在一起。

SNS 社交网络聚合庞大用户,且用户存在某种置信关系,通过置信度高的口碑宣传,能有效缓解电子商务市场诚信危机的现状,同时 SNS 可以作为电子商务的宣传途径,树立品牌力。但是 SNS 间的内容雷同、形式单一、广告太多以及缺乏创新,导致新用户进入不足,老用户黏性丧失,SNS 企业开始思考新的发展模式。只要能真正打动用户,更新用户喜欢的内容和解决用户的需求问题并能提供良好的服务,用户就会与企业建立良好的关系。

3)协同商务

协同商务指的是在线利用数字技术进行协同合作,用在产品、服务的计划、设计、开发、管理和调研,以及对电子商务应用的创新等领域。例如:通过制造商通过网络与供应商进行协同合作,供应商为制造商设计产品和某件产品的零部件。在供应链中,协同商务的主要利益是降低成本、增加收入、加速商品流动、维系客户等。

4)农村电商

农村电子商务平台配合密集的乡村连锁网点,以数字化、信息化的手段,通过集约化管理、市场化运作、成体系的跨区域跨行业联合,构筑紧凑而有序的商业联合体,降低农村商业成本,扩大农村商业领域,使农民成为平台的最大获利者,使商家获得新的利润增长。

总之,新的商业模式会解决各种不足,并形成一个闭环,同样会抓住用户。

思考题

1. 如何理解 B2B 电子商务中的网络社区?

2. 对 B2B 电子商务进行利弊分析。

3. 为什么把 B2C 电子商务称为网络零售业务?

4. B2C 电子商务给人们带来了什么好处?

5. C2C 电子商务的主要形式有哪些?

6. C2C 电子商务在社交网络上如何应用?

7. 移动技术在生活中哪些领域有何应用?

8. 移动网银的发展依赖于哪些因素?

第3章
网络市场

📖 **本章学习目标**

- 了解网络市场的基本概念,掌握基础知识;
- 明确网站的基本构成和建设过程;
- 了解 App 的相关运作流程和原理;
- 明确微商城的架构与开店流程。

案例导入

海底捞进军网络市场

海底捞,一个以极致服务让人记住的名字。这家拥有 100 家分店的火锅连锁企业,2011年,一本《海底捞你学不会》让海底捞成为每个商家学习的对象,人们口口相传海底捞的故事,却读不懂它的全部。

这家自成立以来就没有营销部和市场部的传统餐饮企业,从始至终都凭借贴心的服务和不折不扣的菜品质量建立口碑。但恰恰就是与高科技和移动互联网相距甚远的火锅企业,却绘出了"用移动互联网将服务做到极致"的蓝图(图 3.17)。

开启网络市场,打造"最受欢迎"餐厅。2003 年 5 月,当时仅在简阳、西安和郑州三地有店的海底捞,因为提供火锅外卖服务被央视《焦点访谈》节目作为在"非典"时期的重大创新进行了专题报道,这给其带来去了较大知名度。同样是在"非典"时期普通消费者使用互联网也多了起来,海底捞适时地在 2003 年上线了官方网站。

从 2005 年开始,以 Web 2.0 概念为宣传噱头的大众点评网、口碑网等点评类网站受到了网民的广泛使用,海底捞也开始了通过点评网站来建立自身互联网口碑的征程。当年 7月底,在大众点评网上有强大号召力的钻石级食神"李鸿章大杂烩"(俗称"李大人")去海底捞用餐后,"李大人"在大众点评网上给了海底捞 5 星的评分,这给海底捞直接带去了大量的新客流,受益的海底捞开始把"李大人"这样在美食爱好者中有影响力的意见领袖当成座上宾。

正是由于意见领袖在网络二的大力推荐吸引了大批网民的关注,海底捞也因此受益迅速在北京和上海打响了知名度。到 2007 年时,海底捞在北京的名气已经非常大,被网友评

图 3.1　海底捞网站图

为"最受欢迎"的餐厅。

海底捞的 O2O 征程。2010 年 7 月海底捞成为最早开通了新浪微博的火锅企业之一,迅速在微博上积累了大量粉丝。2011 年 4 月,海底捞开通了腾讯微博,利用该微博和网民进行频繁沟通交流。和以前的媒体不同,微博的传播速度更快、更广。2011 年 8 月,"海底捞体"在微博上走红,"人类已经无法阻止海底捞"之类的语言为海底捞带去了极高的关注度。此外,海底捞在其他社会媒体和网络如开心网、人人网也开设了账号;海底捞甚至还派员工组建了海底捞粉丝 QQ 群。

在用社交媒体和社交网络营销推广的同时,海底捞还利用互联网进行产品销售。其淘宝天猫网店在 2007 年 9 月成立,主要售卖海底捞底料及其他调料产品。2010 年,团购在中国兴起后,海底捞还和部分口碑不错的团购网站合作,为配合新菜品和新店开张开展团购,较为迅速地取得了不错效果。

2011 年前后就上线了移动 App 和官网订餐等功能,并且在当时就已经实现了线上产品和店内系统、CRM、社区等系统的打通。这为海底捞在近两年发力 O2O,打下了一个特别重要的基础。2012 年 11 月,随着微信的日益流行,海底捞进一步开通了微信公众账号,门店查询、在线预订座位、叫外卖都可以通过公众账号实现。2013 年海底捞和微信合作推广微信支付。

目前海底捞自有 App 已有 40 万~50 万的用户下载量,公众账号大约 260 万,网上订单(含微信、支付宝公众账号、百度知道号、官网、App、贴吧等所有线上渠道)占订单总笔数的10%。截止到 2014 年 3 月,海底捞微信订单已经增长到 31 491 单,占全网订单的 63%。微信支付订单 3 446 笔,占全网支付比例 60%。最有冲击力的一点是,微信支付的交易额占到了海底捞整体销售额的 17%。

延续服务到线上。除了可以在 App 上订餐、叫外卖,海底捞还上线了两款休闲小游戏,一款叫 hi 农场,另一个叫 hi 拼菜,都是借用了比较流行的休闲游戏类型,再换上海底捞的元素而来。

线上游戏作为海底捞 O2O 重要组成部分,2015 年海底捞信息部也开始了新的探索:他们发现,原有单一游戏种类早已不能全方位满足更多顾客的需求,他们遂即开发了一个专属

O2O 游戏平台——"海海 O2O 游戏平台",该平台可提供不断更新的游戏种类。等位的顾客可参与其中并与其他顾客现场 PK,海底捞还会为优胜者提供奖励。

此外,海底捞还把近距离社交作为 2015 年重点推广的一项数字化服务,逐步推出"寄语、嗨照面、菜单分享"等一系列近距离社交新玩法。

值得一提的是,海底捞现已推出店面 H5 主页,顾客可通过二维码、Wi-Fi 门户、微信摇一摇、ipad 个人中心等灵活进入。在海底捞 H5 主页上,顾客可看到实体店里所有娱乐项目,如游戏、SNS、美图打印、美甲、C2O 服务、排队提醒、预点餐等。

关于 O2O 建设这件事,也许海底捞最初进行的互联网尝试并没有什么特殊的目的,只是纯粹地以创新者的角度,想要把更好的用户体验和感受带给客户。没有要从中得到多少转化率,也没有必须达到什么条件等硬性指标,海底捞才能把全部精力集中于如何提供给客户更多的服务和更好的体验这件事情上。这也是海底捞为什么能在互联网浪潮下,走在其他传统餐饮业前面的原因。

而 O2O 的发展过程,更离不开海底捞这类传统商家的互联网尝试,大胆开启网络市场。当产品与需求高度结合,双线并进,O2O 的发展才能给经营者和消费者带来实际的意义。

3.1 网络市场概述

3.1.1 网络市场概念

网络市场是以现代信息技术为支撑,以互联网为媒介,以离散的、无中心的、多元网状的立体结构和运作模式为特征,信息瞬间形成、即时传播、实时互动、高度共享的人机界面构成的交易组织形式。

从网络市场交易的方式和范围看,网络市场经历了 3 个发展阶段:第一阶段是生产者内部的网络市场。其基本特征是工业界内部为缩短业务流程时间和降低交易成本,所采用电子数据交换系统所形成的网络市场。第二阶段是国内的或全球的生产者网络市场和消费者网络市场。其基本特征是企业在 Internet 上建立一个站点,将企业的产品信息发布在网上,供所有客户浏览,或销售数字化产品,或通过网上产品信息的发布来推动实体化商品的销售;如果从市场交易方式的角度并,这一阶段也可称为"在线浏览、离线交易"的网络市场阶段。第三阶段是信息化、数字化、电子化的网络市场。这是网络市场发展的最高阶段,其基本特征是虽然网络市场的范围没有发生实质性的变化,但网络市场交易方式却发生了根本性的变化,即由"在线浏览、离线交易"演变成了"在线浏览、在线交易",这一阶段的最终到来取决于以电子货币及电子货币支付系统的开发、应用、标准化及其安全性、可靠性。

3.1.2 网络市场结构

网络市场按照购买者身份不同可以分为网络消费者市场和网络组织市场。

网络消费者市场:为了满足生活消费需要,而通过因特网购买货物或劳务的一切个人或家庭的所有消费者称为网络消费者市场。主要包括 B2C 与 C2C 两种模式。

网络组织市场:一般把通过因特网实现自己部分或全部购买行为的所有组织称为网络

组织市场。主要包括 B2B,B2G 两种模式。其根据组织购买商品或服务目的的不同又可以划分为:网络企业市场,包括网络生产者市场和网络转卖者市场;网络非营利组织市场。

3.1.3　网络市场基本特征

随着互联网络及万维网的盛行,利用无国界、无区域界限的 Internet 来销售商品或提供服务,成为买卖通路的新选择,Internet 上的网络市场成为 21 世纪最有发展潜力的新兴市场,从市场运作的机制看,网络市场具有如下基本特征。

1）无店铺的方式

运作于网络市场上的是虚拟商店,不需要店面、装潢、摆放的货品和服务人员等,它使用的媒体为互联网络。如 1995 年 10 月"安全第一网络银行"（Security First Network Bank）在美国诞生,这家银行没有建筑物,没有地址,只有网址,营业厅就是首页画面,所有的交易都通过互联网络进行;员工只有 10 人,1996 年存款金额达到 1 400 万美元,1999 年存款金额超过 4 亿美元。

2）无存货的形式

万维网上的商店可以接到顾客订单后,再向制造的厂家订货,而无须将商品陈列出来以供顾客选择,只需在网页上打出货物菜单以供选择。这样一来,店家不会因为存货而增加其成本,其售价比一般的商店要低,这有利于增加网络商家和"电子空间市场"的魅力和竞争力。

3）成本低廉

网络市场上的虚拟商店,其成本主要涉及自设 Web 站成本、软硬件费用,网络使用费,以及以后的维持费用。它通常比普通商店经常性的成本要低得多,这是因为普通商店需要昂贵的店面租金、装潢费用、水电费、营业税及人事管理费用等。Cisco 在其 Internet 网站中建立了一套专用的电子商务订货系统,销售商与客户能够通过此系统直接向 Cisco 公司订货。此套订货系统的优点不仅能够提高订货的准确率,避免多次往返修改订单的麻烦,最重要的是缩短了出货时间,降低了销售成本。据统计,电子商务的成功应用使 Cisco 每年在内部管理上能够节省数亿美元的费用。EDI（电子数据交换）的广泛使用及其标准化,使企业与企业之间的交易走向无纸贸易。在无纸贸易的情况下,企业可将购物订单过程的成本缩减 80% 以上。在美国,一个中等规模的企业一年要发出或接受订单在 10 万张以上,大企业则在 40 万张左右。因此,对企业,尤其是大企业,采用无纸交易就意味着节省少则数百万美元,多则上千万美元的成本。

4）无时间限制

虚拟商店不需要雇佣经营服务人员,可不受劳动法的限制,也可摆脱因员工疲倦或缺乏训练而引起顾客反感所带来的麻烦,而一天 24 小时,一年 365 天的持续营业,这对于平时工作繁忙、无暇购物的人来说有很大的吸引力。

5）无国界、无区域

联机网络创造了一个即时全球社区,它消除了同其他国家客户做生意的时间和地域障碍。面对提供无限商机的互联网,国内的企业可以加入网络行业,开展全球性营销活动。如浙江省海宁市皮革服装城加入了计算机互联网络跻于通向世界的信息高速公路,很快就尝到了甜头。信息把男女皮大衣、皮夹克等 17 种商品的式样和价格信息输入互联网,不到两小时,就分别收到英国"威斯菲尔德有限公司"等十多家海外客商发来的电子邮件和传真,表示了订货意向。服装城通过网上交易仅半年时间,就吸引了美国、意大利、日本、丹麦等 30 多个国家和地区的 5 600 多个客户,仅仅一家雪豹集团就实现外贸供货额 1 亿多元人民币。

6)精简化

顾客不必等经理回复电话,可以自行查询信息。各户所需资讯可及时更新,企业和买家可快速交换信息,网上营销使企业在市场中快人一步,迅速传递出信息。今天的顾客需求不断增加,对欲购商品资料的了解,对产品本身要求有更多的发言权和售后服务。于是精明的营销人员能够借助联机通信所固有的互动功能,鼓励顾客参与产品更新换代让他们选择颜色、装运方式、自行下订单。在定制、销售产品的过程中,为满足顾客的特殊要求,让他们参与越多,售出产品的机会就越大。总之,网络市场具有传统的实体化市场所不具有的特点,这些特点正是网络市场的优势。

3.1.4 网络市场发展史

1)第一阶段

20 世纪 60 年代末,西欧和北美的一些大企业用电子方式进行数据、表格等信息的交换,两个贸易伙伴之间依靠计算机直接通信传递具有特定内容的商业文件,这就是所谓的电子数据交换(Electronic Data Interchange,EDI)。后来,一些工业集团开发出用于采购、运输和财务应用的标准,但这些标准仅限于工业界内的贸易,如生产企业的 EDI 系统,收到订单后,会自动进行处理,检查订单是否符合要求,向订货方发出确认报文,通知企业内部管理系统安排生产,向零配件供应商订购零配件,向交通运输部门预订货运集装箱,到海关、商检部门办理出口手续,通知银行结算并开 EDI 发票,从而使整个订货、生产、销售过程贯穿起来,从而形成生产者内部网络市场的雏形。

20 世纪 70 年代以来,美国认可标准委员会陆续制定了许多有关 EDI 的美国国家标准。20 世纪 80 年代,计算机辅助设计、辅助工程技术和辅助制造系统的广泛应用,使工程师、设计师和技术员得以通过公司内部通信网传送设计图纸、技术说明和文件。当时,由于 Internet 还没有普及,大多数企业,甚至使用 EDI 的企业也没有意识到该网络的威力,仍然主要依赖传真和电话方式与其他企业进行联络和沟通。由于 EDI 在传送过程中不需要再输入,因而出错率几乎为零,大大节约了时间和经费(可节约企业采购成本的 5% ~10%)。1996 年美国公司通过 EDI 方式的企业贸易额达 5 000 亿美元(包括通过 EDI 方式采购,但经其他方式支付的活动),1997 年全球企业通过 EDI 方式的商品劳务贸易总额为 1 620 亿美元(只包括经电子方式完成从购买到支付全过程的贸易活动)。

1996 年 2 月,我国外经部成立了国际贸易 EDI 中心,即中国国际电子商务中心(CIECC)。借助于中国电信公月网,中国国际电子商务中心实现了与联合国全球贸易网等国际商务网络的联结,并在全国 33 个城市开通了节点(联网点)。这种先进、高效的贸易方式很快吸引了国内外众多外贸与进出口企业的加入。已有86 000多家企业加入电子商用网这一最新交易场,包括一些名牌企业如青岛双星、广东华宝、科龙、上海华高、杉杉集团、国成塑料、雅戈尔集团,还有中国包装进出口公司、中国五太进出口公司、中国工艺品进出口公司等50多家企业加入,其运营情况良好。

2)第二阶段

第二阶段是国内的、全球的生产者网络市场和消费者网络市场。

企业用Internet对国内的或全球的消费者提供商品和服务,其发展的前提是家庭个人计算机(PC)的普及,升高"假象购物商品区"的商业空间魅力,同时利用信用卡连线来清算,以加速"假象购物"的进展。应用互联网络的邮购,其最大特征是消费者的主动性,选择主动权掌握在买方的手里,它从根本上改变了传统的推销方法,即演变为消费者的"个人行销"导向。"在线浏览、离线交易"阶段是我国和全球现阶段主要的网络交易方式,其基本特征是用户通过互联网络浏览网上商品,将感兴趣的商品放入网络上的"购物篮",确定购买的物品之后,根据"购物篮"所载内容自动生成订单,网络企业会通过电话与顾客确认此份订单及顾客的身份、送货地址等资料,并在规定的时间内送货到顾客指定的地点,顾客收货时付款交易。我国政府正积极地推动这种电子交易方式在我国的发展。1998年11月12日,北京成立了电子商务工程领导小组,这标志着基于互联网络(Internet)的电子商务在北京正式实施,其工程业务模式由4个部分组成:企业间的网上交易、持卡用户与商户间的网上购物、网上检索、导购及促销活动,企业或商户的财务管理以及供应链等网上企业管理。这表明网络营销发展潜力是十分巨大的。

3)第三阶段

这是网络市场发展的最高境界,网络不再仅仅被用来进行信息发布,而是实现在线交易。这一阶段到来的前提条件是产品和服务的流通过程、交易过程、支付过程实现数字化、信息化,其中最关键的是支付过程的电子化即电子货币、电子银行、电子支付系统的标准化及其可靠性和安全性。

3.1.5 发展现状及趋势

从网络市场交易的主体看,网络市场可以分为企业对消费者、企业对企业、国际性交易3种类型。企业对消费者的网上营销基本上等同于商业电子化的零售商务,企业对企业的网络营销是指企业使用Internet向供应商订货、签约、接受发票和付款(包括电子资金转移、信用卡、银行托收等)以及商贸中其他问题如索赔、商品发送管理和运输跟踪等。国际性的网络营销是不同国家之间,企业对企业或企业对消费者的电子商务。互联网的发展,国际贸易的繁荣和向一体化方向的发展,为在国际贸易中使用网络营销技术开辟了广阔前景。

具体说来,从网上交易的业务看,有以下6种类型:

①企业间从事购销、人事管理、存货管理、处理与顾客关系等。

②有形商品销售:先在网上达成交易,然后送货上门,如书籍、花卉、汽车、服装等。

③通过数字通信在网上销售数字化的商品和服务,使顾客直接得到视听等享受,主要销售的是音乐、电影、游戏等产品。

④银行、股票、保险等金融业务。

⑤广告业务，网络广告从 PC 端不断向移动端发展。

⑥交通、通信、卫生服务、教育等业务。

随着 Internet、Web 的迅速发展，集计算技术、网络技术和信息技术为一体的网络营销已对传统的贸易方式形成巨大冲击，并以其快捷、方便、高效率和高效益的显著优势成为 21 世纪国际、国内贸易的主要方式；不久的将来，一个全新的、无接触的、虚拟的、智能的"电子空间市场"时代即将到来，现有的实体化的市场时代终将彻底改变。

1）因特网技术正在逐渐走向成熟，企业间或企业与个人之间的电子网络普及

实现网络营销的基础设施的硬件技术和软件技术已基本成熟。网景公司总裁克拉克说："Internet 即是人人都在寻找的信息高速公路，它将彻底改造产业结构，包括广播、出版、金融、购物、娱乐，乃至电子消费业……这是一场深刻的变化。"全球的大企业乃至中小企业都在快速地推进自身的信息化、数字化建设，这具体表现为 Intranet 即企业内部网的广泛应用企业内部网的建设，使企业的内部结构发生实质性的变化；生产系统的智能化、组织管理过程的信息化、业务流程的精简化、数据信息交换的敏捷化等。

个人电脑在家庭中普及，以及家用电器的网络化、智能化，是新的"电子空间市场时代"到来的基础。智能手机的加速普及，移动互联网技术及物联网的发展，VR 和 AR 技术的应用，使得网络市场的移动化更加快速便捷。人们的生产、生活、工作和学习，乃至休闲和娱乐已经走向网络化、智能化和虚拟化。

2）全球各国政府和社会乃至个人对加快信息化建设表现出了极大的热情，并采取了各种适合本国情况的建设性的措施

我国政府从 20 世纪 90 年代初以来，也十分重视信息化建设。2015 年，随着我国经济进入增速换挡期，信息消费将成为实现内需驱动的有力抓手，推动经济快速增长。截至 2014 年 10 月，三家基础电信企业电信业务总量完成 1 611.6 亿元，同比增长 17.6%；互联网宽带接入用户总数突破 2 亿户，互联网流量消费持续高速增长，移动互联网接入流量达 16.05 亿 G，同比增长 58.6%；网络购物同比增长 39.4%，比专业店、超市和百货店当月增速分别高出 33.3、33.6 和 35.4 个百分点。

当前，云计算、物联网、大数据等信息技术创新活跃，互联网、移动互联网加速与传统产业渗透，信息化对经济发展的作用日益显现，全国信息消费整体规模持续扩大，制造业逐步向智能化转型，智慧城市进入实质性建设阶段，移动政务服务成为政府网上服务新渠道。2017 年，信息消费将促进经济社会新发展，中国制造将迈入智能制造时代，智慧城市将有利于解决我国的城镇化疾病并推动新型城镇化建设，移动政务应用将开启掌上政务时代。

3）世界经济的全球化和网络化

20 世纪 90 年代以来，世界经济的全球化、知识化、信息化、数字化和网络化的势头一浪高过一浪，使世界经济逐步迈向"无国界"的新经济时代，世界级的商家领袖们如比尔·盖茨等，把这一新的经济时代描述为"无摩擦的经济时代""无接触的经济时代""数字神经系统的经济时代""企业把触角伸到全球每一个角落的经济时代"等。网络营销是推动这一新的经济时代到来的最有力的手段和机制。

4）全球消费者的网络购物观念和网际生活方式已经成熟

2015 年，电子商务的交易规模已经达到 16 万亿元，网络零售的交易额也达到了 3.8 万亿元。2016 年 11 月 11 日"双十一"当天，根据星图数据显示，全网销售额最终为 1770.4 亿元，天猫/淘宝占比 68.2%，1207 亿同比增长 32.3%，京东占比 22.7%，约 402 亿，同比增长 59%，加上京东收购的 1 号店，京东"双十一"当天整体销售额是 425 亿。天猫/淘宝的无线交易额占比 81.87%，覆盖 235 个国家和地区。

在 2016 年 10 月 13 日的云栖大会上，马云提出了"新零售"的概念，也表明网络购物和基于互联网的网际生活方式已经发生了根本性的变化。线上和线下的相融合方式已经形成。

5）"电子空间市场"（E-marketspace）已成为诱人的、高利润的投资方向

阿里巴巴拥有全球最大的电商平台，2015 年活跃用户数已超过 4 亿人，电商交易额达 2.95 万亿元，占中国网络零售市场近 9 成份额。在新的 VR 战略中，阿里巴巴将集中平台优势，搭建 VR 商业生态，完善服务标准，并投入更多市场资源，通过淘宝众筹和专业频道等加速 VR 设备的普及，帮助更多硬件厂商健康发展。

2016 年 1 月 14 日，高盛发布 58 页报告展望 VR 产业前景，认为 VR 设备将成为继电脑、手机之后的下一个计算平台。高盛预测到 2025 年 VR 和 AR 的硬件营收将高达 1100 亿美元，VR 设备会像电视一样普及。Oculus 也曾表示它的长远目标是让 10 亿人使用 VR 设备。2016 年被称为 VR 元年，各大互联网公司动作频频。扎克伯格现身世界移动大会为 Facebook 和三星联合发布的 Gear VR 头盔站台，并宣布成立 VR 社交团队。谷歌与《纽约时报》合作，向超过 100 万订阅用户赠送纸板 VR 眼镜。而早先英国《金融时报》也曝出苹果正秘密组建 VR 研究团队。继 Oculus Rift 和 HTC Vive 公布售价后，索尼也在 2016 年 3 月 16 号正式发布 PlayStation VR，定价仅 399 美元。

总之，随着信息时代的到来，人类的生产方式与生活方式将以开放型和网络型为导向，这是社会发展的必然结果。21 世纪，将是一个全新的、网络化、智能化的市场时代，网络营销将是每一个商家的必然选择。

3.1.6　网络市场优劣势

1）优势

与传统消费市场相比。网络市场具有很多优势，主要表现在以下几个方面。

①网络市场中商品种类多。没有商店营业面积限制，它可以包含多种商品，充分体现网络无地域界限的优势。

②网络购物没有时间限制。24 小时开放，需要时可随时登录网站，挑选任何商品。

③购物成本低。对于网络消费者，挑选对比不同的商品，只需要登录不同的网站或是选择不同的频道，免去了传统购物的奔波之苦，时间和成本都大幅减低。

④网上商品价格相对较低。因为网络销售省去了很多中间环节，节约了传统商场无法节省的费用，商品附加费低，因此价格也就低。在传统市场，一般利润率要达到 20% 以上才能盈利，而网络市场利润率在 10% 就能盈利。

⑤网络市场库存少。资金积压也少。网络营销中很多商品是按订单调配的,不需要很多库存,甚至无库存,从而减少了资金积压。

⑥商品信息更新快。只需要将商品信息即时修改公布,全球立即可以看到最新信息,这在传统市场中是无法做到的。

⑦商品查找快。由于搜索功能齐全,通过搜索,不需要太长时间,就可以查找到所需要的商品。

⑧服务范围广。网络购物无地域无国界的限制,因此服务范围也不会界定于具体区域。

2)劣势

由于网络市场还是一种新兴的商业模式,所以还存在着一些欠缺。

①信誉度问题。在当前网络市场中,无论是买家还是卖家,信誉度都是交易过程中的最大问题。

②网上支付难。网上支付环境在一定程度上还制约网络市场的发展,主要是开通网上支付手续繁杂,收益难以兑现。

③网络安全问题。在网络营销过程中,用户的个人信息、交易过程中银行账户密码、转账过程中的资金转移都牵涉安全问题,安全保障始终是网上购物的一层阴影。

④配送问题。配送无法与互联网信息同步,往往完成购物过程需要 1~2 天或更长时间,不如传统购物可以立即付款取货。

⑤商品展示信息不够直观。只能通过文字和图片进行一般性描述,妨碍了某些特定商品的上网销售。

3.1.7　网络市场功能

网络公司利用网络市场的功能主要体现在利用它实现公司多元化的目标价值链:树立先锋形象、发展公共关系、与投资者保持良好关系、选择最合格的顾客群体、与客户及时的在线交流、让客户记住公司的网络通道。

1)树立公司先锋形象

利用互联网(Internet)改善公司形象,使其成为一个先锋的、高科技型的公司,是现代企业开拓网络市场最具有说服力的理由。在网络市场竞争中,作为一个拥有实力可以在竞争中制胜的公司,必须率先进入 WWW 系统,以先入为主的资格去迎合普通计算机使用者的需求,满足他们追求个性化产品及服务的欲望;先锋者形象赋予公司一种财力充足、不断创新的表象,这是公司最稀缺的、最珍贵的无形资产。如北京城乡华懋商厦是京城较早开设网上商城的零售企业,该公司负责人张女士认为,公司这样做的目的是要通过网上商城来扩大知名度,使公司时刻站在信息高速公路的前沿阵地,成为网上行销的先锋;公司的先锋者形象对于提高公司的人力资本的效用有着巨大的作用,它对于想成为先锋成员的雇员来说具有莫大的吸引力,也有利于公司在网上公开招聘第一流的人才,使公司的人力资源更加雄厚。一个顽强的、机敏的、能力值高的、热情值高的员工队伍,将大大增强公司在网络市场和现实市场这双重市场上的开拓力。

2)发展公共关系

网络公司必须在网络空间的公共关系网中占有绝对的优势。在具体的作法上:一是公司可以在电子广告栏目中描述公司发展的历史、公司的目标价值、公司的管理队伍、公司的社会责任及其对社区发展的贡献,以提高公司的社会知名度;二是公司能够利用多媒体技术(如图片、文件、音像、数字等)提供一种更为独特的服务,为顾客提供有价值的咨询信息,使访问者主动地进入企业网址,并进一步详细地阅读所有新近的资料。对于访问者来说,能获得有价值的信息是令人兴奋的事,获得有价值的信息越多,访问的次数也越多,访问的频率也随之提高,被访问的网络公司在访问者心目中知名度也随之提高,访问者对被访问的网络公司的忠诚度也随之增强。总之,网络公司通过不断地向顾客提供有价值的咨询信息来吸引访问者的注意力,来提高访问者对网络公司的忠诚程度。

3)与投资者保持良好的关系

对于现代公司来讲,与投资者关系的好坏对公司的发展至关重要。公司可以利用 WWW 网址来建立与投资者保持良好的信息沟通的渠道,最大限度地降低信息的不对称性,从而降低投资者对公司可能存在的"道德风险""机会主义行为"的担心,提高公司与投资者之间的信用度,保持长期的、双向的合作关系。

4)选择最合格的顾客群体

对于一个网络公司来讲,选择最合格的顾客群体是公司实现网络营销战略的关键。公司通过 WWW 网,可以大大地缩小销售的范围,而以特色的产品和特色的服务来选择最合格的、最忠实的目标顾客群体,从而实现优良的客户服务。例如,在纽约有一家专营珠宝的在线零售商——Jewelry Web,其站点出售几乎所有种类的珠宝首饰,从 K 金饰物、白金首饰到珠宝与银器。该公司的顾客主要分为两类:一类是自用顾客,大多为女性,年龄在 35 ~ 55 岁,她们通常会再次光顾 Jewelry Web;另一类是礼品顾客,多为男性,年龄在 30 ~ 45 岁。Jewelry Web 的总裁认为,该公司成功的秘诀首先在于选择了最合适的顾客群体;其次在于优良的客户服务,这种服务是一对一式的,在顾客收到货品之后,公司通常会发出电子邮件来询问顾客是否满意;再次在于保证产品的质量和随时保持有新的商品供顾客挑选。

5)与客户及时进行在线交流

公司的 WWW 网址中包括了许多可以填写的表格,以解答顾客的疑问并进行有效的建议。它们就像电子邮件,沟通公司与客户。同时,顾客也可以向公司的网址发来他们的忠告与建议,供公司及其他所有客户阅读。通过这种方式,公司可以同所有的顾客共同分享有关产品的有效信息。在线上,公司可以与顾客更为自由地进行信息往来,并允许目标顾客发出更多的反馈意见。第一件产品的发展、定位和提高全依赖于那些聪明的、有经验的顾客们的往来信息,这是公司不可或缺的一个强大的推动力。更重要的是,顾客在网络上完成互动,如果他觉得很满意,就会与好朋友分享。

6)让客户记住您的网络通道

产品销售中的宣传效应告诉我们,应尽可能地使我们的名字醒目地出现在人们面前。产品给人们留下的印象越深,人们越有可能记住,进而考虑、信任,并最终买下。一些设计很好的网址能使自己的通信管道深深地嵌入人们的记忆之中。

3.1.8　六大传播

①PC 端官方门户网站——集广告播放、商品展示、会员管理、交易管理等于一体,购物、旅游、美食休闲娱乐以及各种生活服务应有尽有,应享尽享。为商家提供时尚的展示平台,为用户提供便捷的购物环境,与手机网站无缝连接,可覆盖所有群体。

②手机端官方门户移动网站——与 PC 端官网等无缝连接,把全方位的购物信息、消费娱乐、交流互动、在线交易等应用集中在用户的手中。

③移动 3D 虚拟购物中心——是目前全球唯一的手机端 3D 立体虚拟购物商城。华丽、超酷、时尚、舒适,360 度自由旋转、360 度产品展示,让你体验前所未有的购物享受。同时具有自动定位、海量搜索功能,用户进入 3D 购物中心,首先会自动定位你所在的区域,然后带你进入你所在地区域的 3D 购物大厦,你可以随意走进每个楼层、每个商铺,每个展柜,直至让你 360 度欣赏每一款产品。当然还可以进入你的个人中心进行收藏、购买、支付等各种应用及操作。

④手机端 App 定位搜索综合平台——集吃、喝、玩、乐、衣、食、住、行、全方位消费导航与搜索,并与 PC 官网、手机官网、3D 立体购物中心、会员管理系统等融为一体,既是时尚的广告平台,又是便捷的购物中心。与强大的移动互联网应用功能相结合,必然成为移动网路时代超级应用大平台。手机端 App 定位搜索综合平台将是我们未来全力推广的主要平台。

⑤微信公众平台——微营销之所以成为未来的主要营销渠道,其主要原因是微博、微信庞大的终端资源,以及低廉的成本投入,和精准高效的广告效果。

⑥店面框架动态广告联动平台——时尚、动感的框架视屏广告是较为流行的传媒载体之一。联动平台区别于其他平台的是,可将加盟商的店面作为平台,广告内容以宣传加盟商的产品或服务为主,联动周边不同行业商家的广告滚动播出,避免同行业之间的竞争。店面框架动态广告联动平台与网上广告平台的相辅相承,达到了空中开花,地面结果的广告效应。

3.2　电子商务网站建设

3.2.1　电子商务网站定义

网站(Website)开始是指在因特网上根据一定的规则,使用 HTML(标准通用标记语言下的一个应用)等工具制作的用于展示特定内容相关网页的集合。简单地说,网站是一种沟通工具,人们可以通过网站来发布自己想要公开的资讯,或者利用网站来提供相关的网络服务。人们可以通过网页浏览器来访问网站,获取自己需要的资讯或者享受网络服务。电子商务网站是指一个企业、机构在互联网上建立的站点,是企业、机构开展电子商务的基础设施和信息平台,是实施电子商务的企业或机构与客户之间的交互界面,是电子商务系统运行的承担者和表现者。

3.2.2　网站发展史

在因特网早期,网站还只能保存单纯的文本。经过几年的发展,使得图像、声音、动画、视频,甚至 3D 技术可以通过因特网得到呈现。通过动态网页技术,用户也可以与其他用户或者网站管理者泡馆进行交流,也有一些网站提供电子邮件服务或在线交流服务。

1961 年:美国麻省理工学院的伦纳德·克兰罗克(Leonard Kleinrock)博士发表了分组交换技术的论文,该技术后来成了互联网的标准通信方式。

1969 年:美国国防部开始启动具有抗核打击性的计算机网络开发计划"ARPANET"。

1971 年:位于美国剑桥的 BBN 科技公司的工程师雷·汤姆林森(Ray Tomlinson)开发出了电子邮件(E-mail)。此后 ARPANET 的技术开始向大学等研究机构普及。

1983 年:ARPANET 宣布将把过去的通信协议"NCP(网络控制协议)"向新协议"TCP/IP(传输控制协议/互联网协议)"过渡。

1988 年:美国伊利诺斯大学的学生(当时)史蒂夫·多那(Steve Dorner)开始开发电子邮件软件"Eudora"。

1991 年:CERN(欧洲粒子物理研究所)的科学家提姆·伯纳斯李(Tim Berners-Lee)开发出了万维网(World Wide Web)。他还开发出了极其简单的浏览器(浏览软件)。此后互联网开始向社会大众普及。

1993 年:伊利诺斯大学美国国家超级计算机应用中心的学生马克·安德里森(Mark Andreesen)等人开发出了真正的浏览器"Mosaic"。该软件后来被作为 Netscape Navigator 推向市场。此后互联网开始得以爆炸性普及。

正是因为通过采用具有扩展性的通信协议 TCP/IP,才能够将不同网络相互连接。因此,开发 TCP/IP 协议的 UCLA(加州大学洛杉矶分校)的学生(当时)文顿·瑟夫(Vinton G. Cerf)等如今甚至被誉为"互联网之父"。

3.2.3　盈利模式

网站的盈利基本模式有两种:
①直接出售商品(包含有形商品、无形商品)。
②直接出售服务(本质上讲,也是为别人出售商品提供支持和平台)。
具体形式包括:广告位出售、收取会员费、提取经纪费、售卖商品以及获得联盟收益等。

3.2.4　电子商务网站的优势

1)降低单位产品宣传费用

电子商务网站为企业开拓市场创造了良好条件。信息革命把生产企业和消费者带入了一个网络经济、数字化生存的世界,解除了传统贸易活动中物质、时间、空间的限制,实现了资源的传递和信息共享,一些企业在传统贸易环境下难以克服的区位劣势和竞争劣势得以克服。企业通过网络广告和网络信息发布,减少了宣传成本。

2)加强与客户联系,提高用户忠诚度

在电子商务时代,客户可以通过网站直接向厂商咨询产品信息、投诉、反馈意见、发表看法。厂商也可以直接通过网站了解客户意见、市场需求,从而加快信息传递,缩短销售周期。在一定程度上,可以说电子商务网站给企业与客户提供了一个新的沟通渠道和方式,也正是

这种高效的沟通渠道使得电子商务的发展如此旺盛和充满活力。电子商务网站通过客户管理系统和个性化推荐着系持续意愿,最终建立客户对网络的忠诚,从而实现长期稳定的客户重复购买行为。

3)提供商务信息

电子商务网站通过使用互联网等电子工具,使公司内部、供应商、客户和合作伙伴之间利用电子业务共享商务信息。一个电子商务网站要想发挥更大的作用吸引更多的浏览者,壮大自己的客户群,就必须研究和跟踪最新的变化情况,及时发布企业最新的产品、价格、服务等信息,保持网站内容的实效性。

4)提供客户服务

电子商务网站客户服务针对消费者的购物过程分为售前服务、售中服务和售后服务,对消费者购物过程的每一步都给予关注和引导,提高消费者的满意度和忠诚度。

5)建立 24 小时服务

电子商务完善的销售模式为客户提供全天候、更好、更快的商务活动空间,实现网上交易的基本功能。

3.2.5　电子商务网站的功能组成

1)客户管理

客户是企业最重要的战略性资源,企业的一切经营活动、营销策略都是围绕"发现、保持和留住客户"而开展的。

客户管理的功能主要包括:客户信息(基本信息、动态信息、交易信息、需求信息、客户价值、客户信誉度、客户满意度等)、客户状态管理(客户处于生命周期的什么阶段)、客户资源状况分析和客户分类等功能。

客户分类中的重要客户是众多电子商务网站关注的焦点,重要客户(大客户)是指对产品(或服务)消费频率高、消费量大、客户利润率高并且对企业经营业绩能产生一定影响的关键客户,而除此之外的客户样则可划分为中小客户范畴。重要客户对企业具有战略意义,并且能对企业盈利作出重大贡献。经典的重要客户范畴包括企事业单位、政府机构、分销商、经销商、批发商和代理商等。

2)新闻发布

电子商务网站还可以提供新闻浏览服务,包括时政新闻、社会新闻、经济新闻、娱乐新闻、体育新闻等多种类型的新闻。新闻是人们关注的焦点,也是网站中不可缺少的元素,无论是企业网站还是信息类门户网站,新闻的出现都给网站带来了勃勃生机。

3)广告发布

广告系统是一个非常重要的系统,随着网站的发展,如果网站需要实现盈利,就可以通过发布和获取广告信息来得到更多的收入。此外,广告可以发展网站现有的信息以达到宣传网站的目的。通常情况下有文字广告、图片广告、图文广告 3 种广告展现方式。

4）销售管理（购物车）

电子商务网站购物车相当于现实中超市的购物车，不同的是前者是虚拟车，后者是实体车。用户可以在电子商务网站的不同页面之间跳转，以选购自己喜爱的商品，单击购买时，该商品就自动保存到购物车中，多次选购后，最后将选中的所有商品放在购物车中统一到付款台结账，这也是尽量让客户体验到现实生活中购物的感觉。服务器通过追踪每个用户的行动，以保证在结账时每件商品都物有其主。

购物车的功能包括：添加商品至购物车；从购物车中删除商品；修改购物车中某件商品的订购数量；清空购物车；显示购物车中的商品清单、数量和价格。

5）产品管理

产品管理是指一个电商企业从分析顾客需求入手，对商品组合、定价方法、促销活动、资金使用、库存商品和其他经营性指标做出全面的分析和计划，通过高效的运营系统，保证在最佳时间，按最合适的数量、正确的价格向顾客提供商品，同时达到既定的经济效益指标。

6）友情链接

友情链接，也称为网站交换链接、互惠链接、互换链接、联盟链接等，是具有一定资源互补优势的网站之间的简单合作形式，即分别在自己的网站上放置对方网站的 Logo 图片或文字，并设置对方网站的超链接（单击后，切换或弹出另一个新的页面），使得用户可以从合作网站中发现自己的网站，达到互相推广的目的，因此常作为一种网站推广的基本手段。

7）论坛

论坛是互联网诞生之初就存在的形式，历经多年的洗礼，论坛作为一种网络平台，不仅没有消失，反而越来越焕发出它的巨大活力。如今，它已成了大家交流见解的平台。论坛的超高人气，可以有效地为电商企业提供营销传播服务，而由于论坛话题的开放性，几乎企业所有营销诉求都可以通过论坛传播得到有效的实现。论坛营销就是企业利用论坛这种网络交流的平台，通过文字、图片、视频等方式发布企业的产品和服务的信息，从而让目标客户更加深刻地了解企业的产品和服务，最终达到企业宣传品牌、加深市场认知度的目的。

8）客户服务

网站客服，或称为网上前台，是一种以网站为媒介，向互联网访客与网站内部员工提供即时沟通的页面通信技术。通过网站客服人员和浏览者之间的沟通，首先可以让客户了解企业的产品优势、企业的实力等方面的内容，最后促成交易；其次可以拿到用户联系方式（电话、QQ、邮箱）供后期跟踪回访服务，促成以后的销售。

客服一般包含以下几部分内容：

①网上调查。客服承担着网上调查的部分工作，通过客户反馈的信息，利用互联网的形式对这些信息进行规划整理与分析。其主要作用是协助企业在网上开展调查，了解客户的消费心理，从而更好地改善服务，并且能通过调查结果及时地掌握客户的需求和市场走向。

②FAQ，FAQ 即 Frequently Asked Questions，中文意思就是"经常问到的问题"。FAQ 设计的问题和解答都必须是客户经常问到和遇到的。为保证 FAQ 的有效性，首先要经常更新问题，回答客户提出的一些热点问题；其次是问题要短小精悍，对于提问频率高的常见的简

单问题,不宜用很长的文字描述,这样会浪费客户的在线时间,FAQ 对于一些重要问题在保证精准的前提下要尽可能简短。为方便客户使用,第一,FAQ 应该提供搜索功能,客户通过输入关键字可以直接找到有关问题;第二,问题较多时,可以采用分层目录式的结构组织问题的解答,但目录层次不能太多,最好不要超过 4 层;第三,将客户经常提问的问题放到前面,对于其他问题可以按一定规律排列,常用方法是按字典顺序排列;第四,对于一些复杂问题,可以在问题之间设计链接,便于客户快捷地找到相关问题的答案。

③IM。IM(Instant Massage,即时通信)是一种基于互联网的即时交流消息的业务,电子商务领域的代表有阿里旺旺、QQ 等。IM 实现以下功能:寻找客户资源或便于商务联系;以低成本实现商务交流或工作交流,这以中小企业,个人实现交易,企业跨越地域工作交流的应用为主。

④连接 CRM(客户关系管理)。客服将其搜索到的客户信息与后台 CRM 系统连接,自动地分析销售、服务,以及应用支持等业务,可以缩减销售周期和销售成本,增加收入,寻找扩展业务所需的新的市场和渠道,提高客户价值、满意度、盈利性和忠诚度。

3.2.6 电子商务网站的建设流程

电子商务网站的建设流程一般有网站规划与设计、部署服务器、注册域名、许可备案、网站发布与推广和网站维护等几个阶段。

1) 网站规划与设计

电子商务网站规划是指在网站建设前对市场进行分析,确定网站的目的和功能,并根据需要对网站建设中的技术、内容、费用、测试、维护等做出规划。网站规划对网站建设起到计划和指导作用,对网站的内容和维护起到定位作用。

电子商务网站规划的主要内容一般包括:网站建设目的;网站商务模式及其盈利模式确定;网站目标客户、市场定位分析;网站风格设定;技术、经济及人员可行性分析;运行环境、技术及工具的选择等。

(1)网站建设目的

企业网站是企业在互联网上展示形象的门户,是企业开展电子交易的基地,是企业在网上的"家"。设计制作一个优秀的网站是建站企业成功迈向互联网的重要步骤。

一般来讲,企业建设网站的目的有以下几种:提升企业形象、网络沟通、全面详细介绍公司及产品、实现电子商务功能、密切联系客户、与潜在客户建立商业联系、降低通信费用、利用网站及时得到客户的反馈信息等。

不同的网站建设目的直接决定了网站功能和界面风格的设置,所以建设网站之初必须首先确定网站建设目的。

(2)网站商务模式及其盈利模式确定

电子商务网站模式主要可以分为 B2B、B2C、C2C,每一种商务模式的盈利模式都是不一样的。不同的商务模式会对网站的功能设置提出不同的要求,如 B2B 网站会对会员提出身份认证要求,需要在网站功能设置上纳入认证体系。

(3)网站目标客户、市场定位分析

调查与分析目标客户,了解网站可能的对象和他们的需求,规划与设计符合目标客户群的商务网站,为他们提供所需的产品或服务,以及满足他们的兴趣与爱好,引起他们对网站的注意力,使企业的网站不致停留在公司形象宣传、信息发布与信息浏览的层面上,而是真正成为满足客户需求的商务网站。在生产和制造产品之前,企业往往会对自己的产品在市场上处于何种位置、竞争对手的情况、市场份额以及消费者心理作出全面的了解和分析,然后再生产产品,这样才能做到与消费者亲密无间的配合,电子商务网站也是如此。盲目地建立一个网站并发布在互联网上,只能徒增企业的成本,因此市场定位分析对电子商务网站的建设是必要而又行之有效的。

(4)网站风格设定

为了符合客户浏览习惯以及文化需求,结合行业网站,选择合适的企业网站风格,让客户能够从网站中迅速找到所需要的东西。不同行业的网站,风格也截然不同。例如,电子类网站需要大气、简约、有质感;艺术类网站需要有艺术气息;文化类网站需要有底蕴等。

①网站的 CI 设计。CI 是企业识别标识。一个杰出的网站和实体公司一样,也需要整体的形象包装设计。准确、有创意的 CI 设计,对 CI 的宣传推广有事半功倍的效果。网站主题和名称确定后,需要思考的就是网站的 CI 形象。网站的 CI 设计一般包含网站标志(Logo)的设计、网站标准色彩的确定、网站标准字体的设计以及网站宣传标语的设计等。

②网页页面内容的编排。网页页面内容的编排要力求做到布局合理化、有序化和整体化,充分利用有限的屏幕。在编排页面内容时,主要应考虑到主次分明,中心突出;大小搭配,相互呼应;图文并茂,相得益彰;适当留空,清晰易读。

③网页布局设计。网页布局就是把网页的基本组成部分在页面内进行合理的安排。互联网上的网页多种多样,内容千差万别,形式各异,但常用 Flash 网页布局主要包括"国"字形布局、"T"形布局、标题正文型布局、POP 布局、Flash 布局等。

"国"字形布局。页面的最上部分放置网站的标志和导航栏或 Banner 广告,中间放置网站的主要内容,最下部分放置网站的版权信息和联系方式等。具体的有我们常见的电子商务门户网站,例如京东、天猫、亚马逊等。

"T"形布局。页面顶部放置网站的标志和导航栏或 Banner 广告,下方左侧是导航菜单,下方右侧放置网页正文等主要内容。

标题正文型布局。用于显示文章页面、新闻页面和一些注册页面。

POP 布局。它是一种颇具艺术和时尚感的网页布局方式。页面设计通常以一张精美的海报画面为布局的主体。

Flash 布局。它是指网页页面以一个或多个 Flash 作为页面主体的布局方式。

另外,还有左右框架布局、上下框架布局、综合框架布局等。

(5)技术、经济及人员可行性分析

技术可行性分析主要是指构建与运行电子商务网站所必需的硬件、软件及相关技术对电子商务业务流程的支撑分析;经济可行性分析主要是指构建与运行网站的投入产出效益分析;组织人员可行性分析主要是指保证网站构建与运行所需要的人力资源、组织设计和管理制度的分析。学会有效的管理能使网上交易的完全性得到提高,因此一个好的电子商务网站管理系统应在这方面给予充分重视。

（6）运行环境、技术及工具的选择

运行环境要具有良好的扩充性、高效的处理能力、强大的管理工具、良好的容错性能、与企业已有资源（ERP、CBM、MIS、OA 等）整合、7×24 小时服务、支持多种客户端、安全的运行环境等能力。在技术选择上要分析是否能满足网站建设需要，是否符合主流技术标准，是否符合未来的技术发展方向，是否满足开放性和可扩充性要求，是否与现有的系统兼容，是否具有成功案例等。工具的选择一般包括网页设计工具、图片处理工具、动画设计工具、代码开发工具等。

（7）两个重要的规划内容是资源规划和进度规划

资源规划主要包括人力调配和费用预算。一般来讲，电子商务网站的建站人员主要有系统策划师、网站设计师、程序员、美工师、录入员和项目经理。网站策划是一个系统的工程，虽然国内大多数企业以及各大互联网企业还没有把网站策划摆到一个重要的位置。但是，网站策划的重要性是不置可否的，一般来讲，网站系统策划师应该具备良好的文案写作能力、熟悉互联网经济和网络营销知识、具备良好的逻辑分析能力等，最好还应具备一定的美工基础和程序设计基础。网站设计师则主要负责网页设计和处理功能的开发。在大型网站中通常将设计师和开发者的职责分开，设计师主要负责门面上的事情，开发者负责各种事务处理的应用，即设计师的工作更要具有创意，而开发者的工作更偏重于技术。

网站的费用预算在整个建站过程中也是很重要的。主要考虑的费用有域名费用、线路接入费用和合法地址费用，服务器硬件设备、托管费用、系统软件费用，开发费用和网站的市场及经营费用等。域名的费用幅度不大，单个的独立域名（一级域名）在几十到 300 元；一般的实用性质的服务器空间费用是每 1 M 为 2~4 元人民币，最小的企业网站空间应该在 50 M 以上才能正常运转。超过 200 M，建议主机托管。

进度规划包括建设流程设计和制订进度表。制订进度表中应该包括网站建设各项工作内容及其时间安排，月度和年度工作安排时间规划，网站各工作人员的工作内容及其时间安排（该项可由工作人员本人负责完成），工作人员讨论交流会时间安排。

2）搭建网站

当确定了一个适合自己的发展方向后，接下来就是把想法变成现实，搭建开展电子商务所必需的网站平台。一般有两种选择：一种是采用自己熟悉的网站开发技术，聘请网站开发人员搭建电子商务网站平台；另一种是采用开发好的通用网站系统或者委托专业的网络公司来搭建电子商务网站平台。

3）部署服务器

一个好的电子商务网站，不又要保障大量的访问者正常访问，还要尽能够从无数的互联网网站中更容易地找到它。选择不同的服务器或不同的服务器安置位置，将影响网站的域名。一般来说，成功的域名就是成功网站的代名词。服务器的形式有虚拟主机、托管主机、自建主机 3 种。

（1）虚拟主机

虚拟主机使用特定的软硬件技术，把一台运行在互联网上的服务器主机分为若干个虚拟主机(有些专业服务商将一台主机分为数百甚至一千多个虚拟主机)。每个虚拟主机都可以是一个独立的网站,可以具有独立的域名,具有完整的互联网服务器功能(WWW、FTP、E-mail等),同一台服务器主机上划分出的虚拟主机之间是完全独立的,可由用户自行管理。从网站访问者的角度看,一台虚拟主机和一台独立的服务器主机(采用服务器托管、专线上网等方式建立的服务器)完全一样。

用虚拟主机建设网站具有以下优点:

①降低硬件采购、网络维护等方面的成本。

②企业服务器管理维护简便,既不必采用烦琐的系统配置,也不必再进行用户账号开辟、权限分配和一些其他的培训指导。

③拥有更加稳定的性能。大多数的虚拟主机服务商不会只依赖一家网络通信供应商,这样可以保证系统不会因为一家网络服务供应商的服务质量问题而陷入瘫痪。

④网站建设效率大幅提高。现在主要的服务商都已经实现了整个业务流程的电子商务化,选择符合需要的虚拟主机,在线付款之后马上就可以进行网站的建设。

虚拟主机也有一定的适用范围,在以下方面也存在缺点:

①某些功能的使用受到服务商的限制,如可能耗用系统资源的论坛程序、流量统计功能等。

②网站设计服务商提供的功能支持的限制,如数据库类型、操作系统等。

③由于主机提供商将一台主机出租给过多的网站,或者服务器配置等原因会造成某些虚拟主机网站访问速度过慢,网站自己无法改善这种状况。

④当一个用户的网站内容违法或违规,通信运营商就将 IP 停用,将导致其他没有违规的用户无法正常使用。

采用虚拟主机建设网站的步骤大致分为:注册域名、开通虚拟主机、进行域名解析和主机绑定、安装建站程序直至最终完成网站建设。

(2)托管主机

托管主机是在具有与互联网实时相连的网络环境的公司放置一台服务器,或向其租用一台服务器,客户可以通过远程监控,将服务器配置成 WWW、Mail、DB 服务器。如果企业在拥有自己独立的 Web 服务器的同时,不想花费更多的资金进行通信线路、网络环境、机房环境等方面的投资,不想投入人力进行 24 小时的网络维护,可以尝试托管主机。托管主机的特点是投资少,周期短,无线路拥塞的问题。使用这种方式的建站过程和使用虚拟主机类似,差别就在于服务器的选择上:对于访问量比较恒定的一般企业而言,推荐虚拟主机,因为它有足够的空间,费用不高,只需要定期的网站维护;对于具有较高访问量网站的企业,建议选择托管主机,因为它能够保证足够的宽带和流量,服务器整体性能也更好。

(3)自建主机

自建主机是指企业自己购置硬件设备,自己安装服务软件,自行维护主机运行。这就需要有水平较高的专业技术人员,投入较大的资金购置性能较好的服务器,日常维护工作量也非常大。这类方式完整的构建流程包括:申请互联网接入线路、申请网站域名、购置网站服务器、安排专门的技术人员管理与维护。这种方式的投入成本很高。

成熟的大中型企业可以采用这种网站建设方式。其完整的网站管理环境可让企业更好地利用互联网为自己服务,同时也加强了企业自身的建设。如果选择了自建主机的方式,那么就要根据需求购买服务器、数据库产品、网络操作系统、防火墙等设备和软件,对机房进行简单装修,接入宽带,同时还要对维护人员进行操作培训等。

4)注册域名

企业可以在国际域名网、万网等国际互联网(Inter NIC)认证的国际域名注册服务机构、中国互联网络信息中心(CNNIC)认证的.cn域名注册服务机构进行域名注册。

首先要选择一家域名注册商,这里以"景安"为例,打开景安官网 www.zzidc.com(图3.2)。

图3.2　"景安"官网

在域名注册搜索框里面,输入想要注册的域名进行查询(图3.3)。

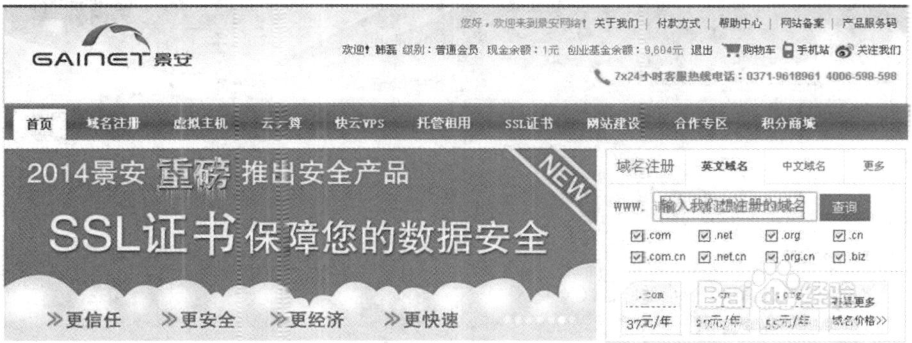

图3.3

若是出现该域名已被注册,则需要重新换一个新的域名进行注册(图3.4)。

在更改域名过后,如出现该域名未被注册,则代表可以对该域名进行注册(图3.5)。

选择域名服务接入商,每个服务商注册价格不太相同,这里通常选择中国数据(图3.6)。

必须填写个人或者企业的信息,在填写信息的过程中,注意信息的正确性,填写完成后,点击"立即注册"即可完成整个域名的注册流程(图3.7)。

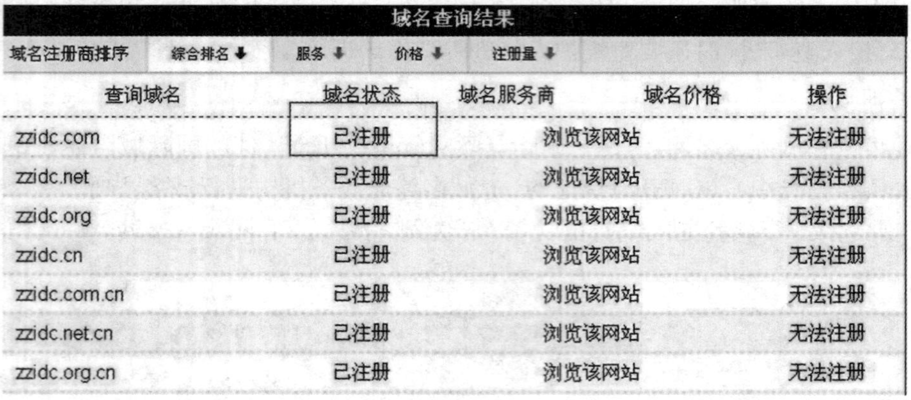

域名查询结果				
域名注册商排序　综合排名 ⬇　服务 ⬇　价格 ⬇　注册量 ⬇				
查询域名	域名状态	域名服务商	域名价格	操作
zzidc.com	已注册	浏览该网站		无法注册
zzidc.net	已注册	浏览该网站		无法注册
zzidc.org	已注册	浏览该网站		无法注册
zzidc.cn	已注册	浏览该网站		无法注册
zzidc.com.cn	已注册	浏览该网站		无法注册
zzidc.net.cn	已注册	浏览该网站		无法注册
zzidc.org.cn	已注册	浏览该网站		无法注册

图 3.4

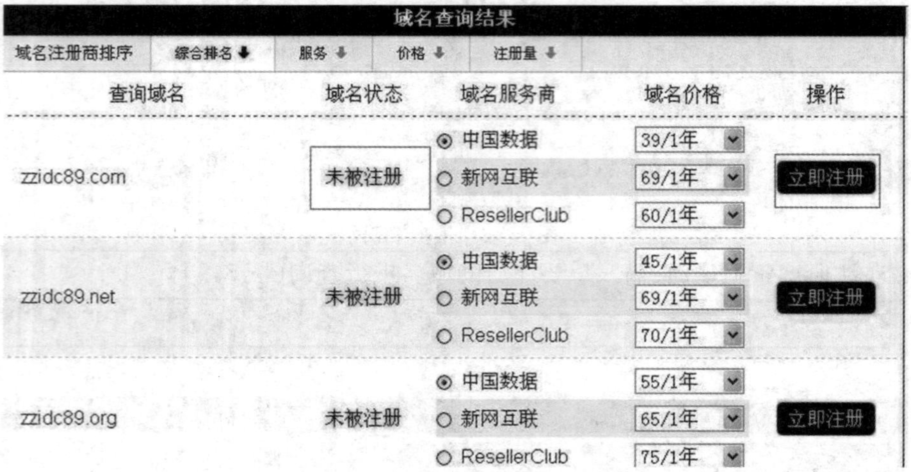

域名查询结果				
域名注册商排序　综合排名 ⬇　服务 ⬇　价格 ⬇　注册量 ⬇				
查询域名	域名状态	域名服务商	域名价格	操作
zzidc89.com	未被注册	◉ 中国数据	39/1年	立即注册
		○ 新网互联	69/1年	
		○ ResellerClub	60/1年	
zzidc89.net	未被注册	◉ 中国数据	45/1年	立即注册
		○ 新网互联	69/1年	
		○ ResellerClub	70/1年	
zzidc89.org	未被注册	◉ 中国数据	55/1年	立即注册
		○ 新网互联	65/1年	
		○ ResellerClub	75/1年	

图 3.5

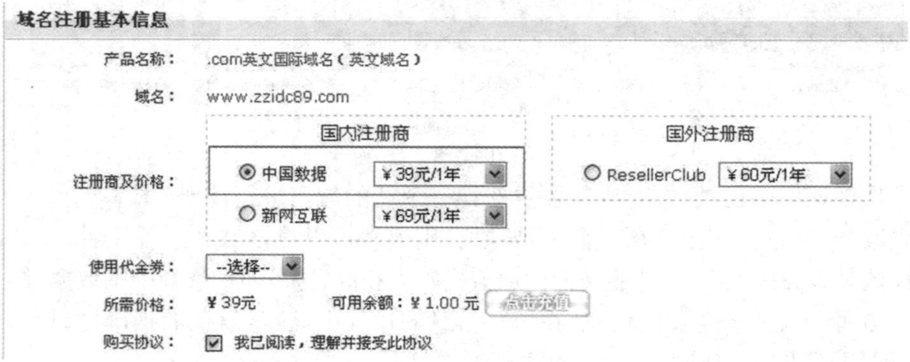

域名注册基本信息

产品名称：　.com英文国际域名（英文域名）

域名：　www.zzidc89.com

注册商及价格：

国内注册商	国外注册商
◉ 中国数据　¥39元/1年	○ ResellerClub　¥60元/1年
○ 新网互联　¥69元/1年	

使用代金券：　--选择--

所需价格：　¥39元　　可用余额：¥1.00元　点击充值

购买协议：　☑ 我已阅读，理解并接受此协议

图 3.6

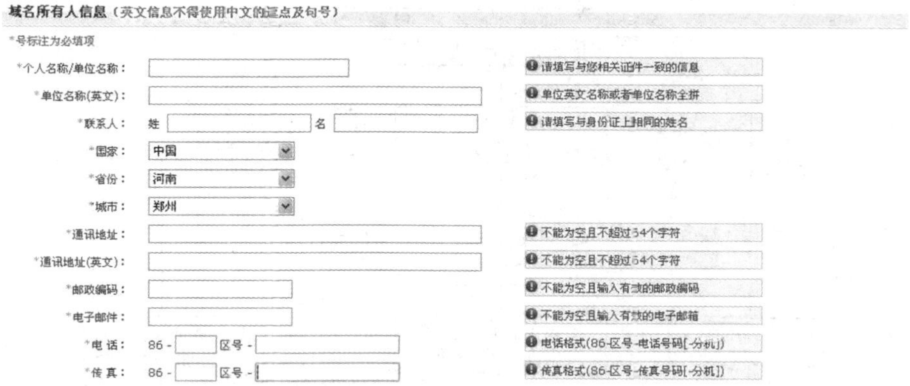

图 3.7

5) 许可备案

网站许可备案制度是我国政府为管理互联网而采取的一种规范措施。根据《互联网信息服务管理办法》,我国对经营性互联网信息服务网站实行许可制度,对非经营性互联网信息服务网站实行备案制度。自 2005 年 3 月开始,工业和信息化部开展互联网备案登记,有独立域名的网站都要进行备案登记,不进行备案的网站将根据主管部门的有关规定予以关闭。网站备案是免费的,由用户登录工业和信息化部备案网站自行备案。

备案流程如图 3.8 所示。

① 网站主办者登录接入服务商企业侧系统。

② 网站主办者自主报备信息或接入服务商代为提交信息。网站主办者登录到企业侧系统,注册用户,填写备案信息,接入服务商校验所填信息,反馈网站主办者。网站主办者委托接入服务商代为报备网站的全部备案信息并核实信息真伪,接入服务商核实备案信息,将备案信息提交到省通信管理局系统。

③ 接入服务商核实备案信息。接入服务商对网站主办者提交的备案信息进行当面核验,主要包括当面采集网站负责人照片;依据网站主办者证件信息核验提交至接入服务商系统的备案信息;填写"网站备案信息真实性核验单"。如果备案信息无误,接入服务商提交给通信管理局审核;如果信息有误,接入者在备注栏中注明错误信息提示后退回给网站主办者进行修改。

④ 网站主办者所在省通信管理局审核备案信息。网主办者所在地省管局对备案信息进行审核,审核不通过,则退回服务商企业侧系统由接入服务商修改;审核通过,生成的备案号、备案密码和备案信息上传至部级系统,并同时下发到企业侧系统,接入服务商将备案号告知网站主办者。

在网站备案后,可以在备案管理系统中查询网站详细信息。

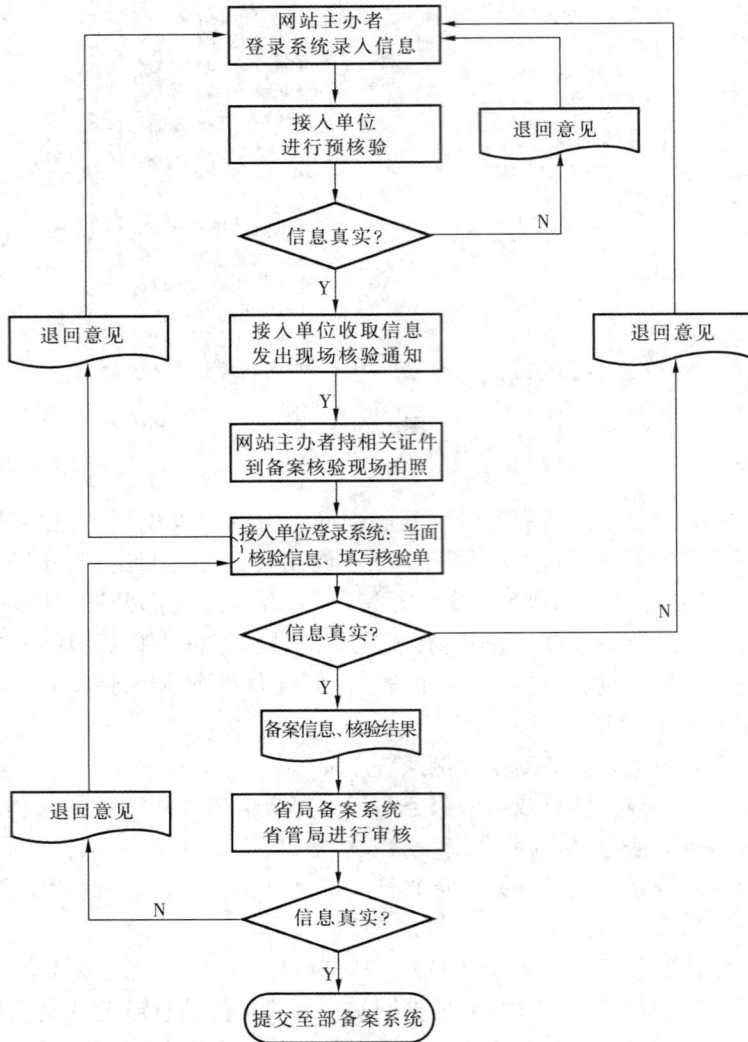

图 3.8 网站许可备案流程图

6) 网站推广与维护

网站在上传到服务器之后,就可以正式开放了。为了让发布的内容有新鲜感并吸引访客浏览,企业要经常对网站中的信息进行更新,对站内的链接进行检查。网站建好后,如果想提高网站的知名度和访问量,就要对网站进行宣传推广。

推广网站的方法最常用的有两种:一种是以交换友情链接或交换广告等方式进行宣传和推广;另一种是在搜索引擎中进行推广。注册搜索引擎是目前最为成熟的网络营销方法,具体措施为网站建成后用户到搜索引擎上注册中英文加注和有效的关键字搜索。除上面介绍的以外,还有邮件推广、论坛推广、网络活动宣传、网络广告等。

网站推广的方法很多,不同的方法各有优缺点,需要多种方法综合运用,不能单纯地只用一种方法,哪些方法的组合更适合自己、更有效,需要进行长期的测试,找到以后再加大这个组合的投资,把效果放大,这样才能达到事半功倍的效果。

网站维护是指一切与网站后期运作有关的维护工作。与其他媒体一样,网站也需要经常性的更新维护才会起到预期的商业效果。网站运营维护的好坏在很大程度上会直接影响到访客是否会对企业产生良好的印象,从而成为企业的客户。为了让网站长期稳定地在互联网上运行,需要及时调整更新网站内容,在瞬息万变的信息社会抓住更多的网络商机。网站的维护包括服务器软件维护、服务器硬件维护、网站安全维护、网站内容维护等方面。

3.2.7 电子商务系统建设

1)电子商务系统含义

广义上讲,是商务活动中各参与方和支持企业进行交易活动的电子技术手段的集合。狭义上讲,电子商务系统则是指企业、消费者、银行、政府等在 Internet 和其他网络的基础上,以实现企业电子商务活动的目标,满足企业生产、销售、服务等生产和管理的需要,支持企业的对外业务协作,从运作、管理和决策等层次全面提高企业信息化水平,为企业提供具备商业智能的计算机网络系统。

2)电子商务系统构成

电子商务整体结构分为电子商务应用层结构(简称应用层)和支持应用实现的基础结构(3 层),基础结构一般包括 3 个层次和两个支柱。3 个层次自下而上分别为网络层、传输层和服务层,两个支柱分别是安全协议与技术标准、公共政策与法律规范。前 3 个层次为基础层次,其上就是各种特定的电子商务应用,可见 3 个基础层次和两个支柱是电子商务应用的条件。为不失一般性,在此仅对电子商务的基础结构作概括说明(图 3.9)。

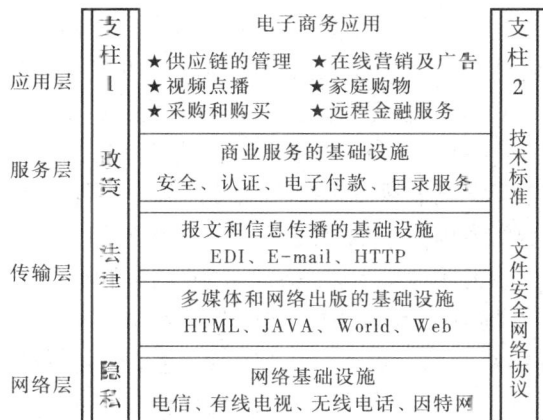

图 3.9 电子商务系统构成图

(1)主体层

①网络层(网络平台)。网络层是电子商务的硬件基础设施,是信息传输系统,包括远程通信网(Telecom)、有线电视网(Cable TV)、无线通信网(Wireless)和互联网(Internet)。远程通信包括电话、电报,无线通信网包括移动通信和卫星网,互联网是计算机网络。这些网络

基本上是独立的,目前研究部门正在研究将这些网络连接在一起,到那时传输线路的拥挤将会彻底改变。

这些不同的网络都提供了电子商务信息传输线路,但是,当前大部分的电子商务应用还是基于Internet。互联网络上包括的主要硬件有:基于计算机的电话设备、集线器(Hub)、数字交换机、路由器(Routers)、调制解调器、有线电视的机顶盒(Set-top Box)、电缆调制解调器(Cable Modem)。

经营计算机网络服务的是Internet网络接入服务供应商(IAP)和内容服务供应商(ICP),他们统称为网络服务供应商(ISP)。IAP只向用户提供拨号入网服务,它的规模较小,向用户提供的服务有限,一般没有自己的骨干网络和信息源,用户仅将其作为一个上网的接入点看待。ICP能为用户提供全方位的服务,可以提供专线、拨号上网,提供各类信息服务和培训等,拥有自己的特色信息源,它是ISP今后发展的主要方向,也是发展电子商务的重要力量。

②传输层(信息发布平台)。网络层提供了信息传输的线路,线路上传输的最复杂的信息就是多媒体信息,它是文本、声音、图像的综合。最常用的信息发布应用就是WWW,用HTML或JAVA将多媒体内容发布在Web服务器上,然后通过一些传输协议将发布的信息传送到接收者。

③服务层(电子商务平台)。这一层实现标准的网上商务活动服务,以方便交易,如标准的商品目录/价目表建立、电子支付工具的开发、保证商业信息安全传送的方法、认证买卖双方的合法性方法。

④应用层(电子商务各应用系统)。在整个构成的环境平台上,可以开展网上购物、网上银行、网络广告和网上娱乐等电子商务活动。

(2)两大支柱

①公共政策与法律法规。公共政策包括围绕电子商务的税收制度、信息的定价(信息定价则围绕谁花钱来进行信息高速公路建设)、信息访问的收费、信息传输成本、隐私问题等,需要政府制定的政策。其中,税收制度如何制定是一个至关重要的问题。例如,对于咨询信息、电子书籍、软件等无形商品是否征税,如何征税;对于汽车、服装等有形商品如何通过海关,如何征税;税收制度是否应与国际惯例接轨,如何接轨;关贸总协定是否应把电子商务部分纳入其中。这些问题不妥善解决,则阻碍着电子商务的发展。

法规维系着商务活动的正常运作,违规活动必须受到法律制裁。网上商务活动有其独特性,买卖双方很可能存在地域的差别,他们之间的纠纷如何解决? 如果没有一个成熟的、统一的法律系统进行仲裁,纠纷就不可能解决。那么,这个法律系统究竟应该如何制定? 应遵循什么样的原则? 其效力如何保证? 如何保证授权商品交易的顺利进行,如何有效遏止侵权商品或仿冒产品的销售,如何有力打击侵权行为,这些都是制定电子商务法规时应该考虑的问题。法规制定的成功与否直接关系到电子商务活动能否顺利开展。

②安全协议与技术标准。安全问题可以说是电子商务的核心问题。如何保障电子商务活动的安全,一直是电子商务能否正常开展的核心问题。作为一个安全的电子商务系统,首先必须具有一个安全、可靠的通信网络,以保证交易信息安全、迅速地传递;其次必须保证数据库服务器的绝对安全,防止网络黑客闯入盗取信息。电子签名和认证是网上比较成熟的

安全手段。同时,人们还制定了一些安全标准,如安全套接层(Secure Sockets Layer)、安全HTTP 协议(Secure-HTTP)、安全电子交易(Secure Electronic Transaction)等。

技术标准是信息发布、传递的基础,是网络上信息一致性的保证。如果没有统一的技术标准,这就像不同的国家使用不同的电压传输电流,用不同的制式传输视频信号,限制了许多产品在世界范围的使用。EDI 标准的建立就是电子商务技术标准的一个例子。

3.2.8　电子商务系统的建设类别

根据上面的分析,可以将整合后的电子商务系统分为两部分:前台系统和后台系统。前台系统主要是企业电子商务采购平台和电子商务销售平台与供应商和客户之间进行物流、信息流和资金流的交换;后台系统主要是企业内部自身物流和信息流的交换,即 ERP 系统和 CRM 系统。

电子商务系统的建设可以分为两类:第一类,在企业现有的 ERP、CRM 等信息系统和已积累的数据资源之上,构建电子商务网站。第二类,直接开展电子商务网站的建设,包括后台数据信息管理系统的建设,通过网站的运营,逐步积累相关数据资源。

ERP、CRM 和电子商务平台的整合需要业务流程重组的配合,对原有供应链体系进行一次彻底的重新设计。这将涉及对企业原有岗位和职能的重新定位以及工作流程的重新设计。对企业而言,系统集成是一项浩大的系统工程,它涵盖了从供应商到客户的整个流程。因此,系统集成需要按照"统一规划、分步实施"的原则,合理设立目标,全面规划,从本企业的实际情况出发,分阶段展开,逐步构建企业的信息化管理模式。企业应该先进行电子商务平台的搭建,再根据实际情况,对企业的业务流程进行全面的分析,选择符合企业发展需求的 ERP、CRM 系统。

3.2.9　电子商务系统的实现方式

电子商务系统的实现方式多种多样,各有优势和不足,以下是几种常见的电子商务系统开发方式。

1)自主开发

自主开发是指用户依靠自己的力量独立去完成电子商务系统建设的各项任务,优势在于:适用性高,可以满足企业的独特需求,实现许多外购软件难以实现的功能;匹配度高,与企业现有的业务流程匹配程度高,实施起来也容易成功运行;灵活度高,能够快速满足不断变动的流程的需要,更符合业务要求。但是,自主建设电子商务系统也容易出现技术人才缺乏、系统升级换代难、与其他软件系统接口匹配度不高等缺点。

2)委托开发

委托开发方式是由用户委托具有丰富开发经验的机构或专业开发人员,按照用户的需求来开发系统,优势在于:费用低,委托企业提前介入,所需研究费用大大降低;风险小,委托企业参与研发全程中,切实了解到研究细节,可避免开发出不合格产品的风险;效益好,企业自主立项、量身定做,符合企业自身发展需求,与既定经营方针和销售渠道相吻合。但是,委托开发方式也容易出现对开发商过于依赖、后期系统维护难、商业机密遭到泄露等缺点。

3) 合作开发

合作开发是指用户和具有丰富系统开发经验的机构或者专业开发人员共同完成系统开发任务。优势在于:需求明确,系统是为企业量身定做,同时也能够为企业培养较多的、顶尖的技术人才,为系统后续开发和维护打好基础。但是,合作开发也有开发风险大,同时投入巨大,培养的大量人才在系统交付使用后会发生空置现象,人力资源被浪费的缺点。

4) 购买集成应用软件

购买集成应用软件是根据客户要求,在系统分析的基础上,选择并购买市场上符合要求的集成商品化应用软件。优势在于:省时省力,由于购买的是现成的、通用的、经过标准化的套装系统,省去了大量的开发时间,上线速度快;专业化程度高,产品都是经过了充分的检验和测试,系统的性能好,安全性也能得到保证,功能也相对齐全,上线风险最小;价格合适,套装系统的开发商已经将整体开发成本分摊过,因此市场价格往往比较合适;系统接口的开放性、集成性比较好,能够满足企业未来信息化不断发展的要求;售后服务也比较成体系,售后服务能够不断升级产品,保证产品能跟上时代需求,随时根据客户要求对产品进行适当调整订制。但是,购置集成应用软件也存在企业个性化需求无法满足的情况,软件实施、服务和升级的效果也会因人而定。4 种电子商务系统开发方式的比较情况如表 3.1 所示。

表 3.1　电子商务系统开发方式比较

	自主开发	委托开发	合作开发	购置集成应用软件
需求明确	强	较强	强	较强
开发投入	大	一般	大	大
项目可控	强	较强	较强	强
用户适应	强	强	强	一般
人才培养	强	不强	强	不强
系统质量	一般	好	较好	好
开发周期	长	一般	一般	短
推动变革	不利	较有利	较有利	有利
风险程度	小	较大	较大	大
外界依赖	小	较大	较小	唯一

3.2.10 电子商务系统的运行与管理

1) 电子商务系统的运行与管理

①系统日常运行管理。管理人员对基本经营活动和交易进行跟踪和记录,对销售、现金流动、工资、原材料进出等数据进行管理。系统日常运行管理的主要原则是记录日常交易活动,解决常见业务问题,如销售系统中当天销售多少、库存多少等基本问题。

②系统文档的管理。电子商务系统涉及的文档内容包括技术文档和供应链管理文档。其中,技术文档包括电子商务系统开发、运行、维护的内容;供应链管理文档包括供应、生产作业、物流、需求等文档。

③系统的安全与保密。电子商务网上购物的"不确定"是影响消费者网上购物兴趣的显著因素,不确定性会提高交易成本,进而降低消费者网上购物的兴趣。对于这些不确定性可以通过提供一个安全、便利并且令人信赖的信息安全体系来降低。信息安全体系涉及一些保密机制,如身份识别、加密技术、数字签名与电子证书、防火墙等。

2) 电子商务系统的评价

电子商务系统的评价包括技术评价与应用评价。对电子商务系统进行技术评价应该关注技术开发水平、系统的功能、系统的可靠性、系统的效率、系统的适应性及扩展性、安全保密性等。对它进行应用评价应亥关注直接经济效益、企业业务流程是否趋于合理、管理水平和效益、企业内部用户满意度、客户和商业伙伴满意度、信息服务的质量、社会效益等。

3.3 电子商务 App

3.3.1 App 概述

目前智能手机的主流系统如下:使用最多的操作系统有:Android、iOS,较少的用户使用:Symbian、Windows Phone 和 BlackBerry OS。智能手机系统可以像个人电脑一样安装第三方软件,所以智能手机有丰富的功能。智能手机能够显示与个人电脑所显示出来一致的正常网页,它具有独立的操作系统以及良好的用户界面,它拥有很强的应用扩展性,能方便随意地安装和删除应用程序 APP。

3.3.2 智能手机系统分类

1) Android 手机系统

Android 系统是一种基于 Linux 的自由及开放源代码的操作系统,主要用于移动设备,如智能手机和平板电脑,由 Google 公司和开放手机联盟领导及开发。

2007 年 11 月,Google 与 84 家硬件制造商、软件开发商及电信营运商组建开放手机联盟共同研发改良 Android 系统。随后 Google 以 Apache 开源许可证的授权方式,发布了 Android 的源代码。第一部 Android 智能手机发布于 2008 年 10 月。Android 逐渐扩展到平板电脑及其他领域上,如电视、数码相机、游戏机等。2011年第一季度,Android在全球的市场份额首次超过塞班系统,跃居全球第一。2013年的第四季度,Android平台手机的全球市场份额已经达到78.1%。谷歌(微博)Android移动操作系统在2016年第三季度占据了智能手机操作系统市场87.5%的份额,一家独大。

Android系统从测试版本到7.0版本,不断升级为用户带来流畅智能体验。Android的系统架构和其操作系统一样,采用了分层的架构。从架构图看,Android分为四个层,从高层到低层分别是应用程序层、应用程序框架层、系统运行库层和Linux内核层。在优势方面,Android平台就是其开放性,开放的平台允许任何移动终端厂商加入到Android联盟中来。显著的开放性可以使其拥有更多的开发者,随着用户和应用的日益丰富,一个崭新的平台也将很快走向成熟。

2) IOS 手机系统

iOS系统是由苹果公司开发的移动操作系统。苹果公司最早于2007年1月9日的Macworld大会上公布这个系统,最初是设计给iPhone使用的,后来陆续套用到iPod touch、iPad以及Apple TV等产品上。iOS与苹果的Mac OS X操作系统一样,属于类Unix的商业操作系统。

iPhone OS的系统架构分为四个层次:核心操作系统层(the Core OSlayer),核心服务层(the Core Serviceslayer),媒体层(the Media layer),可轻触层(the Cocoa Touchlayer)。iOS由两部分组成:操作系统和能在iPhone和iPod touch设备上运行原生程序的技术。根据市场调研公司Strategy Analytics发布的报告,苹果iOS操作系统在2016年第三季度的市场份额为12.1%,位居第二。

iOS系统具有与硬件的整合度高、华丽的界面、数据的安全性、强大的兼容性、流畅度高等优势。其从1.0到10.0版本,iOS系统不断升级,作为第十代系统,iOS的更新让"果粉"眼花缭乱:更强大的通知栏、更智能的Siri、更好玩的iMessage、更聪明的照片,并且iOS 10前所未有地进行开放,部分系统预装应用可被移除,Siri、地图、电话开放给了开发者,体现了苹果更智能、更开放和更人性化的三大方向。

3) Windows Phone 手机系统

Windows Phone(简称为WP)是微软于2010年10月21日正式发布的一款手机操作系统,初始版本命名为Windows Phone 7.0。基于Windows CE内核,采用了一种称为Metro的用户界面(UI),并将微软旗下的Xbox Live游戏、Xbox Music音乐与独特的视频体验集成至手机中。2011年2月,诺基亚与微软达成全球战略同盟并深度合作共同研发该系统。2011年9月27日,微软发布升级版Windows Phone 7.5,这是首个支持简体中文的系统版本。2012年6月21日,微软正式发布Windows Phone 8,全新的Windows Phone 8舍弃了老旧Windows CE内核,采用了与Windows系统相同的Windows NT内核,支持很多新的特性。Windows Phone系统具有桌面定制、图标拖拽、滑动控制等一系列前卫的操作体验。其主屏幕通过提供类似仪表盘的体验来显示新的电子邮件、短信、未接来电、日历约会等,让人们对重要信息保持时刻更新。

Strategy Analytics 发布的 2016 年第三季度报告指出，包括黑莓、微软和三星电子开发的其他移动操作系统，在全球合计仅占据了移动操作系统市场 0.3% 的份额。可见安卓和苹果系统已占据几乎全部的市场。Windows Phone 在截至 2016 年 8 月三个月期间保持下降趋势。Windows Phone 份额唯一增长的市场是日本，在那里它的份额增加了 0.6%，原因目前不是很清楚。不幸的是，Windows Phone 份额在未来几个月将持续下降，传言声称 Lumia 品牌可以在今年 12 月完全中止。微软至今仍然对其移动产品线的所有细节三缄其口，但这种不确定性也影响了平台，更多的开发者和用户跳到了 Android 或 iOS 上。

4) Symbian **手机系统**

Symbian 系统是塞班公司为手机而设计的操作系统。2008 年 12 月 2 日，塞班公司被诺基亚收购。2011 年 12 月 21 日，诺基亚官方宣布放弃塞班（Symbian）品牌。由于缺乏新技术支持，塞班的市场份额日益萎缩。最近 2016 年 7 月 WhatsApp 团队表示将在年底停止对于塞班系统的支持，而具体的日期是 12 月 31 日。虽然这并不意味着塞班已死，但是一款热门即时通信系统撤退所带来的打击也不小。

Symbian 是一个实时性、多任务的纯 32 位操作系统，具有功耗低、内存占用少等特点，在有限的内存和运行情况下，非常适合手机等移动设备使用，经过不断完善，可以支持 GPRS、蓝牙、SyncML、NFC 以及 3G 技术。它包含联合的数据库、使用者界面架构和公共工具的参考实现，它的前身是 Psion 的 EPOC。最重要的是，它是一个标准化的开放式平台，任何人都可以为支持 Symbian 的设备开发软件。但是，Symbian 系统存在着不少劣势以及随着诺基亚的陨落，Symbian 系统在走向没落。

3.3.3 电子商务 App

移动互联网的迅速发展，正在逐渐改变人们的生活方式和消费观念。移动设备让人们得以在生活、工作的间隙，把更多的"碎片"时间放在"持续不断的享受移动购物的乐趣"。或查询订单的物流状态，或更改订单的状态，相比 PC 和传统购物形式而言，移动购物"更方便、更快速"，可以为用户随时随地提供所需的服务、应用、信息和娱乐，同时满足用户及商家从众、安全社交及自我实现的需求，还能节省时间，易被广大网民、尤其是年轻一代所接受。也使目前越来越多的电商网站推出自己的手机客户端，作为订单来源的渠道之一，比外，目前 LBS、SNS 等应用大行其道，也使手机客户端的电商平台有了新的元素，孕育了新的 O2O 的电子商务运营模式。

电商手机客户端（APP）主要涉及订单的流程、与电商原系统平台数据接口的对接、订单支付方式等核心内容。手机移动支付、支付宝客户端、网银手机端等应用解决了用户订单流程中支付的重要环节。进入商城、选商品、购物、收银台支付整个用户的实际购买流程在电商手机端平台可以得到完美呈现。

电商 App 开发拓扑图如图 3.10 和图 3.11 所示：

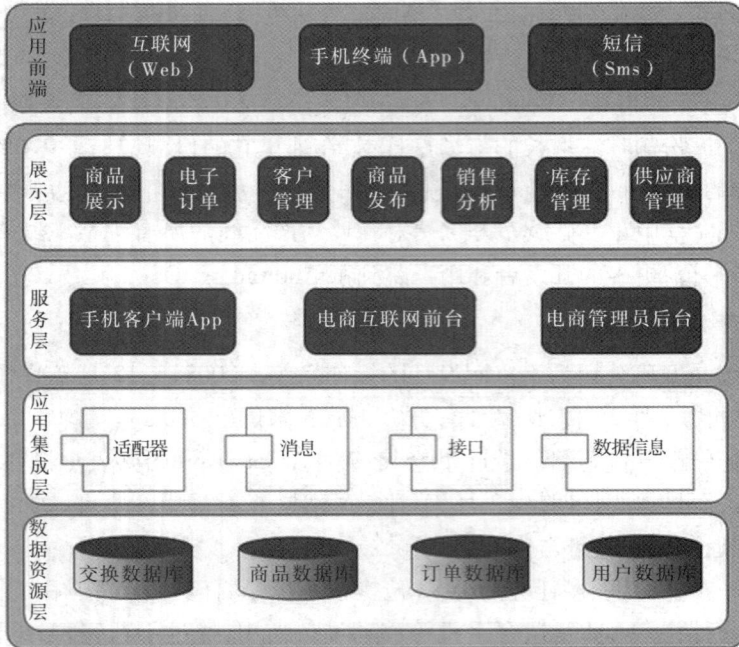

图 3.10

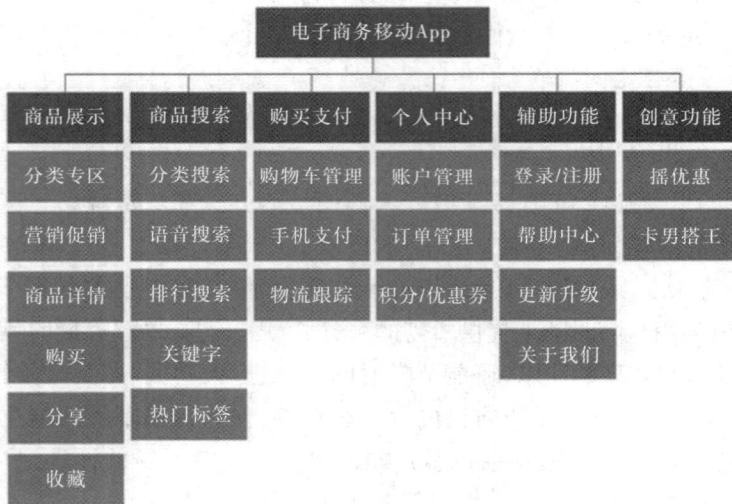

图 3.11

1) 商品展示

一般由促销推荐专区产品展示、新品热门产品区、产品分类展示区、节日促销活动商品区构成。

2) 强大的商品搜索

能进行商品关键字搜索、各类排行榜搜索(例如价格排行榜、销售排行榜、好评指数排行榜等）、商品语音搜索、热门标签搜索。

3) 购物车

包括加入购物车、收藏功能,立即购买和全套购买等快捷下单功能,修改、删除购物车内商品功能。

4) 支付下单

有订单查看、删除功能,订单手机支付功能,物流跟踪查看功能,优惠及积分的使用兑换功能,分享商品至微博、开心、人人等 SNS 社区的功能。

5) 辅助功能

能够搜集来自互联网商城的用户信息数据,从而进行统一账号登录;有完善的手机购物流程帮助中心;软件更新升级功能。

6) 创意特色

如摇优惠(通过摇动手机,获取优惠券)、服装搭配(服装的自主随意搭配,实现虚拟物体也能随意按用户选择查看搭配效果)等特色功能。

3.3.4　App 建设条件

1) 人员配置

App 开发团队,每一个产品,每一次项目,其实应该都是一个周期完整的 App 开发过程,为了达到全过程的专入专岗,以最精简最节约的方式,也应该达到以下团队配置。①产品经理(项目经理):整个产品团队的核心管理者,懂用户,精通需求,能跑市场,了解开发,做测试,最重要的职责就是把控产品的方向和质量,并能在前期,就对产品的运营进行规划,并按照运营思路,推进 App 开发工作。②安卓及 IOS 程序开发:这基本是个两人的搭档配置,负责整个产品开发的全过程把控 App 的质量,好不好用,流畅不流畅,都与程序编写质量息息相关。③后台及数据库设计:必须对数据库较为精通,能根据 App 需求,进行数据库设计,并搭建 App 后台管理框架。这个类似传统程序员及架构设计师的工作范畴。④UI 设计师:这个岗位的工作非常重要,除了要做得好看,还要懂得用户的操作习惯,让 App 更好用,要懂产品,懂美术。为了节约成本,一个最精简的 App 开发团队至少需要以上的人员配备。

2) 硬件设备

做 App 开发,你就得紧跟时代,最新的手机、笔记本一个都不能少。做安卓开发,公司要备着三星 S4、HTC、华为、魅族等多款手机,安卓平台,兼容性一直是个问题,需要多进行测试。做 IOS 开发,这就要求更多,iPhone、iPhone5、iPhone5S、iPhone6S、iPad 都要有,苹果的程序开发,还必须通过 Macbook 进行,需要购买苹果笔记本。App 开发团队,有人说成本低,实际上购买设备的成本也不低。

3)软件配置

当系统平台升级时,团队会调试 App 兼容性,测试 bug,调整界面风格,在软件配备上也不能落后,否则 App 的运行极其容易出现问题。

4)UI 及界面设计

UI 设计,易用性设计,交互设计,在手机 App 开发过程中,是贯穿始终的重要工作。UI 设计师过去一直被称为美工,得不到重视。但现在一致认为,好的操作流程,好的交互设计,才是 App 的灵魂,好用易用,用户才会去使用。App 团队的 UI 设计师,往简单来说,必须具备能深入产品需求,懂得用户体验,精通美术设计,将最优秀的交互传递给用户的能力。因此,这也是对综合素质要求很高的一个岗位,需要良好的文化素养和艺术气质,不一定是长头发艺术家,但是一定要懂得很多。

5)上线支持

App 开发完成后,需要做什么? 大家肯定会回答:上线。看似很简单的两个字,大家都认为很简单的工作,其实有很多诀窍,并且还有不小的难度。例如:App 要上苹果的 App Store,就必须十分精通苹果的上线流程。而且即便你了解流程,编写上线资料,发布上线程序,也都是很复杂的工作。专业的 App 开发团队,一般都有专业的上线服务人员,他们精通苹果、安卓市场的上线流程和技巧,并对各大 App 市场运作流程十分精通,能通过技术手段,让用户更快速、更容易地找到您的 App,这就是专业性。

6)运营服务

App 开发完成,只是万里长征走完的第一步,App 的发展,用户数的增加,离不开后期的产品运营。市场瞬息万变,运营就要采用灵活多变的方式与手段。而往往在过程中,都必须对 App 进行适当的调整,作为 App 开发及运营团队,就有责任和义务,配合客户完成这些工作。App 开发团队与客户的合作是长期合作,特别针对运营的全过程,服务必须是持续性,无法间断的,所以请谨慎选择 App 开发团队。

7)团队合作

App 开发团队,毫无疑问,是属于一种创新型的研发团队机构,团队成员间的分工合作很明确,各司其职,而又彼此紧密结合。建立一支彼此信任,能力均衡,有创新精神,有核心领导的团队,是 App 运行顺利的关键。

3.3.5　移动电子商务概念

移动电子商务就是利用手机、PDA 及掌上电脑等无线终端进行的 B2B、B2C、C2C 或 O2O 的电子商务。它将因特网、移动通信技术、短距离通信技术及其他信息处理技术完美的结合,使人们可以在任何时间、任何地点进行各种商贸活动,实现随时随地、线上线下的购物与交易、在线电子支付以及各种交易活动、商务活动、金融活动和相关的综合服务活动等。

3.3.6　移动电子商务的发展

随着移动通信技术和计算机的发展,移动电子商务的发展已经经历了 3 代。

第一代移动商务系统是以短信为基础的访问技术,这种技术存在着许多严重的缺陷,其中最严重的问题是实时性较差,查询请求不会立即得到回答。此外,由于短信信息长度的限制也使得一些查询无法得到一个完整的答案。这些令用户无法忍受的严重问题也导致了一些早期使用基于短信的移动商务系统的部门纷纷要求升级和改造现有的系统。

第二代移动商务系统采用基于 WAP 技术的方式,手机主要通过浏览器的方式来访问 WAP 网页,以实现信息的查询,部分地解决了第一代移动访问技术的问题。第二代的移动访问技术的缺陷主要表现在 WAP 网页访问的交互能力极差,因此极大地限制了移动电子商务系统的灵活性和方便性。此外,WAP 网页访问的安全问题对于安全性要求极为严格的政务系统来说也是一个严重的问题。这些问题也使得第二代技术难以满足用户的要求。

新三代的移动商务系统采用了基于 SOA 架构的 Web Service、智能移动终端和移动 VPN 技术相结合的第三代移动访问和处理技术,使得系统的安全性和交互能力有了极大的提高。第三代移动商务系统同时融合了 3G 移动技术、智能移动终端、VPN、数据库同步、身份认证及 Web Service 等多种移动通信、信息处理和计算机网络的最新前沿技术,以专网和无线通讯技术为依托,为电子商务人员提供了一种安全、快速的现代化移动商务办公机制。

3.3.7　服务类型

1) 银行业务

通过电子商务 App 用户能随时随地在网上安全地进行个人财务管理,进一步完善因特网银行体系。用户可以使用其移动终端核查其账户、支付账单、进行转账以及接收付款通知等。

2) 交易

适用于股票等交易应用。移动设备可用于接收实时财务新闻和信息,也可确认订单并安全地在线管理股票交易。

3) 订票

通过因特网预订机票,车票或入场券已经发展成为一项主要业务,其规模还在继续扩大。因特网有助于方便核查票证的有无,并进行购票和确认。移动电子商务使用户能在票价优惠或航班取消时立即得到通知,也可支付票费或在旅行途中临时更改航班或车次。借助移动设备,用户可以浏览电影剪辑、阅读评论,然后订购邻近电影院的电影票。

4) 购物

用户能够通过其移动通信设备进行网上购物。即兴购物会是一大增长点,如订购鲜花、礼物、食品或快餐等。传统购物也可通过移动电子商务得到改进。例如,用户可以使用"无线电子钱包"等具有安全支付功能的移动设备,在商店里或自动售货机上进行购物。随着智能手机的普及,移动电子商务通过移动通信设备进行手机购物,让顾客体会到购物更随意,更方便。如今比较流行的手机购物软件如"掌店商城"等,实现了手机下单,手机支付,同时也支持货到付款,不用担心没有 PC 就会错过的限时抢购等促销活动,尽享购物便利。

5) 娱乐

用户不仅可以从他们的移动设备上收听音乐,还可以订购、下载或支付特定的曲目,并且可以在网上与朋友们玩交互式游戏,还可以游戏付费,并进行快速、安全的博彩和游戏。

6) 无线医疗

医疗产业的显著特点是每一秒钟对病人都非常关键,在这一行业十分适合于移动电子商务的开展。在紧急情况下,救护车可以作为进行治疗的场所,而借助无线技术,救护车可以在移动的情况下同医疗中心和病人家属建立快速、动态、实时的数据交换,这对每一秒钟都很宝贵的紧急情况来说至关重要。在无线医疗的商业模式中,病人、医生、保险公司都可以获益,也会愿意为这项服务付费。这种服务是在时间紧迫的情形下,向专业医疗人员提供关键的医疗信息。由于医疗市场的空间非常巨大,并且提供这种服务的公司为社会创造了价值,同时,这项服务又非常容易扩展到全国乃至世界,我们相信在这整个流程中,存在着巨大的商机。

7) 移动 MASP

移动 MASP,即（Mobile Application Service Provider,移动应用服务提供商）一些行业需要经常派遣工程师或工人到现场作业。在这些行业中,移动 MASP 将会有巨大的应用空间。MASP 结合定位服务技术、短信息服务、WAP 技术,以及 Call Center 技术,为用户提供及时的服务,提高用户的工作效率。

3.3.8　移动电子商务市场类型

移动电子商务作为一种新型的电子商务方式,利用了移动无线网络的优点,是对传统电子商务的有益的补充。尽管移动电子商务的开展还存在安全与带宽等很多问题,但是相比与传统的电子商务方式,移动电子商务具有诸多优势,得到了世界各国普遍重视,发展和普及速度很快。

按商品类型可以分为两个部分:

①虚拟商品。主要是依附于各运营商旗下的 SP（服务提供商）所提供的,收费图铃、游戏下载或其他资讯类业务。工商银行、建设银行等多家银行和支付宝也开通了通过手机交水电费、话费等业务。

②实体商品。目前国内主要有淘宝网、立即购、“掌店”移动商城在涉足这一领域,移动电子商务融入到人们的生活中,为大家带来更多生活便利,移动电子商务已是大势所趋。

按移动电商的应用方式,可以分为两种:

①远程电商。移动电商中的“远程电商”是指传统电商通过 PC 端的购物方式自然转化为通过移动终端的购物方式。远程电商的购物方式是对传统电商购物方式的延伸,远程电商与传统电商购物的品类可完全重合,差异之处在于购物终端的不同与购物应用软件的不同。传统电商是通过浏览器购物,移动电商是通过 App 购物,很多电商网站都推出了各自的移动 App 来吸引消费者。

②近场电商。移动电商中的"近场电商"是在"移动支付中的近场支付"与"O2O 中的本地化服务"共同发展下衍生出来的一个便于理解的概念。近场电商就是指通过移动终端选择本地化服务的消费场所,最后可以通过近场支付进行消费。

3.3.9 移动电子商务特点

①方便。移动终端既是一个移动通信工具,又是一个移动 POS 机,一个移动的银行 ATM 机。用户可在任何时间、任何地点进行电子商务交易和办理银行业务,包括支付。

②不受时空控制。移动商务是电子商务,从有线通信到无线通信、从固定地点的商务形式到随时随地的商务形式的延伸,其最大优势就是移动用户可随时随地地获取所需的服务、应用、信息和娱乐。用户可以在自己方便的时候,使用智能手机或 PDA 查找、选择及购买商品或其他服务。

③安全。使用手机银行业务的客户可更换为大容量的 SIM 卡,使用银行可靠的密钥,对信息进行加密,传输过程全部使用密文,确保了安全可靠。

④开放性、包容性。移动电子商务因为接入方式无线化,使得任何人都更容易进入网络世界,从而使网络范围延伸更广阔、更开放;同时,使网络虚拟功能更带有现实性,因而更具有包容性。

⑤潜在用户规模大。截至 2016 年 6 月 30 日,我国的移动电话用户数已突破 13 亿,手机上网用户达到 6.56 亿,是全球之最。显然,从电脑和移动电话的普及程度来看,移动电话远远超过了电脑。而从消费用户群体来看,手机用户中基本包含了消费能力强的中高端用户,而传统的上网用户中以缺乏支付能力的年轻人为主。由此不难看出,以移动电话为载体的移动电子商务不论在用户规模上,还是在用户消费能力上,都尤于传统的电子商务。

⑥易于推广使用。移动通信所具有的灵活、便捷的特点,决定了移动电子商务更适合大众化的个人消费领域,比如:自动支付系统,包括自动售货机、停车场计时器等;半自动支付系统,包括商店的收银柜机、出租车计费器等;日常费用收缴系统,包括水、电、煤气等费用的收缴等;移动互联网接入支付系统,包括登录商家的 WAP 站点购物等。

⑦迅速灵活。用户可根据需要灵活选择访问和支付方法,并设置个性化的信息格式。

3.4 微商城

3.4.1 概念

微商城是基于当前很受欢迎的传媒方式微信中的一种商业运用。微信当前的火热是一个商机,基于微信的传播速度,及其简便等优点,为商家提供一个平台,在这个更简便的平台里进行更为现代的电子商务。同时,利用微信的这个平台也可以为商家提供更有效的宣传方式,更有利于商品的推广。

微商城,又叫微信商城,是基于微信而研发的一款社会化电子商务系统,同时又是一款传统互联网、移动互联网、微信商城、易信商城、App 商城五网一体化的企业购物系统。消费者只要通过微信商城平台，就可以实现商品查询、选购、体验、互动、订购与支付的线上线下一体化服务模式。

3.4.2　发展史

腾讯公司于2011年1月21日推出的一个为智能手机提供即时通信服务的免费应用程序——微信，自微信公众平台诞生，短短3年时间微信就突破了7亿用户，这样的惊人数据吸引着无数商家的眼球，庞大的人群后面隐含着巨大的商机。微信异样地火爆起来，成为许多商家的一种营销方式，许多商家就开始试水微信。

3.4.3　微商城三系统

1）会员管理系统

会员系统是整个平台的核心部分，也是成败的关键。有了庞大的会员体系，才会有随之而来的广告收益及销售收益。其中，会员体系中分为两种会员身份，一种是VIP会员，另一种是普通会员。所有会员都享受积分奖励，普通会员的积分奖励主要来源于平台的推广链接、有奖型互动游戏、购物返利等，VIP会员除了享受普通会员的积分奖励外，还可以享受公司业绩分红奖励，以及业务提成等。但会员的积分均不能兑现现金，只能在公司平台作为消费券来消费。这也是保障加盟商家在微众平台能产生实际收益的有力措施。

2）广告管理系统

广告是真正产生效益的主要来源。广告管理系统主要是负责广告审核、制作、上传、更新等业务。广告业务中分为两个板块，一个是纯广告型商户，另一个是分账型广告商户。纯广告商户，只负责为其展示、推广或链接，如果有会员消费也只能在商家自己的购物系统进行交易。分账型广告商，除了一次性收取进场费之后，广告推广费用将来自会员在其商家平台产生消费后按商议好的分成比例收取所得，分账型加盟商家所协议推广及销售商品必须进入交易系统，按相关程序进行结算。

3）购物管理系统

购物管理系统是一个多功能的O2O交易系统，既可以在线上交易结算，又可以在地面实体店进行交易结算。会员在地面实体店进行消费时，只需在他的手机端进入微众平台会员中心积分转账页面后，再由商家输入自己的编号和密码，会员的消费积分就会自动转入商家的后台，商家后台累计的积分是与微商城结算的唯一凭证。为了保证商家的资金正常运转，所有会员在消费时只能按50%现金、50%积分的比例结算。

3.4.4　三大运营模式

1）微信商城的独立平台模式

独立平台模式的核心是渠道销售，相比起朋友圈销售这种小打小闹的生意，微信商城是个将销售生意做大的营销群体。为了将商城的销售做大,微店商城的商家不仅要通过第三方开发微信商城,而且还必须有一套完善的营销链条。因此,在这一种集中运营的方式下的微店商城商家不但清楚自己卖的是什么,而且也很清楚要怎样将东西卖出去。

2)微信商城的线上加线下模式

由于微信 5.0 加入支付功能,无论是依赖于电商平台的小型商户,还是拥有自己独立平台的大企业都注意到了一个现象:传统 PC 网上商城系统上消费用户都去了移动端。根据相关数据统计得知,自从微信 5.0 添加了支付功能,微信成为打开率和停留时间都很长的超级App,所以微信消费的时代即将到来。

伴随微信消费时代的到来,微信商城的运营者也开始在自己的公众账号里嵌入五花八门的应用程序,其中商家们使用的最成功的就是线上线下的拓展销售。因为微信平台的消费用户的黏性和品牌度较高,而线上线下的消费又是很证明微信商城的经营实力的一种运营方法,所以,一些在线上线下都能较好把握消费者消费动向的微信商城商家,他们通常是运营成功的群体。

3)微信粉丝客服平台模式

由于微店商城是建立在社交平台之上的商城系统,到微信商城消费的消费者多半都是以交友的方式进行消费的,与传统的网上商城消费不同,传统的网上商城消费是消费者有目的进行消费的场所,而微信商城消费的消费者不一定是有目的的消费,他们更多的是想通过微店商城提供的服务而获得更高的消费品质。简单来说,微店商城能实现运营就是因为微店商城能聚集一大群的微信粉丝进行消费,所以,微店商城的商家只要在微信商城聚集大量的消费粉丝,并为粉丝提供优质的客户服务,那么微信商城系统的消费粉丝就会像滚雪球一样,越滚越大。

3.4.5 微商城系统优势

基于微信公众平台的商城系统,具有如下的优势:

1)用户规模大

微信月活跃用户已经超过 7 6 亿,未来可能到 10 亿,企业不需要担心用户规模和市场的问题。

2)投入成本低

因为不需要再考虑开发客户端的问题,更不需要关心安卓和 IOS 系统版本的问题,节省了客户端的投入,更关键的是不需要担心后期客户端维护和版本升级的问题,并且很多客户端功能微信要比企业自己做得更好。

3)易传播推广

对于微信商城系统,就像一个微信里面的电商系统,只需要打印一个二维码,放到自己的店里、门口,甚至放到网站的任何一个地方,用户只需要扫一扫二维码,几秒钟就变成了我们的用户,不需要下载,不需要安装,不需要担心病毒或广告,对于微信用户而言也是非常方便的一个事情。

4)用户黏性高

对于微信用户,企业的应用是收缩在微信公众号里面的,不占用用户的手机空间,不会导致系统变慢,不占用用户的手机桌面,不会影响用户的体验,用户更不会轻易卸载微信。所以,这个对于企业而言具有更持久的黏性,可以长期保持与客户的营销互动。用户还可以与企业后台通过微信进行互动、文字、音频交流,具有比较高的活跃度。

对比一下,对于卖家来说,微信商城系统或许要比手机电商系统更适合一些,如果资金充裕的话,可以考虑微信商城系统和手机电商系统都使用。但是基于微信的平台的商城系统会拥有更多的用户资源优势,这是手机电商系统无法超越的。

3.4.6 开通方式

1)微信小店

(1)简介

微信小店是基于微信公众平台打造的原生电商模式,包括添加商品、商品管理、订单管理、货架管理、维权等功能,开发者可使用接口批量添加商品,快速开店。但做微信小店必须满足3个条件:必须是服务号,必须开通微信支付接口,服务号和微信支付需要企业认证。审批较为严格,审批合格后需要向财付通缴纳2万元保证金。

(2)功能模式

"微信小店"的开通方式很简单,只要已经是获得了微信认证的服务号,即可自助申请,只需登录微信公众平台网页版,进入"服务中心",即可看到"微信小店"的入口,按照操作提示即可申请开通。"微信小店"基于微信支付来通过公众账号售卖商品,可实现包括开店、商品上架、货架管理、客户关系维护、维权等功能。商家通过"微信小店"功能,也可为用户提供原生商品详情体验,货架也更简洁。

此前微信公众平台已经对外开放了支付功能,企业和商家,特别是电商行业对于微信公众平台的能力需求有了进一步的提升。之前如果要实现电商功能,可能需要有很强的技术开发能力,有了"微信小店",商家即使没有任何技术开发能力,也可以开启电商模式,对商品进行分类、分区陈列,真正实现"零成本"开店。同时,部分有开发能力的商家,还可通过API接口的方式,自行开发商铺系统,通过相关的接口权限更方便地管理商品数据等内容,实现更多功能。

(3)开通步骤

微信小店开通步骤如图3.12所示。

此步骤假设已经有一个微信公众平台,此时只需简单增加微信小店功能,就可以快速开店。

第一步:
账号注册或升级为服务号

注意:
1. 服务号每月只能群发4条消息。
2. 公众号类型选择之后不可修改。

第二步:
服务号开通微信认证

微信认证
全新的认证体系

注意:
1. 申请微信认证需支付300元/次的审核服务费用。
2. 通过微信认证的服务号将获得高级功能接口中所有接口权限、包括多客服接口。

第三步:
服务号开通微信商户功能

商户功能
商户功能,是公众套解决方案。

注意:
1. 商户申请开通微信支付功能的主体需与申请微信认证的主体保持一致。
2. 需要提交完整的商户基本资料、业务审核资料以及财务审核资料。
3. 需要缴纳风险保证金。

图 3.12　微信小店开通步骤图

①选择类目(图 3.13)。

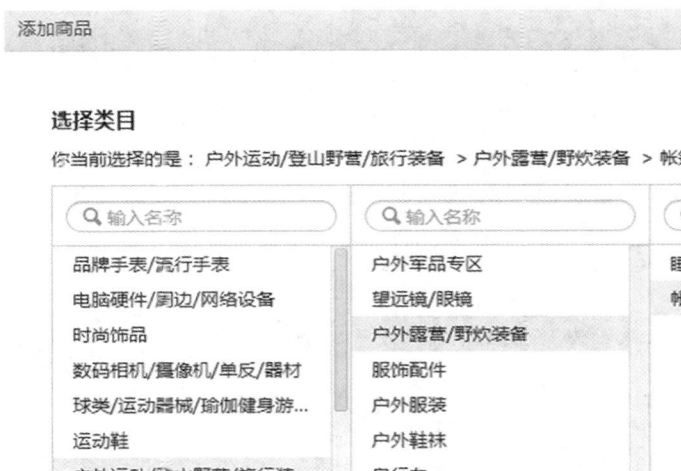

添加商品

选择类目

你当前选择的是：户外运动/登山野营/旅行装备 > 户外露营/野炊装备 > 帐篷

Q 输入名称	Q 输入名称	Q
品牌手表/流行手表	户外军品专区	睡
电脑硬件/周边/网络设备	望远镜/眼镜	帐
时尚饰品	户外露营/野炊装备	
数码相机/摄像机/单反/器材	服饰配件	
球类/运动器械/瑜伽健身游...	户外服装	
运动鞋	户外鞋袜	

图 3.13

②按照指引填写商品的基本信息,包括商品名称、商品图片、运费、库存、详情描述等(图 3.14)。

③商品分组(图 3.15)。

在对商品进行管理时,可以设置各种不同的类目,将同类商品整理到相应的分组里面,分组可用于将商品填充到货架中。

④商品上下架(图3.16)。

在商品需要移除或者上新的时候,进行商品上下架操作。

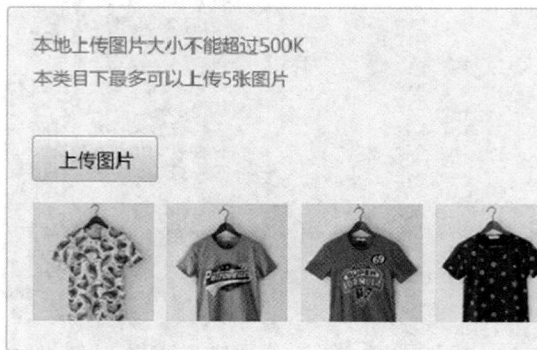

图 3.14

图 3.15

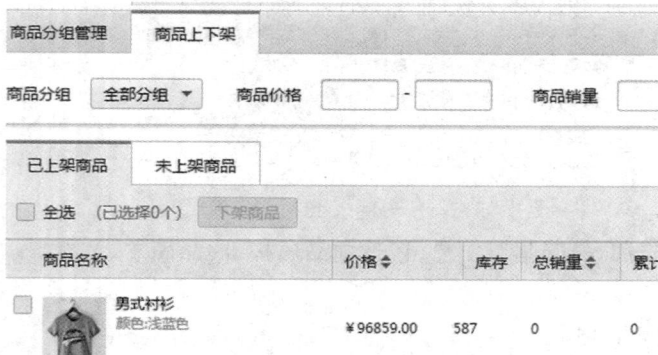

图 3.16

⑤货架管理。所谓货架,是商家用于承载商品的模板,每一个货架是由不同的控件组成的,选择完货架之后,商家可以将分组管理里面的商品添加到货架中。然后发布货架,将编辑好的货架点击发布,然后复制链接,链接可以填入自定义菜单中,或者下发商品消息中(图3.17)。

⑥开始运营。进入后台,查看小店所有的数据信息:订单数、成交量等(图3.18)。

⑦订单管理。用户支付成功后会生成一笔订单,商家可以查询订单,并进行发货等操作(图3.19)。

图 3.17

图 3.18

图 3.19

2) 第三方公司

关于第三方公司的"微信商城",要求比"微信小店"低很多。当然,不同的第三方开发公司,政策和收费标准也不同。当商家不符合"微信小店"的条件,没有资格开"微信小店"时可以选择第三方的微信商城系统。一般而言,这种商城是按年收取服务费的。打开微信公众平台的开发者模式,只要将第三方商城的 Url 和 Token 填入绑定即可。然后在第三方平上传商品设置价格等,微信上就可以调用了。

通过第三方公司建立好微商城后,登录公众号后台到"开发者中心"—"服务器配置"找到开发者模式并开启该模式。进入开发者模式后填写商城平台提供的接口地址。(登录第三方商城的后台,"控制面板"—"账号设置"),绑定之后,通过左侧"微商城"可进行商品添加、商品管理、订单管理、发货管理等。

3.4.7 微商城营销策略

1) 良好的产品供应链和产品

一般的企业都是具有自身的供应链,这是做企业建设微商城的基础之一。良好的供应链才能保证良好的货物与优质的产品,才能在市场上享有竞争力,供应链优势是产品的根本。微商城起步于微商,微商起步于熟人经济,所以产品的质量尤其重要。产品尽量选择快消品,因为消耗较快回头购买率就会高,微商城做的就是回头用户的道路。还有,不要选择特别火的到处"被广告"的产品,理由很简单,产品市场基本上已经趋近饱和状态了,市场的抢夺难度太大。

2) 精确的定位

在确保供应链优势的基础之上,需要对微商城进行定位。怎么定位呢? 就是看货物属于哪个层次、面料、品牌如何,应该走中低端路线还是高端路线,受白领女性喜爱还是青春少女青睐,销售规模有多大,这些问题的答案就是微商城定位的依据。不过一般企业在线下已有成熟经营模式,对市场也了如指掌,所以定位这一块应该比较清晰和明确。

3) 微商城系统的选择

在确保好供应链以及商城定位后,便可开始着手微商城建设了。目前,最为普遍和可靠的方式是选微迅通微商城系统来搭建属于自己的电商平台,一是省时省力,直接付款便可;二是稳定可靠,专业人做专业事;三是经验丰富,私人订制,市面上的大型品牌商都有保障。

4) 微商城的运营推广

商城搭建完毕以后,最为重要的工作便是运营推广。运营推广的目的就是让更多的人知道你的网站,那怎么让用户知道你的微商城呢? 如何让用户来到你的商城购物呢? 推广方法有很多,主要不外乎 SEO(搜索引擎优化)、竞价排名、微博、论坛、微信公共号、问答平台、整合营销等。

5) 微商城的售后服务

微商城的推广、营销进行完以后,还需要进行优质的售后服务,只有这样企业网上商城才能持续、长久地经营并且盈利。售后包括物流配送、老客户回访、会员制度等。微商城的商家要清楚一点;一个固定的顾客远比 10 个新顾客要有价值。固定的顾客说明了他对微商城的拥护,是忠实的粉丝。做好了售后服务,可以保障顾客的回头率。而顾客的维护,会带来新的客源,所以要定期地跟顾客进行互动交流。

建设经营微商城是一个长期的、复杂的、循序渐进的过程,着手之前一定要制订一个详细又缜密的计划,并按照计划一步一步开展工作,在任何一个环节发现问题要立马提出来解决,不能急于求成,否则很容易前功尽弃。

思考题

1. 查询历次中国互联网络信息中心(CNNIC)统计信息,总结我国网络市场发展的大概规律,企业在利用网络市场进行营销时需要注意哪些问题?

2. 建一个电商网站的流程有哪些?

3. 电子商务 App 的基本架构是什么?

4. 如果你想开一个微信小店,你将考虑哪些方面的问题?

5. 实训题:自己开一个微店。

第 4 章
网络营销

📖 **本章学习目标**

- 了解网络营销的产生与发展,掌握网络营销的含义与特点;
- 理解网络营销策略及其各种模式;
- 了解网络营销的环境特点,能够根据环境的变化作出相应的策略调整;
- 了解网络营销主要采取的工具。

案例导入

奥巴马总统的网络竞选

如果有人告诉你:"我要在互联网通过网络营销来竞选美国总统!"你一定会大笑,并断定此人是个"疯子",随即将之当成笑话,觉得这是不可能的神话。但是,美国总统奥巴马做到了,一个可能被你认为是"疯子"的人,一个被称之为"互联网"总统的奥巴马,他是一位真正的互联网网络营销大师。

"谁能顺应时代潮流,谁就能把握历史的命运。"这句话在美国总统奥巴马身上得到完美的体现,回顾总统竞选历程,在 21 世纪这个互联网网络盛行的年代,奥巴马总统顺应了互联网网络营销的潮流,顺应了时代的发展,才成就了历史,创造了奇迹。那么,奥巴马是如何利用网络营销实现他的总统梦的呢?

- 方法一:开发网站,这是网络营销的第一步,也是关键的一步。

奥巴马竞选总统网站开发的费用约占到网络营销总费用的 27%,这里不仅有奥巴马团队自建的竞选官方网站、官方博客,其团队更在各大门户网站开通奥巴马个人主页及竞选专栏,奥巴马团队还开设反诽谤网站,运用因特网技术反击谣言以提升形象,传播竞选动态,让支持者第一时间能了解竞选进程,并快速做出反应。奥巴马通过这些网站,迅速积累自己的支持团队,奥巴马仅在 Facebook 就拥有一个包含 230 万拥护者的群组。同时,不同网站发挥着不一样但同样关键的作用,如 MyBarackObama.com 是奥巴马团队在美国大选期间使用的网站,该网站有 200 万注册用户,有 1 300 万用户订阅了该网站的通信服务,奥巴马阵营获得的 7.5 亿美元的捐款有一半来自该网站,该网站目前仍在运营。

● 方法二：电子邮件营销（EDM 营销）。

电子邮件营销费用占到奥巴马团队网络营销费用的 62%，这里不仅有针对美国公民的电子邮件信息，而且有针对性也采用中文书写了一篇《我们为什么支持奥巴马参议员——写给华人朋友的一封信》，网民在奥巴马的竞选网站注册后，就会收到邮件请求"在下周一前捐款 15 美元或更多"，因为"周一将看到我们的捐款总数，看我们能否与麦凯恩的竞选活动相竞争"，捐款的链接也附在的邮件中，通过 EDM（E-mail Direct Marketing）营销自动传播，奥巴马竞选团队获得了大量 200 美元以下的小额捐款，就算没有财团的支持，奥巴马团队也能获得竞选所需要的巨额资金。

● 方法三：视频广告、植入式广告、搜索关键词广告。

这部分费用占到奥巴马团队网络营销费用的 11%，在最流行的视频网站 YouTube 上，仅一周的时间，其竞争团队就上传了 70 个与奥巴马相关的视频，其中奥巴马关于种族问题的 37 分钟演讲，上传至网络后查看率在一个月内就超过 500 万次，使他成为互联网最引人注目的网络"红人"。奥巴马团队还将竞选广告 Banner 植入到最受年轻人欢迎、最热门的 18 款网络游戏中，游戏在各个场景上打出"竞选已经开始"，以及奥巴马的头像和网站链接，这些游戏在美国 10 个州同时上市，引起全美青年人广泛关注。

奥巴马团队更借助 Google Adwords 这一世界上最大的搜索引擎，投放了 Google Adwords 关键词广告，如果美国选民在 Google 的搜索框中输入 Barack Obama，搜索结果页面的右侧就会出现奥巴马的视频宣传广告，以及对竞争对手麦凯恩的政策立场的批判，当然，同时还包括一些非常热门的话题，如油价、伊拉克战争、金融危机等，只要搜索一下，就可以知道奥巴马对这些敏感问题的观点评论，可以说在竞选其间，奥巴马的身影已强势占据了网民们的注意力。

奥巴马团队通过网络营销让选民们更加深入地了解了奥巴马，成功打造了奥巴马的个人品牌。奥巴马网络营销打得红火，民意支持率也占上风，在投票开始前奥巴马的支持率已经超过竞争对手麦凯恩，并高出 10 个百分点，胜负就已初见分晓。奥巴马通过网络营销不仅成功竞选上美国总统，给竞争对手麦凯恩好好上了一课，也为所有的企业提了个醒："互联网时代、没有做不到的，只有想不到的，互联网时代谁能顺应时代潮流，吸引更多的注意力，谁就能把握历史的命运。如果你不想成为下一个失败者，那你就赶快开始行动！"

（资料来源：http://www.zhangjin111.com/news111109.htm）

4.1　网络营销概述

随着信息技术的发展，尤其是通信技术的发展，使互联网形成一个辐射面更广、交互性更强的新型媒体，它不再局限于传统的广播、电视等媒体的单向性传播，还可以与媒体的接受者进行双向的、实时性的、交互性的沟通与联系。在这一背景下，互联网对于传统市场营销带来了最具有革命性的影响——缩短了生产与消费之间的距离，减少了商品在流通环节中经历的诸多环节，消费者可以通过操纵鼠标直接在网上完成购买行为。网络与经济的结合，推动了市场营销走入了新的阶段——网络营销阶段。

4.1.1 网络营销的含义

有关网络营销的定义有很多,其中比较经典的如下:

①网络营销就是网络 + 营销,即网络营销是利用互联网的功能从事营销活动的全新革命性营销模式。

②网络营销是通过网络、信息技术建立和维持一种高度互动、个性化的长期关系,以便更有效地满足客户需求和实现营销者的诉求目标。

③网络营销就是以国际互联网为基础,利用数字化的信息和网络媒体的交互性来辅助目标实现的新型市场营销方式。简单来说,网络营销就是以互联网为主要手段进行的,以达到一定营销目的的营销活动。

关于网络营销,国外有许多提法,如 Web Marketing、Internet Marketing、Online Marketing、Cyber Marketing、Net Marketing 等,这几个概念都有"网络营销"或者"互联网营销"的含义,但还是有一些区别。如 Web Marketing 主要指的是网站营销,Online Marketing 主要指在线营销,目前人们更多的接受的是 Internet Marketing 互联网营销。

所谓的网络营销是以现代营销理论为基础,通过网络代替传统的报刊、邮件、电话、电视等中介媒体,利用网络对产品的售前、售中、售后各环节进行跟踪服务,自始至终贯穿在企业经营全过程,寻找新客户、服务老客户,最大限度地满足客户需求,以达到开拓市场、增加盈利为目标的经营过程。网络营销依托互联网,营造网上交易的环境,与从采购到销售的各个环节建立一种互动关系,这是一种新的营销方式和营销手段,是企业整体营销战略的组成部分(图 4.1)。

图 4.1 网络营销构成

根据网络营销的定义，人们可以进一步知道：

1）网络营销是企业营销战略的重要组成部分

网络营销是不可能孤立存在的，不能脱离一般的营销环境，它的发展是在传统营销理论的基础上结合互联网的应用而发展起来的。因而对于企业而言，在现代信息社会的背景下，网络营销必定成为企业营销战略的重要组成部分，这是时代发展的必然要求。

2）网络营销不只是网上销售

网络营销不只是网上销售，它是企业传递信息、加强与客户之间的沟通与交流、提升企业品牌价值的工具。网络营销是为了实现销售的目的，但并不等于网上销售。

3）网络营销不只是网络广告

网络广告只是网络营销开展手段中的其中一个组成部分，并不能代表全部的手段。要做好网络营销，除了必备的网络广告之外，还包括网上调查、目标市场选择、网络策划等重要环节。

4）网络营销不等同于电子商务

有许多传统企业认为，开展了网络营销也就意味着开展了电子商务，跟上了时代的脚步，然而事实并不是这样。网络营销与电子商务是一对紧密相关又具有明显区别的概念。网络营销是企业营销战略的重要组成部分，不管是传统企业还是互联网企业都需要网络营销，它是促成交易的一个手段。而电子商务主要指的是交易的电子化，强调的是交易的行为与方式。因此，网络营销是电子商务的基础，电子商务的开展离不开网络营销，但网络营销并不等同于是电子商务。

5）网络营销是对网上经营环境的营造

网络营销不仅仅是网站营销，而且是对包括网站建设、网络广告、网络营销方案策划等一系列完整的工作在内的精力投入，它能给消费者一个清晰的印象，从而对企业、企业的产品产生兴趣，进而产生购买的欲望，这是一种对于环境的构造。

4.1.2　网络营销的特点

网络营销是市场营销在互联网的基础上发展起来的，而互联网这个新的信息传播媒体又有着自己全新的优势，因而网络营销与传统营销相比有着更多的优势。互联网的某些特性，使得网络营销呈现出以下一些特点（图 4.2）：

1）跨时空性

传统营销在开展过程中总会受制于固定的时间和空间，然而互联网的特性很好地打破了这一限制。企业能够随时随地利用文字、图片、声音、视频等多种方式将信息发布至全球，每周 7 天，每天 24 小时，跳出了时间与空间的限制。这样的特性使得企业可以利用更多的时间、更大的空间，随时随地地向客户提供全球性的营销服务，以达到尽可能多地占有市场份额的目的。

2）成本低

开展网络营销只需要一台连在互联网上的服务器或租用部分网络服务器空间即可，省去了传统店面昂贵的租金和营业人员的费用。通过互联网进行信息交换，一方面节省了大

图4.2 网络营销的优势

量的人力、物力成本,另一方面也大大提高了工作的效率。互联网的特性,使得网络营销的低成本属性有可能成为企业的竞争优势之一。

3)多媒体

互联网网络可以传输多种媒体的信息,如文字、声音、图像、音频等,使得为达成交易进行的信息交换以多种形式存在和交换,能够充分发挥营销人员的创造性和能动性。

4)交互式信息传播

互联网能够实现双方相当深度的交互沟通,信息的传播不再是单向的,而是一种双向的信息需求和传播模式。在这一模式下,企业能够向消费者展示商品等相关信息,同时也能从消费者那获取反馈建议,进行产品测试与消费者满意度调查等。因此,互联网为产品联合设计、产品信息发布以及各项技术服务提供了有效的工具。

5)个性化营销

网络营销的最大特点在于消费者主导,消费者拥有更大的选择自由。消费者根据自身个性化需求,进入自己感兴趣的虚拟商店和企业网站,获得自己需要的信息,这使得购物显得更加个性化。网络化的营销是一对一的,因此也更富有理性,循序渐进式的信息交换为双方提供了平等的地位。这种低成本与个性化的促销方式,可以避免营销人员的强势推销干扰,有助于与客户建立长期良好的关系。

6)高效性

计算机具有较高的传输速度、运算精确度和存储大量信息的能力,网络远优于其他媒体,企业能够根据市场及时调整自己的营销手段,发布新的产品及促销策略等,从而抢占市场份额。

7)技术性

以互联网为依托的网络营销必须有一定的技术投入和技术支持,改变传统的营销方式,因此,对于人才的需求就有一定的要求,企业应注重对复合型人才的培养,从而提升职能部门的能力。

4.1.3　网络营销的主要内容

网络营销包含多个层次,这些层次包括利用网络技术进行市场调查、消费者行为分析、产品开发定位、经营流程改造、销售策略制定、售后服务、反馈改进产品和服务等。网络营销的主要内容包括以下几个方面:

1)树立企业品牌

在目前开放的市场竞争态势下,企业除了制造和销售产品外,更应强化品牌和形象,在企业发展过程中,形成品牌价值是非常重要的。因而在进行网络营销时,企业利用网络的特点,将企业的形象推广得更加生动,更有利于打造、提升企业的品牌形象。

2)发布企业信息

推广产品是网络营销的核心,最终的目的是将企业产品销售出去。运用网络发布信息,这是网络营销的基本职能,这些信息形式多样,有些还带有很强的趣味性,有助于企业吸引现有客户或潜在的客户。

3)拓展销售渠道

网络营销的目的是将产品销售出去,其中的很大一部分就包括网上销售,这是企业销售渠道的延伸,它不限于网站本身,还包括建立在综合电子商务平台上的网上商店,以及与其他网站不同形式的合作。

4)提高客户体验

网络服务就像一个虚拟的销售人员,通过友好的网页界面和丰富的数据库,提供用户数据咨询、意见交流、业务技术培训以及售后服务等,使客户可以获得自己所需内容,享受多元化的服务。网络营销能够根据用户的反馈,收集相关信息,提高产品质量,同时能够加强与用户的沟通交流,增进客户关系,提高客户的体验。

4.2　网络营销模式与策略

4.2.1　网络营销模式

进行网络营销最重要的是根据企业的性质和营销目标选择合理的营销模式,营销模式的确立对企业经营的成功至关重要。目前,国际上常用的网络营销主要有以下几种模式:

1)在线商店模式

在线商店模式的主要目标是利用网络技术缩短企业与顾客的距离,它是向消费者直接销售产品或提供服务的一种经营模式。在线商店可以分为两大部分:第一部分是消费者可以接触的部分,即在线商店的前台部分——顾客在电子商店中选择商品、通过购物车核对所购物品的品种和数量、下订单、进行电子支付、选择付款方式和送货方式等一系列的过程。而第二部分则是在线商店的后台管理部分,这一部分是消费者接触不到,主要是企业运作的部分,包括对于网站的维护更新、客户关系管理、订单管理、电子支付平台、库存管理和商品的配送等这些支持与维护系统,目前这种模式很多企业都有采用。

2)企业间网络营销模式

企业间的网络营销模式是利用网络营销平台将企业的上、下游产业紧密地整合在一起,即将原料供应商、运输商、往来银行、海关等连成一体,实行网络的交易与管理,有效地加快信息的流通速度、减少中间流通环节、缩短供货周期、降低经营成本、提高运营成本、提高运营效率和经济效益。企业间的网络营销系统既可以建得相对简单,只跟某一个企业进行对接,建立 B2B 的供应关系,同时也可以建得复杂一些,将上、下游的合作伙伴用网络连成一体,这种模式对于传统制造型企业用得较多。

3)中立交易平台模式

中立交易平台模式是众多电子商城广泛使用的一种模式,电子商城属于一种完全的电子商务企业,它既不是生产产品,也不购买产品,只是为其他企业提供一个电子交易平台,通过扩大电子商场的知名度吸引消费者到商城购物,积聚流量,通过招商吸引商家进驻商城,向进驻商城的商家收取服务费或是其他管理费用从而实现盈利,淘宝就是典型的代表。

中立交易平台模式的优点在于,能将分散的电子零售店集中起来,为招商企业提供统一的电子结算渠道、物流配送体系及其他的配套服务,实现规模经济;具有为消费者提供信息集成的综合优势,减少消费者搜索信息的成本,从而增加商场的访问量,提升品牌形象和知名度。目前来说,这种大的中立平台模式已形成了几大巨头,因而企业更多选择的是利用平台来快速获取消费者的目光。但值得注意的是,在信息大爆炸的今天,企业需要找到自己独特的优势传递给消费者,以避免被信息流冲刷掉。

4)网上采购模式

采购是企业为进行正常生产、服务和运营而向外界购买产品和服务的行为,它是企业运营过程中的一个重要组成部分,直接影响着生产环节,对销售以及企业最终利润的实现有着很大的影响。网上采购就是企业通过互联网采购产品,包括企业通过网络了解供应商的产品信息,通过比较,选择合适的供应商,经过贸易洽谈达成交易及签订采购合同的全部过程。企业实行网上采购可以建立网上采购平台,也可以利用公共采购平台进行采购。

网上采购有 3 种形式:

①卖方为主的形式。这种方式由卖方列出销售产品目录,让买方选购。

②买方为主的形式。这种方式由买方列出要买的产品目录,由卖方进行竞价。

③中立采购平台的形式。由中间机构设立公共采购平台将买卖双方联系在一起。

5)网络招投标模式

招标是由采购方或主办单位发出通知,说明准备采购的商品或兴办工程的要求,提出交易条件,邀请卖主或承包人在指定期限内提出报价。投标是一种严格按照标方规定的条件,由卖主或承包人在规定的期限内提出报价,争取中标达成协议的一种商务方式。网络招投标是通过互联网完成招标和投标的全过程。

6)网络拍卖模式

网络拍卖是卖方借助拍卖网站通过不断变换的标价向购买者销售产品的行为。网络拍卖的竞价形式主要有两种:即王向竞价与逆向竞价。交易方式有 3 种:竞价拍卖(如易趣、网易),竞价拍买(如八佰拜精品百货商场 800buy. com. cn)和集体议价(如酷必得购物网 www. coolbid. com)。有的网站可能同时兼有几种交易方式,其中竞价拍卖为正向竞价模式,而竞价拍买和集体议价为逆向竞价模式。

7) 电子报关模式

加入世界贸易组织后,我国企业与国际市场的联系更为密切,进出口贸易也越来越多。企业的全球化运作,对商品进出口物流的速度有了更高的要求,而影响进出口物流速度的瓶颈往往是报关的环节。要提高进出口贸易的效率,必须解决报关的速度,因此电子报关是发展的趋势。我国一些海关(如上海、青岛、南京、杭州、宁波、深圳、拱北、黄埔等)率先实行了电子报关。

8) 电子邮件营销模式

电子邮件列表是互联网上比较常见的一种服务内容,有许多表现形式,如新闻邮件、电子刊物、网站更新通知等。邮件列表既是建立顾客关系的有效工具,又是网络营销的重要手段之一,同时也被认为是最有前途的网络广告形式之一。邮件列表的作用是:作为公司产品或服务的促销工具,方便和用户交流,在为用户提供有一定价值信息的同时获取客户的"注意力"。如果作为营销工具,企业是无法准确地计算出有多少销售收入来自于邮件列表,但事实上通过邮件列表直接获得盈利则是非常实在的。

4.2.2 网络营销策略

网络营销策略是企业根据自身所在市场所处的位置不同而采取的一系列的网络营销组合,是以 Internet 为基础,利用数字化的信息和网络媒体的交互性来辅助营销目标实现的一种新型的市场营销方式,它是传统市场营销策略的一项延伸。在传统市场营销策略中,由于技术手段和物质基础的限制,产品的价格、宣传和销售的渠道、商家(或厂家)所处的地理位置以及企业促销策略等组成了企业经营、市场分析和营销策略的关键性内容。美国密歇根州立大学麦卡锡(E. J. Mecarthy)教授将这些内容归纳为市场营销策略中的 4Ps,即:产品(Product)、价格(Price)、渠道(Place)、促销(Promotion)。然而在电子商务的环境下,这种营销策略却会发生一定的变化。首先,渠道上地域和范围的概念没有了,网络的环境可以覆盖全球;其次,促销和销售的渠道统一到了网上;再次,在剔除了商业成本之后,产品的价格大幅降低,而与此同时出现的是产品的成本也更加透明化。另外,在电子商务的环境下,一些其他的新问题也被纳入到营销策略需要考虑的范畴中来。例如,如何做好主页和建立电子商务系统以方便消费者上网,如何使消费者能够很方便地购买商品以及送货和售后服务,如何满足消费者的购买欲望和需求,如何使生产者和消费者建立方便、快捷和友好的沟通等,后来这些问题由学者经过整理后形象地称之为 4C 的网络营销策略。

在本文中,主要从 4P 策略着手考虑:

1) 产品策略(Product)

(1)网络营销中产品的定义及层次

在网络营销中,产品的整体概念可以分为 5 个层次:

①核心利益层次。产品的核心利益层次指的是产品能够提供给消费者的基本效用或益

处，如消费者购买计算机是为了学习、利用计算机作为上网的工具，这是消费者购买计算机追求的核心利益。网络营销是一种以顾客为中心的营销策略，因而企业在设计和开发产品时应从消费者的核心利益层次出发，满足消费者的需求。

②有形产品层次。有形产品层次是指产品出现在市场上时具体的物质形态，对于物质产品而言，产品的品质必须有保障，必须注重产品的品牌、包装、式样、特征，对于不同的地区和文化进行有针对性的加工与设计。

③期望产品层次。期望产品层次是指在网络营销这一大环境中，消费者更加主动，个性化越来越明显，对于同一产品的要求与期望可能存在一定的差异。为了满足这种需求，企业在进行产品设计、生产和供应等环节时可以进行柔性化的生产与管理，同时可以从无形产品如服务、软件等方面来满足消费者的需求。

④延伸产品层次。延伸产品层次是指由产品的生产者或经营者提供的购买者有需求但又超出其期望以外的益处，这能够帮助消费者更好的理解产品，同时增加对产品、品牌的印象。在网络营销中，延伸产品层次主要集中在售后服务、送货、退货、质量保证这一块。

⑤潜在产品层次。潜在产品层次是指企业提供能够满足顾客潜在需求的产品层次，它主要是一种增值服务，在科学技术飞速发展的今天，消费者的潜在需求和利益有许多还未被消费者自己发现，而企业能够通过自身的引导和支持更好地满足消费者这些潜在需求，实现双赢局面。

而从这 5 个概念层次上来看，网络营销中网络产品则是基于网站平台的实体产品（或服务）和资讯产品的总和。其中，实体产品（或服务）是企业进行网络营销的基础，资讯产品衍生于实体产品（或服务），网站产品则是承载以上两者的平台。只有理解了网络产品的层次，才能清楚理解网络营销的产品策略。

（2）网络营销的产品策略

①网站产品策略。对于网站产品策略的研究主要关注的是网站产品的定位策略和网站产品的规划策略两个方面，而后者又包含确定网站的主题和进行网站的总体规划两部分。为此，下面一一进行介绍：

a. 网站产品定位策略。网站产品定位策略是指塑造本网站与众不同的特征，并把它传递给消费者（或浏览者），使之接受并产生偏好，以至于进行购买行为的策略。根据不同的消费需求，企业必须选择制订相应的网站产品定位：对于购买者，最有效的策略就是模拟真实的购物环境，设有产品分类目录、易于搜索的产品信息库和购买建议、订货付货系统、购物车和收款台等；对于信息需求者，应该将网站打造成一个包括行业、企业产品、消费者反馈信息等全方位的信息提供源，并且时时保持更新；对于娱乐追求者，有效的策略是充分利用网络互动、廉价信息和网络的多媒体特性，提高娱乐的享受程度，企业网站可以将一些诸如免费软件、免费图片、免费旅游、免费书籍等额外价值让渡给消费者，通过免费产品和资讯来吸引消费者的眼球，以达到推广产品或服务的目的。

b. 网站产品的规划策略。企业在确定网站主题时，应当注意"Internet 近视症"，即仅强调利用网站提高销售量。由于网络只是利用互联网辅助传统营销目标实现的一种营销手段，其实质是服务营销，目的在于通过服务与顾客建立起长期忠诚的关系，因此，就传统的制造型企业或依托传统的销售渠道进行营销的企业而言，网络营销的真正意义在于吸引和保持消费者，提升公司的反应速度和个性化的服务水平，从而间接为产品和服务的销售服务。

网站的总体规划是网站产品规划策略的重点。一般网站组成结构包括主页、网站导航（网站地图）、相关内容及栏目、新闻、广告、相关链接以及信息交互等要点。具体要求是：主页应当清晰表现主题，信息明确、简洁，要凸显为消费者服务的内容，要理解网络媒体"软营销"的特征，尽量防止滥用广告的强销企图，以免造成浏览者的不满和心理抗拒，影响广告的传播效果；链接与导航要顺畅，保证消费者的过程利益；做好信息交互，设立虚拟论坛及相应的信息反馈模块等。

②网络资讯产品策略。常见的资讯产品主要包括以下几种：

a. 行业和企业的信息以及产品的型号和技术资料，方便客户获取所需的企业资讯；

b. 网上虚拟社区（BBS 和 Chat），提供给客户发表评论和相互交流学习的园地；

c. 媒体产品（电子报刊等）以及网络软件，提供给客户数字化资讯与媒体产品；

d. FAQ（Frequently Asked Questions，常见问题解答），帮助客户解决疑难问题；

e. 在线服务（在线订购、金融、旅游服务等），方便客户进行网上交易；

f. 音乐、体育、电影、游戏等，提供给客户休闲和娱乐的专业资讯；

g. 客户邮件列表，以便客户可以自由登记和了解网站最新动态及企业及时发布的消息；

在此，网络资讯产品策略的研究主要是针对网络资讯产品的剥离策略、相关性策略、开放性策略和订制策略等几个方面。

a. 网络资讯产品的剥离策略。除了一些数字化的产品外，网络并不是实体产品的分销渠道，所以网络营销从实质上说是服务的营销。为配合企业的销售，将企业产品和服务的核心产品与其附加信息（如传统营销理论整体产品构成中的形式产品、期望产品、延伸产品和潜在产品）做适当的分离，或将产品的售前、售中服务的信息从产品中剥离出来，或者广泛收集与本企业所提供的产品或服务密切相关的信息内容提供给消费者，是企业网络产品策略中的又一重要内容。

b. 网络资讯产品的相关性策略。所谓网络资讯产品的相关性，是指网站所提供的资讯最好能和网络的实体产品有一定的联系，或者是以网站的实体产品为基础。这样资讯产品不但拥有它本身的价值，同时也为促销实体产品提供帮助，一举两得。相关策略又分为直接相关策略（即资讯产品直接为实体产品服务）和间接相关策略（即不直接为实体产品服务，但是资讯产品的接受者与实体产品的目标顾客相重合）。

c. 网络资讯产品的开放性策略。资讯产品的开放性策略是指利用互联网，提供网络消费者一个开放性的平台来进行信息交流与互动的一种策略。信息产品的开放性策略不仅增加了消费者的互动性，还从另一方面将网站建设者从资讯的完全提供角色中解放出来，减少了网站管理人力资源的投入。

d. 网络资讯产品的订制策略。资讯产品的提供者应了解消费者的要求和愿望，将大规模营销提升为小众的、有目的性的营销，甚至是"一对一营销"，为消费者提供个性化的信息产品。这样可以使企业营销更具有人性化的关怀，使得消费者与企业间的关系变得越来越紧密，企业对消费者理解更深，消费者对企业越信任，忠诚度也就越高。

（3）网络实体产品策略

销售实体产品的商家，期望通过网路营销活动，开展基于互联网的产品销售。这些产品多为民用品、工业品、农产品等。

①网络实体产品的开发策略。网络在创意形成、概念测试、产品开发以及市场检验等环

节,可以有效帮助企业开发适销对路的产品。首先,通过互联网,企业可以实现宽范围、低成本、交互式的市场调研,通过设置讨论区、留言板以及开展有奖竞赛等方式,可以发现顾客的现实需求和潜在需求,形成原始创意,从而形成产品构思。此外,互联网也为企业快速跟踪科技前沿、掌握竞争者动向、加强与供应商和经销商的联系、收集各种信息提供了极大的方便,此为创意形成。其次,借助计算机辅助设计和制造系统,把要测试的产品概念做成实物模型,然后放在网上的虚拟店铺中请消费者进行虚拟参观、购物,收集和观察消费者的行为及意见,此为概念测试。这种做法成本低廉,且灵活性极强,可以与消费者及时的双向互动,与有关的供应商、经销商也可以直接沟通交流,产品的研制与开发全程参与,极大地提高了产品的开发速度和成功的可能性,此为产品开发。最后,通过市场测试,企业可以评估产品的销售潜力及消费者的价格接受水平,同时也能识别产品和已提出的营销方案中的弱点,避免实际操作中带来的损失,此即为市场检验。

②网络实体产品的包装策略。对于网络实体产品的包装,并不仅仅在网站上展示原有产品的包装图案,而是充分利用网络和多媒体技术,通过图片、动画、音响、交互工具等整合化的信息载体,给消费者造成强烈的视觉冲击和心灵震撼,强化消费者信息,刺激购买欲望。另外,网页也是实体产品的包装工具,精良和专业的网页设计如同制作精美的印刷品,会大大刺激消费者或者访问者的购买欲望,而逻辑清晰的产品目录或创意独特的广告会使得消费者在一定程度上对有关的产品形成一种好感,即使不会购买,也必然对这些产品形成一定程度的认同。

③网络实体产品的解剖图策略。利用网页引人入胜的图形界面和多媒体特性,企业可以全方位地将产品的外观、性能、品质以及产品的内部结构一层层解剖出来,使消费者对产品有一个客观、冷静、不受外界干扰的理性了解。

④网络实体产品的订制策略。充分利用网络技术的多媒体展示以及交互性的特点,给消费者一个个性化订制产品的自由空间。企业可以由此了解和满足消费者的个性化需求,同时也为新产品的开发和产品的延伸提供了一个崭新的思路。

2)价格策略

在开展网络营销过程中,价格是消费者关注的一大重点,如何开展有效的价格策略,对于企业而言也是至关重要的。下面将从定价的影响因素、定价的程序、定价的策略3个方面来介绍网络营销的价格策略。

(1)影响网络营销定价的因素

①成本。成本是企业定价的基础,是价格的下限,产品定价只有高于成本,才能补偿产品生产过程中的消耗,从而获得利润。一般来说,产品的成本越高,价格也就越高;成本越低,产品的价格也就相应地降低。因而企业生产产品的成本越低,企业就能够承受更低的价格,从而以拥有低价的优势,出售更多的商品。

②需求。从经济学的供需关系来看,产品需求对价格的影响主要体现在两个方面。其一是体现在产品的需求总量上,需求量越大,产品的价格就越高;其二则体现在需求弹性上,需求弹性越大,价格的变动对于需求量的影响越大,从而可以利用降价促销的手段使得销售量增加,反之,消费者对于价格的变动不敏感,那么企业可以制订较高的价格,个性化订制的产品就是属于需求弹性小这一行列中,可以制订高价来获取利润。

③竞争对手。竞争对手对于产品定价的影响主要表现在两个方面：首先，竞争对手的价格可以作为定价的参考与依据，一般情况下，两者的差距并不大。其次，企业在制订低价策略时，也应考虑对手的情况，是否会采用更低的价格来进行竞争，从而有可能进入恶性循环的价格战，导致企业利益的损失。

（2）网络营销定价的程序

在网络营销中，确定在线产品价格的程序一般包括以下几个步骤：

①确定企业定价的目标。定价目标是指企业通过制订产品价格所要求达到的目的，企业的定价目标不是单一的，而应是一个多元化的结合体。不同的定价目标，有着不同的含义和运用条件，企业可以据此制订产品的价格。一般来说，企业的定价目标有利润目标、投资回报率目标、市场占有率目标、稳定价格的目标、竞争目标、企业形象目标等，企业必须清楚知道自己的价格策略所期望并且能够达到的目标。

②测定分析消费者的需求。在网络营销中，确定企业产品营销价格必须首先测定分析消费者的需求，主要包括市场需求总量，结构的测定以及不同价格水平上人们可能购买的数量与需求价格弹性等。

③计算或估计产品的成本。对产品的成本进行估计，以确定本企业产品在市场中的相对地位，这是确定企业产品定价最基本的一步。按在市场价格形成中作用的不同，产品成本可以分为社会成本和企业成本。社会成本是指所有生产或经营该商品的同类企业成本的平均值，或有代表性的典型企业、地区的成本。社会成本是网络营销定价的直接依据，在激烈竞争的市场环境中，社会成本对市场价格的形成在客观上起着决定性作用，因此，应当作为定价的重要参考依据。企业成本指的是企业生产、经营过程中实际发生的成本，原则上来说，企业成本应当尽可能接近或低于社会成本，才能获得更好的生存。

④分析行业竞争对手的价格与策略。分析行业竞争对手的价格与策略，为此，企业营销人员必须清楚如下几个问题：自己的竞争对手是谁？它们的营销目标是什么？有何优势和劣势？采取何种价格策略？实施效果如何？对本企业的影响程度如何等。

⑤选择定价方法。定价方法主要有成本导向定价法、需求导向定价法和竞争导向定价法等。不同的定价方法各有其优势和适用条件。

⑥确定最终价格。在产品正式进入市场之前，企业可能进行"试销售"，以测试市场反应和根据消费者需要对产品进行最后的改进，并征询消费者对价格的意见和建议。当一切都准备就绪后，产品的最后售价就确定了。

⑦价格信息反馈。产品的售价应根据市场的状态、竞争者价格、替代品的状况进行适当的调整。因此，企业要经常收集价格的反馈信息，使产品的定价与消费者的价格期望一致。

（3）网络营销定价策略

网络营销通常可以采取以下几种定价策略：

①免费策略。免费策略是网络营销中常见的营销策略，主要用于产品投入初期的推广。在互联网经济发展的初期，很多产品都采取免费策略，比如免费电子邮件、免费的新闻资讯、免费的音乐和视频等。这是由于在网络经济的时代，大量的信息充斥着人们的眼球，消费者的注意力被分散，对于新产品来说很容易被淹没。企业可以通过免费策略，能够获取消费者的注意力，从而占领市场。

对于企业而言，采用免费策略主要有如下原因：一是企业可以通过免费价格，促使客户对企业产品的青睐,待其习惯使用后,再对其进行收费。比如卡巴斯基杀毒软件,先给消费者免费试用,等到试用期结束后再对其进行收费。虽然在前期没有收益,甚至会造成亏损,但在一定程度上可以锁定用户,日后为企业带来更大的收益。二是从战略发展的角度来看,通过免费策略能够快速占领市场,发掘企业后续的商业价值。360安全卫士对于普通用户采取的就是这种策略,在占领市场后,获得了更大的利益。

②低价定价策略。低价定价策略可以说是一种耳熟能详的定价策略,低价定价策略的核心是薄利多销和抢占市场。薄利多销的前提是产品的需求量大,生产的效率高,就如日常生活用品中的纸巾、洗发水等。然而事实上,在互联网这个世界上最大的资源库面前,企业不但应当制订低价,也必须制订低价才能生存。在互联网资源库中,信息是公开且透明,消费者都很容易搜索到价格信息,可以对多家企业的产品进行价格的比较,从中选择物美价廉的产品进行购买。因此,客观上来讲,企业是不可能对产品制订过高的价格,否则会影响到产品的销售。

低价策略的实施有两种方式:一种是直接低价策略,即成本加上低额的利润作为销售的价格,有些甚至是零利润、负利润,这种策略一般多用于网上直销产品的定价,另一种是促销定价策略,即在原价基础上采用打折的方式,让消费者实现低价购买的可能,促进销量的增加,这种策略多用于网上商店进行促销拓展市场。

③订制定价策略。订制已成为网络时代满足消费者个性化需求的重要手段,订制定价策略的核心是价格会变动,根据消费者的需求进行针对性的定价。这要求企业具备订制生产的能力,同时要求消费者愿意承担订制价格。要实行订制定价策略,需要进行资料的搜集,建立数据库,将每一个客户都当成是一个独立的个体。订制定价策略常适用于服务类,如品牌传播服务、网站优化推广、网站关键字推广等,需要根据客户的需求进行详细的分析,确定其难度,从而订制出一个合理的价格。比如戴尔公司采用的就是订制定价策略来销售自己的电脑,消费者可以在戴尔的销售网页上了解产品的配置和功能,根据自身的需求和对价格的承受能力,配置满意的产品,产品的价格在消费者选定配置时也就随之确定了。

④拍卖定价策略。拍卖定价策略是一种较为新颖的定价策略,物品起始的价格非常低,甚至为零,但是经过一番消费者的争夺后,其价格便会无限制的上涨。甚至其竞拍的价格会高于货品一般的价格。如一些数量稀少难以确定价格的货品都可设置拍卖定价策略。在网络环境中,网上拍卖比传统拍卖更有优势,一方面,网络能够聚集更多的参与者,沟通的效果更加快速有效,成本也更低;另一方面,网上拍卖的竞价更加透明,企业能够随时查看竞争对手的出价情况。拍卖定价策略的前提是稀少、市场需求大,如今淘宝下面的全民抢拍就是采用的此种机制进行运作。

⑤品牌定价策略。在现代的产品销售中,定价除了考虑产品的成本和质量外,还需要考虑产品的品牌性,而现代消费者消费也具有品牌针对性。当消费者认准了一个品牌后,未来的消费都会倾向于该品牌。品牌的知名度是建立在不断地推广维护上的,所以在进行网络营销时需要考虑产品的品牌性,如著名的世界品牌,其定价便需要定高些,这样才能显示其品牌价值,过低的价格反而会影响企业的品牌价值。

⑥使用定价策略。在传统环境中,消费者购买产品就等同于购买了产品的完整产权,而在网络环境下,数字产品的使用可以重复,因此可以采取与之相对应的定价方式——使用定价。所谓的使用定价指的是某些产品可以不需要完全购买,只是对产品的使用次数进行付

费,这样做可以降低产品的价格,消费者不需要支付过多的费用来购买整个产品产权,吸引消费者进行购买,同时对于维护自身产品的权益也能起到相应的作用。例如软件、音乐、影视等产品的销售都可以采用这种策略。

3) 渠道策略

随着生活节奏的加快,消费者外出购物的时间越来越少,迫切要求快捷方便的购物方式和服务,而网络营销则大大提高了购物效率。对于网络营销渠道而言,它与传统营销渠道一样,以互联网为支撑的网络营销渠道也具备传统营销渠道的功能,因而,网络营销的渠道应该是本着让消费者方便的原则设置。

网络营销在渠道的选择上包括网络直销和网络间接销售。网络直销是指生产商通过网络销售渠道直接销售产品,目前通常的做法有两种:一种是企业建立自己的站点,申请域名,制作主页和销售网页,由网络管理人员专门处理相关产品的销售事务;另一种是企业委托信息服务商在其网站上发布信息,企业利用有关信息与客户联系,并直接销售产品。网络直销的优点是企业与消费者直接沟通,企业能及时了解消费者的需求、意见或建议,并据此及时调整相应的营销策略。但同时,网络直销也有它的缺点,因为目前企业站点众多,可能使消费者处于无所适从的尴尬境地,没有耐心一个个去访问一般站点。不太知名的企业站点往往会在“注意力经济”中铩羽而归,访问者寥寥无几。

为克服网络直销的缺点,网络间接销售出现。所谓网络间接营销就是指企业通过一些网络商品交易中介机构来实现商品的网上销售。这些中介机构一般是指网上商品交易中心或网上商场。目前这类网上商场主要有两种类型:第一种是电子零售型(e-Tailer),这类网上商城直接在设立网站,提供一类或多类产品的信息选择购买;第二种是电子拍卖类型(e-Auction),这种网上商城提供商品信息,但不确定商品价格,商品价格主要通过拍卖形式由会员在网上相互叫价确实,价高者就可以购买到该商品。

不管是网络直销售是网络间接销售,都要涉及信息沟通、资金转移和实物转移等。一个完善的网上销售渠道应由 3 大系统组成:订货系统、结算系统和配送系统。

(1)订货系统

订货系统为消费者提供产品信息,同时方便厂家获取消费者的需求信息,以求达到供求平衡。一个完善的订货系统可最大限度地降低库存并减少销售费用,在设计时要简单明了,一般不应让消费者填写太多信息,而应采用现在流行的“购物车”方式,让消费者一边进行比较,一边进行选购,待购物结束后,一次性进行结算。另外,订货系统还应提供消费者想要了解的商品信息,如性能、外形、品牌等。

(2)结算系统

消费者在购买产品后,应该有多种方式方便地付款,因此企业应有多种结算方式。目前,流行的支付方式包括信用卡、电子货币、网上划款、货到付款等,在结算的同时也应当保证消费者的支付安全问题。

(3)配送系统

一般来说,产品分为有形产品和无形产品,对于无形产品可以通过网上直接进行配送,如音乐、软件等;但对于有形商品而言,则涉及运输和仓储。有很多企业已经建立了专业的配送公司,如美国联邦快递公司,其业务覆盖全球,实现全球快速专递服务,以至于从事网上直销的戴尔公司将美国货物的配送业务都交其完成。因此,专业配送公司的存在是网上商店发展较为迅速的一个基础所在,这使得专业配送服务体系成为网络营销的支撑。对于开展网上营销的企业而言,他们可以与戴尔公司一样与快递公司合作,寻求更好地发展,也可以像 IBM 公司一样建立自己的物流,这些都取决于企业自身所处的地位,应酌情考虑。

4)促销策略

在网络营销中,促销策略主要集中体现在网上的销售促进与网上的公共关系,这与传统营销策略相同,又存在些许不同。

(1)网上销售促进

互联网自成为网上市场以来,网上的交易额不断上涨。网上销售促进就是在网上市场利用销售促进工具刺激消费者对产品的购买和消费使用,是用来进行短期性的刺激销售。一般来说,网上销售促进主要有以下几种形式:

①有奖促销。在进行有奖促销时,提供的奖励要能吸引促销目标市场的注意,同时也应利用好互联网的交互性,充分掌握参与促销活动群体的特征和消费习惯,了解客户对产品的评价。

②拍卖促销。网上拍卖市场是新兴的市场,由于快捷方便,吸引了大量的用户参与。我国的许多电子商务公司也纷纷提供拍卖服务,如康柏公司与网易合作,通过网上拍卖计算机,获得了很好的收获。

③免费促销。免费促销的主要目的是推广网站。通过向访问者提供免费资源,吸引访问者访问,提高站点流量,并从中获取收益。目前,利用提供免费资源获取收益比较成功的站点很多,有提供某一类信息服务的,如提供搜索引擎服务的雅虎和中国的搜狐。

在利用免费资源促销时需要注意的是:

a.要考虑好提供免费资源的目的是什么,是为了形成媒体作用,还是为了扩大访问量形成品牌效应。

b.要提供怎样的免费资源。在大数据的背景下,网上的免费资源有很多,只有提供特色的服务才能成功,否则就会成为追随者,永远不可能吸引访问者,因此,要想成功吸引流量,就应当提供足够有吸引力的免费资源。

c.要考虑好收益是什么。世上没有免费的午餐,只要在允许的范围之内,访问者是愿意出一点力的,当然不能是金钱,因此收益可能是通过访问者访问广告主而获取的,或者通过访问者的访问扩大品牌知名度,或者通过访问者的访问扩大电子商务收入。当然,利益有短期有长期,有有形的和无形的,这都是需要企业根据自身情况具体考虑清楚的。

(2)网上公共关系

公共关系是一种重要的促销工具,它通过与企业利益相关者包括供应商、消费者、雇员、股东、社会团体系等建立良好的合作关系,为企业的经营与管理营造良好的环境。网络公共关系与传统公共关系功能相似,只不过是借助互联网作为媒体和沟通渠道。网络公共关系较传统关系更具有一些优势,所以网络公共关系越来越被企业一些决策层所重视和利用。一般来说,网络公共关系有 3 个目标:与网上新闻媒体建立良好合作关系、通过互联网宣传和推广产品、通过互联网建立良好的沟通渠道,包括对内沟通与对外沟通。

①与网络新闻媒体合作。网络新闻媒体一般有两大类,一类是传统媒体上网,通过互联

网发布媒体信息。这一类的主要模式是将在传统媒体播放的节目进行数字化,转换成能在网上下载和浏览的格式,用户可以利用互联网这一新的渠道去了解新闻报道的信息。另一类媒体则是新兴的、真正的网上媒体,它们不以传统媒体为依托。

对于企业而言,不管是哪一种新闻媒体,企业都应与之更密切地合作,更好地进行沟通。为加强与媒体的合作,企业可以通过互联网定期或不定期地将企业的信息和有新闻价值的资料通过互联网直接发布给媒体,与媒体保持紧密合作关系。企业也可以通过媒体的网站直接了解媒体关注的热点与报道重点,从而抓住消费者的关注点,顺势而为。

②宣传和推广产品。宣传和推广产品是网络公共关系的重要职能之一。互联网最初是作为信息交流和沟通的渠道,因此在互联网上存在许多类似社区性质的新闻组和公告栏。企业在利用一些直接促销工具的同时,采用一些软性的工具如讨论、介绍、展示等方法来宣传推广产品效果更好。利用新闻组和公告栏宣传和推广产品时,要注意"有礼有节"。

③建立沟通渠道。企业的网络营销站点的一个重要功能,就是为企业与企业相关者建立沟通渠道。通过互联网的交互功能,企业可以与目标顾客直接进行沟通,了解顾客对产品的评价和顾客提出的还未满足的需求,保持与顾客的紧密关系,提升顾客的忠诚度。同时,企业通过网站对企业自身以及产品、服务的介绍,让企业感兴趣的群体可以充分认识和了解企业,提高企业在公众中的透明度。

4.3 网络营销环境

互联网已经成为面向大众的普及性网络,其无所不包的数据和信息,为上网者提供了最便利的信息搜集途径。同时,上网者既是信息的消费者,也可能是信息的提供者,从而大大增强了网络的吸引力。层出不穷的信息和高速增长的用户使互联网络成为市场营销者日益青睐的新资源,企业上网成为 20 世纪 90 年代最为亮丽的一道风景,网上的市场营销活动也从产品宣传及信息服务扩展到市场营销的全过程。

根据营销环境对企业网络营销活动影响的直接程度,网络营销环境可以分为网络营销宏观环境与网络营销微观环境两部分。网络营销微观环境是指与企业网络营销活动联系较为密切、作用比较直接的各种因素的总称,主要包括企业内部条件和供应商、营销中介、顾客、竞争者、合作者以及公众等企业开展电子商务、网络营销的上下游组织机构。不同行业企业的微观营销环境是不同的,因此,微观营销环境又称行业环境因素。网络营销宏观环境是指对企业网络营销活动影响较为间接的各种因素的总称,主要包括政治、法律、人口、经济、社会文化、科学技术、自然地理等环境因素。

在企业的发展过程中,所面临的环境是不同的,因而在本文中,着重分析网络营销市场、网络消费者以及网络市场调研这 3 个部分。

4.3.1 网络营销市场分析

1)网络市场概述

企业开展电子商务营销活动的空间是电子虚拟市场,网上市场是由上网企业、政府组织和网民组成的网上市场,网上市场的扩张速度和发展直接影响着电子商务的发展速度和前景。自从1994年互联网的商业化到1999年,在短短5年时间内90%以上的世界500强公司建设了网站,30%的企业商务网站开始为消费者提供售后服务可直接进行网上商务活动。

网上市场的商务应用与发展起源于20世纪70年代的EDI的应用。我国海关是最早引入EDI进行报关的国内机构,经过多年的完善目前企业已能够通过上网申请报关,电子商务迅速发展。2012年中国网络购物市场交易规模达到13 040亿元,较往年增长66.2%,在社会消费品总额的占比达到6.2%。从季度数据来看,2012年第四季度由于受"双11"及"双12"等的促销活动影响,中国网络市场交易规模高达4 239.4亿元,同比增加80%,环比增长32.4%。从2012年起,中国网络购物市场愈发的趋于成熟,显发展速度越来越快(图4.3)。

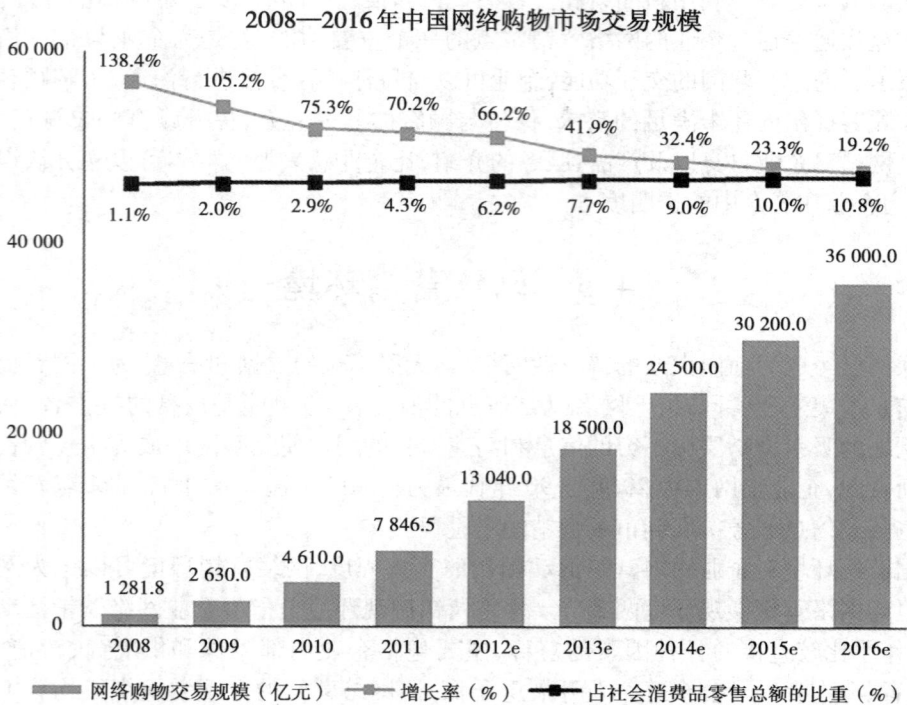

图4.3

2)网络市场的特征

随着互联网的盛行,利用无国界、无区域界限的互联网来销售商品、提供服务成为买卖通路的新选择,网络市场成为21世纪最有发展潜力的新兴市场,从市场运作机制来看,网络市场具有如下基本特征:

(1)无店铺的经营方式

运作于网络市场上的是虚拟商店,它不需要店面、装潢、摆放的货品和服务人员等,它使用的媒体为互联网。如 1995 年 10 月"安全第一网络银行"在美国诞生,这家银行没有建筑物,没有地址,只有网址,营业厅就是首页画面,所有的交易都是通过互联网进行;员工只有 10 人,1996 年存款金额达到 1 400 万美元,1998 年存款金额达到 2 亿美元。

（2）无存货的经营形式

网络市场上的商店接到顾客订单后,再向制造厂家订货,而无须将商品陈列出来以供顾客选择,只需在网页上打出货物清单以供选择。这样一来,店家不会因为存货而增加其成本,其售价比一般的商店要低,这有利于增加网络商家和"虚拟市场"的魅力和竞争力。eBay 是典型的 C2C 模式商城,而且属于典型的轻模式,"零库存"是其取得成功的一个重要原因。它的核心业务没有库存风险,所有的商品都是由客户提供并发货,它只需要负责提供虚拟的网站平台——网络和软件。这使得 eBay 公司的毛利率能始终保持在 70% 以上,公司的净利润也非常健康。

（3）成本低廉的竞争策略

网络市场上的虚拟商店,其成本主要涉及自设的网站成本、软硬件费用、网络使用费,以及之后的维护费用。它比普通商店的经常性成本要低得多,因为它不需要支付店面租金、水电费等多种费用。一套完整的电子商务系统就能帮助企业减少大量的成本浪费,尤其是对大企业而言。

（4）无时间限制的全天候经营

虚拟商店不像普通的商店,它能够开展全天候的经营,这是普通商店很少能达到的,不只是存在《劳动法》的限制,同时也与人们的生活习惯有关。而在网络市场上,消费者可以实现这种愿望,对于工作繁忙、无暇购物的人来说,这种吸引力是巨大的。

（5）无国界、无区域界限的经营范围

联机网络创造了一个即时全球社区,它消除了同其他国家客户做生意的时间和地域障碍。面对提供无限商机的互联网,国内的企业可以加入其中,开展全球性的营销活动。通过互联网将企业、企业的产品或服务信息向全球进行传播,从而实现跨国交易。

（6）精简化的营销环节

顾客不必等经理回复电话,可以自选查询信息。客户所需资讯可及时更新,企业和买家可快速交换信息。今天的顾客需求不断增加,对欲购商品的资料有更多的了解,对产品本身有更大的发言权。于是精明的营销人员能够借助互联网所固有的互动功能,鼓励顾客参与产品的更新换代,让他们为新的产品提出自己的设计,这样售出产品的机会就会大大增加。

3）网络市场发展趋势

截至 2016 年 6 月,我国网民规模达到 7.10 亿人,半年共计新增网民 2 132 万人,半年增长率为 3.1%,较 2015 年下半年增长率有所提升。互联网普及率为 51.7%,较 2015 年底提升 1.3 个百分点,如图 4.4 所示。

我国手机网民规模达 6.56 亿人,较 2015 年底增加 3 656 万人。网民中使用手机上网的比例由 2015 年底的 90.1% 提升至 92.5%,手机在上网设备中占据主导地位。同时,仅通过手机上网的网民达到 1.73 亿人,占整体网民规模的 24.5%（图 4.5）。

2016 年上半年,网民使用手机和电视上网的比例较 2015 年底均有明显提升。智能电视作为家庭网络设备的娱乐功能进一步显现,使用电视上网的比例为21.1%,较2015年底增长了3.2个百分点;与此同时,使用台式电脑、笔记本电脑、平板电脑上网的使用比例分别为64.6%、38.5%、30.6%,较2015年底分别下降了3.1、0.2和0.9个百分点。截至2016年6月,我国网民在家里通过电脑接入互联网的比例为87.7%,与2015年底相比下降2.6个百分点,在单位、学校、网吧通过电脑接入互联网的比例均有小幅上升,在公共场所通过电脑上网的比例略有下降,为17.3%。

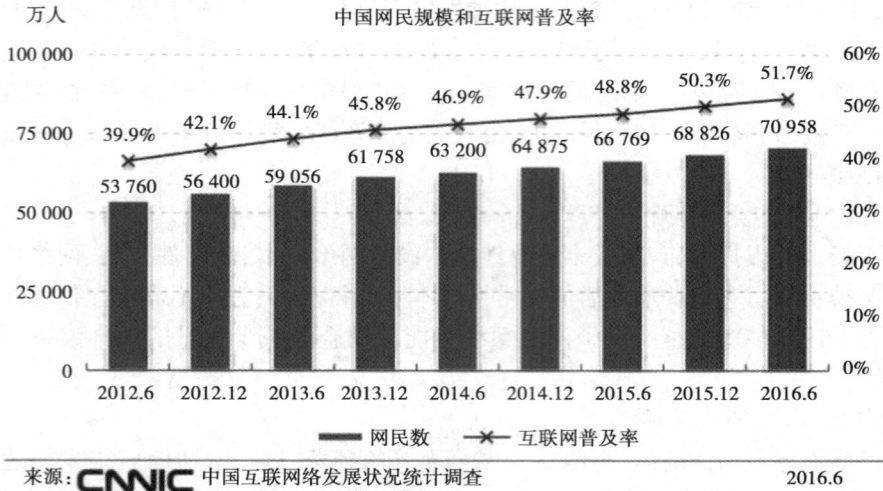

图4.4　中国网民规模和互联网普及率

图4.5　中国手机网民规模及其占网民比例

4.3.2　网络消费者分析

1)网络消费者概述

网络消费者有狭义和广义两种理解,狭义的理解是通过互联网在电子商务市场中进行消费和购物等活动的消费者人群。广义的理解是指所有上网的人群(网上购物者和网上冲浪者),即全体网民。虽然网上冲浪者更多的是浏览网页、玩玩游戏,并不是真正地去购买网络产品,但他们的存在刺激了网络的应用,以便让更多的人了解网络营销,进而成为网络消费者。在这里,我们谈到的网络消费者主要指的是狭义的网络消费者。

(1)网络消费者的分类

网络消费者不外乎以下 6 类:简单型、冲浪型、接入型、议价型、定期型和运动型。

①简单型。简单型的顾客需要的是方便直接的网上购物。他们每月只花 7 小时上网,但他们进行的网上交易却占了一半。零售商们必须为这一类型的人提供真正的便利,让他们觉得在你的网站上购买商品将会节约更多的时间。要满足这类人的需求,首先要保证订货、付款系统的安全、方便,最好设有购买建议的界面。另外,提供一个易于搜索的产品数据库是保持顾客忠诚的一个重要手段。

②冲浪型。冲浪型的顾客与常用网民的 8% ,而他们在网上花费的时间却占了 32% ,并且他们访问的网页是其他网民的 4 倍。冲浪型网民对常更新、具有创新设计特征的网站很感兴趣。

③接入型。接入型的网民是刚触网的新手,占 36% 的比例,他们很少购物,而喜欢网上聊天和发送免费的问候卡。那些有着著名传统品牌的公司应对这群人保持足够的重视,因为网络新手们更愿意相信生活中他们所熟悉的品牌。另外,这些消费者的上网经验不是很丰富,他们对于网页中的简介、常见问题的解答、名词解释、站点结构之类的链接会更加的感兴趣。

④议价者。另外 8% 是议价者,他们有一种趋向购买便宜商品的本能,eBay 网站一半以上的顾客属于这一类型,他们喜欢讨价还价,并有强烈的愿望在交易中获胜。在自己的网站上打出"大减价""清仓处理""限时抢购"之类的字眼能够很容易的吸引到这类消费者。

⑤定期型和运动型。定期型和运动型的网络使用者通常都是为网站的内容吸引。定期型网民常常访问新闻和商务网站,而运动型的网民喜欢运动和娱乐网站。目前,网络商面临的挑战是如何吸引更多的网民,并努力将网站访问者变为消费者。对于这类型的消费者,网站必须保证自己的站点包含他们所需要的和感兴趣的信息,否则他们会很快跳过这个网站进而转入下一个网站中。

(2)网络消费者的特点分析

要做好网络市场营销工作,就必须对网络消费者的特点进行分析,以便采取相应对策。网络消费者主要具备以下 5 个方面的特点:

①中青年消费者的市场。中青年的消费者,特别是青年消费者在使用网络的人员中占有绝对的比重,中国当前 30 岁以下的网民占到 60% ,依职业分类,学生占 30% 。所以,网络营销必须瞄准中青年消费者。青年人喜欢的摇滚歌星唱片、游戏软件、体育用品等都是网络上的畅销产品。这类市场目前是网络市场最拥挤的地方,也是商家最为看好的一个市场。

②具有较高文化水准的职业层市场。最新调查显示我国上网用户中 70% 接受过高等教育(大专以上)。这有其必然原因:一方面,为减少上网费用,需要上网者具有快速阅读的能力,并熟悉计算机操作;另一方面,在国外站点浏览有需要一定的英文能力。所以,教师、学生、科技人员和政府官员上网的比例较高。也正因为如此,在网络营销当中计算机软件、硬

件、书籍等产品的销售较好。

③中低收入阶层市场。2016 年 6 月 30 日,CNNIC 中国互联网发展状况统计调查结果表明,调查表明用户的人均收入在 3 000 元及以下的占总用户数的 56.9%,收入水平属于中等及以下。72.53% 的上网用户能够接受的上网费用每月不超过 200 元。随着家庭电脑的普及,越来越多的用户选择在家中上网,这占用户总数的 87.7%。用户每周上网时间,跟发达国家相比明显较短,用户平均每周上网时间 26.5 小时。用户在一天当中首次上网的时间多集中在早上或者晚上,一方面是晚上有集中的时间上网,再则在晚上上网由于使用人数较白天少而速度较快,而且在后半夜上网费用实行优惠。

④不愿意面对销售员的顾客市场。一些顾客不喜欢面对面地从销售员那里买东西,他们厌恶销售员过分热情而造成的压力。互联网对于这些喜欢浏览、参观的顾客是一个绝好的去处,他们可以在网上反复比较,选择合适的商品。在毫无干预的情况下最后作出购买的决定。也有一些人,出于隐私的考虑,不愿意到商场购买易于引起敏感问题的商品。网上商店如果能较好地满足这些顾客隐私权的要求,便可以获得丰厚的回报。

⑤女性将占主导地位的市场。目前最新的调查结果显示,上网用户中女性的占47%。但是专家认为今后女性网上购物者的人数将后来居上,逐渐超过男性人数,开始全面主导网上购物市场。调查表明,在被调查女性中,9% 控制着家庭中三分之一的消费资金,15%控制家庭中 50% 的消费资金,47% 控制家庭中三分之二的消费资金,29% 控制家庭中四分之三的消费资金,而且近六成被调查家庭的消费计划也都是由女性说了算。鉴于女性对网上购物感觉自来也不错,因此女性网上购物人数将超过男性也在情理之中。网络营销中也应该始终保持对女性顾客的关注,一般女性较感兴趣的网上内容有服装、情感以及女性话题等。

2)网络消费者行为分析

互联网的兴起催生了网络购物的狂潮,网络购物逐渐在整个社会中流行开来,消费者在网络上购物时,什么时候促使其选择购买,什么时候消费者会选择放弃购买,这是很多企业都想要解决的问题,因而我们从诱发这种购买行为的原因分析:

(1)感情动机

人们对某种商品感兴趣,一部分来自商品在促销时能引导消费者可接受的情绪环境,如互联网上提供的网上购买异地送货服务,网上购物所体验到的一种快乐感与个人的满足感,就会让消费者选择网上购物。

(2)理智动机

网络消费者一般都对电脑比较了解,受教育的程度较高,网上购物时会多轮反复比较各个在线商场的商品,详细了解所要购买商品的性能、功效、价格等多种因素,最后综合比较才决定是否购买。

(3)信任动机

网络消费者一般会选择公众影响力较好,信任度和声誉较好的网站和商家的商品。网络消费者根据理智经验和感情,对认定好的网站和网上商场产生特殊的信任与偏好后,会经常光顾,忠诚消费,还会在网上对自己的交际圈进行宣传和影响,会扩大网站的宣传力度,对网站的推广有很大的作用。

（4）网站

网络消费者在购物时,网站界面的个性化漂亮的设计,网站优秀的声誉、较高的网站知名度、简单便利的交易方式,将更能吸引消费者的目光从而刺激消费者产生某种需求并产生相应的购买动机。

（5）商品特性及质量

据有关资料显示:消费者认为网上交易的最大问题是:产品质量、售后服务及厂商信用得不到保障(占 47.7%)、网站商品价格高低 46.9%、安全性得不到保障(35.9%)、付款不方便(占 32.5%)、网站退换货服务质量(30.6%)等。从这资料上可知,网上商品的特性产品价格,产品价格和网络消费的安全性与服务对消费者进行购买决策时有重大的影响。

（6）商品价格

互联网上的信息具有丰富生和开放性,消费者更容易比较商品的价格。对于同一种商品,消费者更倾向于价格便宜的。由于网上销售没有传统营销的成本高,所以具有一定的价格优势。亚马逊的大额折扣和免费送货,低廉的商品价格是吸引广大的消费者的重要因素之一,这也证明了低价对消费者具有很强的吸引力。例如,针对消费者的这种心理设立的"特价热卖"栏目,消费者只要进入专栏,就可以轻松获得各个热销产品的信息以及价格,进而通过链接快速进入消费者认为适合的网站,完成购物活动。这种网上购物满足了消费者追求物美价廉的心理。

3) 网络消费者购物过程

电子商务的热潮使网上购物作为一种崭新的个人消费模式,日益受到人们的关注。消费者的购买决策过程,是消费者需要、购买动机、购买活动和买后使用感受的综合与统一。同传统消费者市场中的购买过程一样,营销管理学专家菲利普·科特勒把网络消费的购买过程分为以下 5 个阶段:认知需求→信息收集→评估选择→购买决策→购后行为。

（1）认知需要

网络购买过程的起点是诱发需求,当消费者认为已有的商品不能满足需求时,才会产生购买新产品的欲望。在传统的购物过程中,消费者的需求是在内外因素的刺激下产生的,而对于网络营销来说,诱发需求的动因只能局限于视觉和听觉。因而,网络营销对消费者的吸引是有一定难度的。作为企业或中介商,一定要注意了解与自己产品有关的实际需要和潜在需要,掌握这些需求在不同的时间内的不同程度以及刺激诱发的因素,以便设计相应的促销手段去吸引更多的消费者浏览网页,诱导他们的需求欲望。

（2）收集信息

当需求被唤起后,每一个消费者都希望自己的需求能得到满足,所以,收集信息、了解行情成为消费者购买的第二个环节。

收集信息的渠道主要有两个方面:内部渠道和外部渠道。消费者首先在自己的记忆中搜寻可能与所需商品相关的知识经验,如果没有足够的信息用于决策,他便要到外部环境中去寻找与此相关的信息。当然,不是所有的购买决策活动都要求同样程度的信息和信息搜寻。

（3）评估选择

消费者需求的满足是有条件的,这个条件就是实际支付能力。消费者为了使消费需求与自己的购买能力相匹配,就要对各种渠道汇集而来的信息进行比较、分析、研究,根据产品的功能、可靠性、性能、模式、价格和售后服务,从中选择一种自认为"足够好"或"满意"的产品。

由于网络购物不能直接接触实物,所以,网络营销商要对自己的产品进行充分的文字描述和图片描述,以吸引更多的顾客。但也不能对产品进行虚假的宣传,否则可能会永久的失去顾客。

(4)购买决策

网络消费者在完成对商品的比较选择之后,便进入到购买决策阶段。与传统的购买方式相比,网络购买者在购买决策时主要有以下三个方面的特点:首先,网络购买者理智动机所占比重较大,而感情动机的比重较小。其次,网络购物受外界影响小。再次,网上购物的决策行为与传统购买决策相比速度要快。

(5)购后行为

消费者购买商品后,往往通过使用对自己的购买选择进行检查和反省,以判断这种购买决策的准确性。如果商品的价格、质量和服务与消费者的预料相匹配,消费者就会感到心理上的满足,否则就会产生厌烦心理。因此,为了提高企业的竞争能力,最大限度地占领市场,企业必须虚心听取顾客的反馈意见和建议。方便、快捷、便宜的电子邮件,为网络营销者收集消费者购后评价提供了得天独厚的优势。厂商在网络上收集到这些评价之后,通过计算机的分析、归纳,可以迅速找出工作中的缺陷和不足,及时了解消费者的意见和建议,制定相应对策,改进自己产品的性能和售后服务。

4.3.3 网络市场调研

1)网络市场调研概述

网络市场调研是基于互联网系统地进行营销信息的收集、整理、分析和研究的过程,以及利用各种搜索引擎寻找竞争环境信息、客户信息、供求信息的行为。其具有及时性、共享性、准确性、交互性、经济性、可控制性和无时空限制的特点。

传统的市场调研一方面要投入大量的人力物力,如果调研面较小,则不足以全面掌握市场信息,而调研面较大,则时间周期长,调研费用大。另一方面,在传统的市场调研中,被调查者始终处于被动地位,企业不可能针对不同的消费者提供不同的调查问卷,而针对企业的调查,消费者一般也不予以反应和回复。但网络市场调研可以节省大量调查费用和人力,通过互联网快速获取信息与资源。因此,现代许多成功的企业家们把是否搞好网络市场调研,看成是企业决策和经营成败的关键。

2)网络市场调研的特点

(1)及时性和共享性

①由于网络的传输速度非常快,网络信息能够快速地传送到连接上网的任何网络用户。

②网上投票信息经统计分析软件初步处理后,可以看到阶段性结果,而传统的市场调研得出结论需经过很长的一段时间。

③网上调研是开放的,任何网民都可以参加投票和查看结果,这又保证了网络调研的共享性。

（2）便捷性和经济性

①在网络上进行市场调研,无论是调查者或是被调查者,只需拥有一台能上网的计算机就可以进行网络沟通交流。

②调研者在企业站点上发出电子调查问卷,提供相关的信息,或者及时修改、充实相关信息,被调研者只需在电脑前按照自己的意愿轻点鼠标来填写问卷,之后调研者利用计算机对访问者反馈回来的信息进行整理和分析即可,这种调研方式是十分便捷的。

③网络调研非常经济,它可以节约传统调查中大量的人力、物力、财力和时间的耗费。省却了印刷调研问卷、派访问员进行访问、电话访问、留置问卷等工作。

④调研不会受到天气、交通、工作时间等的影响。

⑤调查过程中最繁重、最关键的信息收集和录入工作也将分布到众多网上用户的终端上完成。

⑥信息检验和信息处理工作均由计算机自动完成。

（3）交互性和充分性

①在网上调查时,被访问者可以及时就问卷相关的问题提出自己的看法和建议,可减少因问卷设计不合理而导致的调查结论出现偏差等问题。

②被访问者有充分的时间进行思考,可以自由地在网上发表自己的看法,同时没有时间的限制。

（4）网络调研结果的可靠性和客观性

①由于企业站点的访问者一般都对企业产品有一定的兴趣,被调查者是在完全自愿的原则下参与调查,调查的针对性强。而传统的市场调研中的拦截询问法,实质上是带有一定的"强制性"的。

②被调查者主动填写调研问卷,证明填写者一般对调查内容有一定的兴趣,回答问题就会相对认真,所以问卷填写可靠性高。

③网络市场调研可以避免传统市场调研中人为因素干扰所导致的调查结论的偏差,因为被访问者是在完全独立思考的环境中接受调查的,能最大限度地保证调研结果的客观性。

（5）网络调研无时空和地域的限制性

传统的市场调研往往会受到区域与时间的限制,而网络市场调研可以 24 小时全天候进行,同时也不会受到区域的限制。

（6）调研信息的可检验性和可控制性

利用 Internet 进行网上调研收集信息,可以有效地对采集信息的质量实施系统的检验和控制。

①网上市场调查问卷可以附加全面规范的指标解释,有利于消除被访者因对指标理解不清或调查员解释口径不一而造成的调查偏差。

②问卷的复核检验由计算机依据设定的检验条件和控制措施自动实施,可以有效地保证对调查问卷 100% 的复核检验,保证检验与控制的客观公正性。

③通过对被调查者的身份验证技术可以有效地防止信息采集过程中的舞弊行为。

3）网络市场调研的一般步骤

与传统市场调研一样,网络市场调研应遵循一定的程序,以保证调研过程的质量,一般

而言,应经过以下几个步骤:

(1)确定目标

虽然网络市场调研的每一步都很重要的,但是调研问题的界定和调研目标的确定确实最重要的一部。只有清楚地定义了网络市场调研的问题,确立了调研目标,方能正确地设计和实施调研。

在缺了调研目标的同时还要确定调研对象,网络调研对象主要包括:企业产品的消费者、企业的竞争者、上网公众、企业所在行业的管理者和行业研究机构。

(2)设计调研方案

具体内容包括确定资料来源、调查方法、调查手段和接触方式。

(3)收集信息

在确定调查方案后,市场调研人员即可通过电子邮箱向互联网上的个人主页、新闻组或者邮箱清单发出的相关查询,之后就进入收集信息阶段。与传统的调研方法相比,网络调研收集和录入信息更方便、快捷。

(4)信息整理和分析

收集得来的信息本身并没有太大意义,只有进行整理和分析后信息才变得有用。整理和分析信息之一步非常关键,就需要使用一些数据分析技术,如交叉列表分析技术、概况技术、综合指标分析和动态分析等。目前,国际上较为通用的分析软件有 SPSS、SAS、BMDP、MINITAB 和电子表格软件。

(5)撰写调研报告

这是整个调研活动的最后一个重要阶段。报告不能是数据和资料的简单堆积,调研人员不能把大量的数字和复杂的统计技术扔到管理人员面前。正确地做法是把与市场营销决策有关的主要调查结果报告出来,并遵循所有有关组织结构、格式和文笔流畅的写作原则。

4) 网络市场调研的方法

网络市场调研的具体方法有许多,大体可以分为两类:一类是网络市场直接调研的方法,一类是网络市场间接调研方法。

网络市场的直接调研是指为当前特定的目的在互联网上收集一手资料或原始信息的过程。直接调研的方法有 4 种:网上观察法、专题讨论法、在线问卷法和网上实验法。使用最多的是专题讨论法和在线问卷法。

网络市场间接调研指的是网上二手资料的收集。二手资料的来源有很多,如公共图书馆、大学图书馆、市场调查公司、成千上万个搜索引擎网站等。

4.4 网络营销推广

网络营销推广是以当今互联网为媒介的一种推广方式,是在网上把自己的产品或者服务利用网络手段与媒介推广出去,使自己的企业能获得更高的利益。常见的网络营销推广中采用的主要工具包括网络广告、微博、企业网站、搜索引擎、电子邮件、BBS、新闻组、即时通信(IM)、SNS 社区等,本书针对部分进行详细介绍。

4.4.1　网络广告

当前,互联网已成为继"报刊""广播""电视"三大媒体之外的第四大传播媒体。与报刊、广播、电视这三大传统媒体相比,互联网使得信息在传播技术、传播效率及传播功能等方面产生了前所未有的变化。互联网正成为重要的广告媒体市场。

网络广告就是在互联网上做的广告。通过网络广告投放平台来利用网站上的广告横幅、文本链接、多媒体的方法,在互联网刊登或发布广告,通过网络传递到互联网用户的一种高科技广告运作方式。与传统的四大传播媒体(报纸、杂志、电视、广播)广告及近来备受垂青的户外广告相比,网络广告具有得天独厚的优势,是实施现代营销媒体战略的重要部分。

1)网络广告的形式

(1)旗帜广告

旗帜广告(Banner)又称"横幅广告",是一幅放置在网页最上端表现商家广告内容的矩形图片,通常为 GIF、JPG 等格式。旗帜广告有静态和动态之分,为吸引更多的注意力,往往以动画形式出现,它可以较自由地以文字图形等形式向浏览者传递信息,引导浏览者与商家进行深入地互动交流(图4.6)。

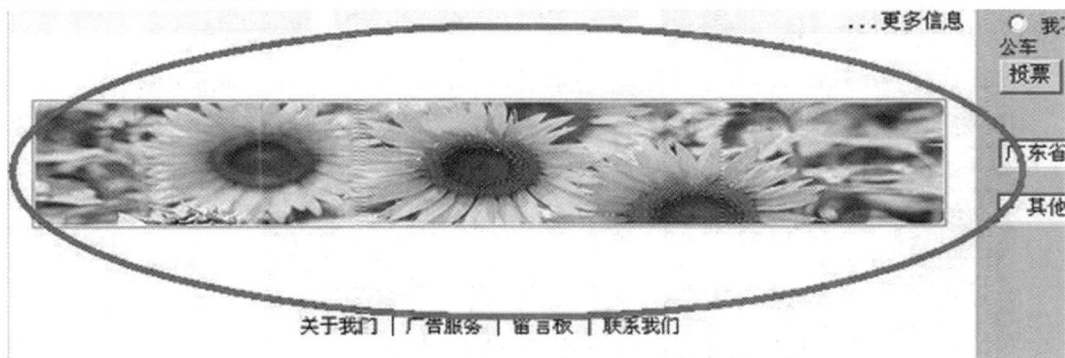

图4.6

(2)按钮广告

按钮广告也称图标广告(Logo),这种图标可能是一个企业的标志,也可以是一个一般形象图标,它可以显示公司形象的标志,可以显示品牌展示,也可以显示宣传活动,甚至可以是动画,单击该按钮可以链接到广告主的站点上(图4.7)。

图4.7

(3)图片广告

图片广告一般用于企业在产品图片上,单击该图片后即可进入相关的站点内容,了解更为详细的商品信息。特点是直观、形象、清晰（图4.8）。

图4.8

（4）对联式广告

对联式广告位于浏览界面中特别设置的广告位，以夹带方式呈现，冲击力强（图4.9）。

图4.9

（5）弹出式广告

弹出式广告是在浏览者打开一个新的网页可在浏览某个网页时弹出一个包含广告内容的新窗口。这种广告的出现具有强迫性，都是自行出现在浏览器上（图4.10）。

（6）文字链接广告

文字链接广告是以一些吸引人的标题，引导浏览者点击进入另一个链接的广告，这种做法常常是为了节省有限的网页空间或者节约成本等而采取的做法（图4.11）。

图 4.10

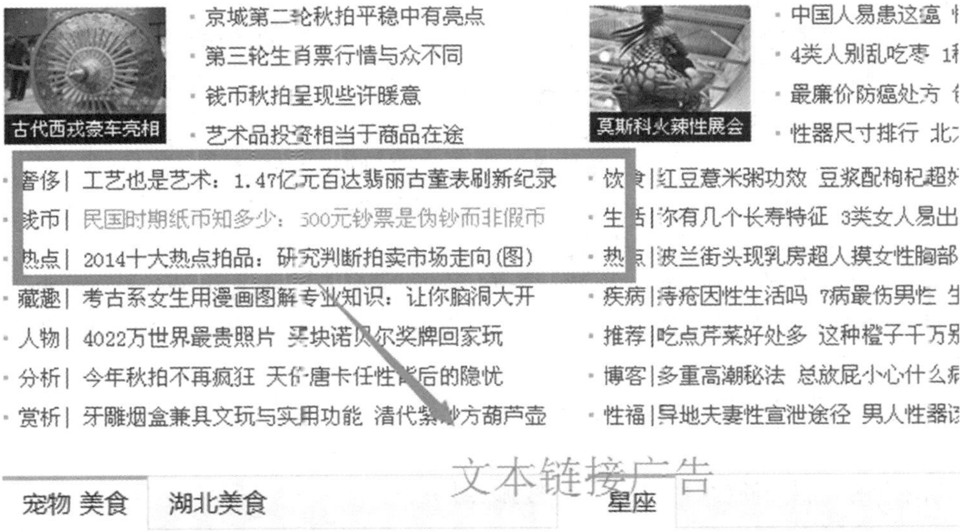

图 4.11

（7）网视广告

网视广告可以直接将广告客户提供的电视广告转成网络格式，实现在线播放，具有良好的影音品质。

（8）浮动广告

这种广告的图标在页面来回飘动,具有干扰度低,吸引力强的特点。比较吸引人,点击率高。

（9）电子邮件广告

电子邮件广告可以直接发送,但有时也通过搭载发送的形式。这种形式的广告容易被人接受,具有直接的宣传效应。需要注意的是,发送电子邮件广告要预先征得邮件接收人的同意,避免发送垃圾电子邮件带来的负面影响。

（10）其他形式的广告

其他形式的广告包括墙纸广告、电子杂志广告、游戏广告等。

2）网络广告的策划

（1）确定网络广告的目标

确定网络广告目标的目的是通过信息沟通使消费者产生对品牌的认识、情感、态度和行为的变化,从而实现企业的营销目标,可以采用 AIDA 法则:

第一个字母 A 是"注意"（Attention）,在网络广告中意味着消费者在电脑屏幕上通过对广告的阅读,逐渐对广告主的产品或品牌产生认识和了解。

第二个字母 I 是"兴趣"（Interest）。网络广告受众注意到广告主所传达的信息之后,对产品或品牌发生了兴趣,想要进一步了解广告信息,可以点击广告,进入广告主放置在网上的营销站点或网页中。

第三个字母 D 是"欲望"（Desire）。感兴趣的广告浏览者对广告主通过商品或服务提供的利益产生"占为己有"的企图,他们必定会仔细阅读广告主的网页内容,这时就会在广告主的服务器上留下网页阅读的记录。

第四个字母 A 是"行动"（Action）。广告受众把浏览网页的动作转换为符合广告目标的行动,可能是在线注册、填写问卷参加抽奖或者是在线购买等。

（2）明确网络广告的目标群体

简单来说,就是确定网络广告希望让哪些人来看,确定他们是哪个群体、哪个阶层、哪个区域。只有让合适的用户来参与广告信息活动,才能使广告有效地实现其目标。

（3）进行网络广告创意及策略选择

选择网络广告创意和策略时应当注意以下几点:要有明确有力的标题、简洁的广告信息、发展互动性、合理安排网络广告发布的时间因素、正确确定网络广告费用的预算、设计好网络广告的测试方案。

（4）选择网络广告发布渠道及方式

①自建主页形式。

②网络内容服务商（ICP）:如新浪、搜狐、网易等。

③专类销售网。

④企业名录:由一些 Internet 服务商或政府机构将一部分企业信息融入他们的主页中。

⑤免费的 E-mail 服务。

⑥黄页形式:在 Internet 上有一些专门用以查询检索服务的网站,如 Yahoo!、Infoseek、Excite 等。

⑦网络报纸或网络杂志。

⑧新闻组：新闻组是人人都可以订阅的一种互联网服务形式，阅读者可成为新闻组的一员。新闻组是一种很好的讨论和分享信息的方式。

4.4.2 微博

微博，即微型博客(Micro Blog)的简称，是一个基于用户关系信息分享、传播以及获取的平台。用户可以通过 Web、Wap 等各种客户端组建个人社区，以 140 字(包括标点符号)的文字更新信息，并实现即时分享。微博营销是一种全新的以 Web2.0 为基础的新媒体营销模式，企业可以通过利用发布简短的微博，快速宣传企业新闻、产品、文化等，形成一个固定圈子的交流互动平台。

同属于 Web2.0 新媒体的微信公众平台也逐渐被各企业用于网络营销。这两者有许多共同点，都是基于用户关系网络分享、传播以及获取信息，但微博的目标人群比微信的熟人圈子要更为广泛。

1) 微博营销的特点

(1) 发布门槛低，成本低

140 个字发布信息，远比博客发布容易，对于同样效果的广告则更加经济。与传统的大众媒体(报纸、流媒体、电视等)相比受众同样广泛，前期一次投入，后期维护成本低廉。

(2) 传播效果好，速度快，覆盖广

微博信息支持各种平台，包括手机、电脑及其他传统媒体。同时，传播的方式有多样性，转发非常方便。利用名人效应能够使事件的传播量呈几何级放大。

(3) 针对性强，利用后期维护及反馈

微博营销是投资少见效快的一种新型的网络营销模式，其营销方式和模式可以在短期内获得最大的收益。

(4) 多样化，人性化

从技术上，微博营销可以同时方便地利用文字、图片、视频等多种展现形式。从人性化角度看，企业品牌的微博本身就可以将自己拟人化，更具亲和力。

(5) 开放性

微博几乎是什么话题都可以进行探讨，而且没有什么拘束，微博就是要最大化地开放给客户。

(6) 拉近距离

在微博上面，美国总统可以和平民点对点交谈，政府可以和民众一起探讨，明星可以和粉丝们互动，微博其实就是在拉近距离。

(7) 传播速度快

微博最显著的特征之一就是其传播迅速。一条微博在触发微博引爆点后短时间内互动性转发就可以抵达微博世界的每一个角落，达到短时间内能有最多的目击人数。

(8) 便捷性

微博只需要编写好 140 字以内的文案，微博小秘书会审查，通过即可发布，从而节约了大量的时间和成本。

(9)高技术性,浏览页面佳

微博营销可以借助许多先进多媒体技术手段,从多维角度等展现形式对产品进行描述,从而使潜在消费者更形象直接地接受信息。

(10)操作简单

信息发布便捷。一条微博,最多140个字,只需要简单的构思,就可以完成一条信息的发布。这点就要比博客方便得多。毕竟构思一篇好博文,需要花费很多的时间与精力。

(11)互动性强

能与粉丝即时沟通,及时获得用户反馈。

2)微博营销对企业的影响

(1)微博提升企业竞争力

①微博为企业增加忠实"粉丝"。相比传统营销带来的束缚,微博建立了一个与客户高智能交流的阵地,加大了企业全方位立体式的宣传,调动了消费者关注企业的主动性,有利于形成企业忠实的顾客群,微博所引起的消费者互动会在一定程度上形成顾客对企业的黏附。

②微博为企业实现"信息联动"。微博为企业提供了一个更为广阔的平台来进行信息的传递与分享。

③微博为企业带来商业收入。

(2)微博为企业带来挑战

①与国外知名微博网站相比,中国的微博相对封闭。封闭的环境下导致企业限制了顾客范围,也限制了企业潜在的营销资源。

②中国企业微博的用户细分不明确。中国企业微博只利用用户关注与内容接收进行用户细分,为企业寻找潜在目标用户增加了难度,也增加了企业的销售成本。

③企业不适当的微博策略。虽然现在许多企业开始利用微博进行营销,但是仍然采取的强制性发广告的方式,这种强制性的推销,会引起用户的反感,对企业营销反而是适得其反。

4.4.3 企业网站

企业网站是企业在互联网上进行网络营销和形象宣传的平台,相当于企业的网络名片,不但对企业的形象是一个良好的宣传,同时可以辅助企业的销售。

1)企业网站类型

企业网站主要是为了让外界了解企业,树立良好企业形象并提供适当的服务。根据企业建站的目的、网站的功能及主要目标群体的不同,企业网站大致分为两类:信息发布型和网上销售型。

(1)信息发布型

信息发布型企业网站,也可称为"在线宣传册型"网站,顾名思义,这种网站由于功能简单,内容单一,相当于产品宣传册的在线版。这种网站是企业网站的初级形式,其特点是造价很低,维护也简单。当然,与此相对应的是,所能发挥的效果也很有限,因此往往在企业网络营销的初期采用,随着企业经营对网络营销功能需求的增加,这种简单的信息发布型企业网站就无法满足经营需要了,因此企业网站的形式应当与当时企业经营策略的需要相适应。信息发布型企业网站目前仍然是大多数中小型企业网站的主流形式。

(2)网上销售型

网上销售型网站以订单为中心,以实现交易为目的,通常是由信息发布型网站发展起来的,比信息发布型网站更为复杂。除了一般的网络营销目的之外,获得直接的销售收入也是其主要目的之一。

2)企业网站的网络营销功能

(1)品牌形象

网站的形象代表着企业的网上品牌形象,人们在网上了解一个企业的主要方式就是访问该公司的网站,网站建设的专业与否直接影响企业的网络品牌形象,同时也对网站的其他功能产生直接影响。

(2)产品/服务展示

顾客访问网站的主要目的就是为了对公司的产品和服务进行深入的了解,企业网站的主要价值也就在于灵活地向用户展示产品说明的文字、图片甚至多媒体信息,即使一个功能简单的网站至少也相当于一本可以随时更新的产品宣传资料,并且这种宣传资料是用户主动来获取的,对信息内容有较高的关注程度。

(3)信息发布

网站是一个信息载体,在法律许可的范围内,可以发布一切有利于企业形象、顾客服务以及促进销售的企业新闻、产品信息、各种促销信息等。

(4)顾客服务

通过网站可以为顾客提供各种在线服务和帮助信息,比如常见问题解答、电子邮件咨询、在线表单、通过即时信息实时回答顾客的咨询,等等。

(5)顾客关系

通过网络社区、有奖竞赛等方式吸引顾客参与,不仅可以起到产品宣传的目的,同时也有助于增进顾客关系,尤其是对产品功能复杂或者变化较快的产品。

(6)网上调查

市场调研时营销工作是不可或缺的内容,企业网站为网上调查提供了方便而廉价的途径,通过网站上的在线调查表或者通过电子邮件论坛、实时信息方式征求顾客意见等,可以获得有价值的用户反馈信息。

(7)资源合作

资源合作是独具特色的网络营销手段,为了获得更好的网上推广效果,需要与供应商、经销商、客户网站以及其他内容、功能互补或者相关的企业建立资源合作关系,实现资源共享到利益共享的目的。

(8)网上销售

建立网站及开展网络营销活动的目的之一是为了增加销售,一个功能完善的网站本身就可以完成订单确认、网上支付等电子商务功能,即企业网站本身就是一个销售渠道。

4.4.4 搜索引擎

搜索引擎(Search Engine)是指根据一定的策略、运用特定的计算机程序从互联网上搜集信息,在对信息进行组织和处理后,为用户提供检索服务,将用户检索相关的信息展示给用户的系统。搜索引擎包括全文索引、目录索引、元搜索引擎、垂直搜索引擎、集合式搜索引擎、门户搜索引擎与免费链接列表等。

利用搜索引擎开展网络营销能够给企业带来巨大的机会,其具体的网络营销功能包括以下4点:

1)提高网站/网页被收录的机会

网站建设完成并发布到互联网上并不意味着自然可以达到搜索引擎营销的目的,无论网站设计多么精美,如果不能被搜索引擎收录,用户便无法通过搜索引擎发现这些网站中的信息,当然就不能实现互联网营销信息传递的目的。

2)搜索结果位置靠前

网站仅仅被搜索引擎收录还不够,还需要让企业信息出现在搜索结果中靠前的位置,这就是搜索引擎优化所期望的结果。因为搜索引擎收录的信息通常会有很多,当用户输入某个关键词进行检索时会反馈大量的结果,如果企业信息出现的位置靠后,被用户发现的概率就大为降低,搜索引擎营销的效果也就无法保证。

3)信息获得用户关注

通过对搜索引擎检索结果的观察可以发现,并非所有的检索结果都含有丰富的信息,用户通常并不能点击浏览检索结果中的所有信息,需要对搜索结果进行判断,从中筛选一些相关性最强,最能引起用户关注的信息进行点击,进入相应网页之后获得更为完整的信息。做到这一点,需要针对每个搜索引擎收集信息的方式进行针对性的研究。

4)获得信息方便

用户通过点击搜索结果而进入网站、网页,是搜索引擎营销产生效果的基本表现形式,用户的进一步行为决定了搜索引擎营销是否可以最终获得收益。在网站上,用户可能为了了解某个产品的详细介绍,或者成为注册用户,在此阶段,搜索引擎营销将与网站信息发布,顾客服务、网站流量统计分析、在线销售等其他互联网营销工作密切相关,在为用户获取信息提供方便的同时,与用户建立密切的关系,使其成为潜在顾客,或者直接购买产品。

4.4.5　SNS 社区

SNS,全称 Social Networking Services,即社会性网络服务,专指旨在帮助人们建立社会性网络的互联网应用服务,SNS 社区是过网民共同的兴趣爱好结交朋友,并遵守"六度关系理论"建立的网站。

SNS 社区的特点体现在 3 个方面:

①用户互动交流:在 SNS 社区中,不仅媒体与受众之间的界限模糊,受众与媒体产生双向交流,用户之间也可以自由互动。

②内容的产生与共享:传统网站内容由网站本身产生,而 SNS 社区绝大部分内容由用户产生,并且内容公开,有各种手段方便用户之间共享内容。

③用户关系和社区:在 SNS 社区中,最重要的是关系而不是内容。用户因为共同的话题

聚集在网站上,而同一个网站的用户也很容易因为共同的爱好,在网站内形成更小的圈子进行深度交流。

SNS 的营销方式有:把产品或者品牌渗入 SNS 用户的交互媒介中,建立产品和品牌群组,让用户在潜移默化中接受产品和品牌的概念。通过 SNS 游戏做轻松营销、开展活动营销等。

思 考 题

1. 网络营销的基本概念和特点。

2. 企业应如何结合自身特点制定网络营销策略。

3. 企业可以采用的网络营销工具有哪些? 各自有何特点?

第5章
电子商务与物流

📖 本章学习目标

- 了解物流及电子商务物流的相关概念；
- 了解电子商务物流的模式及其存在的问题，了解电子商务下物流的发展趋势；
- 理解电子商务的物流配送特点及流程；
- 理解供应链的基础知识、核心竞争力与供应链管理的关系；
- 了解现代新技术在物流中的应用及其主要作用。

案例导入

第三方物流模式——麦当劳的第三方物流

在麦当劳的物流中，质量永远是权重最大、被考虑最多的因素。麦当劳重视品质的精神，在每一家餐厅开业之前便可见一斑。餐厅选址完成之后，首要工作是在当地建立生产、供应、运输等一系列的网络系统，以确保餐厅得到高品质的原料供应。无论何种产品，只要进入麦当劳的采购和物流链，必须经过一系列严格的质量检查。麦当劳对土豆、面包和鸡块都有特殊的、严格的要求。在面包生产过程中，麦当劳要求供应商在每个环节加强管理。比如装面粉的桶必须有盖子，而且要有颜色，不能是白色的，以免意外破损时碎屑混入面粉，而不易分辨；各工序间运输一律使用不锈钢筐，以防杂物碎片进入食品中。

谈到麦当劳的物流，不能不说到夏晖公司，这家几乎是麦当劳"御用3PL"（该公司客户还有必胜客、星巴克等）的物流公司，他们与麦当劳的合作，至今在很多人眼中还是一个谜。麦当劳没有把物流业务分包给不同的供应商，夏晖也从未移情别恋，这种独特的合作关系，不仅建立在忠诚的基础上。麦当劳之所以选择夏晖，在于后者为其提供了优质的服务。

而麦当劳对物流服务的要求是比较严格的。在食品供应中，除了基本的食品运输之外，麦当劳要求物流服务商提供其他服务，比如信息处理、存货控制、贴标签、生产和质量控制等诸多方面，这些"额外"的服务虽然成本比较高，但它使麦当劳在竞争中获得了优势。"如果你提供的物流服务仅仅是运输，运价是一吨4角，而我的价格是一吨5角，但我提供的物流服务当中包括了信息处理、贴标签等工作，麦当劳也会选择我做物流供应商的。"为麦当劳服务的一位物流经理说。

另外,麦当劳要求夏晖提供一条龙式物流服务,包括生产和质量控制在内。这样,在夏晖设在中国台湾的面包厂中,就全部采用了统一的自动化生产线,制造区与熟食区加以区隔,厂区装设空调与天花板,以隔离落尘,易于清洁,应用严格的食品与作业安全标准。所有设备由美国 SASIB 专业设计,生产能力每小时 24 000 个面包。在专门设立的加工中心,物流服务商为麦当劳提供所需的切丝、切片生菜及混合蔬菜,拥有生产区域全程温度自动控制、连续式杀菌及水温自动控制功能的生产线,生产能力每小时 1 500 千克。此外,夏晖还负责为麦当劳上游的蔬果供应商提供咨询服务。

麦当劳利用夏晖设立的物流中心,为其各个餐厅完成订货、储存、运输及分发等一系列工作,使得整个麦当劳系统得以正常运作,通过它的协调与连接,使每一个供应商与每一家餐厅达到畅通与和谐,为麦当劳餐厅的食品供应提供最佳的保证。目前,夏晖在北京、上海、广州都设立了食品分发中心,同时在沈阳、武汉、成都、厦门建立了卫星分发中心和配送站,与设在中国香港和中国台湾的分发中心一起,斥巨资建立起全国性的服务网络。

例如,为了满足麦当劳冷链物流的要求,夏晖公司在北京地区投资 5 500 多万元人民币,建立了一个占地面积达 12 000 平方米、拥有世界领先的多温度食品分发物流中心,在该物流中心并配有先进的装卸、储存、冷藏设施,5 ~ 20 吨多种温度控制运输车 40 余辆,中心还配有电脑调控设施用以控制所规定的温度,检查每一批进货的温度。

"物流中的浪费很多,不论是人的浪费、时间的浪费还是产品的浪费都很多。而我们是靠信息系统的管理来创造价值。"夏晖食品公司大中华区总裁白雪李很自豪地表示,夏晖的平均库存远远低于竞争对手,麦当劳物流产品的损耗率也仅有万分之一。

"全国真正能够在快餐食品达到冷链物流要求的只有麦当劳。"白雪李称,"国内不少公司很重视盖库买车,其实谁都可以买设备盖库。但谁能像我们这样有效率地计划一星期每家餐厅送几次货,怎么控制餐厅和分发中心的存货量,同时培养出很多具有管理思想的人呢?"与其合作多年的麦当劳中国发展公司北方区董事总经理赖林胜拥有同样的自信:"我们麦当劳的物流过去是领先者,今天还是领导者,而且我们还在不断地学习和改进。"

赖林胜说,麦当劳全国终端复制的成功,与其说是各个麦当劳快餐店的成功,不如说是麦当劳对自己运营的商业环境复制的成功,而尤其重要的是其供应链的成功复制。离开供应链的支持,规模扩张只能是盲目的。

多年来,麦当劳没有亏待他的合作伙伴,夏晖对麦当劳也始终忠心耿耿,白雪李说,有时长期不赚钱,夏晖也会毫不犹豫地投入。因为市场需要双方来共同培育,而且在其他市场上这点损失也会被补回来。

（资料来源：http://www.chinawuliu.com.cn 中国物流与采购网）

5.1 电子商务物流概述

5.1.1 物流的概述

物流是现代流行的概念,由于它对商品生产、商品流通和商品消费的影响日益明显而引起了各方面的重视,现代物流与电子商务密不可分,两者相互影响、相互促进。

1)物流的概念及其分类

(1)物流的概念

物流中的"物"是物质资料世界中同时具备物质实体特点和可以进行物理性位移的那一部分物质资料,"流"是物理性运动,这种运动有其限定的含义,就是以地球为参照系,相对于地球而发生的物理性运动,称之为"位移",流的范围可以是地理性的大范围,也可以是在同一地域、同一环境中的微观运动,小范围位移,"物"和"流"的组合,是物质资料从供给者到需求者的物理性运动和时间转换,主要是创造时间价值、场所价值或一定加工价值的经济活动。这是物流最简单、最直观,也是最初步的定义。

在第二次世界大战期间,美国军队为了改善战争中的物资供应状况,研究和建立了后勤理论,并在战争活动中加以实践和应用。后勤的核心是将战时物资的生产、采购、运输、配给等活动作为一个整体来进行统一布置,以求对战略物资进行补给的费用更低、速度更快、服务更好。实践证明,这一理论的应用取得了很好的效果。战后,后勤理论被应用到企业界,其内涵也得到了进一步的扩充,涵盖了整个生产过程和流通过程,包括生产领域的原材料的采购、生产过程中的物料搬运与厂内物流到商品流通过程中的物流。因此,一般在欧美国家中所指的后勤的内涵比物流的外延更为广泛。

1915年,美国学者阿奇·萧在《市场流通中的若干问题》一书中提出物流这一名词。20世纪初,西方一些国家正处于经济危机,存在较严重的生产过剩和需求不足的问题。企业界为扩大销售,提出了销售与物流的问题,并着重研究在销售过程中的物流。

20世纪80年代,中国引入了"物流"的概念。在此之前,我国就有传统的储运业,许多大大小小的储运公司实际上进行着运输、保管、包装、装卸、流通加工等与物流相关的各种活动。物流相对于储运而言却是一个新的概念,在第二次世界大战后才在各国兴起,两者存在概念和内容上的差别:

①储运基本上只包含存储和运输这两个环节,虽然有时也涉及物品的包装、装卸、流通加工及相关活动,但一般这些活动并不包含在储运的概念之中。而物流则包括物品的运输、保管、配送、包装、装卸、流通加工及相关信息活动,所以物流比储运的内容更为广泛。

②传统的储运通常不涉及存储运输与其他活动整体系统化和最优化的问题,而物流则十分强调相关活动的系统化、整体化,以期达到物流活动的整体最优化。

在物流的概念引入中国20多年后,经过中国物流与采购联合会和国家技术监督局数易其稿,最终于2001年8月1日开始实施了中华人民共和国国家标准《物流术语》,其中对物流作出了如下定义:

物流即物品从供应地向接收地的实体流动过程,根据实际需要,将运输、储存、装卸、搬运、包装、流通加工、配送、信息处理等基本功能实现有机结合。

从这个定义来看,物流是一个物的实体的流动过程,在流通过程中创造价值,满足客户及社会性需求,也就是说物流的本质是服务。

从上述物流的概念中我们可以看到,在不同的时期,不同的国家对于物流概念的理解有所不同,但是他们反映出以下几个基本点:

①物流概念的形成和发展与社会生产、市场营销、企业管理的不断进步密切相关;

②物流概念与物流实践最早始于军事后勤,但物流一词没有限定在商业领域还是军事领域。物流管理对公共企业和私人企业活动都适用。

③物流的内涵强调了"实物流动"的核心。

④物流的功能主要由运输、储存、装卸、包装以及信息处理等构成。

总之,物流是一个发展的,或者说是动态的概念,它将随着社会经济的不断发展向更高层次扩展,但无论如何扩展都将永远围绕全方位服务于用户这一核心功能。

(2)物流的分类

现在,物流的理念被应用于社会经济的各个不同领域。尽管不同领域中的物流存在着相同的基本要素,然而由于其对象、目的、范围和范畴的差异,形成了不同的物流类型。理论研究者从不同角度对物流进行了分类。

①按照作用分类:

a. 供应物流。供应物流是指包括原材料等一切生产物资的采购、进货运输、仓储、库存管理、用料管理和供应管理,也称为原材料采购物流。它是为生产企业、流通企业或消费者购入原材料、零部件或商品时,物品在提供者与需求者之间的实体流动过程,对企业生产的正常、高效率进行发挥着保障作用。

b. 生产物流。生产物流是指在生产过程中,原材料、在制品、半成品、产成品等在企业内部的实体流动。一般是指:原材料、燃料、外购件投入生产后,经过下料、发料,运送到各加工点和存储点,以在制品的形态,从一个生产单位(仓库)流入另一个生产单位,按照规定的工艺过程进行加工、储存,借助一定的运输装置,在某个点内流转,又从某个点内流出,始终体现着物料实物形态的流转过程。

c. 销售物流。销售物流指生产企业、流通企业出售产品或商品时,物品在供方与需方之间的实体流动。销售物流的起点,一般情况下是生产企业的产成品仓库,经过分销物流,完成长距离、干线的物流活动,再经过配送完成市内和区域范围的物流活动,到达企业、商业用户或最终消费者。

d. 回收物流。指不合格物品的返修、退货以及周转使用的包装容器从需方返回到供方所形成的物品实体流动。即企业在生产、供应、销售的活动中总会产生各种边角余料和废料,这些东西的回收是需要伴随物流活动的。

e. 废弃物流。废弃物流是指将经济活动中失去原有使用价值的物品,根据实际需要进行收集、分类、加工、包装、搬运、储存,并分送到专门处理场所时所形成的物品实体流动。

②按物流范畴划分:

a. 社会物流。社会物流是指以全社会为范畴、面向广大用户的超越一家一户的物流。社会物流涉及在商品的流通领域所发生的所有物流活动,是流通领域发生的物流,是全社会物流的整体,因此社会物流带有宏观性和广泛性,所以也称之为大物流或宏观物流。伴随商业活动的发生,物流过程通过商品的转移,实现商品的所有权转移这是社会物流的标志。这种社会性很强的物流往往是由专门的物流承担人承担的。社会物流流通网络是国民经济的命脉,而流通网络分布是否合理、渠道是否畅通是关键。

b. 行业物流。行业物流是指同一行业,为了本行业的整体利益或共同目标,而形成的行业内部物流网络。在一般情况下,同一行业的各个企业往往在经营上是竞争对手,但为了共同的利益,为了某一行业的发展,同行内各企业在物流领域中却又常常互相协作,共同促进物流系统的合理化。行业物流系统化,能使参与的各物流企业都获得相应的经济利益,又为全社会节约人力、物力资源。同一行业既是竞争对手,又是合作者,如建立商品和零部件配送中心等。

c. 企业物流。企业物流是指以营利为目的,运用生产要素,为各类用户从事各种后勤保障活动,即流通和服务活动,依法自主经营、自负盈亏、自我发展,并具有独立法人资格的经济实体。它从企业角度上研究与之有关的物流活动,是具体的、微观的物流活动的典型领域。企业系统活动的基本结构是投入→转换→产出,对于生产类型的企业来讲,是原材料、燃料、人力、资本等的投入,经过制造或加工使之转换为产品或服务;对于服务型企业来讲则是设备、人力、管理和运营,转换为对用户的服务。物流活动便是伴随着企业的投入→转换→产出而发生的。

③从物流作业执行者的角度分类:

a. 自营型物流。自营型物流是被生产、流通或综合企业(集团)所广泛采用的一种物流模式。这种配送模式是企业根据自己的经营规模、各配送中心的商品配送量以及网点布局等多种条件与因素,选择适当的地点,自己出资建立一个或几个配送中心,并对配送中心进行经营管理,由配送中心完成配送业务,实现对内部各部门、场、店的物品供应。自营物流有利于企业掌握对顾客的控制权,较可靠,但成本高。从好的方面来看自营物流可以直接支配物流资产,控制物流职能,保证供货的准确和及时,保证顾客服务的质量,维护了企业和顾客间的长期关系。但这种物流模式需要投入较多的资金购买物流设备、建设仓库和信息网络之类的专业物流设施。这对于缺乏资金的企业,特别是中小企业来说是个沉重的负担。这种物流战略追求一种"大而全,小而全"的物流模式,对现阶段我国部分企业来讲,自营物流仍占据着主导地位。

b. 第三方物流。第三方物流简称 3PL,也简称 TPL,是由第三方物流企业来承担企业物流活动的一种物流形态。3PL 既不属于第一方,也不属于第二方,而是通过与第一方或第二方的合作来提供其专业化的物流服务,它不拥有商品,不参与商品的买卖,而是为客户提供以合同为约束、以结盟为基础的系列化、个性化、信息化的物流代理服务。由供方和需方以外的物流企业提供物流服务的业务模式。第三方物流配送模式不要求企业自己建立配送中心,可以充分利用第三方物流企业的物流设备、设施和信息系统,不仅减少固定资产的投资,还使得自身的固定成本转化成可变成本,加速了资金周转,解放了仓储和运输方面的资金占用,减少物流配送管理相关费用。

c. 混合式物流。混合式物流是第三方和自营模式的结合模式。这种模式是连锁企业与其他企业合作,共同出资建立配送中心,满足对配送业务的需要,以实现整体合理化的协作型配送模式。这种模式节约了配送成本,充分利用了开放性的社会资源,尽可能地提升了顾客体验。但是,混合模式不利于集中管理,一定程度上会分散企业的核心竞争力,需要企业投入更多的人力资源。

2) 物流的功能

物流这一个系统是由若干子系统构成的,物流活动分为基本活动和增值活动,如果把基本活动看成是纵向型活动,则增值活动属于横向型活动。实际上,现代物流概念更强调其管

图5.1　物流园

理属性,通过对物流各个环节和要素的系统化、集成化管理,提高物流能力和物流服务水平,同时有效地控制物流成本。

（1）物流的基本功能

①运输功能。运输是物流各环节中最重要的部分,是物流的关键。运输一般分为输送和配送。有人将运输作为物流的代名词。运输方式有公路运输、铁路运输、船舶运输、航空运输、管道运输等。没有运输,物品只能有存在价值,却没有使用价值,即生产出来的产品,如果不通过运输,送至消费者手中进行消费,等于该产品没有被利用,因而也就没有产生使用价值。没有运输连接生产和消费,生产就失去意义。

②仓储功能。在物流中,运输承担了改变商品空间状态的重任,储存则承担了改变商品时间状态的重任。而库存是与储存既有密切关系又有区别的一个概念,它是储存的静态形式。产品离开生产线后到最终消费之前,一般都要有一个存放、保养、维护和管理的过程,也是克服季节性、时间性间隔,创造时间效益的活动。库存主要分为基本库存和安全库存,企业需要根据自身情况确定自己的合理库存。

③配送功能。配送功能是物流进入最终阶段,以配货、送货形式最终完成社会物流,并最终实现资源配置的活动。配送活动一直被看在运输活动中的一个组成部分或一种运输形式,所以有时不将其独立地作为物流系统实现的功能,而是将其作为运输中的末端运输对待。但是,配送作为一种现代流通方式,特别是在电子商务物流中的作用非常突出,它集经营、服务、社会集中库存、分拣、装卸搬运于一身,已不再是简单的送货运输。

④装卸搬运功能。装卸、搬运是物流各环节连接成一体的接口,是运输、储存、包装等物流作业得以顺利实现的根本保证。装卸和搬运质量的好坏、效率的高低是整个物流过程的关键所在。装卸搬运工具、设施、设备不先进,搬运装卸效率低,商品流转时间就会延长,商品就会破损,就会增大物流成本,影响整个物流过程的质量。装卸搬运的功能是连接运输、储存和包装各个系统的节点,该节点的质量直接关系到整个物流系统的质量和效率,而且又是缩短物流移动时间、节约流通费用的重要组成部分。装卸搬运环节出了问题,物流其他环节就会停顿。

⑤流通加工功能。所谓流通加工就是产品从生产者向消费者流动的过程中,为了促进销售,维护产品质量,实现物流的高效率所采取的使物品发生物理和化学变化的功能。通过流通加工,可以节约材料、提高成品率,保证供货质量和更好地为用户服务。所以,对流通加

工的作用同样不可低估。流通加工是物流过程中"质"的升华,使流通向更深层次发展。

⑥信息处理功能。信息是连接运输、储存、装卸、包装各环节的纽带,没有各物流环节信息的通畅和及时供给,就没有物流活动的时间效率和管理效率,也就失去了物流的整体效率。通过收集与物流活动相关的信息,就能使物流活动有效、顺利地进行。信息包括与商品数量、质量、作业管理相关的物流信息,以及与订货、发货和货款支付相关的商流信息。不断地收集、筛选、加工、研究、分析各类信息,并把精确信息及时提供给决策人员,以此为依据判断生产和销售方向,制定企业经营战略,以便作出高质量的物流决策。

与物流信息密切相关的是物流信息系统,即管理人员利用一定的设备,根据一定的程序对信息进行收集、分类、分析、评估,并把精确信息及时地提供给决策人员,以便他们作出高质量的物流决策。物流信息系统的目的是不但要收集尽可能多的信息,提供给物流经理,使他作出更多有效的决策,还要与公司中销售、财务等其他部门的信息系统共享信息,并将有关的综合信息传至公司最高决策层面,协助他们形成战略计划。

(2)物流的增值服务功能

增值物流服务是在完成物流基本功能基础上,根据客户需求提供的各种延伸业务活动。

在竞争不断加剧的市场环境下,不但要求物流企业在传统的运输和仓储服务上有更严格的服务质量。同时,还要求它们大大拓展物流业务,提供尽可能多的增值性服务。

①增加便利性的服务。一切能够简化手续、简化操作的服务都是增值性服务,简化是相对于消费者而言的,并不是说服务的内容简化了,而是指为了获得某种服务,以前需要消费者自己做的一些事情,现在由物流服务提供商以各种方式代替消费者做了,从而使消费者获得这些服务更简单,而且更加方便,这当然增加了商品或服务的价值。在提供物流服务时,推行一条龙门到门服务、提供完备的操作或作业提示、免费培训、维护、省力化设计或安装、代办业务、24小时营业、自动订货、传递信息和转账、物流全过程追踪等都是对客户有用的增值性服务。

②加快反应速度的服务。快速反应是指物流企业面对多品种、小批量的买方市场,不是储备了"产品",而是准备了各种要素,在客户提出要求时,能以最快速度抽取要素,及时"组装",提供所需服务或产品。

快速反应已经成为物流发展的动力之一。传统观点和做法将加快反应速度变成单纯对快速运输的一种要求,而现代物流的观点却认为,可以通过两条途径使过程变快,一是提高运输基础设施和设备的效率,比如修建高速公路、铁路提速、制定新的变通管理办法、将汽车本身的行驶速度提高等,这是一种速度的保障,但在需求方绝对速度的要求越来越高的情况下,它也变成了一种约束,因此必须想其他的办法来提高速度。二是具有重大推广价值的增值性物流服务方案,应该是优化配送中心、物流中心网络,重新设计适合客户的流通渠道,以此来减少物流环节、简化物流过程,提高物流系统的快速反应能力。

③降低成本的服务。通过提供增值物流服务,寻找能够降低物流成本的物流解决方案。可以考虑的方案包括:采用TPL服务商、采取物流共同化计划,同时,可以通过采用比较适用但投资较少的物流技术和设施设备,或推行物流管理技术,如运筹学中的管理技术、单品管理技术、条形码技术和信息技术等,提高物流的效率和效益,降低物流成本。

④延伸服务。运用计算机管理的思想,向上可以延伸到市场调查与预测、采购及订单处

理,向下可以延伸到物流咨询、物流系统设计、物流方案的规划与选择、库存控制决策建议、货款回收与结算、教育与培训等。关于结算功能,物流的结算不仅仅只是物流费用的结算,在从事代理、配送的情况下,物流服务商还要替货主向收货入结算货款。关于需求预测功能,物流服务商应该负责根据物流中心商品进货、出货信息来预测未来一段时间内的商品进出库量,进而预测市场对商品的需求,从而指导订货。关于物流系统设计咨询功能,TPL 服务商要充当客户的物流专家,为客户设计物流系统,代替它选择和评价运输网、仓储网及其他物流服务供应商。关于物流教育与培训功能,物流系统的运作需要客户的支持与理解,通过向客户提供物流培训服务,可以培养其与物流中心经营管理者的认同感,可以提高客户的物流管理水平,并将物流中心经营管理者的要求传达给客户,也便于确立物流作业标准。

⑤其他方面的物流增值服务。在当今市场上,能够给顾客提供有价值的服务是企业立足于发展的关键。虽然提供价值的方式多种多样,但多数企业正越来越多地通过物流为顾客提供增值服务。物流对于企业而言,除了提供了增值服务,也促进了企业的销售. 消费者倾向于那些具有出色物流能力的企业打交道,因此越来越多的企业正利用物流来与竞争者争取客户的信任。其他方面的物流增值服务包括:

a. 准确、安全地交货;

b. 提供订制服务;

c. 额外的劳动产生增值;

d. 延时的集并运输;

e. 经营的灵活性。

总之,优良的客户服务能够使一个企业的产品与其他企业有所不同,物流可以提供差异化的竞争优势,为企业赢得市场份额。物流随着社会经济的发展,逐渐成为企业不可分割的一部分。

3) 现代物流的发展

(1) 现代物流的概念

现代物流指的是将信息、运输、仓储、库存、装卸搬运以及包装等物流活动综合起来的一种新型的集成式管理,其任务是尽可能降低物流的总成本,为顾客提供最好的服务。我国许多专家学者则认为,现代物流是根据客户的需求,以最经济的费用,将物品从供给地向需求地转移的过程。它主要包括运输、储存、加工、包装、装卸、配送和信息处理等活动。

中国现代物流还远远没有走进现代化,有不少企业挂着"物流公司"的名号,实际从事也只是单纯的运输或仓库出租、配送等工作,其中采用的技术手段也是极少的,现代物流在中国还有待加快发展。

(2) 现代物流与传统物流的主要区别

现代物流与传统物流之间从业务模式到服务范围都有很大的区别,它们之间的主要区别可以归纳为以下 3 点:

①从客户需求出发组织业务流程。现代物流与传统物流的一个重要区别就是:它不是从自身业务的角度,而是从客户需求的角度来考虑问题,组织业务流程。一个现代物流企业不能再像传统运输企业那样,铁路货运公司只管铁路运输、航空货运公司只管飞机空运、远洋货运公司只管水路船运。这样是无法满足客户日益增长的需求,无法参与激烈的市场竞

争的。必须明确客户的要求是将某种货物在具体的时间按要求运送到某个地点,而不去关心所采用的物流方式。这就要求现代物流企业必须根据客户的需求来组织自己的业务流程。

②信息流和物流有机结合。传统物流企业的信息流与物流是分离的,企业无法掌握内部各种资源的利用状况,客户更无法知道货物的流通和运行状况。这是造成传统物流企业效益低下、客户满意度低、难以发展和生存的关键。而现代物流企业充分利用网络和信息技术,将信息流与物流结合起来,极大地提高了物流的效率。信息流和物流的结合是现代物流区别于传统运输企业的重要特征。

③观念的转变。经营和服务观念上的转变,是现代物流与传统物流重要的区别。传统物流是一个向社会提供运输产品和工具的企业,而现代物流则是一个为客户提供服务的企业。客户需求什么,企业的发展方向就应当朝向哪边,提供的增值服务也应根据客户的不同需求来定。

(3)现代物流的特点

根据国外物流发展情况,现代物流的主要特征可以归纳为以下几个方面:

①反应速度快。物流服务提供者对上、下游的物流、配送需求的反应速度越来越快,前置时间越来越短,配送间隔越来越短,物流配送速度越来越快,商品周围次数越来越多。

②功能集成化。现代物流着重于将物流与供应链的其他环节进行集成,包括物流渠道与商流渠道集成、物流渠道之间的集成、物流功能的集成、物流环节与制造环节的集成等。

③服务系列化。现代物流强调物流服务功能的恰当定位与完善化、系列化。除了传统的服务外,现代物流服务向上扩展至市场调查与预测,向下延伸至配送、物流咨询、教育培训等增值服务。在内涵上提高了以下服务对决策的支持作用。

④作业规范化。现代物流强调功能、作业流程、作业、动作的标准化与程式化,使复杂的作业变成简单的易于推广与考核的动作。物流自动化可方便物流信息的实时采集与追踪,提高整个物流系统的管理和监控水平。

⑤目标系统化。现代物流从系统的角度统筹规划一个公司整体的各种物流活动,处理好物流活动与商流活动及公司目标之间、物流活动与物流活动之间的关系,不求单个活动的最优化,但求整体活动的最优化。

⑥手段现代化。现代物流使用先进的技术、设备与管理为销售提供服务,生产、流通、销售规模越大、范围越广,物流技术、设备及管理越现代化,计算机技术、通信技术、机电一体化技术、语音识别技术等得到普遍应用。

⑦组织网络化。随着生产和流通空间范围的扩大,为了保证对产品促销提供快速、全方位的物流支持,现代物流需要有完善、健全的物流网络体系,网络上点与点之间的物流活动保持系统性、一致性,这样可以保证整个物流网络有最优的库存总水平和库存分布,运输与配送快速、机动,既能铺开又能收拢,从而形成快速灵活的供应渠道。分散的物流单体只有形成网络才能满足现代生产与流通的需要。

⑧经营市场化。现代物流的具体经营采用市场机制,无论是企业自己组织物流,还是委托社会化物流企业承担物流任务,都以"服务—成本"的最佳配合为总目标,谁能提供最佳的"服务—成本"组合,就找谁提供服务。

⑨信息电子化。由于计算机信息技术的应用,现代物流过程的可见性明显增加,物流过程中库存积压、延期交货、送货不及时、库存与运输不可控等风险大大降低,从而可以加强供应商、物流商、批发商、零售商在组织物流过程中的协调和配合以及对物流过程的控制。

⑩管理智能化。随着科学技术的发展和应用,物流管理由手工作业到半自动化、自动化,直至智能化,这是一个渐进的发展过程。从现代物流的发展趋势来看,管理智能化将成为未来物流管理的主要手段。

(4)现代物流的发展趋势

①物流发展的信息化及其网络化。随着计算机的普及,是我国社会进入了信息化的时代,而物流信息化也是社会发展的结果和最终产物。其具体表现在物流商品的信息化,使企业或个人能够尽快地了解商品的动态。而信息化也促进了物流功能的改变,使物流不在仅仅是传输商品,也是在传输信息,使各种信息被收集、整理以及传输。总之,物流的信息化是信息社会的具体要求,也是一个社会的总和服务中心。

②物流发展的自动化、电子化以及共享化。物流的自动亿是信息化的基础,电子化是物流信息化的核心,共享化是其最终的结果。而物流的自动化不仅能扩大物流的能力还能提高生产效率、减少物流作业等,也可以达到自动跟踪的目的。使交易商品实现全程自动化、透明化,将商品实现符号化和数字化,形成虚拟的交易市场,以便达到资源的共享,以最优化的资源来满足整个市场的需求。

③物流未来发展的标准化、社会化以及全球化。物流发展的标准化是现代物流技术的一个显著特征和发展趋势,无论是在运输、存储,以及装卸等方面都有科学的标准,如果没有标准化,就无法实现高效的物流运作,阻碍了经济的发展。而社会化是物流今后发展的方向,它不仅提供了社会的保证,也满足了社会发展的要求,是物流发展的最终产物。物流未来发展的全球化实现了全球资源的高效流动与交换。在全球化的趋势下,物流最终目标是为国际贸易与跨国经营提供服务。

5.1.2 电子商务对物流的冲击

1)电子商务与物流的关系

(1)电子商务对物流的影响

随着互联网的日益普及,电子商务的应用和推广加快了世界经济的一体化,对物流所产生的影响也是巨大的,这种影响不仅拓展了物流的时间和空间,而且也有利于实现物流的高效化、合理化和现代化。

①电子商务改变了人们传统的物流观念。电子商务为物流创造了一个虚拟性的运动空间,使人们对物流组织模式,以及物流各作业、各功能环节都有了新的认识。人们在进行物流活动时,物流的各种职能及功能可以以虚拟化的方式表现出来,在这种虚拟化的过程中,人们可以通过各种组合方式,寻求物流的合理化,使商品实体在实际的运动过程中,达到效率最高、费用最省、距离最短、时间最少为目的。

②电子商务改变了物流的运作方式。电子商务不但实现了对物流网络的实时控制,而且实现了对物流的整体活动的实时控制。在传统的物流活动中,物流是紧紧伴随着商流来运动的,对物流的控制也仅是通过计算机实现对单个物流运作方式的控制。而电子商务物

流是以信息为中心的,信息不仅决定了物流的运动方向和运作方式,通过网络上的信息传递,还可以有效地实现物流在全球范围内整体的实时控制,实现物流的合理化。

③电子商务改变了物流企业的经营形态。电子商务不仅改变了物流企业的竞争方式,而且也改变了物流企业的经营方式。在传统经济条件下,物流往往是从某一企业来进行组织和管理的,物流企业之间的激烈竞争,主要是依靠本企业提供优质服务、降低物流费用等方面来进行的。而电子商务物流要求企业在组织物流的过程中,由原来单一的、分散的状况向多样化的、综合化的方向发展,要求物流企业自身不仅要以较低的物流费用提供高质量的物流服务,而且也要从全社会的角度提供高质量的物流服务。

④电子商务促进了物流基础设施的改善和物流技术与物流管理水平的提高。电子商务的高效率和全球性特点,要求交通运输、互联网、移动通信网络等基础设施为物流的信息化、高效化、合理化提供最基本的保障,从而促进物流基础设施建设,而为建立一个适应电子商务运作的高效率物流系统,又对物流技术提出了要求。一旦物流系统建立,货物的信息、运动都能有效被掌控,在物流的管理上效率大大提高。

⑤电子商务对物流提出了更高要求。

a. 对物流提出实行供应链管理的要求。物流是一个多企业多部门合作的一项工作,在电子商务发展迅速的今天,效率成为人们的关注点,要想提高组织间的效率和效益,对物流实行供应链管理是必要的。

b. 对物流的时效性提出了更高要求。随着网上购物的发展,为进一步改善网络购物体验,激发消费者的购物欲望,提升网络购物品质,对物流的时效性也提出了要求。

c. 对企业库存提出了更高要求。企业通过网络接受订单,实现按照订单要求组织生产,以降低成本,提高企业劳动生产效率。这要求企业要改变必须保证一定的库存,实现零库存生产。

d. 对物流企业的信誉提出了更高要求。电子商务快速发展的同时,网络诈骗也层出不穷,要保证物流企业在网络交易中处于不败地位,物流企业的信誉是十分重要的,不只是对于公司而言,更是对于整个行业而言。

e. 对物流人才提出了更高要求。电子商务的发展需要建立一个高效、通畅、合理、适应的物流系统,这不仅要求物流管理人员要具有较高的物流管理水平,而且也要求物流管理人员具有较高的电子商务技术知识,并在实际的运作过程中,能有效地将二者有机地结合起来。

(2)物流对电子商务的影响

①物流是电子商务的重要组成部分。物流是电子商务的重要组成部分,电子商务若没有现代物流业的坚强支撑是无法生存的,物流与电子商务息息相生。

②物流业的发展是电子商务发展的保障。从企业的角度来看,高效的物流体系能带来更少的物流成本和更高的服务水平;从客户角度来看,大多数产品实体的最终交付都要通过物流系统来完成。如果物流运作效率低下,那么电子商务的诸多优势就无法体现出来。如果没有物流业的支持,电子商务只能成为空中楼阁,无法发挥作用。

③物流业的发展对电子商务有很大的促进作用。物流可提高客户满意及忠诚度,并能够拓展企业的商务范围,带来新的市场机会。国内的电子商务龙头企业一直致力于完善物

流的覆盖版图,也正是基于这一原因。

2)我国电子商务和现代物流发展之间存在的问题

（1）信息观念与服务态度不够完善

我国的电子商务行业是最近几年才得以飞快的速度发展,但是仍然处于初级发展阶段,最主要的功能总是局限于信息的交流。往往出现类似如下的情况:商家重视网上服务质量忽略了物流效率,又或者是物流效率跟上了网络信息却不够完整,总得不到消费者较满意的结果,无法满足现代社会消费者的要求。

（2）有关政策不够完善

与企业发展相关的有关制度的改革远远不能适应和满足企业的发展需要,每当企业进行商务活动时,必定涉及众多有关法律制度,同时正因为法律制度的不足狠狠地限制了企业电子商务和现代物流的有效分配。

（3）技术的落后

科技是第一生产力,电子商务和现代物流的交流信息以及工作环境需要传输速度快、安全性强、成本低等,但是在目前我国的电子商务和现代物流运行情况是不容乐观的。网络基础薄弱:网速慢、出口带宽不足、资费过高和不能够更加智能化。

（4）人才的稀缺

国外电子商务和现代物流的发展与实践表明,从业人员是否具有较高的电子商务和现代物流知识与经验是会直接影响到企业的生存和发展。我国在这方面的教育仍不能追上外国,这无疑成为促进电子商务和现代物流发展的一个大障碍。

3)对我国电子商务和现代物流发展的建议

基于我国电子商务与现代物流的发展现状,相关专家提出了以下几点建议,以期解决这一问题:

（1）完善整个业务流程,提供有质量的服务

切身于消费者方面考虑,把握消费者的消费心理,对应地制定一套更好的消费服务制度,同时把信息传递做好,做到信息沟通轻松化、多样化和更有效率,运用电子化、集成化现代物流管理把"供应链"上的每个环节紧密联系起来,对顾客的个性化需求作出快速反应。

（2）制订可行方案

面对着供应链中的信息联系不足,面对着一些不利于发展的法律制度,面对着缺乏高级技术的支持以及缺乏人才的协助,只有制订更好的方案适时前进,不断地改进可行方案才能使企业在电子商务和现代物流中保持可发展的步调。若没有以自身缺点制订符合自己的方案,则可能在商场中盲目地发展。

（3）高度重视研发技术和培育人才

不断地向国外成功的电子商务和物流合作经验和技术引进本土并且与之结合,同时重视着高等教育中电子商务和物流知识的教育。随着许多信息技术在平台领域中的广泛应用和企业信息密集程度的提高,从业人员的知识水平和技能水平也会逐步的随之发生变化。既要懂得电子商务理论和实务,也要懂得 IT 技术,更要懂得现代物流和有创新思想的复合型人才才是我们必须的。

5.2 电子商务物流模式

物流模式是指企业为得到自身所需的物流功能而在组建物流体系时所选择的组建模式。由于电子商务具有在网上完成商流、信息流和资金流,只有物流在网上完成的特点,对于企业开展电子商务来说,选择何种物流模式就显得十分重要。电子商务环境下的物流模式有很多,主要包括自营物流、第三方物流、物流联盟、第四方物流,下面一一介绍。

5.2.1 企业自营物流模式

1) 企业自营物流概述

企业自营物流是指企业借助自身的物资条件,包括物流设施、设备和管理机构,自行组织完成企业的物流活动。

自行组织物流配送有利于企业直接支配物流资产、控制物流活动,反应快速、灵活,掌握交易的最后环节,有利于保证客户服务的质量。对大型制造企业而言,在长期的传统商务中已经建立起粗具规模的营销网络和物流配送体系,在开展电子商务时只需将其加以改进、完善,就可以满足在电子商务条件下对物流系统的要求。对电子商务企业而言,选择自营物流模式的公司往往具有雄厚的资金实力和较大的规模业务,在第三方物流不能满足其成本控制目标和客户服务要求或者为了更好地为客户服务的情况下,通常选择自行建立适应业务需要的畅通、高效的物流系统,从而保证电子商务交易的最后一个环节在自己的控制下保质保量地完成。

自营物流的缺点是建立物流系统的一次性投资数额巨大、运作成本较高、需要较强的物流管理能力。出于对成本的考虑,企业物流队伍还必须与企业业务量相适应,物流体系的规模、库存规模、运输及配送路线、物流工具等都需要严格的管理。因此,不是所有的电子商务公司都有必要、有能力自建物流。尤其是对中小型企业和业务规模不大的电子商务企业而言,强行采用这种模式反而会影响企业的长期发展。

2) 企业自营物流模式的特征

采用企业自营物流模式的企业具有以下几个特征:

①业务集中在企业所在城市,送货方式比较单一。

②拥有覆盖面很广的代理、分销、连锁店,而企业业务又集中在其覆盖范围内。

③对于一些规模比较大、资金比较雄厚、货物配送量巨大的企业来说,投入资金建立自己的配送系统以掌握物流配送的主动权也是一种战略选择。

5.2.2 第三方物流模式

第三方物流是指生产经营企业为集中精力搞好主业,把原来属于自己处理的物流活动,以合同方式委托给专业物流服务企业,同时通过信息系统与物流企业保持密切联系,以达到对物流全程管理控制的一种物流运作与管理方式。

第三方物流企业的优势主要体现在以下4个方面。

（1）可以使企业专心致志地从事自己所熟悉的业务，将资源配置在核心事业上

企业集中精力于核心业务。由于资源有限，很难成为业务上面面俱到的专家。为此，企业应把要资源集中于擅长的主业，而把物流等辅助功能留给第三方物流公司。

（2）灵活运用新技术，实现以信息换库存，降低成本

3PL 能以一种快速、更具成本优势的方式满足这些需求，而这些服务如果单靠制造商常难以实现。同样，3PL 还具有可以满足制造企业的潜在客户需求的能力，从而起来促进生产商与零售商沟通的作用。

（3）减少固定资产投资，加速资本周转

企业自建物流需要投入大量的资金购买物流设施，建设仓库和信息网络等专业物流设施。这些资源对于缺乏资金的企业，特别是中小企业而言是沉重的负担。而如果使用 3PL 不仅减少了设施的投资，还解放了仓库和车队方面的资金占月，加速了资金周转。

（4）提供灵活多样的客户服务，为客户创造更多的价值

假如你是原材料供应商，而你的原材料需求客户需要迅速补充货源，你就要有地区仓库。通过 3PL 的仓库服务，你就可以满足客户需求，而不必因为建造新设施或长期租赁而调拨资金并以经营灵活性上受到限制。如果你是最终产品供应商，利用 3PL 还可以向最终客户提供超过自己提供他们的更多样的服务品种，为客户带来更多的附加价值，使客户满意度提高。

5.2.3　物流联盟模式

物流联盟是介于独立的企业与市场交易关系之间的一种组织形态，是企业间由于自身某些方面发展的需要而形成的相对稳定的、长期的契约关系。物流联盟是以物流为合作基础的企业战略联盟，它是指两个或多个企业之间，为了实现自己物流战略目标，通过各种协议、契约而结成的优势互补、风险共担、利益共享的松散型网络组织。在现代物流中，是否组建物流联盟，作为企业物流战略的决策之一，其重要性是不言而喻的。

①从建立物流联盟安排的角度看，物流联盟的建立最明显的效果就是物流合作伙伴之间减少了相关交易费用。由于物流合作伙伴之间经常沟通与合作，可使得搜寻交易对象信息方面的费用大为降低。提供个性化的物流服务建立起来的相互信任与承诺，可减少各种履约的风险；物流契约一般签约时间较长，可通过协商来减少在服务过程中产生的冲突。

②从构建物流联盟的过程看，联盟企业可以寻找合适的合作伙伴，能够有效地维持物流联盟的稳定性。双方出于自身的利益，选择有效的长期合作是最优策略，进而双方可以充分依靠建立联盟机制协调形成的内部环境，减少交易的不确定性和交易频率，降低交易费用，实现共同利益最大化。

③从建立物流联盟的绩效看，一个稳定、长期的合作会激励双方把共同的利润做大，获得稳定的利润率。从物流发展的角度看，物流联盟是企业与专业物流服务商建立的一种现代物流合作形式。在物流联盟中，随着物流组织的发展，供应链中的联系会进一步加深。同时，也会通过协作加深用户的物流需求，双方开展持续、诚信的合作，可以相互学到对方的优点如技术优势、丰富的经验等。

5.2.4 第四方物流模式

第四方物流是对第三方物流的扩展,但是其与第三方物流还是有区别的。第三方物流中供应商为客户提供所有或一部分供应链服务,以获取一定的利润。第三方物流的服务范围很广,它可以简单到只是帮助客户安排一批货物的运输,也可以复杂到设计、实施和运作一个公司的整个分销和物流系统。然而,在实际运作中,由于大多数物流公司缺乏对整个供应链进行运作的战略性专长和真正整合供应链流程的相关技术。于是,第四方物流正日益成为一种帮助企业实现持续运作、成本降低和区别于传统的外包业务的真正资产转移。第四方物流依靠业内最优秀的第三方物流供应商、技术供应商、管理咨询顾问和其他增值服务商,为客户提供独特的和广泛的供应链解决方案,这是任何一家公司都不能单独提供的。

5.2.5 电子商务企业的物流模式选择

不同类型的电子商务企业对物流模式的选择也有所不同。

1)B2B 电子商务企业物流模式选择

B2B 电子商务企业的物流业务主要有两类:一类是原材料、半成品或零部件的采购或工程发包;另一类是成品的批发与销售。这类业务交易一般发生在生产企业之间或生产企业与商业企业之间。据调查,生产企业的原材料业务主要采用供方物流,商业企业的业务也较少采用第三方物流。

B2B 电子商务交易采用第三方物流比重偏低的原因是,一是目前的第三方物流企业服务水平较低,不能为企业提供一揽子物流解决方案,供应链整合能力较差,企业难以通过实施第三方物流达到降低成本、加快资金周转、提高竞争力的目的。二是物流在企业战略中处于比较重要的地位,习惯上认为不能依赖第三方物流,企业必须掌握在供应链中的主导权,与原材料供应商结成战略合作伙伴关系,所以 B2B 电子商务企业普遍采用供方物流或自营物流。

2)B2C 电子商务企业物流模式选择

B2C 电子商务企业的物流业务主要有两类:一类是交易对象为音像制品、在线图书、软件、在线游戏点卡等虚拟化产品或服务,这类交易完全可以在线支付和即时交货;另一类是交易对象为有形产品,这类交易必须借助物流系统进行配送。

在 B2C 电子商务企业中,规模较大的,如亚马逊建有自己的物流系统部分商品配送由自己的物流系统来处理,但由于面对全球市场,企业自身不能处理所有的物流业务,还得将部分物流业务外包给第三方。规模较小的 B2C 电子商务企业的业务量也不足以支撑一个自营物流体系,所以大多采用第三方物流。

B2C 电子商务企业采用第三方物流后可集中力量经营主业,提高其核心竞争力。但由于不能有效监测物流配送过程,难以控制物流服务质量,也难以直接获得顾客的意见和建议,所以企业在整个业务流程中往往处于被动地位。

3)C2C 电子商务企业物流模式选择

C2C 电子商务主要以网站为交易平台,个人在网站上发布商品信息,买方在网页上浏览选择商品后下订单成交。C2C 电子商务交易平台大多整合了在线支付功能,但货物的配送还得通过线下传统方式完成。个人网上交易者一般无力自营物流,也无须自建物流系统,因此 C2C 电子商务平台所交易商品的配送主要依赖第三方物流来完成。

5.3 电子商务的物流配送

5.3.1 电子商务物流配送概述

1)电子商务下物流配送的概念

电子商务物流配送是指物流配送企业采用网络化的计算机技术和现代化的硬件设备、软件系统及先进的管理手段,针对客户的需求,根据用户的订货要求,进行一系列分类、编码、整理、配货等理货工作,按照约定的时间和地点将确定数量和规格要求的商品传递到用户的活动及过程。这种新型的物流配送模式带来了流通领域的巨大变革,越来越多的企业开始积极搭乘电子商务快车,采用电子商务物流配送模式。

2)电子商务下物流配送的特点

新型物流配送除了具备传统物流配送的特点,还具备以下几个特点:

(1)信息化

通过网络使物流配送由信息武装起来,实行信息化管理是新型物流配送的基本特征,这也是实现现代化和社会化的前提保证。

(2)现代化

传统的物流配送虽然也具备相当高的现代化程度,但要求并不是十分严格,比电子商务下的新型物流配送相比,在水平、范围、层次等各个环节上都有很大的不足和欠缺。现代化程度的高低是区别新型物流配送和传统物流配送的一个重要特征。

(3)社会化

同现代化一样,社会化程度的高低也是区别新型物流配送和传统物流配送的一个重要特征。很多传统的物流配送中心往往是某一个企业为本企业或本系统提供物流配送服务而建立起来的,有些配送中心虽然也有为社会服务的,但同电子商务下的新型物流配送所具备的社会性相比,具有很大的局限性。

5.3.2 电子商务下物流配送的作用

电子商务下的物流配送定位在为电子商务的客户提供服务。根据电子商务的特点,对整个物流和配送体系实行统一的信息管理和调度,并按照用户订货要求,在物流基地进行理货工作,并将配好的货物送交收货人的一种物流方式。这一先进的、优化的流通方式对流通企业提高服务质量、降低物流成本、优化社会库存配置,从而提高企业的经济效益及社会效益具有十分重要的意义。物流配送对电子商务可以起到如下作用:

①提高电子商务的效率与效益;

②协调电子商务的目标;

③扩大电子商务的市场范围;

④实现基于电子商务的供应链集成;

⑤集成电子商务中的商流、信息流与资金流;

⑥支持电子商务的快速发展。

5.3.3 电子商务下的物流配送流程

在电子商务条件下,物流配送可以分为 3 个具体的流程,即订单处理流程、进货处理流程和退货处理流程。下面就这 3 个流程进行系统的介绍。

1) 订单处理流程分析

订单处理在配送中心的业务运作中占有十分重要的地位,它既是配送业务的核心,又是配送服务质量得以保障的根本条件。随着科学技术的进步和信息传输手段的提高,订单传输的方式也更加先进,采用电子化、网络化方法进行传递,条码技术、射频技术、电子数据交换系统的使用,可及时将订货信息传输给配送中心。配送中心接到客户的订单后,要对订单进行处理,按作业计划分配策略,分组释放。订单处理程序如下。

①检查订单。检查客户的订单是否真实有效,即确认收到的订货信息是否准确可靠。

②顾客信誉审查。由信用部门审查,确认顾客的信誉。

③将顾客的订单集合、汇总,并按一定的分类标准进行分拣。

④打印订单分拣清单。列明拣出商品的项目,并将清单的一联票据交库存管理部门。

⑤库存管理部门确定供应订货的仓库,并向仓库发出出货指示。

⑥仓库接到相关出库通知后,按分拣要求拣货、包装、贴标签,将商品交运输部门。

⑦财会部门记录有关的账务。市场销售部门将销售记入有关销售人员的账户,库存管理部门调整库存记录,当库存不足时,可通过安排新的生产或向供应商发出采购订单,补充库存。

⑧配送中心向顾客传递发货单。

⑨运输部门组配装车,安排货物运输,将货物送至收货地点,同时完成送货确认。

在电子商务条件下,以上部分过程可通过计算机网络完成。

2) 送货处理流程分析

配送中心在完成拣选工作后,要对发出的货物进行出货检查,然后将发出的货物交给运输部门或委托运货商送货。

装车时,对于配送数量达不到货车的载运负荷或不满货车有效容积的客户的货物要进行配装,即将不同客户不同种类的货物进行合理组配,搭配配载。对于配送货物种类繁多、装车数量较多的情况,可采用计算机进行组配。商品配装后,按照所确定和规划的最佳运输路线及送货客户的先后次序,将货物交至顾客手中。

3) 退货处理流程分析

退货处理是售后服务中的一项任务,应该尽可能地避免,因为退货或换货而大幅度地增加成本,减少利润。

（1）退货的原因

通常发生退货的原因主要有：

①七天无理由退货。目前天猫、京东等电商网站都支持七天无理由退货，只要在服务条件内，均支持七天无理由退货。

②协议退货。与仓库订有特别协议的季节性商品、试销商品、代销商品等，协议期满后，剩余商品仓库给予退回。

③有质量问题的退货。对于不符合质量要求的商品，接收单位提出退货，仓库已将给予退换。

④搬运途中损坏退货。商品在搬运过程中造成产品包装破损或污染，仓库将给予退回。

⑤商品过期退回。食品及有保质期的商品在送达接收单位时或销售过程中超过商品的有效保质期，仓库予以退回。

⑥商品送错退回。送达客户的商品不是订单所要求的商品，如商品条码、品项、规格、重量、数量等与订单不符，都必须退回。

（2）退货的处理办法

①无条件重新发货。因发货人按订单发货发生错误，则应由发货人重新调整发货方案，将错发货物调回，重新正确发货，所遭受的损失由发货人承担。

②运输单位赔偿。因运输途中对货物造成损害的，根据退货情况，确定所需的修理费用和赔偿金额，由运输单位负责赔偿。

③收取费用，重新发货。因客户订货发生错误而导致的退货，退货所有费用由客户承担。

④重新发货或替代。对于因产品有缺陷客户要求退货的，配送中心接到退货指示后，应安排车辆收回退货商品，将商品集中到仓库退货处理区进行处理。生产厂家及其销售部门应立即采取步骤，用没有缺陷的同一种产品或替代品重新发货。

（3）商品退货的作业程序

①接受退货。仓库接受退货要有规范的程序与标准，如什么样的货品可以退，由哪个部门来决定，信息如何传递等。

仓库的业务部门接到客户传来的退货信息后，要尽快将退货信息传递给相关部门，运输部门安排取回货品的时间和路线，仓库人员作好接收准备，质量管理部门人员确认退货的原因。一般情况下，退货由送货车带回，直接入库。批量较大的退货，要经过审批程序。

②重新入库。对于客户退回的商品，仓库的业务部门要进行初步的审核。由于质量原因产生的退货，要放在堆放不良品而准备的区域，以免和正常商品混淆。退货商品要进行严格的重新入库登记，及时输入企业的信息系统，核销客户应收账款，并通知商品的供应商退货。

③财务结算。退货发生后，给整个供应系统造成的影响是非常大的，如对客户端的影响、仓库在退货过程中发生的各种费用、商品供应商要承担相应货品的成本等。

如果客户已经支付了商品费用，财务要将相应的费用退给客户。同时，由于销货和退货的时间不同，同一货物价格可能出现差异，同质不同价、同款不同价的问题时有发生，故仓库的财务部门在退货发生时要进行退回商品货款的估价，将退货商品的数量、销货时的商品单价以及退货时的商品单价信息输入企业的信息系统，并依据销货退回单办理扣款业务。

4)跟踪处理

退货发生时,要跟踪处理客户提出的意见,要统计退货发生的各种费用,要告知供应商退货的原因并退回生产地或履行销毁程序。退货发生后,首先要处理客户端提出的意见。由于退货所产生的商品短缺、对质量不满意等客户端的问题是业务部门要重点解决的。退货所产生的物流费用比正常送货高得多,所以要认真统计,及时总结,将此信息反馈给相应的管理部门,以便指定改进措施。退货仓库的商品要及时通知供应商,退货的所有信息要传递给供应商,如退货原因、时间、数量、批号、费用、存放地点等,以便供应商能将退货商品取回,并采取改进措施。

5.4 供应链管理

5.4.1 供应链管理概述

供应链是由供应商、制造商、仓库、配送中心和渠道商等构成的物流网络。同一企业可能构成这个网络的不同组成节点,但更多的情况是由不同的企业构成这个网络中的不同节点。比如,在某个供应链中,同一企业可能既在制造商、仓库节点,又在配送中心节点等占有位置。在分工越细,专业要求越高的供应链中,不同节点基本上由不同的企业组成。在供应链各成员单位间流动的原材料、在制品库存和产成品等就构成了供应链上的货物流。

供应链管理是一种集成的管理思想与方法,是一种新的管理策略,它强调整个供应链的效率,注重企业间的合作。供应链管理的基本思想是用系统的观点和方法,对整个供应链上的企业进行管理,以协调链上各个企业的活动,加强链上各企业的合作,避免和减少链上各企业的延误或浪费,达到整个供应链的优化,最终使供应链上的各企业都能受益(图5.2)。

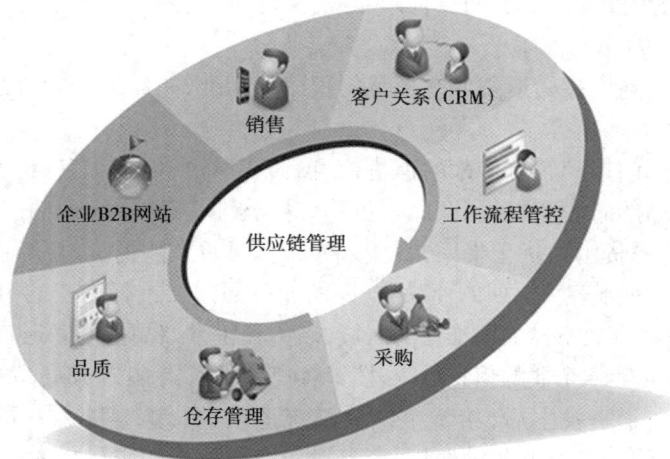

图 5.2 供应链管理示意图

供应链管理的实现,是把供应商、生产厂家、分销商、零售商等在一条供应链上的所有节点企业都联系起来进行优化,使生产资料以最快的速度,通过生产、分销环节变成增值的产品,到达有消费需求的消费者手中。这不仅可以降低成本,减少社会库存,而且使社会资源得到优化配置。更重要的是,通过信息网络、组织网络,实现了生产及销售的有效链接和物流、信息流、资金流的合理流动,最终把产品以合理的价格,把合适的产品,及时送到消费者手上。计算机产业的戴尔公司在其供应链管理上采取了极具创新的方法,体现出有效的供应链管理优越性。构造高效供应链可以从 4 个方面入手:

1)以顾客为中心

从某种意义上讲,供应链管理本身就是以顾客为中心的"拉式"营销推动的结果,其出发点和落脚点,都是为顾客创造更多的价值,都是以市场需求的拉动为原动力。顾客价值是供应链管理的核心,企业是根据顾客的需求来组织生产;以往供应链的起始动力来自制造环节,先生产物品,再推向市场,在消费者购买之前,是不会知道销售效果的。在这种"推式系统"里,存货不足和销售不佳的风险同时存在。产品从设计开始,企业已经让顾客参与,以使产品能真正符合顾客的需求,这种"拉式系统"的供应链是以顾客的需求为原动力的。

供应链管理始于最终用户,其架构包括 3 个部分:客户服务战略决定企业如何从利润最大化的角度对客户的反馈和期望作出反应;需求传递战略则是企业以何种方式将客户需求与产品服务的提供相联系;采购战略决定企业在何地、怎样生产产品和提供服务。

2)强调企业的核心竞争力

在供应链管理中,一个重要的理念就是强调企业的核心业务和竞争力,并为其在供应链上定位,将非核心业务外包。由于企业的资源有限,企业要在各式各样的行业和领域都获得竞争优势是十分困难的,因此它必须把资源集中在某个自己所专长的领域即核心业务上。这样在供应链上定位,成为供应链上一个不可替代的角色。

一些优秀企业之所以能够以自己为中心构建起高效的供应链,就在于它们有着不可替代的竞争力,并且凭借这种竞争力把上下游的企业串在一起,形成一个为顾客创造价值的有机链条。比如,沃尔玛作为一家连锁商业零售企业,高水准的服务以及以此为基础构造的顾客网络是它的核心竞争力。于是,沃尔玛超越自身的"商业零售企业"身份,建立起了高效供应链。

3)相互协作的双赢理念

传统的企业运营中,供销之间互不相干,是一种敌对争利的关系,系统协调性差。企业和各供应商没有协调一致的计划,每个部门各搞一套,只顾安排自己的活动,影响整体最优。与供应商和经销商都缺乏合作的战略伙伴关系,且往往从短期效益出发,挑起供应商之间的价格竞争,失去了供应商的信任与合作基础。市场形势好时对经销商态度傲慢,市场形势不好时又企图将损失转嫁给经销商,因此得不到经销商的信任与合作。而在供应链管理的模式下,将所有环节看作一个整体,链上的企业除了自身的利益外,还应该一同去追求整体的竞争力和盈利能力。因为最终客户选择一件产品,整条供应链上所有成员都受益;如果最终客户不要这件产品,则整条供应链上的成员都会受损失。可以说,合作是供应链与供应链之间竞争的一个关键。

4)优化信息流程

为了适应供应链管理的优化,必须从与生产产品有关的第一层供应商开始,环环相扣,直到货物到达最终用户手中,真正按链的特性改造企业业务流程,使各个节点企业都具有处理物流和信息流的自组织和自适应能力。要形成贯穿供应链的分布数据库的信息集成,从而集中协调不同企业的关键数据。所谓关键数据,是指订货预测、库存状态、缺货情况、生产计划、运输安排、在途物资等数据。

5.4.2 供应链管理的战略意义

1)对现代流通方式的创新

流通方式在传统称谓上一般称为批发和零售。传统的批发在社会商品的流通中占据相当大的份额,对社会资源的配置起到巨大的作用。实际上在流通方式的革命中,企业一直都希望自己的商圈相对稳定。供应链管理为我们提供了这一方法,所以说供应链管理是现代流通方式的创新,是新的利润源。在供应链中,上下游企业形成了战略联盟,因此它们的关系是相对稳定的。它们通过信息共享,形成双赢关系,实现社会资源的最佳配置,降低社会总的成本,避免了企业间的恶性竞争,提高了各企业和整个供应链及全社会的效益。

2)加速现代生产方式的产生和发展

供应链管理是适应现代生产方式而产生和发展起来的现代流通方式,反过来,它的不断完善和水平的提高又加速了现代生产方式的发展。现代生产方式是依据比较优势的理论,以现代信息技术为手段,以企业的核心竞争优势为中心,实现全球化的采购、全球化的组织生产和全球化的销售。于是现代物流成为与现代生产方式衔接的枢纽,与现代物流共生的供应链管理成为现代生产和现代物流的有力工具。

3)改变现代社会竞争的方式

在传统的生产和流通中,竞争方式主要是企业之间的竞争,既有同业之间的竞争,也有供应链中上下游企业之间的竞争。这种竞争的结果往往破坏了生产和流通的规律和次序,使企业的效益下降,更有甚者,导致了产品的加速灭亡。这是一种低档次的竞争,往往以降价为主要手段。

现代的供应链管理使上下游企业形成战略联盟,社会竞争从企业的竞争转为供应链之间的竞争。竞争的核心是组织和管理手段的现代化程度,是现代信息技术更高水平的竞争。这将导致这个社会现代化程度的提高。

4)导致企业机构和供应链的重构

供应链的管理不仅是技术和管理方法,还涉及企业组织和产业组织的重构这样深层次的问题。要真正实施供应链的管理,在企业内部要进行业务流程的重构,企业组织机构的重构。在重构中,要冲破"大而全""小而全"的传统生产和流通方式,以核心竞争力的思想为指导。在企业外部要进行供应链的重构,要选择好自己的战略联盟伙伴,规范联系的程序和技术,并对风险和利益进行合理的承担。

5)促进现代信息技术的应用

由于利益主体的不同,供应链的管理比企业的管理更为复杂。特别是供应链的各企业的地域分布更广。因此,现代信息技术是供应链管理必不可少的技术。在供应链管理的主要方法 ECR 和 QR 中,都运用了如 EDI、POS、自动补货(CAO)、预先发货通知(ASN)、厂家管理库存(VMI)等信息技术。它们在供应链管理中产生,反过来又促进了供应链管理的成熟和不断发展。

5.4.3 供应链管理方法

供应链管理方法有许多,常见的有以下几种:

1)快速反应(QR)

快速反应是指物流企业面对多品种、小批量的买方市场,不是储备了"产品",而是准备了各种"要素",在用户提出要求时,能以最快速度抽取"要素",及时"组装",提供所需服务或产品。QR 是美国纺织服装业发展起来的一种供应链管理方法。

2)有效客户反应(ECR)

它是 1992 年从美国的食品杂货业发展起来的一种供应链管理策略,也是一个由生产厂家、批发商和零售商等供应链成员组成的,各方相互协调和合作,更好、更快并以更低的成本满足消费者需要为目的的供应链管理解决方案。有效客户反应是以满足顾客要求和最大限度降低物流过程费用为原则,能及时做出准确反应,使提供的物品供应或服务流程最佳化的一种供应链管理战略。

5.5 现代新技术在物流中的应用

5.5.1 条码技术及其应用

1)条码的概念

条码是由一组粗细不等、黑白或彩色相间的条、空及其相应的字符、数字、字母组成的标记,用以表示一定的信息。它是利用光电扫描阅读设备识读并实现数据输入计算机的一种特殊代码。

条码技术又称 BC 技术,是在计算机应用中产生并发展起来,并广泛应用于商业、邮政、图书管理、仓储、工业生产过程控制、交通等领域的一种自动识别技术,具有输入速度快、准确度高、成本低、可靠性强等优点,在当今的自动识别技术中占有重要的地位。物流业利用条码技术可对物品进行识别和描述,从而解决了数据录入和数据采集的瓶颈问题,为供应链管理提供了有力支持。

2)条码的分类

(1)一维条码

普通的一维条码在使用过程中仅作为识别信息,它的意义是通过在计算机系统的数据库中提取相应的信息而实现的(图 5.3)。一维条码的录入速度快,但其存储的数据容量较小,只能包含字母和数字,空间利用率较低,遭到损坏后便不能阅读。

(2)二维条码

二维条码/二维码是用某种特定的几何图形按一定规律在平面(二维方向上)分布的黑

白相间的图形记录数据符号信息的(图5.4)。在二维码符号表示在技术研究方面,已研制出多种码制,常见的有 PDF417、QR Code 等。

图5.3　一维条码

图5.4　二维条码

3)条码的应用

条码在原材料采购、生产和货物的运输、配送、零售等供应链的诸多结点上都扮演着重要的角色,而且发挥着越来越重要的作用。

(1)物料管理

企业按照生产计划向产品物料供应商下达采购订单,对采购的物料按照行业及企业规则建立统一的物料编码,对需要进行标识的物料打印其条码标识,这样有助于对物料的跟踪管理。

(2)生产线上产品跟踪管理

在生产任务单上粘贴条码标签,在每一生产环节开始时,用生产线条码终端扫描任务单上的条码,获取生产工艺、所需的物料和零件信息,产品下线包装时,打印并粘贴产品的客户信息条码,由此实现对各工序产品数据的采集和整个生产过程的跟踪监控,从而保证产品质量。

(3)产品入库管理

产品入库时,首先通过识读产品条码标签,采集货物单件信息,同时制作库存位条码,记录产品的存放信息,实现对库存的跟踪管理。

(4)产品出库管理

产品出库时,通过扫描产品上的条码,对出库货物进行确认,依据库存货物的库存时间进行有效的先进先出管理及批次管理,同时更改其库存状态。

(5)市场销售链管理

在市场销售过程中,通过使用条码技术,能够跟踪货物的分销及销售过程,有助于实现对销售商的分区、分级管理,保证市场的健康有序地发展,并促进产品的市场销售。

(6)产品售后跟踪服务管理

产品一经出库,即根据产品条码建立产品的销售档案,以记录产品信息、重要零部件信息、用户信息及售后维修信息,从而帮助企业更好地了解产品和客户,进一步提高产品质量及信誉度,进而增强企业产品的竞争力。

(7)货物配送管理

利用条码技术,可高效、准确地完成商品的配送。配送前配送商品资料和客户订单资料下载到移动条码终端,送达配送客户后,调出客户相应的订单,再根据订单信息挑选货物并验证其条码标签,确认送完货物后,移动条码终端会自动校验配送情况,并作出相应提示。

（8）分货拣选管理

在配送和仓库出货时，采用分货、拣选的方式，需要快速处理大量的货物，利用条码技术便可自动进行分货拣选，提高工作效率。

5.5.2　射频技术及其应用

1）射频技术的概念

射频技术（RFID）是运用无线电技术远距离识别动态或静态对象的技术。射频技术是一种较新的自动识别技术，由于其具有非接触阅读和远距离跟踪移动对象的性能，所以可以在制造业不宜使用条码标签的环境下使用，还可广泛用于其他各领域，如店铺防盗系统、物品和库存的跟踪、自动收费等。

与条码的自动识别技术相比，RFID 的优势非常明显：不需要光源，甚至可以通过外部材料读取数据；使用寿命长，能在恶劣环境下工作；能够轻易嵌入或附着在不同形状、类型的产品上；读取距离更远；可以写入及存取数据，相比打印条码写入时间更短；标签的内容可以动态改变；能够同时处理多个标签；标签的数据存取有密码保护，安全性更高；可以对 RFID 标签所附着的物体进行追踪定位。

2）射频技术的应用

RFID 发展异常迅速，其应用已经深入到很多领域，如铁路车辆的自动识别，生产线的自动化、过程控制，货物的跟踪和管理等。在物流领域主要用于对物品的跟踪，运载工具和货物的识别等。射频技术的一些典型应用如下：

（1）集装箱自动识别系统

在集装箱上安装射频标签，当集装箱到达或离开货场时，通过射频识别设备，可以对集装箱进行自动识别，将识别信息通过各种通信设施传递给信息系统，实现集装箱的动态跟踪和管理，提高集装箱的运输效率。

（2）智能托盘系统

在每个托盘上都安装射频标签，把射频阅读器安装在托盘进出仓库必经的通道口上方。当叉车装载托盘经过时，即获取射频标签内信息，将其传递给计算机，记录托盘的通过情况。当托盘装满货物时，自动称重系统会自动记录装载货物的总重量，与存储在计算机中的单个托盘的重量进行比较计算货物的实际重量，了解货物的实时进出信息。通过使用射频技术，可以高效地获得仓库中货物、托盘的状况，提高仓库的管理水平。

（3）通道控制系统

给仓库中可重复使用的包装箱，都安装上射频标签，在包装箱进出仓库的通道上安装射频阅读器。阅读器天线固定在通道上方，当包装箱通过天线所在位置时，计算机将从射频标签里获得的信息与数据库的信息进行比较，正确时绿色信息灯亮，允许通过，不正确时红色信号灯号，同时将时间和日期记录在数据库中。这一设置消除了人工管理系统经常出现的人为错误，建立了快速高效和良好的信息输入途径，可在高速移动过程中获取信息，大大节省了人力、物力和时间。

（4）对贵重物品的保护

为了防止贵重货物被盗或放错位置而导致延迟交货，可以采用射频技术，保证叉车按正确的路线移动托盘，降低货物被盗的可能性。如果射频标签发现错误，叉车会被停止，由管理者重新设置交通路径，同时自动称重并实时提供监控信息。

（5）货物防盗系统

在需要重点防盗的商品上安装射频标签，当装有商品的车辆通过装有射频阅读器的出口时，阅读器可识别每件商品的标签信息，如有未被授权的商品运出时，射频识别系统将会限制其运出。运用射频识别系统可识别高速移动的物体，并可同时识别多个射频标签，实现对商品运输过程的实时监控和防盗。

5.5.3 GIS 技术与 GPS 技术及其应用

1) GIS 技术的概念

地理信息系统（GIS）技术是近些年迅速发展起来的一门空间信息分析技术，在资源与环境应用领域中，它发挥着技术先导的作用。GIS 技术不仅可以有效地管理具有空间属性的各种资源环境信息，对资源环境管理和实践模式进行快速和重复的分析测试，便于制定决策、进行科学和政策的标准评价，而且可以有效地对多时期的资源环境状况及生产活动变化进行动态监测和分析比较，也可将数据收集、空间分析和决策过程综合为一个共同的信息流，提高工作效率和经济效益。

2) GIS 技术的应用

（1）测绘与地图制图

GIS 技术源于机助制图，它与遥感 RS、全球定位系统 GPS 技术在测绘界被广泛应用，为测绘与地图制图带来了一场革命性的变化。数字地图、网络地图、电子地图等一批崭新的地图形式为广大用户带来了巨大的应用便利。GIS 技术的使用使得测绘与地图制图进入了一个崭新的时代。

（2）资源管理

资源的清查、管理和分析是 GIS 应用最广泛的领域，也是目前趋于成熟的主要应用领域，包括森林和矿产资源的管理、野生动植物的保护、土地资源潜力的评价和土地利用规划，以及水资源的时空分布特征研究等。系统的主要任务是将各种来源的数据和信息有机地汇集在一起，GIS 软件能在一个连续无缝的方式下管理大型的地理数据库。这种功能强大的数据环境允许集成各种应用，最终用户通过 GIS 的客户端软件，可直接对数据库进行查询、显示、统计、制图以及提供区域多种组合条件的资源分析，为资源的合理开发利用和规划决策提供依据。

（3）区域规划

城市与区域规划具有高度的综合性，涉及资源、环境、人口、交通、经济、教育、文化、金融等因素，规划人员需要切实可行的、实时性强的信息，而 GIS 能为规划人员提供功能强大的工具。例如，规划人员利用 GIS 对交通流量、土地利用和人口数据进行分析，预测将来的道路等级。

（4）国土监测

GIS 和多种遥感数据相结合,可以有效地用于森林火灾的预测预报、洪水灾情监测和淹没损失估算、土地利用动态变化分析和环境质量的评估研究等。

（5）辅助决策

GIS 利用拥有的数据和互联网传输技术,已经实现了电子商贸的革命,可以满足企业决策多维性的需求。当前在全球协作的商业时代,90% 以上的企业决策与地理数据有关,利用 GIS 可以迅速有效地管理空间数据,进行空间可视化分析,确定商业中心位置和潜在市场的分布,寻找商业地域规律,研究商机时空变化的趋势,不断为企业创造新的商机,GIS 和互联网已成为最佳的决策支持系统和威力强大的商战武器。

3）GPS 技术的概念

GPS 又称为全球定位系统(Global Positioning System),是美国从 20 世纪 70 年代开始研制,于 1994 年全面建成,具有海、陆、空全方位实时三维导航与定位能力的新一代卫星导航与定位系统。GPS 是由空间星座、地面控制和用户设备等三部分构成的。GPS 测量技术能够快速、高效、准确地提供点、线、面要素的精确三维坐标以及其他相关信息,具有全天候、高精度、自动化、高效益等显著特点,广泛应用于军事、民用交通、导航、大地测量、摄影测量、野外考察探险、土地利用调查、精确农业以及日常生活等不同领域。现在 GPS 与现代通信技术相结合,使得测定地球表面三维坐标的方法从静态发展到动态,从数据后处理发展到实时的定位与导航,极大地扩展了它的应用广度和深度。

4）GPS 技术的应用

（1）交通

• 航空。民航运输通过 GPS 接收设备,使驾驶员着陆时能准确对准跑道,同时还能使飞机紧凑排列,提高机场利用率,引导飞机安全进离场。

• 航海。航海应用已名副其实成为 GPS 导航应用的最大用户,这是其他任何领域的用户都难以比拟的。GPS 可进行自主导航、港口管理和进港引导、航路交通管理及跟踪监视。

• 陆路。GPS 在车辆导航方面发挥了重要的角色,车载设备通过 GPS 进行精确定位,结合电子地图以及实时的交通状况,自动匹配最优路径,并实行车辆的自主导航,从而降低能源消耗,节省运行成本。

（2）应急救援

利用 GPS 定位技术,可对火警、救护、警察进行应急调遣,提高紧急事件处理部门对火灾、犯罪现场、交通事故、交通堵塞等紧急事件的响应效率。特种车辆(如运钞车)等,可对突发事件进行报警、定位,将损失降到最低。有了 GPS 的帮助,救援人员就可在人迹罕至、条件恶劣的大海、山野、沙漠,对失踪人员实施有效的搜索、拯救。装有 GPS 装置的渔船,在发生险情时,可迅速定位、报警,使之能更快更及时获得救援。

（3）测量

在测绘界,GPS 技术已广泛应用于大地测量、资源勘查、地壳运动、地籍测量等领域。它利用载波相位差分技术(RTK),实时处理两个观测站的载波相位,精度达到厘米级。且 GPS 技术优势明显:测量精度高;操作简便;仪器体积小;便于携带;全天候操作;观测点之间无须通视；测量结果统一在 WGS84 坐标下，信息自动接收、存储，减少烦琐的中间处理环节。

5.5.4 物联网技术及其应用

图5.5 物联网概念图示

1）物联网的概念

物联网是新一代信息技术的重要组成部分，其英文名称是 The Internet of Things。物联网就是物物相连的互联网，这其中又包含了两层涵义。第一，物联网的核心和基础仍是互联网，是在互联网基础上延伸和拓展的网络。第二，其用户端延伸和扩展到了任何物品与物品之间，进行信息交换和通信。物联网通过智能感知、识别技术与普适计算，广泛应用于网络的融合中，被称为继计算机、互联网之后世界信息产业发展的第三次浪潮。

2）物联网的特点

（1）物联网技术具有感知识别与通信的特点

物联网虽然是在互联网的基础上建立起来的，但与互联网还是存在着很大的差异，物联网的对象是物品，物联网的组成包含不同类型的传感器，不同类型的传感器所收集到信息的格式和内容也会有所差异，而且收集到的信息都是实时的，这就要求要及时地对所收集到的信息进行更新。

（2）物联网技术具有智能化的特点

物联网实施的最终目的是可以通过智能化平台对相关设备进行自动化控制，物联网是将传感器与智能化的信息处理技术相结合，通过对收集到的信息进行计算，再利用各种关键技术，对相关管理和操作进行控制，进而满足不同用户的不同需求，这些控制是不受时间和地域的限制的，这样就达到了用户智能化操作的目的。

（3）物联网技术具有互联网的特点

互联网的使用就是通过网络间的各种协议来实现的，传感器收集到的信息就是通过互联网进行传输的，物联网的这一背景就肯定了物联网技术离不开互联网，网络化的特点也是十分鲜明的。

3）物联网技术的应用

物联网有着十分广泛的应用，具体介绍如下：

（1）物联网环境下的超市

在物联网环境下的未来商店里，智能货架配有电子价格标签，不断更新最新的价格，同时通过无线电信号实现集中控制补货。货架旁的智能秤则简化了称重的程序，它能自动识别水果和蔬菜的类别，称取重量，最后还体贴周到地为顾客打印出条形标签。

（2）食品安全

给放养的动物都贴上一个二维码，这个二维码会一直保持到超市出售的肉品上，消费者可以通过手机阅读二维码，知道动物的成长历史，确保食品安全。

（3）智能交通

现有的城市交通管理基本是自发进行的，每个驾驶者根据自己的判断选择行车路线，交通信号标志仅仅起到静态、有限的指导作用。这导致城市道路资源未能得到最高效率的运用，并由此产生了不必要的交通拥堵甚至瘫痪。而智能的城市交通基础设施可以将整个城市内的车辆和道路信息实时收集起来，并通过超级计算中心动态地计算出最优的交通指挥方案和行车路线。

（4）人体健康

在人身上可以安装不同的传感器，对人的健康参数进行监控，并且实时传送到相关的医疗保健中心，如果有异常，保健中心会通过手机提醒您去医院检查身体。

（5）智能电网

现有的电力输送网络缺少动态调度，从而导致电力输送效率低下。智能电网通过先进信息系统与电网的整合，把过去静态、低效的电子输送网络转变为动态可调整的智能网络，对能源系统进行实时监测。根据不同时段的用电需求，将电力按最优方案予以分配。

（6）平安城市

利用部署在大街小巷的传感器，实现图像敏感性智能分析，并与110、119、120等交互，实现探头与探头之间、探头与人之间、探头与报警系统之间的联动，从而构建和谐安全的城市生活环境。

（7）智能建筑

智能建筑及智能家居是指各类消费电子商品、通信产品、信息家电及智能家居等通过互联网进行通信及数据交换，实现建筑设备、办公环境、家庭网络中各类电子产品之间的"互联互通"，并实现随时随地对智能设备的控制。

（8）工业控制

工业是物联网应用的重要领域。具有环境感知能力的各类终端、基本泛在技术的计算模式、移动通信等不断融入到工业生产的各个环节，可大幅提高制造效率，改善产品质量，降低产品成本和资源消耗，将传统工业提升到智能工业的新阶段。

（9）智慧农业

将农业生产过程中最关键的温度、湿度、二氧化碳含量等信息通过农田中的传感器组实时采集，再通过信息系统传入到从事农业生产的工作者手中，有助于其更好管理农业生产。

（10）军事应用

物联网被许多军事家称为"一个未探明储量的金矿"，未来在军事上的应用价值是不可估量的。物联网应用在军事中，将整个国家的军事力量都带入了全信息和全数字化，大到卫星、导弹、飞机等装备系统，小到单兵作战装备，从通信技侦系统到后勤保障系统，从军事科学试验到军事装备工程，其应用遍及战争准备、战争实施的每一个环节。物联网扩大了未来作战的时域、空域和频域，对国防建设各个领域产生了深远影响，将引发一场划时代的军事技术革命和作战方式的变革。

思考题

1. 什么是物流？什么是现代物流？各自的特点是什么？
2. 电子商务企业应该如何结合自身的实际情况选择合适的物流模式？
3. 什么是电子商务下的物流配送？它具有哪些特点？
4. 如何构建高效的供应链？
5. 列出常见的物流信息技术，并分析它们在实际中一般都用在什么地方。

第 6 章
电子商务支付

📖 本章学习目标

- 理解电子支付的相关概念；
- 理解电子支付的几种主要方式；
- 了解网上银行的功能、技术、经营模式；
- 了解移动支付的相关知只。

案例导入

第三方移动支付高速发展 支付变革升级消费体验

足不出户就能缴水电费、随时拿着手机在网上购物、出门打车用出行软件、付款只需打开手机扫二维码……这样的生活场景，在几年前还无法想象。然而，仅仅 3 年时间，百姓的支付方式就发生了颠覆性的改变，支付市场迸发惊人活力。艾瑞咨询数据显示，2013 年和2014 年，第三方移动支付市场交易规模年增长率分别高达 707%、391.3%，到 2014 年交易规模已达 59 924.7 亿元。在新型支付方式飞速发展的同时，传统的银行卡、信用卡支付也在快速创新、全面升级。支付方式的变化，不断升级着我们的消费体验，也催生出众多新的经济形态。

- 网络支付实现"买遍全球"

如今，中国已成为全球最大的网络零售市场，每年不断刷新的"双 11"购物成交额纪录让全世界咋舌，这背后是网络支付的便捷化和安全性在日益提升。现在消费者网购，轻松一点就完成了付款。付款后这笔钱的实际去向，很多人并未在意。事实上，点击付款后，这笔钱并不是直接进入卖家账户，而是先进入第三方账户，等到买家确认收货时，款项才会从第三方账户进入卖家账户。正是这个支付方式的小小创新，解决了交易双方的信任难题，成为国内网络交易普遍采用的支付方式，由此催生中国庞大的网购市场。

- 移动支付激活手机"钱包"

以前出门要看钱包、手机带了没有。现在出门钱包不带没事，手机一定不能少。越来越多的人感受到，只要带上手机，一天的消费支付就安排得妥妥帖帖。智能手机普及以来，网络支付也跨入移动支付时代。通过移动支付，普通百姓有了全新服务体验，实体商铺也借助支付信息等大数据,探索新的营销方式。

● 刷卡支付轻松走遍天下

新型支付方式飞速兴起,传统银行卡、信用卡的刷卡环境也在不断改善。目前,我国自主研发建设和运营的银联支付清算系统已构筑全球化受理网络,银联卡发卡量超过50亿张,成为全球最大规模的持卡人群体。银联网络遍布中国城乡,并已延伸至亚洲、欧洲、美洲、大洋洲、非洲等境外150多个国家和地区,全球银联卡特约商户近3 400万户。此外,境外已有1 000多万家网上商户接受银联卡在线支付,覆盖近200个国家和地区的零售、在线旅游预订、学费缴纳、航空预订等行业。

除了传统的刷卡消费,多种支付方式也在快速创新,传统银行卡产品全面升级。我国金融芯片卡发卡量现已超过20亿张,凭借着更安全、更便捷的优势,芯片卡正在快速取代传统的磁条卡,发行和交易增速全球领先。随着"云闪付"等技术的应用,金融支付方式正经历由"刷卡"向"刷手机"的转变。

(资料来源:http://news.xinhuanet.com/tech/2016-03/03/c_128770384.htm)

6.1 电子商务支付概述

6.1.1 电子支付

20世纪90年代,国际互联网迅速走向普及化,逐步从大学、科研机构走向企业和家庭,其功能也从信息共享演变为一种大众化的信息传播手段,商业贸易活动逐步进入这个王国。通过使用因特网,既降低了成本,也造就了更多的商业机会,电子商务技术从而得以发展,使其逐步成为了互联网应用的最大热点。为适应电子商务这一市场潮流,电子支付随之发展起来。

1)电子支付的基本概念

电子支付是电子商务系统的重要组成部分,同时也是电子商务中准确性、安全性要求最高的一个环节。2005年10月,中国人民银行在公布的《电子支付指引(第一号)》中规定:电子支付是指单位、个人直接或授权他人通过电子终端发出支付指令,实现货币支付与资金转移的行为。一般来讲,电子支付是指电子交易的当事人,包括消费者、厂商和金融机构,使用安全电子支付手段,通过网络进行的货币支付或资金流转。即把包括电子现金、电子票据、信用卡、借记卡、智能卡等支付手段的支付信息,通过网络安全地传送到银行或者相应的处理机构来实现电子支付。

从广义上讲,我国电子支付主要包括3层含义:

(1)电子支付工具

包括银行卡和多用途储值卡等卡类支付工具、电子票据以及在电子商务中应用较为广泛的网络虚拟货币等新型支付工具。

(2)电子支付基础设施或渠道

包括ATM、POS、手机、电话等自助终端以及互联网金融专用网络等。

（3）电子支付业务处理系统

主要包括已经建成的中国人民银行现代化支付系统及商业银行的行业内业务处理系统等。

这三者有机结合,构成了整个电子支付交易形态,从而改变了支付信息和支付业务的处理方式,使支付处理方式从最初的面对面支付发展到现在的远程支付,从手工操作发展到电子化自动处理,从现金、票据等实物支付发展到各类非现金支付工具。

2）电子支付的特征

与传统的支付方式相比,电子支付具有以下特征:

①电子支付是采用先进的技术通过数字流转来完成信息传输的,其各种支付方式都是通过数字化的方式进行款项支付的。而传统的支付方式则是通过现金的流转、票据的转让及银行的汇兑等物理实体来完成款项支付的。

②电子支付的工作环境基于一个开放的系统平台(即互联网)。而传统支付则是在较为封闭的系统中运作。

③电子支付使用的是最先进的通信手段,如 Internet、Extranet,而传统支付使用的则是传统的通信媒介。电子支付对软、硬件设施的要求很高,一般要求有联网的微机、相关的软件及其他一些配套设施,而传统支付则没有这么高的要求。

④电子支付具有方便、快捷、高效、经济的优势。用户只要拥有一台可上网的 PC 机或移动终端,便可足不出户,在很短的时间内完成整个支付过程。支付费用仅相当于传统支付的几十分之一,甚至几百分之一。

3）电子支付的发展历程

电子支付方式的出现要早于互联网,电子支付的 5 种形式分别代表着电子支付的不同发展阶段,如图 6.1 所示。

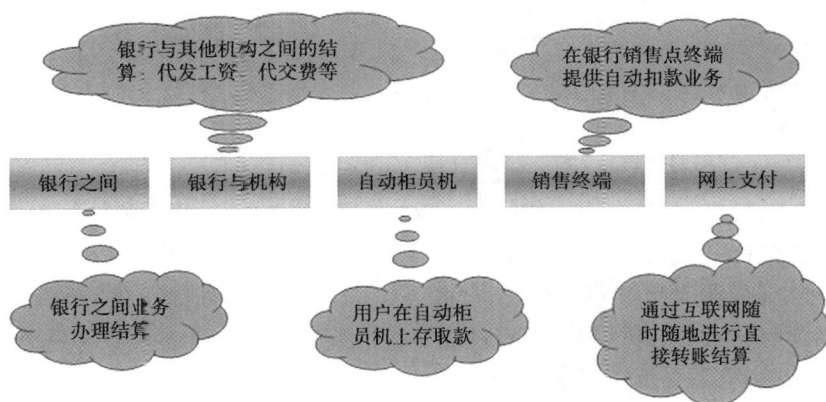

图 6.1　电子支付的发展历程

第一阶段:银行利用计算机处理银行之间的业务,办理结算。

第二阶段:银行计算机与其他机构计算机之间资金的结算,如代发工资等业务。

第三阶段:利用网络终端向客户提供各项银行服务,如在自助银行办理业务。

第四阶段:利用银行销售终端向客户提供自动的扣款服务。

第五阶段:最新阶段也就是基于 Internet 的电子支付,它将第四阶段的电子支付系统与 Internet 的整合,实现随时随地通过 Internet 进行直接转账结算,形成电子商务交易支付平台。

4)电子支付的类型

电子支付的业务类型按电子支付指令发起方式分为网上支付、电话支付、移动支付、销售点终端交易、自动柜员机交易和其他电子支付。下面详细介绍前 3 种类型:

（1）网上支付

网上支付是电子支付的一种形式。广义地讲,网上支付是以互联网为基础,利用银行所支持的某种数字金融工具,发生在购买者和销售者之间的金融交换,而实现从买者到金融机构、商家之间的在线货币支付、现金流转、资金清算、查询统计等过程,由此为电子商务服务和其他服务提供金融支持。

通过第三方提供的与银行之间的支付接口进行即时支付的网上支付,可以直接把资金从用户的银行卡中转账到网站账户中,汇款马上到账,不需要人工确认,还为用户节省了成本。网上支付具有如下基本功能:

①认证交易双方、防止支付欺诈。在进行网上支付时,能够使用数字签名和数字证书等实现对网上商务各方的认证,以防止支付欺诈,对参与网上贸易的各方身份的有效性进行认证,通过认证机构或注册机构向参与各方发放数字证书,以证实其身份的合法性。

②加密信息流。网上支付可以采用单密钥体制或双密钥体制进行信息的加密和解密,可以采用数字信封、数字签名等技术加强数据传输的保密性与完整性,防止未被授权的第三者获取信息的真正含义。

③数字摘要算法确认支付电子信息的真伪。为了保护数据不被未授权者建立、嵌入、删除、篡改、重放等,完整无缺地到达接收者一方,网上支付采用数据杂凑技术,保证数据的真实性和完整性。

④保证交易行为和业务的不可抵赖性。当网上交易双方出现纠纷,特别是有关支付结算的纠纷时,系统能够保证对相关行为或业务的不可否认性。网络支付系统在交易的过程中能够生成或提供足够充分的证据来迅速辨别纠纷中的是非,这有赖于数字签名等技术实现。

⑤处理网络贸易业务的多边支付问题。支付结算牵涉客户、商家和银行等多方,传送的购货信息与支付指令信息还必须连接在一起,因为商家只有确认了某些支付信息后才会继续交易,银行也只有确认支付才会提供支付。为了保证安全,商家不能读取客户的支付指令,银行不能读取商家的购货信息,这种多边支付的关系在网上支付过程中能够借用系统提供的诸如双重数字签名等技术来实现。

⑥提高支付效率。网上支付的手续和过程并不复杂,支付效率很高。

（2）电话支付

电话支付是电子支付的一种线下实现形式,是指消费者使用电话(固定电话、手机)或其他类似电话的终端设备,通过银行系统就能从个人银行账户里直接完成付款的方式。

电话支付作为一种支付产品,采用手机作为交易终端,通过 IVR 电话回拨的方式与持卡人就交易订单的确认,并输入密码进行支付,广泛应用于航空机票、缴费、商旅服务、B2C 商城、游戏点卡等行业领域。

电话支付具有如下的特点：

①网络安全性。终端与电话支付平台通过 PSTN 网络连接，满足银行卡交易对网络安全的需要。

②信息安全性。对磁道信息、密码等数据由 PSAM 卡进行加密操作。

③信息完整性。进行报文的 MAC 校验，保证报文的完整与不被篡改。

④密钥安全性。具有完备的密钥管理系统，每次交易使用不同的过程密钥，密钥不可读取。

⑤操作简单。以菜单和操作提示信息提示用户完成业务交互，操作简单，用户界面友好。

⑥成本低廉。与同类产品相比，终端具有较大的成本优势，运营维护成本较低。

⑦业务扩展性较好。业务加载无需对终端、平台进行改造，承载业务内容丰富，具有较好的灵活性、可扩展性。

（3）移动支付

移动支付是使用移动设备通过无线方式完成支付行为的一种新型的支付方式。移动支付所使用的移动终端可以是手机、PDA、移动 PC 等。移动支付将终端设备、互联网、应用提供商以及金融机构相融合，为用户提供货币支付、缴费等金融业务。目前，移动支付标准的制定工作已经持续了三年多，主要是银联和中国移动两大阵营在比赛。数据研究公司 IDC 的报告显示，2017 年全球移动支付的金额将突破 1 万亿美元。强大的数据意味着，今后几年全球移动支付业务将呈现持续走强趋势。

5）电子支付的流程

电子支付系统的基本流程如图 6.2 所示，主要包括客户、商家、客户的开户行、商家的开户行、支付网关、金融专用网、认证机构等。

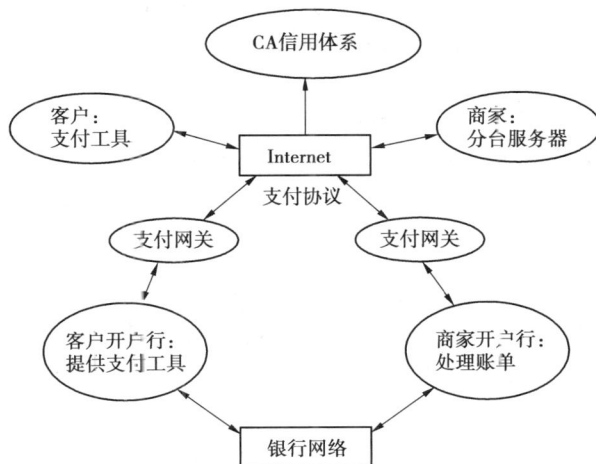

图 6.2　网上支付体系的基本构成

（1）客户

客户一般是指利用电子交易手段与企业或商家进行电子交易活动的单位或个人。它们通过电子交易平台与商家交流信息,签订交易合同,用自己拥有的网络支付工具进行支付,是支付体系运作的原因和起点。

（2）商家

商家是指向客户提供商品或服务的单位或个人。在电子支付系统中,它必须能够根据客户发出的支付指令向金融机构请求结算,这一过程一般是由商家设置的一台专门的服务器来处理的。

（3）客户的开户行

客户的开户行是指为客户提供资金账户和网络支付工具的银行,在利用银行卡作为支付工具的网络支付体系中,客户银行又被称为发卡行。客户银行根据不同的政策和规定,保证支付工具的真实性,并保证对每一笔认证交易的付款。

（4）商家的开户行

商家的开户行是为商家提供资金账户的银行,因为商家银行是依据商家提供的合法账单来工作的,所以又被称为收单行。客户向商家发送订单和支付指令,商家将收到的订单留下,将客户的支付指令提交给商家银行,然后商家银行向客户银行发出支付授权请求,并进行它们之间的清算工作。

（5）支付网关

支付网关是完成银行网络和因特网之间的通信、协议转换和进行数据加、解密,保护银行内部网络安全的一组服务器。它是互联网公用网络平台和银行内部的金融专用网络平台之间的安全接口,电子支付的信息必须通过支付网关进行处理后才能进入银行内部的支付结算系统。

（6）金融专用网

金融专用网络是银行内部及各银行之间交流信息的封闭的专用网络,通常具有较高的稳定性和安全性。我国银行的金融专用网发展很迅速,为逐步开展电子商务提供了必要的条件。

（7）认证机构

认证机构是交易各方都信任的公正的第三方中介机构,它主要负责为参与电子交易活动的各方发放和维护数字证书,以确认各方的真实身份,保证电子交易整个过程的安全稳定进行。

除此之外,网上支付系统的构成还包括支付中使用的支付工具以及遵循的支付协议,是参与各方与支付工具、支付协议的结合。其中,目前经常被提及的网上支付工具有银行卡、电子现金、电子支票等。

6.1.2　电子货币

1）电子货币的概念

综观货币发展的历史,货币形态先后经历了实物货币、金属货币、纸币等不同的发展阶段。20世纪90年代以来,随着电子信息技术和网络通讯技术的不断发展,货币形态朝着电子化方向发展。

电子货币,是指用一定金额的现金或存款从发行者处兑换并获得代表相同金额的数据,通过使用某些电子化方法将该数据直接转移给支付对象,从而能够清偿债务。严格意义是消费者向电子货币的发行者支付传统货币,而发行者把与传统货币的相等价值,以电子形式储存在消费持有的电子设备中。随着电子商务在我国的快速发展,电子货币已成为重要的支付工具之一。

电子货币与传统货币的本质都是固定充当一般等价物的特殊商品,这种特殊商品体现在一定的社会生产关系。电子货币与传统货币同时具有价值尺度、流通手段、支付手段、储藏手段和世界货币五种职能。它们对商品价值都有反映作用,对商品交换都有媒介作用,对商品流通都有调节作用。

但电子货币仍与传统货币存在不同,具体体现在:

①电子货币与传统货币的产生背景不同。如社会背景、经济条件和科技水平等。其表现形式为:电子货币是用电子脉冲代替纸张传输和显示资金的,通过微机处理和存储,没有传统货币的大小、重量和印记。

②电子货币只能在转账领域内流通,且流通速度远远快于传统货币的流通速度。传统货币可以在任何地区流通使用,而电子货币只能在信用卡市场上流通使用。

③传统货币是国家发行并强制流通的,而电子货币是由银行发行的,其使用只能宣传引导,不能强迫命令,并且在使用中,要借助法定货币去反映和实现商品的价值,结清商品生产者之间的债权和债务关系。

④电子货币对社会的影响范围更广、程度更深。

⑤电子货币与传统货币所占有的空间不同。传统货币面值有限,大量的货币必然要占据较大的空间。而电子货币所占的空间很小,其体积几乎可以忽略不计。

⑥电子货币与传统货币传递渠道不同。传统货币传递花费的时间长,风险也较大,需要采取一定的防范措施,较大数额传统货币的传递,甚至还需要组织人员武装押运。而电子货币可以在短时间内进行远距离传递,借助电话线、互联网在瞬间内转移到世界各地,且风险较小。

⑦电子货币与传统货币计算所需的时间不同。传统货币的清点、计算需要动用较多的时间和人力,直接延缓了交易速度。而电子货币的计算在较短时间内就可利用计算机完成,大大提高了交易速度。

⑧匿名程度也不同。传统货币的匿名性比较强,这是传统货币可以无限制流通的原因。但传统货币都有印钞号码,同时传统货币总离不开面对面的交易,这在很大程度上限制了传统货币的匿名性。而电子货币的匿名性则比传统货币更强,主要是加密技术的采用及电子货币便利的远距离运输。

2)电子货币的分类

"电子货币"所含范围极广,如信用卡、储蓄卡、借记卡、IC 卡、消费卡、电话卡、煤气卡、电子支票、电子钱包、网络货币、智能卡等,几乎包括了所有与资金有关的电子化的支付工具和支付方式。

按是否以计算机为媒介可将电子货币划分为以下两种:

（1）不以计算机为媒介的电子货币

不以计算机为媒介的电子货币以储值卡为代表。其基本模式是发行人发行存储一定价值的储值卡，消费者购买储值卡用于支付所购买的货物或服务，出售货物或提供服务的人再从发行人处回赎货币价值。卡片储值的电子货币有单一发行人发行的电子货币和多个发行人发行的电子货币。前者如1995年英国Mondex模式的货币，后者如维萨集团推出的曾在1996年奥运会中实验过的维萨货币。美国联邦储备委员会将储值卡进一步划分为线下储值卡和线上储值卡两种。

①线下储值卡，即交易时不用进行授权和证实的储值卡，持卡人直接可以像使用钱一样用储值卡来购物，交易的信息通常是在交易后的一段时间之后再传送给金融机构（一般是发卡人）。根据发卡是否通过设置中央资料保存设备来追踪持卡人持有的储值卡的数额，线下储值卡又分为线下不可记录储值卡和线下可记录储值卡，线下不可记录储值卡的交易情况记录保存在储值卡上，没有中央资料存储设备记录交易情况，如一般的电话卡，乘车卡等。线下可记录储值卡交易由发行人设置的中央资料存储设备记录交易情况，同时，储值卡上一般显示交易的情况和余额。

②线上储值卡，利用线上储值卡进行交易涉及线上的授权和证实。客户的资金余额保留在发行人的中央资料保存系统中，而不是记录在储值卡上，交易时，交易的信息从销售终端传到持有客户资金的金融机构，因此通知金融机构交易的数额和客户储值卡上的余额，金融机构进行证实，达成交易。

（2）以计算机为媒介的电子货币

以计算机为媒介的电子是将货币价值储存在计算机中，通过计算机网络进行电子交易，买卖双方即使距离很远也可以进行交易，其基本模式是买卖双方通过互联网进行网上交易，双方就主要条款达成一致后，买方通过网络通知其银行向卖方付款，银行在得到买方指令并加以确认之后，向卖方付款。

电子货币是以金融电子化网络为基础，以商用电子化机具和各类交易卡为媒介，以电子计算机技术和通信技术为手段，以电子数据形式存储在银行的计算机系统中，并通过计算机网络系统以电子信息形式实现流通和支付功能的货币。

6.2　电子商务支付方式

在我国电子商务发展的过程中，产生了多种支付方式，包括汇款、货到付款、网上支付、电话支付、手机短信支付等方式，并且这些方式同时并存。据2005年CNNT统计，消费者常采用多种支付方式，其中汇款用户占总用户数量的43.2%，网上支付占41.9%，货到付款支付占34.7%，手机支付占1.7%。这些支付方式各有自己的特点和运作模式，适应于不同的支付场景。

6.2.1　汇款

银行汇款或邮局汇款是一种传统支付方式，也是目前为止电子商务支付方式中最常用的支付方式。邮局汇款是顾客将订单金额通过邮政部门汇到商户的一种结算支付方式。采用银行或邮局汇款,可以直接用人民币交易,避免了诸如黑客攻击、账号泄漏、密码被盗等问题,对顾客来说更安全。

但采用此种支付方式的收发货周期时间长,例如卓越网的邮局汇款支付期限为 14 天,银行电汇为 10 天,而采用其他网上支付则只需 1~2 天。此外,顾客还必须到银行或邮局才能进行支付,支付过程比较烦琐。对于商家来说,这种交易方式也无法体现电子商务高速、交互性强、简单易用且运作成本低等优势。因此,这种支付方式并不能适应电子商务的长期高速发展。

6.2.2 货到付款

货到付款又称送货上门,指按照客户提交的订单内容,在承诺配送时限内送达顾客指定交货地点后,双方当场验收商品,当场交纳货款的一种结算支付方式。目前,很多购物网站都提供这种支付方式。

这是一个充满中国特色的 B2C 电子商务支付方式、物流方式,既解决了中国网上零售行业的支付和物流两大问题,又培养了客户对网络的信任。货到付款仍然是中国用户最喜欢的支付方式之一。但是,将支付与物流结合在一起存在很多问题:

首先,付款方式采用现金结费,因此只局限在小额支付上,例如卓越网的订单金额不可高于 15 000 元,对于商家的大额交易则无法实现。

其次,由于送货上门受到地区的局限,而 EMS 费用又较高,所以顾客选择最多的还是普通邮寄,这就会带来必然的时间损耗,给用户造成不便。比如当当书店送货上门服务,送到北京市内读者手中需 1~2 天,而送到其他城市则需 3~7 天,普通邮寄则是更需 1~2 周,这还不包括边远地区。

6.2.3 网上支付

所谓网上支付,是以金融电子化网络为基础,以商用电子化工具和各类交易卡为媒介,以电子计算机技术和通信技术为手段,以二进制数据形式存储,并通过计算机网络系统以电子信息传递形式实现的流通和支付。

2006 年网上支付在整个电子支付市场规模中所占的比例为 97%,网上支付仍是电子支付形式中的绝对主力,国内目前采用网上支付业务的网上书店总数已超过 10 万家。网上支付的方式主要有:银行卡支付方式、电子支票支付方式和电子货币支付方式。其中比较成熟的是银行卡支付方式,银行卡支付方式是目前在国内网上购物实现在线支付的最主要的手段。

1) 网上银行卡转账支付

网上银行卡转账支付指的是电子商务的交易通过网络,利用银行卡进行支付的方式。客户通过 Internet 向商家订货后,在网上将银行卡卡号和密码加密发送到银行,直接要求转移资金到商家银行账户中,完成支付。银行卡的卡类可以包括信用卡、借记卡和智能卡等。

我国目前网上银行卡转账支付可以分为有数字证书和无数字证书两种方式。一般的用户如果不去银行申请启用有数字证书保护的网上支付功能,就只能使用无数字证书保护的网上支付。不启用数字证书保护的网上支付在功能上会有一定的限制,例如只能进行账户查询或只能进行小额支付。而启用数字证书保护的网上支付不仅拥有更高的安全性,而且能享受网上银行所提供的全部服务,支付的金额不受限制。

银行卡网上直接转账支付存在着安全性和方便性方面的矛盾,例如要起用数字证书保护,付款人必须经过向银行申请安装数字证书,下载指定软件等多道手续,对有些对电脑操作不熟悉的顾客而言就很难实现了。另外,因客户直接将货款转移到商家的账户上,如果出现交易失败的情况,那么讨回货款的过程就可能变得非常烦琐和困难。

2)第三方支付平台结算支付

第三方结算支付是指客户和商家都首先在第三方支付平台处开立账户,并将各自的银行账户信息提供给支付平台的账户中,第三方支付平台通知商家已经收到货款,商家发货。客户收到并检验商品后,通知第三方支付平台可以付款给商家,第三方支付平台再将款项划转到商家的账户中。这样客户和商家的银行账户信息只需提供给第三方支付平台,比较安全,且支付通过第三方支付平台完成,如果客户未收到商品或商品有问题则可以通知第三方支付平台拒绝划转货款到商家。而商家则可以在货款有保障的情况下放心发货,有效地降低了交易风险。

第三方平台结算支付是当前国内服务数量最多的支付模式。截至 2015 年 5 月 30 日,央行发放了九批共 270 家第三方支付牌照。2009 年以来,第三方支付市场的交易规模保持50% 以上的年均增速迅速扩大,并在 2013 年达到 17.2 万亿元,同比增长 38.71%;2014 年交易规模达到 23.3 万亿元;2015 年交易规模达 31.2 万亿元。支付宝、财付通、银联商务占据重要地位。

由于第三方支付平台的介入,解决了电子商务支付过程中的一系列问题。如安全问题、信用问题、成本问题。与此同时,中国现有的第三方支付平台也存在一定的问题。

①中国法律规定只有金融机构才有权吸纳代理用户的钱,其他企业机构不得从事类似活动,支付平台的法律地位也受到一部分人的质疑。

②货款在第三方支付平台中滞留的时间内将产生一定的利息,这部分利息如何分配目前也缺乏明确的规范和严格的监督。

③支付平台解决的电子商务支付过程中的安全性问题只限于客户和厂商之间,其他安全性问题如客户在支付平台填写银行资料时信息的保密性、有效性和完整性问题还有待进一步解决。

④操作还不够简便,客户在使用支付平台时都必须进行一系列烦琐的申请。

⑤贷款会在第三方支付平台的账号中滞留一段时间,非实时性支付带来存款风险,如第三方支付企业不能完全保证货款安全,将大大损害客户和商家的利益。

⑥第三方支付平台可能会被利用,通过捏造虚假交易从信用卡套现,甚至存在可能被利用来进行洗钱的风险。

反过来,网上支付方式的创新和完善,也在悄然影响新型商务模式的产生。

在数字化、信息化和网络化的 21 世纪,电子商务的蓬勃发展是大势所趋。电子商务模式的不断发展变化,要求网上支付方式也随之不断改进。网上支付作为电子商务支付市场中的佼佼者,将会成为未来电子商务中的关键环节。尤其是随着移动网络与移动终端 App

的不断发展,微信支付、微博钱包、NFC 支付等移动支付的发展,网上支付的重心也会向移动端偏移。

6.3 网上银行

6.3.1 网上银行概述

网上银行又称网络银行、在线银行,是指银行利用 Internet 技术,通过 Internet 向客户提供开户、查询、对账、行内转账、跨行转账、信贷、网上证券、投资理财等传统服务项目,使客户可以足不出户就能够安全便捷地管理活期和定期存款、支票、信用卡及个人投资等。

网上银行,包含两个层次的含义:一个是机构概念,指通过信息网络开办业务的银行。另一个是业务概念,指银行通过信息网络提供的金融服务,包括传统银行业务和因信息技术应用带来的新兴业务。在日常生活和工作中,人们提及网上银行,更多是第二层次的概念,即网上银行服务的概念。

网上银行业务不仅仅是传统银行产品简单从网上的转移,其他服务方式和内涵发生了一定的变化,而且由于信息技术的应用,又产生了全新的业务品种。可以说,网上银行是在 Internet 上的虚拟银行柜台。

网上银行又被称为"3A 银行",因为它不受时间、空间限制,能够在任何时间(Anytime)、任何地点(Anywhere)、以任何方式(Anyway)为客户提供金融服务,这是网上银行有别于传统银行之处。如图 6.3 所示。

图 6.3

6.3.2 网上银行的特征

网上银行提供了一种全新的金融业务模式,具有其独有的特征:

1)网上银行的跨时空性

网络是一个全天候、全方位、开放的系统,建立在此基础之上的网上银行也具有这一特性,其服务不受空间、时间的制约,客户能在任何时候、任何能上网的地方享受到网上银行服务,可以足不出户,通过电脑终端享受网上银行提供的各种方式多样化的银行,这使得办理银行业务变得更加便利、快捷，同时也更能满足客户的需求。

2）网上银行的虚拟性

网上银行的虚拟性主要体现在网上银行的经营地点和经营业务，以及经营过程逐步虚拟化。经营地点虚拟性表现为网上银行没有实体的营业厅和网点，而经营业务的虚拟化是指网上银行经营的产品大多属于电子货币、数字货币和网络服务的范畴，其产品不具有具体的实物形态。经营过程的虚拟化则是指网上银行经营全部通过计算机指令来实现，所有银行业务的文档都以电子文件的形式保存下来。

3）网上银行的低成本性

网上银行的自动处理功能可以承担大量原传统银行的柜台业务，从而节约传统银行的人员和营业面积，使银行经营成本大幅降低。同时自动服务也大量减少了人工服务的错误，减少了银行的损失，从另一方面降低了银行的经营成本，也提高了效率。

4）网上银行的互动性

网上银行支持服务的互动性。客户可以就一系列有先后顺序的交易逐个在网上银行进行，同时在短时间内就能根据交易结果随时调整自身的决策，决定下一个交易，而这在传统银行中基本上是不可能的。

5）网上银行的创新性

网上银行依托计算机技术和互联网而产生，而计算机技术正代表着当前科技发展的方向，因此其自身就要求不断进行技术创新和吸收新技术。同时，网络技术的应用直接改变了银行的经营和服务方式，这就要求必须对银行旧的管理方式和理念进行调整和改革，从组织机构和管理制度上进行创新。随着网络技术的不断创新，以及客户对银行的服务手段和产品需求不断地变化，也产生了对新产品的开发的动力和压力。

6）网上银行服务覆盖域广

通过网络技术，网上银行能够将银行、证券、保险等不同种类的金融服务集中在一起，使后台为分业经营的金融机构可以表现为一个整体，从而增加对客户需求的满足程度和满足面，有利于营销新客户和留住老客户。利用网上银行这个渠道，整合银行的资金、信息、客户群等方面的优势，配套提供证券、保险等其他金融服务，将使银行由原来单一的存贷款中心和结算中心演变成无所不能的"金融超市"。

7）网上银行的高效便捷性

由于网上银行大量采用自动处理交易，因此其服务具有高速和高效的特性。所有的业务操作几乎是瞬时完成的。对于银行发展一项新的业务来说，一旦通过审核确立，发布也是瞬时的，可以使银行的各项产品通知迅速正确地传递给客户。这有利于缩短银行产品的创新周期，大大提高了效率。

8）网上银行的资源共享性

由于网上银行要求其业务通达的各实体银行必须具有统一的、电脑可识别的编码和基本信息，因此客观上就要求这些行必须实现信息的同步和共享。同时网上银行的远程性和跨地域性，又使其系统的软硬件资源的共享成为现实可能。因此，在实际中，各家银行均对网上银行实现全部或部分的资源共享。

9) 网上银行的个性化服务

相对于传统银行,网上银行的客户更为地分散,传统的大众营销方式已经不适合新的客户结构。网上银行可以突破时空局限,能根据每个客户不同的需求"量身定做"个人的金融产品并提供银行业务服务,最大限度满足客户多样化的金融需要。

10) 网上银行高度信息透明

在网上提供银行业务的种类、处理流程、最新信息、年报等财务信息和价格信息是网上银行最基本、最简单的服务功能,而银行也可以通过互联网全面及时地了解客户的各种资料,如信誉度、支付能力等。因此,金融信息的透明度得到了空前的提高。这不仅大大降低了信息搜寻成本,而且在一定程度上避免了由于信息不对称引起的金融风险。

总之,网上银行已经成为银行业务拓宽服务领域、提升管理水平、调整经营策略进而提高盈利能力的重要手段。网上银行的产生与发展是国际银行业务发展的重要特点,也是我国银行业发展的必然趋势。

6.3.3　网上银行的基本业务

按目前各家银行开通的网上银行服务系统,一般分为个人网上银行和企业网上银行。但无论是个人网上银行或企业网上银行,都是以互联网为媒介,为客户提供金融服务的电子银行产品。网上银行的金融服务业务品种主要包括基本业务、网上投资与理财、网上购物、企业银行及其他金融服务。

1) 基本网上银行业务

商业银行提供的基本网上银行服务包括账户信息查询和维护、账户转账(汇款)、代缴费等,基本上传统银行的主干业务网上银行都能开展。

2) 网上投资与理财

投资理财是指在网上通过银行进行银证转账、购买基金、购买债券、购买纸黄金等业务。目前大部分银行都开通了上述业务,客户在其柜台开设相应账户并进行网上银行签约注册后即可进行查询、买卖。通过网络为客户提供理财的各种解决方案以及咨询建议,极大地扩大了银行的服务范围,降低了银行的服务成本。

3) 网上购物

商业银行的网上银行为客户的网上购物提供了便利的服务,一方面加强与客户之间的交流与联系,另一方面也提升了银行在传统竞争领域的竞争优势。

4) 企业银行

企业银行服务是网上银行服务中最重要的部分之一。其服务品种比个人客户的服务品种更多,也更为复杂,对相关技术的要求也更高,所以能够为企业提供网上银行服务是商业银行实力的象征之一,一般中小网上银行或纯网上银行只能部分提供,甚至完全不提供这方面的服务。

企业银行服务一般提供账户余额查询、交易记录查询、总账户与分账户管理、转账、在线支付各种费用、透支保护、储蓄账户与支票账户资金自动划拨、商业信用卡等服务。此外,还包括投资服务等。部分网上银行还为企业提供网上贷款业务。

5)其他金融服务

除了银行服务外,大商业银行的网上银行均通过自身或与其他金融服务网站联合的方式,为客户提供多种金融服务产品,如保险、抵押和按揭等,以扩大网上银行的服务范围。

6.3.4　网上银行的框架结构

一般来说,网上银行系统包括7个部分:网上银行客户、Internet 接入、Web 服务、CA 中心、交易网关、后台业务系统和系统管理。

1)网上银行客户

网上银行客户通过拨号、Internet 或其他方式与网上银行相连,向银行发出查询、支付、转账等交易指令,从而取得网上银行的各种交易和信息服务。

2)Internet 接入

Internet 接入包括过滤路由器、DNS 服务器、入口实时监测和防火墙系统等,保证能够为网上银行系统提供安全可靠的 Internet 接入服务,Internet 接入系统必须统一规划、统一管理。

3)Web 服务

Web 服务是网上银行框架的主体,涉及外部 Web 服务器、网上银行 Web 服务器和网上银行数据库服务器。其中网上银行 Web 服务器负责提供银行查询、交易类服务,修改系统存放机密性的信息,对安全的要求很高。而外部 Web 服务器存放非机密性、非交易性的信息,对安全的要求并不是很高。

4)CA 中心

信息安全的一个重要方面就是信息的不可否认性,为实现这一目的,就要求有一个网上各方都信任的机构来做身份认证,这就是 CA 中心。

5)交易网关

交易网关是网上银行的业务核心部件,包括网上银行交易的网关系统和放在各个账户分行的网上银行前置机。一方面向 Web 服务部分提供与业务系统通信的服务界面和接受客户的指令,并将客户指令送往相应账户分行的网上银行前置机,另一方面,由前置机进行后台业务系统的数据处理,并将结果送交银行交易的网关系统,再由网上银行交易网关系统将结果送交 Web 服务部分。

6)后台业务系统

后台业务系统就是指已建成或未来将建设的各种业务系统,如对公系统、储蓄系统、电子汇兑系统和信用卡系统等。

7)系统管理

系统管理提供整个网上银行系统的管理控制,并负责处理网上客户的咨询等,主要包括系统管理控制台、客户服务代表工作站。其中系统管理控制台是一个高档工作站,负责防火墙体系运作、系统与网络管理及 CA 系统管理工作。客户服务代表工作站则是一台提供银行客户服务代表使用的 PC,客户服务代表负责接收、解答网上银行客户的反馈意见、咨询和投诉等。

6.3.5　网上银行的交易流程

网上银行的交易流程如下:

1)网上银行服务请求

消费者、企业客户等通过客户浏览器在客户端以 HTTP 方式向网上银行 Web 服务器提出服务请求,并最终接受以 HTML 文档返回的数据。

2)数据接收及检查

网上银行中心交易网关接收 Web 服务器发来的请求,对接收的数据进行检查,检查接收数据的每个数据项的数据类型是否合法;若不合理,转向出错处理。

3)网上银行业务去向

对经过检查的数据进行交易的合法性检查,若不是合法交易,转出错处理;对于合法交易,按交易代号和账号区分交易去向,转相应账户分行网上银行前置机的银行业务程序。

4)网上银行业务程序

网上银行业务程序整理出每笔业务程序所需的入口参数,对入口参数进一步检查,若出错,转出错处理;否则,调用相应的银行业务系统的业务程序。

5)反馈处理结果与数据发送

业务系统将负责实施网上业务处理,反馈处理结果的同时通过网上银行前置机将数据发送,并将网上银行业务程序或出错处理程序结果返回。

6.3.6　网上银行的技术要求

在电子商务过程中,要实现完全意义上的网上交易,从技术角度来看,至少要实现 4 个环节:商户系统、电子钱包、支付网关、安全认证。其中后三者是网上支付的必要条件,也是网上银行运行的技术要求。

1)电子钱包

所谓的电子钱包就是客户的加密银行账户,它从网上就能够下载,是一个简单的安装程序,一些网上银行甚至直接用普通信用卡代替电子钱包的功能。

2)支付网关

支付网关是银行金融网络系统和 Internet 网络之间的接口,是由银行操作的将 Internet 上传输的数据转换为金融机构内部数据的一组服务器设备,或由指派的第三方处理商家支付信息和顾客的支付指令。支付网关在网上银行的交易过程中起着数据转换与处理中心的角色。

3)安全认证

为了保证网上交易的安全性,目前 Internet 上有几种加密协议在使用,其中安全套接层协议 SSL 和安全电子交易协议 SET 这两种是最常见的两种。通过加密协议的有效加密,目前已构筑一个安全的电子交易模式,能够有效保证数据的保密性、完整性和不可抵赖性,同时也对对象进行了有效的访问控制,并对其进行了对象的认证,大大提高了网上交易的安全性。

6.4 移动电子商务支付

6.4.1 移动电子商务支付的基本概念

移动电子商务支付是指使用普通手机或智能手机完成支付或确认支付,而不是用现金、支票或银行卡支付,买方可以使用移动电话购买一系列的服务、数字产品或实体商品。例如:

①购买音乐、视频、铃声、在线游戏订阅或其他数字商品;

②支付交通费(公共汽车、地铁和火车等)以及停车费等;

③购买书籍、杂志、门票和其他实体商品。

移动支付作为近年来新兴的一种支付方式,适应了社会公众"随身、实时、便捷"的支付需求,得到了迅速发展。在无线运营商、智能手机销售商和手机开发商中,他们都有一个坚定的信念,移动支付将成为一个主要的支付方式,可以消除人们对银行卡及现金的依赖。

移动支付有多种形式,包括近场支付、远程支付以及 POS 系统支付,下面对其一一进行讲解:

1)近场支付

近场支付是指消费者在购买商品或服务时,即时通过手机向商家进行支付,支付的处理在现场进行,并且在线下进行,不需要使用移动网络,而是使用手机射频(NFC)、红外、蓝牙等通道,实现与自动售货机以及 POS 机的本地通讯。NFC(Near Field Communication) 近距离无线通讯是目前近场支付的主流技术,它是一种短距离的高频无线通讯技术,允许电子设备之间进行非接触式点对点数据传输交换数据。该技术由 RFID 射频识别演变而来,并兼容 RFID 技术,其最早由飞利浦、诺基亚和索尼等公司主推,主要在移动电话等手持设备中应用。

近场支付主要有几个方面:行业运用、运用场景和主要合作方。支付主要的应用场景是银行卡和第三方支付卡,主要的合作银行是银联等金融机构、第三方金融公司。

在近场支付的应用场景方面,公共交通是非常典型的应用。公交交通卡、地铁卡、出租车、火车票应用等。这些应用场景的主要合作方是公交卡公司、地铁、高铁等经营公司。

另一个非常有特色的应用就是校园和企业的一卡通。这里包括公司门卡、校园一卡通、汽车钥匙和电脑锁。合作方是集团客户、校园、安全方案集中商,还有电子票务、电子海报等。

2）远程支付

远程支付是指通过发送支付指令（如网银、电话银行、手机银行等）或借助支付工具（如通过邮寄、汇款）进行的支付方式。手机银行是一种典型的远程支付方式。应用流程一般是用户通过 SMS、WAN 发起一笔消费，信息传送到银行处，银行扣款成功后下发一条文本短信给该用户。用户在消费页面中输入该文本短信的内容后，即支付成功。

目前，运营商商城的远程支付模式渐渐形成规模，改变了传统的消费模式和手机银行方式。商城的消费品均为手机软件，支付平台提供商作为主导，电子商城是移动网上的终端，包括淘宝网、当当网等。运营商商城包括电信积分商城、联通商城、用友移动商城等，商品有食物、软件，邮箱、保险等一系列繁多的类别。

3）POS 系统支付

商家或服务提供商使用类似的步骤进行 POS 交易，而不需要特殊的 POS 终端，这种支付方式称为"移动 POS 机交易"。商人利用移动 POS 支付提供特殊的移动服务，使用其移动设备发送一个付款请求到客户的手机上，一旦这个请求被收到，这个客户会输入他的 PIN，这个服务会同时向商家和客户发送确认信息。通过借记客户账户，贷记商家账户完成此次交易。尽管商家要向服务提供商支付交易费和通信费，但其成本仍远远低于以 POS 信用卡为基础的交易成本。这些服务主要是针对小型企业或独立经营者的，比如医生、牙医、快递公司、出租车和管道工等。

6.4.2　移动电子商务支付的运营模式

目前，我国市场上使用的移动支付根据运营商的不同运营模式大致可以分为三类，即移动运营商运营、银行运营和第三方支付平台运营。

1）移动运营商运营

这种运营方式是以移动运营商为主体，商家通过移动运营商向用户提供服务，用户通过移动运营商向商家缴纳费用。这种运营方式不需要银行等金融机构的参与，用户向移动运营商发送需要服务的短信，移动运营商则代替商家扣取用户的话费。但是这种方式应用范围小，主要集中在话费充值、手机游戏缴费和购买手机彩铃等业务。其具体运营模式如图 6.4 所示。

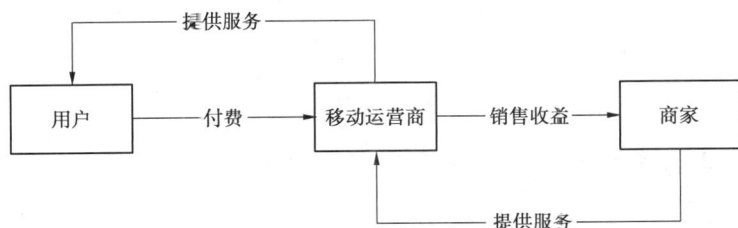

图 6.4　移动运营商为主

2）银行运营

这种运营方式是以银行为主体，银行通过移动网络进行系统接入，独立为用户提供移动支付服务。在这个过程中,移动运营商仅仅是提供信息通道,并不参与到支付中去。用户通过移动网络在线选购商品或者服务并且选择对应的手机银行支付,然后登陆手机银行,确认购买信息无误后输入密码完成支付。但是这种方式也有一定的弊端,各大行自主开发其移动支付软件,无法实现跨行或者跨地区服务。而且各个银行独立开发各自的系统,造成一定的资源浪费。其具体运营模式如图6.5所示。

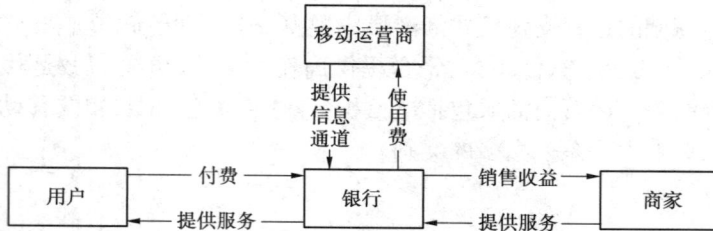

图6.5 银行为主

3)第三方支付平台运营

这种运营方式是以第三方支付平台为主体,第三方移动支付平台对移动网络资源和银行的各种支付卡进行整合,确认用户的身份信息和商品信息,为用户和商家的银行账户之间提供划拨和结算的服务。这种方式使得移动运营商、银行和服务提供商之间的分工更为明确,整合了移动网络和银行资源,实现了跨行服务。同时,这种方式具有很好的电商基础,应用范围十分广泛,因此,我国目前的移动支付市场主要使用的就是这种方式。其具体运营模式如图6.6所示。

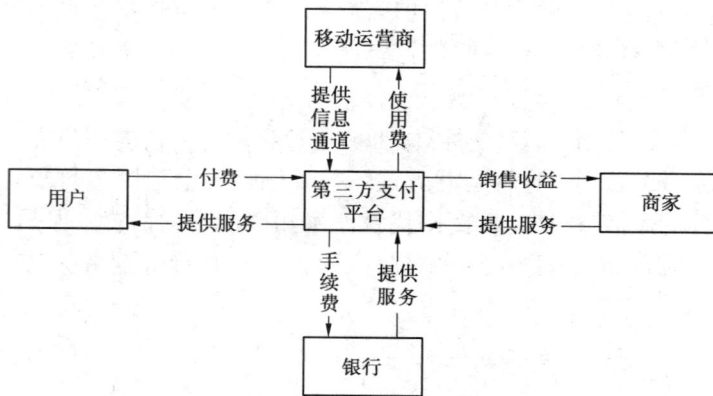

图6.6 第三方支付平台为主

6.4.3 移动电子商务支付的发展现状及特点

1)国外发展情况

国外移动支付业务发展非常平均,分为3大阵营:日韩、欧洲、美洲。日韩商用规模最大,欧洲正在起步。美国由于原有的互联网发达,电子支付在移动领域中的应用较少。1997年,芬兰最早推出了移动支付业务——完成了通过短信实现自动售货机的付款。这是第一个进行手机终端和银行进行服务的。当时芬兰的移动手机普及率为 43% 。2010 年 5 月 21 日,法国政府成为欧洲第一个接触支撑和 NFC 支撑的政府,当地运营商的网点开始业务推广工作,发展迅猛。日韩移动支付的发展也十分迅速。2009 年 8 月,移动用户有 65% 都是移动支付用户。目前在韩国有 70% 的电子支付超过了 10 亿美元的交易额,都是由手机支付完成的。

2）国内发展情况

2001 年开始,中国移动建设了全国统一的手机支付平台,管理中心等移动电子中心的平台,与公交合作,在全国各地开展了手机公交,手机操作的业务实现。同时,2010 年 3 月 10 日,中国移动浦发银行开创了运营商注资银行的先河,手机支付将从小额支付转向信用卡、转账、大额交易等业务。在上海发动了 NFC 的手机支付业务,在几个城市开展了手机支付乘公交、购物等工作。

中国联通的手机支付业务在 2010 年底已在北京、上海、广州、重庆 4 个城市正式商用。2011 年 4 月,中国联通支付公司获得营业执照。12 月,该公司获得了国内第三方支付牌照,业务涵盖互联网支付、移动支付和银行卡收单等支付业务。

中国电信是在上海正式推出天翼翼支付移动支付的产品。2010 年 2 月 5 日,产品正式发布,推出了支付手机刷卡,开始了手机刷卡新的试点工作。中国电信已在宁波、河北、东莞等地方与当地商业银行合作,推广移动支付业务,同时,中国电信与中国银联旗下的银联商务、银联电子商务、拉卡拉第三方支付公司建立合作联盟,为商户提供方便的支付。此外,中国电信还与航空公司、公交公司的行业用户合作,通过账户的关联扩大手机支付业务。中国电信目前已经建成的全国支付的能力平台,在 17 个省,每个省两个本地网做的试点。用户数已经达到 14.3 万,年费累计是 300 万。

中国银联积极与中行、光大联合双界面卡,与公交、交行合作 NSC 定做手机,开展移动现场支付的试点、试验,商业银行、分支银行都非常踊跃地参与试点工作,包括营业的参与、模式的支付试验工作。

根据艾瑞咨询统计数据显示,2013 年第三方移动支付市场交易规模已突破万亿元,达 12 197.4 亿元,同比增速 707% 。2013 年三季度移动互联网支付份额中,支付宝以 78.4% 处于绝对优势,拉卡拉占 11.5% ,财付通仅占 4.2% 。移动支付在我国的发展呈现出以下特点:

①总体支付笔数和金额较小,但增长迅猛,显示出移动支付的巨大增长空间。在三种电子支付方式中,移动支付尽管增速快,但基数低,支付金额只占电子支付的 0.9% 。从支付笔数来看,也同样只占整体电子支付的 6.49% ,比例也不高。

②小额支付居多。结合每笔支付业务的平均金额来看,2013 年电子支付整体平均每笔金额为 4.17 万元,但移动支付平均每笔金额仅有 0.58 万元,只占电子支付的七分之一不到。这说明移动支付方式多为小额支付。

③发展不平衡。这种不平衡体现在两个方面:首先,在移动支付领域,第三方支付虽然成为移动金融炙手可热的业务,且在移动支付金额上并未体现出与其热门程度相匹配的水平。虽然第三方移动支付规模已经破万亿,但仅仅占整个移动支付金额的 12.65% ,占比较低。其次,第三方移动支付呈现出寡头垄断局面,支付宝一家独大,占比高达 78.4% 。行业

前三名合计占比高达 94.1% ,充分说明第三方移动支付机构发展极不平衡。

④支付方式以远程支付为主,NFC 支付发展相对滞后。以移动运营商手机近场支付为例,由于一直受限于技术、政策、商业模式等原因,手机支付发展非常缓慢。直到 2012 年,央行明确 13.56M 为手机近场支付的标准,正式结束了之前漫长的标准之争。截至 2013 年底,根据工信部相关部门的统计,我国三大运营商手机支付用户仅为 366.3 万户。

3) 未来发展趋势

移动支付是一项融合性的业务。从产业链来看,支付技术和服务提供商是一个方面,包括现在各类平台、支付方案和业务运营的提供商。随后是交通行业,包括公交、地铁,有成熟的用户资源、行业账户管理、行业政策优势和运营的经验。金融行业是非常重要的一个方面,具备金融账户管理、金融政策优势、收单和清算网络,并提供资金的通道。

未来,随着移动互联网的高速发展,O2O 向纵深发展的趋势会更加明显,移动支付应用场景的广度和深度会大大加强,移动支付的价值链也会出现延伸、整合、创新和完善,最终形成功能齐全、上下游关系复杂、效率更高、更为稳定的价值网,以满足客户多样化、个性化的移动支付需求。

思考题

1. 与传统支付相比,电子支付有什么特征?
2. 电子商务的支付方式有哪几种?
3. 网上银行的特征?
4. 网上银行的交易流程是什么样的? 在交易过程中,需要注意一些什么问题?
5. 移动电子商务支付的几大运营模式是什么? 各有什么优缺点?

第7章
电子商务安全技术

📖 本章学习目标

- 了解信息安全面临的主要安全威胁；
- 理解常用的安全技术原理；
- 掌握常用的安全技术手段。

案例导入

网银升级诈骗

2014 年 12 月,事主刘某收到一条短信,显示手机银行已满足兑换 2 000 元现金礼包的条件,需要登录网址领取,事主用手机登录网址,并按照要求输入了身份证号码、取款密码及手机短信验证码。后手机接到银行的无卡取款短信提醒,随后发现其银行账户被无卡取款 10 000 元人民币。

此类案件是网银升级诈骗案件的常见骗术,2014 年占十大电信诈骗案件的 0.53% ,涉案金额占十大电信诈骗案件的 0.18% 。在 2012 年初的时候大规模爆发,经公安机关严厉打击,在 2012 年后期几乎未曾出现,在 2014 下半年开始重新出现,且骗术内容发生了变化。嫌疑人冒充银行客服电话或 10086 向事主发短信,要求事主登陆虚假网站,诱骗事主输入银行卡信息等内容后,通过异地无卡取现的方式骗走事主卡内现金。

（资料来源:http://www.jsw.com.cn/zhuanti/2016-01/21/content_3529115.htm）

7.1 电子商务的安全问题

电子商务是以信息网络技术为手段,以商品交换为中心的商务活动。随着我国互联网普及率的提高,电子商务发展插上了腾飞的翅膀,电子商务市场交易额日益增多,网购已经成为了人们的日常行为。电子商务在给我们带来发展的无限可能的同时,其安全管理问题也是备受关注。电子商务安全管理问题目前仍然存在诸多漏洞,要想电子商务能健全发展下去,在网络的传输过程中信息被截获、篡改传输的文件、假冒他人身份以及不承认或抵赖已经做过的交易等这些电子商务面临的安全威胁就不容被忽视。在电子商务地位日益提升的今天,加强电子商务安全管理工作及措施研究迫在眉睫。

7.1.1　电子商务安全的主要内容

1)计算机网络安全问题

（1）程序安全

程序安全的问题主要包括程序漏洞和恶意代码。程序开发中的微小错误都可能造成严重的安全问题,所以一些有漏洞的程序就会被黑客恶意攻击,从而改变程序的执行流程,非法利用网络资源。错误恶意代码是以破坏为目的的一类程序,也就是通常所说的计算机病毒,是能够破坏计算机系统正常运行,具有传染性的程序。随着互联网的发展,病毒利用互联网大大提高传播速度,侵入网络,破坏资源,成为电子商务中计算机网络的一大重要安全威胁。

（2）操作系统安全

电子商务基础平台为企业的电子商务应用提供了运行环境和管理工具及内部袭用的连接。它是保证电子商务系统具有高扩展性、集中控制、高可靠性的基础。电子商务基础平台的目标是提高系统整体性能,是面向系统效率的。随着电子商务运行环境通过网络访问共享资源的未知用户的增加,如何提供验证机制是一个值得关注的问题。

（3）数据库安全

电子商务网站的安全是确保电子商务网站能可靠运行并有效开展电子商务活动的基础。数据库是电子商务网站的核心,数据库是否安全直接影响着电子商务网站的正常运营。

2)商务交易安全问题

（1）基于信息的安全问题

窃取信息。由于未采用加密措施,数据信息在网络上以明文形式传送,入侵者在数据包经过的网关或路由器上可以截获传送的信息。通过多次窃取和分析,可以找到信息的规律和格式,进而得到传输信息的内容,造成网上传输信息泄密。

篡改信息。当入侵者掌握了信息的格式和规律后,通过各种技术手段和方法,将网络上传送的信息数据在中途修改,然后再发向目的地。这种方法并不新鲜,在路由器或网关上都可以做此类工作。

假冒。由于掌握了数据的格式,并可以篡改通过的信息,攻击者可以冒充合法用户发送假冒的信息或者主动获取信息,而远端用户通常很难分辨。

恶意破坏。由于攻击者可以接入网络,则可能对网络中的信息进行修改,掌握网上的机要信息,甚至可以潜入网络内部,其后果是非常严重的。

（2）移动电子商务安全问题

移动通信业务和互联网的发展,促使了移动电子商务成为了继传统电子商务后又一新兴领域。随着越来越多的人使用移动无线终端,移动电子商务拥有了巨大的发展空间。然而移动电子商务同传统电子商务一样也具有不容忽视的安全问题。由于移动商务要经过运营商的移动网络,这就有可能发生信息泄密或引入黑客攻击的问题,所以移动电子商务应用必须首先解决好移动接入的安全问题。

移动电子商务的安全主要包括移动接入安全和移动商务系统的安全。因为移动电子商务涉及无线通信网络、移动运营商、移动智能终端、内容提供商等多方面,所以它的安全问题存在于各个方面。

7.1.2　电子商务安全威胁

电子商务面临的安全威胁包括计算机网络系统与商务交易两个方面。

1)计算机网络系统的安全威胁

(1)系统层安全性漏洞

系统漏洞是指应用软件或操作系统软件在逻辑设计上的缺陷或在编写时产生的错误,这个缺陷或错误可以被不法者或者电脑黑客利用,通过植入木马、病毒等方式来攻击或控制整个电脑,从而窃取电脑中的重要资料和信息,甚至破坏系统。由于电子商务系统的运行是以计算机软硬件为基础的,因此计算机系统层所使用的硬件设备、软件系统、数据库及网络结构的安全漏洞都可能造成电子商务的安全隐患。

(2)数据安全性威胁

①跨平台数据交换引起的数据丢失。在同一个电子商务系统中,可能同时存在多个操作系统、多种型号的电脑设备、多种类型的数据传输介质,并要求同时支持多国语言,平台之间的兼容性有可能导致电子商务系统中数据的丢失。

②意外情况造成的数据破坏。如果对意外情况造成的损失没有充分的评估和完整的补救措施,那么意外情况造成的数据破坏将对整个电子商务系统的稳定性和安全性造成威胁。

③传输过程中的数据截获。攻击者可能通过互联网、公共电话网络、搭线或在电磁波辐射范围内安装接收装备等方式,截获网络传输的机密信息,或通过对信息流量和流向、通信频度和长度等参数的分析,获取有用的信息,如消费者的银行账号、密码等。

④传输过程中的数据完整性破坏。攻击者可能以中断、篡改、删除、插入和伪造等方式破坏信息的完整性。中断,使系统不能正常工作;篡改,即改变信息流的次序,如更改购买商品的收货地址等;删除,即删除某个消息或消息的某部分;插入,即在消息中插入一些信息;伪造直接破坏真实性,使电子交易合法性受到挑战。

(3)计算机病毒的危害

计算机病毒是指编制或者在计算机程序中插入的破坏计算机功能或者毁坏数据、影响计算机使用并能自我复制的一组计算机指令或者程序代码。计算机病毒有独特的复制能力,可以很快蔓延。它们能把自身附着在各种类型的文件上。当文件被复制或从一个用户传送到另一个用户时,它们就随同文件一起蔓延开来。由于计算机病毒具有寄生性、繁殖性及隐蔽性的特点,因此波及面较广、危害范围大,且易反复。如果计算机病毒结合了木马程序,那对于电子商务系统将成为一个最大的威胁。

计算机病毒已对计算机系统、网络安全和电子商务系统构成了极大的威胁。虽然计算机病毒的各类繁多,但是只要做好病毒的监控和安全管理工作,做好重要数据信息的备份工作,就能把病毒对电子商务系统的危害降到最低程度。

(4)"黑客"攻击的威胁

"黑客"源于英语 Hack,在 20 世纪早期,黑客在校园俚语中是"恶作剧"之意,指的是手法巧妙、技术高明的恶作剧,最开始主要是一批奉公守法的计算机迷。随着一些黑客逐渐将注意力集中到涉及公司机密和国家内幕的保密数据库上,"黑客"的定义就有了新的演绎。

黑客攻击手段可分为非破坏性攻击和破坏性攻击两类。非破坏性攻击一般是为了扰乱系统的运行,并不盗窃系统资料,通常采用拒绝服务攻击或信息炸弹,而破坏性攻击是以侵入他人电脑系统、盗窃系统保密信息、破坏目标系统的数据为目的。"黑客"往往利用电子商务系统中的种种安全漏洞,修改网页,转移资金账户,破坏系统数据,给电子商务的安全带来的严重威胁。

2)电子商务交易的安全威胁

在传统交易过程中,买卖双方是面对面的,因此很容易保证交易过程的安全性,也容易建立起信任关系。而在电子商务交易过程中,买卖双方是通过网络来联系的,交易双方的安全和信任关系难以建立,电子商务交易双方(销售者和购买者)都面临不同的安全威胁。

(1)销售者面临的威胁

①中央系统安全性被破坏;

②竞争对手检索商品递送状况;

③客户资料被竞争者获悉;

④被他人假冒而损害公司的信誉;

⑤消费者提交订单后不付款,扰乱销售者正常经营;

⑥获取他人的机密数据。

(2)购买者面临的威胁

①虚假订单。假冒者可能会以客户的名字来订购商品,而且有可能收到商品,而此时客户却被要求付款或返还商品。

②付款后不能按质、按量、按时收到商品。

③机密性丧失,如个人数据或者自己的身份数据(如账号、口令等)泄露或被窃取。

④拒绝服务。攻击者假冒用户攻击卖方服务器,从而导致用户不能得到正常服务。

7.1.3 电子商务安全对策

1)建立保证我国电子商务安全的法律法规体系

电子商务实践要求建立透明、和谐的电子商务交易秩序和交易活动环境,为使电子商务成为真正的市场,必须创造与之相适应的法律环境。目前,虽然我国已颁布相当数量的信息安全方面的法律规范,但立法层次不高,法律规定之间不统一,立法理念和立法技术相对滞后,因此构建具有中国特色的电子商务法律体系,对推动电子商务的发展具有极其重要的意义。我国电子商务的安全性方面的法制建设应涉及下列几个方面:

①保护个人信息,特别是互联网上的个人隐私;

②保护消费者权益;

③保密和信息的合法访问;

④数字签名与认证机构;

⑤计算机违法与犯罪问题的规制等。

在对我国电子商务法律体系的构建中,首先应当考虑原有法律对电子商务行为的适用,对于原有法律不能适应的电子商务行为可以采取修法和单独立法的方式予以解决。对于一些全新领域可以进行单独立法,可以参照联合国《电子商务示范法》制定我国的电子商务基本法,从而形成我国电子商务完整、有机的法律体系。

2)完善各项管理制度

电子商务安全管理制度是对各项安全要求所作出的规定,应构建一套完整的、适应网络环境的安全管理制度。这些制度应当包括以下几个方面的内容:

①组织机构及人员管理制度。加强组织机构建设、人员的安全意识教育、技术培训和人员的选择,严格执行多人负责原则、任期有限原则和职责分离原则,建立一套行之有效的安全管理措施。

②保密制度。建立完善的保密体系,改进相应的保密措施,加强对密钥的管理。

③跟踪审计制度。跟踪是指企业建立网络交易系统日志机制,记录系统运行的全过程;审计包括对系统日志的检查、审核,以便及时发现故意入侵系统行为的记录和违反系统安全功能的记录等。

④系统维护制度。定期对系统进行维护,采取数据保护措施,如数据备份等。

⑤病毒防范制度。提高病毒防范意识,安装防毒软件,定期更新病毒数据库。

⑥应急措施。建立一套应急措施,在紧急事故发生时,利用各项应急措施来保障电子商务系统继续进行或紧急恢复。

3)规范技术层面操作

①网络安全检测设备,加强对"黑客"行为的网络监控。

②建立安全的防火墙体系,确定什么人在什么条件下可以进入企业内部环境。

③不间断电源的良好使用。针对硬件的电源故障可以设置合适的不间断电源,还可采用合适的电源管理软件,如 Power Chule Plus 电源管理软件。

④建立认证中心,并进行对数据证书的认证和发放。

⑤加强数据加密,加强对密钥的分配及管理。

⑥设立较强的防入侵措施,加强对文件处理的限制,配合报警系统检测违反安全规则的行为。

⑦进行严格的访问控制,对于未经授权的访问请求或资源,拒绝访问请求。

⑧通信流的控制。通信流分析是一种特殊的被动型攻击,敌方通过分析网络中某一路径的信息流量和流向,就可以判断某事件的发生。信息流的控制主要是掩盖通信的频度、报文的长度、报文的形式、报文的地址,使网络中的数据流量平衡,防止不法分子通过分析网络中的某一路径的信息流量和流向来判断某事件的发生。

⑨合理的鉴别机制。该机制是为每一个通信方查明另一个实体身体和特权的过程,包括报文鉴别、数据签名和终端识别技术等。

⑩传输线路应有露天保护或埋于地下,并远离各种辐射源,避开电磁干扰。

⑪数据完整性的控制。数据是否来自正确的发送方而非假冒,数据接收的内容与发送时是否一致等。

针对电子商务的安全威胁,采取恰当的技术措施将网络安全评估技术、防火墙技术、入侵检测技术等结合起来,通过科学的管理,在法律体系的规范下,发挥人的主观能动性和警惕性来保护电子商务的安全,才能形成一个较完整的安全防范体系。

7.2 防火墙技术

7.2.1 防火墙的基本概念

防火墙是从建筑学上引过来的概念。建筑学中的防火墙是指古代人们在房屋之间修建一道墙,以使火灾发生时火势不至于蔓延到别的房屋。后来,这种称呼延伸到计算机安全领域,特别是延伸到近年来飞速发展的互联网领域,也被称为网络防火墙。

所谓防火墙指的是一个由软件和硬件设备组合而成、在内部网和外部网之间、专用网与公共网之间的界面上构造的保护屏障,是一种获取安全性方法的形象说法。它是一种计算机硬件和软件的结合,使 Internet 与 Intranet 之间建立起一个安全网关(Security Gateway),从而保护内部网免受非法用户的侵入。防火墙主要由服务访问规则、验证工具、包过滤和应用网关 4 个部分组成。防火墙就是一个位于计算机和它所连接的网络之间的软件或硬件。该计算机流入流出的所有网络通信和数据包均要经过此防火墙。

防火墙本身具备较强的抗攻击能力,是一种实现网络安全的基本措施。网络防火墙本身就如一堵墙壁,将内部私人可信赖的安全网络与外部公共不信赖的网络进行隔离,从而起到区域网络的不同安全区域的防御作用,其结构如图 7.1 所示。

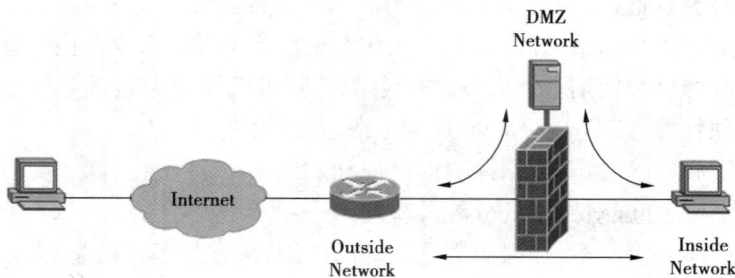

图 7.1 防火墙示意图

1)防火墙的功能

防火墙在内网与互联网之间起到信息安全管理的作用,对互联网进入内网或者内网进入互联网的信息进行管理,从而起到保护用户数据和系统安全的作用。防火墙具备以下几个方面的功能:

①报警功能,将任何有网络连接请求的程序通知用户,用户自行判断是否放行或阻断其程序连接网络。

②黑白名单功能,可以对现在或曾经请求连接网络的程序进行规则设置,包括以后不准许连接网络等功能。

③局域网查询功能,可以查询本局域网内其用户,并显示各用户主机名。

④流量查看功能,对计算机进出数据流量进行查看,直观的完整的查看实时数据量和上传下载数据率。

⑤端口扫描功能,扫描本机端口,端口范围为 0—65535 端口,扫描完后将显示已开放的端口。

⑥系统日志功能,记录不同时间数据包进去计算机的情况以及连接网络的程序,其中包括记录下程序的请求连网时间,程序目录路径等。

⑦系统服务功能,查看、关闭、启动以及暂停存在于计算机内的服务程序。

⑧连网、断网功能,在不使用物理方法下使用户计算机连接网络或断开网络。

2) 防火墙的不足之处

(1) 无法检测加密的 Web 流量

如果你正在部署一个门户网站,希望所有的网络层和应用层的漏洞都被屏蔽在应用程序之外。这个需求,对于传统的网络防火墙而言,是个大问题。

由于网络防火墙对于加密的 SSL 流中的数据是不可见的,防火墙无法迅速截获 SSL 数据流并对其解密,因此无法阻止应用程序的攻击,甚至有些网络防火墙,根本就不提供数据解密的功能。

(2) 普通应用程序加密后,也能轻易躲过防火墙的检测

网络防火墙无法看到的,不仅仅是 SSL 加密的数据。对于应用程序加密的数据,同样也不可见。在如今大多数网络防火墙中,依赖的是静态的特征库,与入侵监测系统 (IDS,Intrusion Detect System) 的原理类似。只有当应用层攻击行为的特征与防火墙中的数据库中已有的特征完全匹配时,防火墙才能识别和截获攻击数据。

但如今,采用常见的编码技术,就能够地将恶意代码和其他攻击命令隐藏起来,转换成某种形式,既能欺骗前端的网络安全系统,又能够在后台服务器中执行。这种加密后的攻击代码,只要与防火墙规则库中的规则不一样,就能够躲过网络防火墙,成功避开特征匹配。

(3) 对于 Web 应用程序,防范能力不足

网络防火墙于 1990 年发明,而商用的 Web 服务器,则在一年以后才面世。基于状态检测的防火墙,其设计原理,是基于网络层 TCP 和 IP 地址,来设置与加强状态访问控制列表 (ACLs,Access Control Lists)。在这一方面,网络防火墙表现确实十分出色。

但由于体系结构的原因,即使是最先进的网络防火墙,在防范 Web 应用程序时,由于无法全面控制网络、应用程序和数据流,也无法截获应用层的攻击。由于对于整体的应用数据流,缺乏完整的、基于会话 (Session) 级别的监控能力,因此很难预防新的未知的攻击。

(4) 应用防护特性,只适用于简单情况

目前的数据中心服务器,时常会发生变动。在这样动态复杂的环境中,安全专家们需要采用灵活的、粗粒度的方法,实施有效的防护策略。虽然一些先进的网络防火墙供应商,提出了应用防护的特性,但只适用于简单的环境中。细看就会发现,对于实际的企业应用来说,这些特征存在着局限性。在多数情况下,弹性概念 (Proof of Concept) 的特征无法应用于现实生活中的数据中心上。

网络防火墙的体系结构,决定了网络防火墙是针对网络端口和网络层进行操作的,因此很难对应用层进行防护,除非是一些很简单的应用程序。

（5）无法扩展带深度检测功能

基于状态检测的网络防火墙,如果希望只扩展深度检测（Deep Inspection）功能,而没有相应增加网络性能,这是不行的。真正的针对所有网络和应用程序流量的深度检测功能,需要空前的处理能力,来完成大量的计算任务,包括以下几个方面:

①SSL 加密/解密功能;

②完全的双向有效负载检测;

③确保所有合法流量的正常化;

④广泛的协议性能。

这些任务,在基于标准 PC 硬件上,是无法高效运行的,虽然一些网络防火墙供应商采用的是基于 ASIC 的平台,但进一步研究,就能发现:旧的基于网络的 ASIC 平台对于新的深度检测功能是无法支持的。

3）防火墙的配置原则

防火墙的配置中,首先要遵循的原则就是安全、适用、高效,从这些个角度考虑,在防火墙的配置过程中需坚持以下 3 个基本原则:

（1）安全适用

防火墙的主要功能是防护内部网络免受外部网络攻击,并限制内部网络用户访问外部网络的权限和行为。因此,防火墙的配置要具有安全防护能力,同时必须要具有足够的高效性以避免防火墙成为网络通信的瓶颈。

（2）综合检测

防火墙的安全策略配置必须遵循多层次、全方位、易扩展的原则进行,防火墙是内部网络与外部网络之间的安全防御系统,必须具有入侵检测、网络加密、病毒查杀等多种安全管理功能,才能保证内部网络的安全。

（3）内外兼顾

防火墙的一个特点是防外不防内,其实在现实的网络环境中,80% 以上的威胁都来自内部,所以我们要树立防内的观念,从根本上改变过去那种防外不防内的传统观念。对内部威胁可以采取其他安全措施,比如入侵检测、主机防护、漏洞扫描、病毒查杀等。这方面体现在防火墙配置方面就是要引入全面防护的观念,最好能部署与上述内部防护手段一起联动的机制。

7.2.2 防火墙的类型

防火墙实现技术的不同可以将防火墙为以下几种主要的类型。

1）包过滤防火墙

（1）包过滤原理

数据包过滤是指在网络层对数据包进行分析、选择和过滤。选择的数据是系统内设置的访问控制表（又叫规则表）,规则表制定允许哪些类型的数据包可以流入或流出内部网络。通过检查数据流中每一个 IP 数据包的源地址、目的地址、所用端口号、协议状态等因素或它们的组合来确定是否允许该数据包通过。

包过滤防火墙一般可以直接集成在路由器上,在进行路由选择的同时完成数据包的选择与过滤,也可以由一台单独的计算机来完成数据包的过滤(图7.2)。

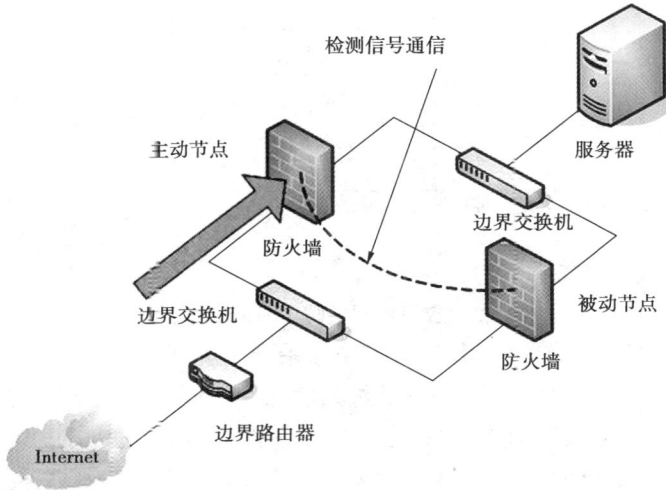

图 7.2　包过滤防火墙

(2)包过滤防火墙的优点

①对于一个小型的、不太复杂的站点,包过滤比较容易实现。

②过滤路由器工作在 IP 层和 TCP 层,处理包的速度比代理服务器快。

③过滤路由器为用户提供了一种透明的服务,用户不需要改变客户端的任何应用程序,也不需要用户学习任何新的东西。

④过滤路由器在价格上一般比代理服务器便宜。

(3)包过滤防火墙的缺点

①一些包过滤网关不支持有效的用户认证。

②规则表很快会变得很大而且复杂,规则很难测试。随着表的增大和复杂性的增加,规则结构出现漏洞的可能性也会增加。

③这种防火墙最大的缺陷是它依赖一个单一的部件来保护系统。如果这个部件出现了问题,会使得网络大门敞开,而用户甚至可能还不知道。

④在一般情况下,如果外部用户被允许访问内部主机,则它就可以访问内部网上的任何主机。

⑤包过滤防火墙只能阻止一种类型的 IP 欺骗,即外部主机伪装内部主机的 IP,对于外部主机伪装外部主机的 IP 欺骗却不可能阻止,而且它不能防止 DNS 欺骗。

2)应用级网关防火墙

应用级网关能够检查进出的数据包,通过网关复制传递数据,防止在受信任服务器和客户机与不受信任的主机间直接建立联系。应用级网关能够理解应用层上的协议,能够做一些复杂的访问控制,并做精细的注册和稽核。它针对特别的网络应用服务协议即数据过滤协议,并且能够对数据包分析并形成相关的报告。应用网关对某些易于登录和控制所有输出输入的通信的环境给予严格的控制,以防有价值的程序和数据被窃取。应用级网关防火墙的工作流程如下图 7.3 所示：

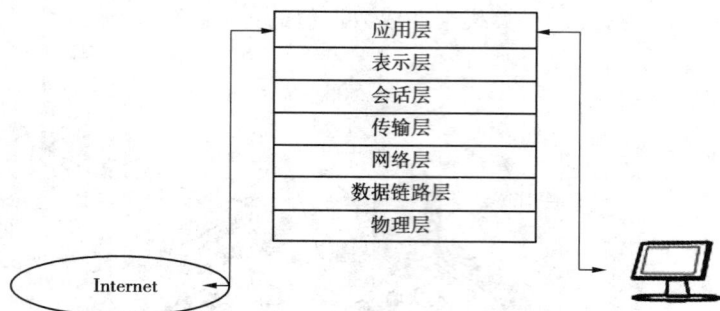

| 应用层 |
| 表示层 |
| 会话层 |
| 传输层 |
| 网络层 |
| 数据链路层 |
| 物理层 |

图 7.3　应用级网关防火墙的工作原理

在实际工作中,应用网关一般由专用工作站系统来完成。但每一种协议需要相应的代理软件,使用时工作量大,效率不如网络级防火墙。应用级网关有较好的访问控制,是目前最安全的防火墙技术,但实现困难,而且有的应用级网关缺乏"透明度"。在实际使用中,用户在受信任的网络上通过防火墙访问 Internet 时,经常会发现存在延迟并且必须进行多次登录(Login)才能访问 Internet 或 Intranet。

3) 电路级网关型防火墙

电路级网关用来监控受信任的客户或服务器与不受信任的主机间的 TCP 握手信息,这样来决定该会话(Session)是否合法,电路级网关是在 OSI 模型中会话层上来过滤数据包,这样比包过滤防火墙要高两层。

电路级网关还提供一个重要的安全功能:代理服务器(Proxy Server)。代理服务器是设置在 Internet 防火墙网关的专用应用级代码。这种代理服务准许网管员允许或拒绝特定的应用程序或一个应用的特定功能。包过滤技术和应用网关是通过特定的逻辑判断来决定是否允许特定的数据包通过,一旦判断条件满足,防火墙内部网络的结构和运行状态便"暴露"在外来用户面前,这就引入了代理服务的概念,即防火墙内外计算机系统应用层的"链接"由两个终止于代理服务的"链接"来实现,这就成功地实现了防火墙内外计算机系统的隔离。同时,代理服务还可用于实施较强的数据流监控、过滤、记录和报告等功能。代理服务技术主要通过专用计算机硬件(如工作站)来承担(图 7.4)。

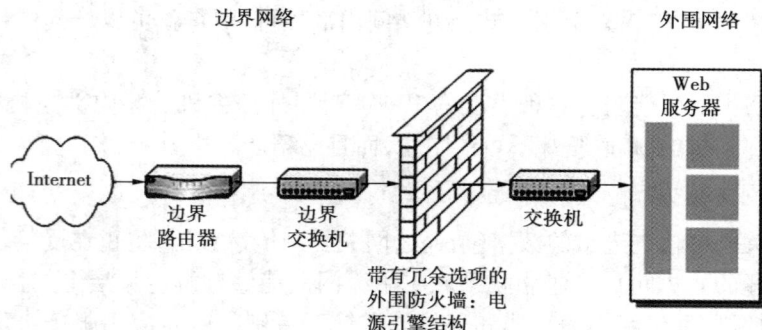

图 7.4　电路级网关防火墙

4）规则检查防火墙

该防火墙结合了包过滤防火墙、电路级网关和应用级网关的特点。它同包过滤防火墙一样，规则检查防火墙能够在 OSI 网络层上通过 IP 地址和端口号，过滤进出的数据包。它也像电路级网关一样，能够检查 SYN 和 ACK 标记和序列数字是否逻辑有序。当然它也像应用级网关一样，可以在 OSI 应用层上检查数据包的内容，查看这些内容是否能符合企业网络的安全规则。规则检查防火墙虽然集成前三者的特点，但是不同于应用级网关的是，它并不打破客户机/服务器模式来分析应用层的数据，它允许受信任的客户机和不受信任的主机建立直接连接。规则检查防火墙不依靠与应用层有关的代理，而是依靠某种算法来识别进出的应用层数据，这些算法通过已知合法数据包的模式来比较进出数据包，这样从理论上就能比应用级代理在过滤数据包上更有效（图 7.5）。

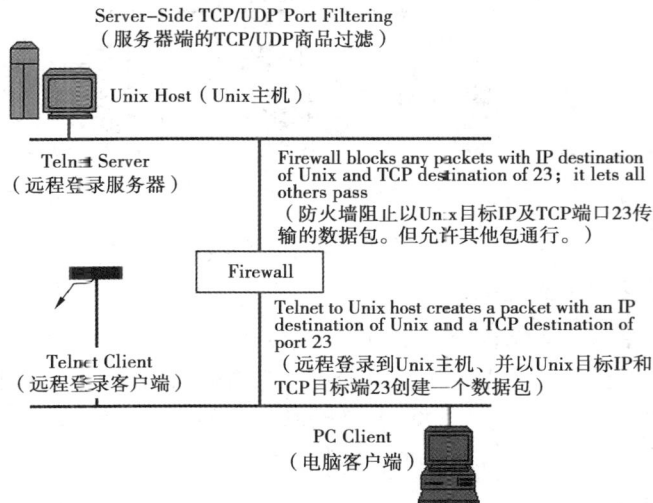

图 7.5　规则检查防火墙

7.2.3　防火墙的体系结构

目前，防火墙的体系结构一般有以下几种：双重宿主主机体系结构、被屏蔽主机体系结构、被屏蔽子网体系结构。

1）双重宿主主机体系结构

双重宿主主机体系结构是围绕具有双重宿主的主机计算机而构筑的，该计算机至少有两个网络接口。这样的主机可以充当与这些接口相连的网络之间的路由器，它能够从一个网络到另一个网络发送 IP 数据包。然而，实现双重宿主主机的防火墙体系结构禁止这种发送功能。因而，IP 数据包从一个网络（例如因特网）并不是直接发送到其他网络（例如内部的、被保护的网络）。防火墙内部的系统能与双重宿主主机通信，同时防火墙外部的系统（在因特网上）能与双重宿主主机通信，但是这些系统不能直接互相通信。它们之间的 IP 通信被完全阻止。

双重宿主主机的防火墙体系结构是相当简单的，双重宿主主机位于两者之间，并且被连接到因特网和内部的网络,如图7.6所示。

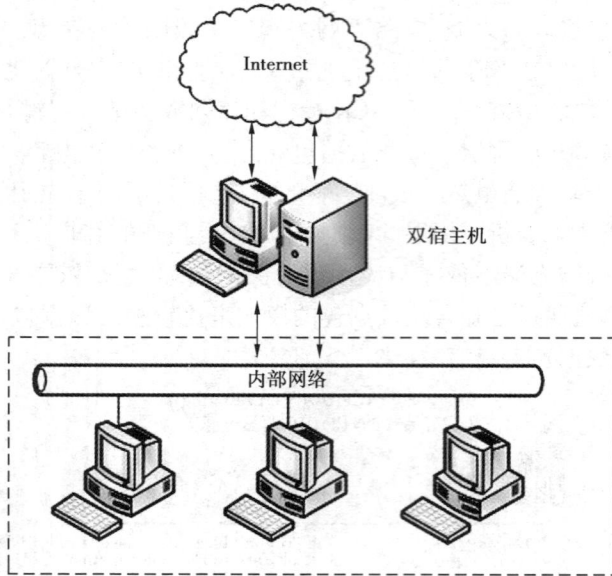

图7.6　双重宿主主机体系结构

2)被屏蔽主机体系结构

双重宿主主机体系结构提供来自与多个网络相连的主机的服务,但是路由关闭,而被屏蔽主机体系结构使用一个单独的路由器提供来自仅与内部的网络相连的主机的服务。在这种体系结构中,主要的安全由数据包过滤,其结构如图7.7所示。

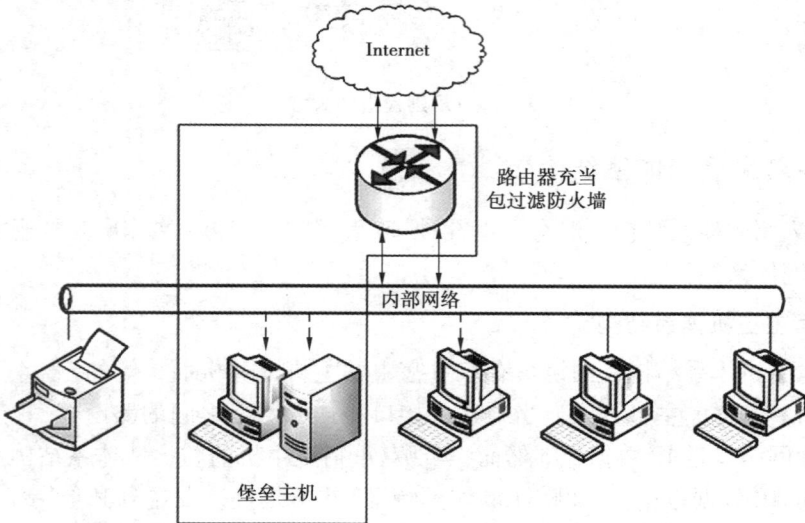

图7.7　被屏蔽主机体系结构

这种体系涉及堡垒主机,堡垒主机是因特网上的,主机能连接到内部网络上的系统的桥梁(例如传送进来的电子邮件),任何外部的系统试图访问内部的系统或服务将必须连接到这台堡垒主机上,因此,堡垒主机需要拥有高等级的安全。

3) 被屏蔽子网体系结构

被屏蔽子网体系结构添加额外的安全层到被屏蔽主机体系结构,即通过添加周边网络更进一步地把内部网络和外部网络隔离开。被屏蔽子网体系结构的最简单的形式为:两个屏蔽路由器,每一个都连接到周边网。一个位于周边网与内部网络之间,另一个位于周边网与外部网络(通常为 Internet)之间。这样就在内部网络与外部网络之间形成了一个"隔离带"。即使攻击者入侵了堡垒主机,也仍然需要通过内部路由器,如图 7.8 所示。

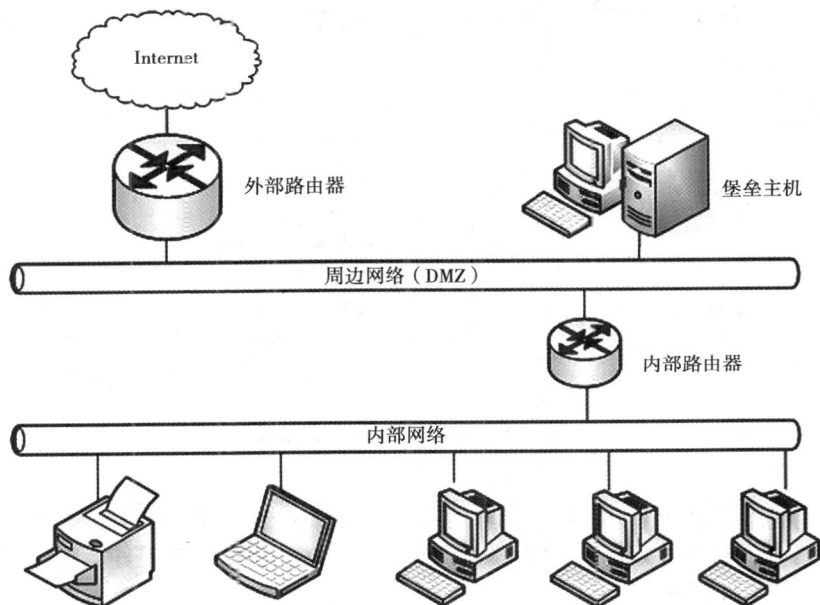

图 7.8 被屏蔽子网体系结构

7.3 数据加密技术

7.3.1 数据加密技术的相关概念

密码技术是通信双方按约定的法则进行信息特殊变换的一种保密技术。根据特定的法则,变明文(Plain text)为密文(Cipher text)。从明文变成密文的过程称为加密(Encryption)。由密文恢复成原明文的过程,称为解密(Decryption)。

所谓数据加密(Data Encryption)技术是指将一个信息经过加密钥匙及加密函数转换,变成无意义的密文,而接收方则将此密文经过解密函数、解密钥匙(Decryption key)还原成明文。加密技术是网络安全技术的基石。

1) 加密的基本功能

①防止不速之客查看机密的数据文件;

②防止机密数据被泄露或篡改；

③防止特权用户查看用户私有数据文件；

④使入侵者不能轻易查找系统文件。

2）数据加密方式

数据加密可在网络 OSI 七层协议的多层上实现，从加密技术应用的逻辑位置来看，有链路加密、节点加密、端对端加密3种方式。

（1）链路加密

链路加密（又称在线加密）是传输数据仅在物理层前的数据链路层进行加密，它是同一网络内两点传输数据时在数字链路层加密信息的一种数字保密方法。在主服务器端的数据是明文的，当它离开主机的时候就会加密，等到了下个链接（可能是一个主机也可能是一个中集节点）再解密，然后在传输到下一个链接前再加密。每个链接可能用不同的密钥或不同的加密算法。这个过程将持续到数据的接收端（图7.9）。

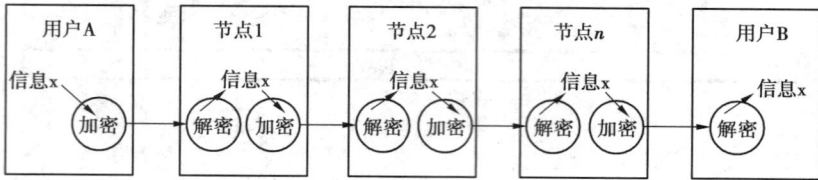

图7.9 链路加密原理示意图

（2）节点加密

节点加密是对链路加密的改进，是在协议传输层上进行加密，主要是对源节点和目标节点之间传输数据进行加密保护。节点加密算法依附于节点的加密模件，克服了链路加密在节点处易遭非法存取的缺点。

（3）端对端加密

端对端加密允许数据在从源点到终点的传输过程中始终以密文形式存在。采用端对端加密（又称脱线加密或包加密），消息在被传输后至到达终点之前不进行解密，因为消息在整个传输过程中均受到保护，所以即使有节点被损坏也不会使消息泄露（图7.10）。

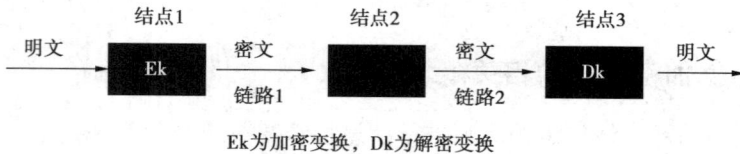

Ek为加密变换，Dk为解密变换

图7.10 端对端加密原理

端对端加密仅对报文信息进行加密，而报头中的控制信息部分是以明文形式传送的。这种加密方式易于用软件实现，且成本较低，但密钥的管理困难，主要适合大型网络系统中信息在多个发方和收方之间传输的情况。

7.3.2 数据加密技术的类型

常用的数据加密技术主要有对称加密（私有密钥加密）和非对称加密（公开密钥加密）

两种,对称加密以数据加密标准 DES(Data Encryption Standard)算法为代表,非对称加密通常以 RSA(Rivest、Shamir 和 Adleman)算法为代表。

1)对称加密

(1)对称式密钥加密的工作原理

对称式密钥加密技术是指加密和解密均采用同一把秘密钥匙,而且通信双方必须都要获得这把钥匙并保持钥匙的秘密。当给对方发信息时,用自己的加密密钥进行加密,而在接收方收到数据后,用对方所给的密钥进行解密,故它也称为秘密钥匙加密法。其工作原理如图 7.11 所示。

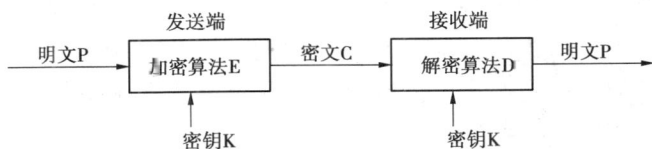

图 7.11　对称加密工作原理

(2)实现对称式密钥加密技术的加密算法

实现对称式密钥加密技术的加密算法主要有以下两种:

①DES(Data Encryption Standard)算法。DES 即数据加密标准,是 1977 年美国国家标准局宣布用于非国家保密机关的数据保护。这种加密算法是由 IBM 研究提出来,它综合运用了置换、代替、代数多种密码技术,把信息分成 64 位大小的块,使用 56 位密钥,迭代轮数为 16 轮的加密算法。

②IDEA(International Data Encryption Algorithm)算法。IDEA 是一种国际信息加密算法。它是 1991 年在瑞士 ETH Zurich 由 James Massey 和 Xueiia Lai 发明,于 1992 年正式公开,是一个分组大小为 64 位,密钥为 128 位,迭代轮数为八轮的迭代型密码体制。此算法使用长达 128 位的密钥,有效地消除了任何试图穷尽搜索密钥的可能性。

(3)对称式密钥加密技术的优缺点

对称式密钥加密技术具有加密速度快,保密度高等优点。但同样的,它的缺点也不能忽视:

①密钥保管复杂,花费高。密钥是保密通信安全的关键,发信方必须安全、妥善地把钥匙护送到收信方,不能泄露其内容,如何才能把密钥安全地送到收信方,是对称密钥加密技术的突出问题。可见,此方法的密钥分发过程十分复杂,所花代价高。

②随着通信人数的增加,密钥的数量呈现惊人的增长。多人通信时密钥的组合的数量会出现爆炸性的膨胀,使密钥分发更加复杂化,n 个人进行两两通信,总需要的密钥数为 $n(n-1)/2$。

③密钥发送存在一定问题。通信双方必须统一密钥,才能发送保密的信息。如果发信者与收信人是素不相识的,这就无法向对方发送秘密信息了。

2)非对称加密

(1)非对称加密技术的原理

非对称加密技术又称为公开密钥加密技术,要求密钥成对使用,即加密和解密分别由两个密钥来实现。每个用户都有一对选定的密钥,一个可以公开,即公共密钥,用于加密。另一个由用户安全拥有,即秘密密钥,用于解密。公共密钥和秘密密钥之间有密切的关系。当给对方发信息时,用对方的公开密钥(PK)进行加密,而在接收方收到数据后,用自己的秘密密钥(SK)进行解密。每个使用者都可以用另一个使用者的公共密钥来加密数据,但只有那些具有解密密钥的使用者才能解密数据,加密算法和解密算法可以不同,也可以相同。一般地,一个加密算法具有如下特征:

①使用者必须能够有效地计算出一对公钥和私钥,即 PK 和 SK。

②不能从有关 PK 的知识中有效地计算出 SK(对 SK 无此要求)。

在加密之后再解密便能恢复原有消息,即对 EPK 中所有 X:DSK(EPK(X)) = X。

③若除了满足①和②之外,还满足:在解密之后再加密也能恢复原有消息 X,即对 DSK 中的所有 X:EPK(DSK(X)) = X,则此法可用来产生一个"数字签名"。

（2）实现非对称加密技术的算法

公开密钥加密算法主要是 RSA 加密算法。此算法是美国 MIT 的 Rivest、Shamir 和 Adleman 于 1978 年提出的。它是第一个成熟的、迄今为止理论上最为成功的公开密钥密码体系,它的安全性基于数论中的 Euler 定理和计算复杂性理论中的下述论断:求两个大素数的乘积是容易的,但要分解两个大素数的乘积,求出它们的素因子则是非常困难的。RSA 加密、解密过程由密钥生成、加密过程和解密过程组成。

（3）非对称加密技术的优缺点

公开密钥加密技术的优点是:

①密钥少便于管理。网络中的每一用户只需保存自己的解密密钥,则 N 个用户仅需产生 N 对密钥。

②密钥分配简单。加密密钥分发给用户,而解密密钥则由用户自己保管。

③不需要秘密的通道和复杂的协议来传送密钥。

④可以实现数字签名和数字鉴别。

非对称加密技术的不足是,非对称密钥的加密、解密所需时间较长、速度较慢,不适用于对文件进行加密,只适用于对少量数据进行加密。

3）对称密钥和公开密钥的结合

鉴于对称密钥和公开密钥加密技术的特点,在实际应用中将两种加密技术相结合,即结合使用 DES/IDEA(对称密钥)和 RSA(公开密钥),对于网络中传输的数据用 DES 或 IDEA 加密,而加密用的密钥则用 RSA 加密传送,此方法既保证了数据安全又提高了加密和解密的速度。DES/IDEA 和 RSA 结合使用过程如图 7.12 所示。

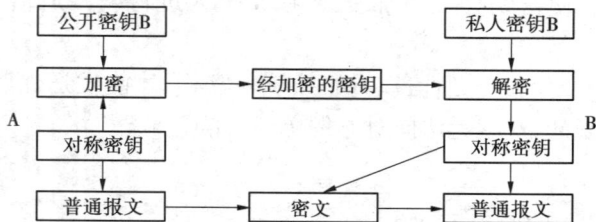

图 7.12　两种加密技术结合使用过程图

首先,发信者 A 使用 DES/IDEA 算法用对称密钥将明文原信息加密获得密文,然后使用接收者 B 的 RSA 公开密钥将对称密钥加密获得加密的 DES 或 IDEA 密钥,将密文和加密的密钥一起通过网络传送给接收者 B。接收方 B 接收到密文信息后,首先用自己的密钥解密而获得 DES 或 IDEA 密钥,再用这个密钥将密文解密而最后获得明文原信息。由此,起到了对明文信息保密的作用。

7.3.3 密钥管理技术

1)什么是密钥

数据加密技术要求只有在指定的用户或网络下,才能解除密码而获得原来的数据,这就需要给数据发送方和接收方以一些特殊的信息用于加解密,这就是所谓的密钥。其密钥的值是从大量的随机数中选取的。按加密算法分为专用密钥和公开密钥两种。

2)密钥管理的基本任务

现代密码学把数据加密保护的全部系于密钥之上,所以密钥的安全管理是保证密码系统安全性的关键因素。密钥管理是指处理密钥自产生到最终销毁的有关问题的全过程,大体上讲,密钥管理包括密钥的生成、注册、认证、分配、传递、安装、归档、保存、备份、撤销、注销和销毁等管理服务,其中密钥的分配与存储可能最棘手。密钥管理的目的是维持系统中各实体之间的密钥关系,以抗击各种可能的威胁。密钥管理要借助加密、认证、签名、协议、公正等技术。

①密钥生成:是指使用特定密码算法以安全的方式产生密钥。密钥的生成要求过程不会被篡改,产生方式不可预测,分发符合指定规程。这是因为对于某些密钥来说,知道密钥的生成就能访问相关密钥或衍生密钥。密钥的生成与所使用的算法有关。

②密钥注册:是指将密钥与实体联系起来,一般由专门的机构提供,而且是在使用对称加密技术时应用的。

③密钥认证:是指生成密钥证书以确保公开密钥与实体的联系。

④密钥分配:是指产生并为使用者安全地提供一个密钥的过程。

⑤密钥传递:分集中传送和分散传送两类。集中传送是指将密钥整体传送,这时需要使用主密钥来保护会话密钥的传递,并通过安全信道传递主密钥。分散传送是将密钥分解成多个部分,用秘密分享的方法进行传递,只要有部分到达就可以恢复。这种方法适用于在不安全的信道中传输。

⑥密钥安装:是指在保证密钥不被泄露的情况下将密钥安装在密钥管理设备内。

⑦密钥存储:是为当前或近期使用的密钥或备份密钥提供安全存储。

⑧密钥归档:是指密钥正常使用之后提供长期的安全存储。

⑨密钥保存:是指将密钥的保存方式,既可以整体保存,也可以分散保存。

⑩密钥备份:采用与密钥分散保存类似的方法,以免知道密钥的人太多。

⑪密钥撤销:当怀疑某个密钥泄露时,便可将密钥撤销,密钥撤销后,仅能用于解密和验证。

⑫密钥注销:就是解除密钥与实体间的关系,是密钥撤销过程的一部分。

⑬密钥销毁:指将不再需要的密钥及其文档安全地删除,且销毁后的密钥将不能再恢复使用。

密钥分配是密钥管理的核心问题,用于解决在网络环境中需要进行安全通信的实体之间建立安全通道的问题。常用的网络密钥管理方案有 Key Distribution Center 密钥分配中心方式和 Diffie-Hellman 方法。

7.4 认证技术

7.4.1 身份认证

身份认证技术是在计算机网络中确认操作者身份的过程而产生的有效解决方法。计算机网络世界中一切信息包括用户的身份信息都是用一组特定的数据来表示的,计算机只能识别用户的数字身份,所有对用户的授权也是针对用户数字身份的授权。如何保证以数字身份进行操作的操作者就是这个数字身份合法拥有者,也就是说保证操作者的物理身份与数字身份相对应,身份认证技术就是为了解决这个问题。作为防护网络资产的第一道关口,身份认证有着举足轻重的作用。

1)身份认证的基本要求

在真实物理世界中,每一个人的独一无二的身份如何与计算机网络世界中的一组特定数据一一对应起来,这是电子商务领域对身份认证技术的考验,如何保证操作者的物理身份与数字身份的对应是电子商务安全所需要解决的问题。对此,电子商务对身份认证技术提出了如下的要求:

①身份识别方法安全、健康,检测最好采用非接触方式。

②检测速度快,操作简单,容易掌握和使用。

③身份认证技术要求性价比高,适合普及、推广、应用。

2)身份认证的基本方法

(1)基于信息秘密的身份认证

①口令核对。口令核对是系统为每一个合法用户建立一个用户名/口令对,当用户登录系统或使用某项功能时,提示用户输入自己的用户名和口令,系统通过核对用户输入的用户名、口令与系统内已有的合法用户的用户名/口令对(这些用户名/口令对在系统内是加密存储的)是否匹配,如与某一项用户名/口令对匹配,则该用户的身份得到了认证。

②单向认证。如果通信的双方只需要一方被另一方鉴别身份,这样的认证过程就是一种单向认证,即前面所述口令核对法就算是一种单向认证,只是这种简单的单向认证还没有与密钥分发相结合。

③双向认证。双向认证中,通信双方需要互相鉴别各自的身份,然后交换会话密钥,典型方案是 Needham/Schroeder 协议。优点保密性高但会遇到消息重放攻击。

④身份的零知识证明。通常的身份认证都要求传输口令或身份信息,但如果能够不传输这些信息身份也得到认证就好了。零知识证明就是这样一种技术:被认证方 A 掌握某些

秘密信息,A 想设法让认证方 B 相信他确实掌握那些信息,但又不想让认证方 B 知道那些信息。

(2)基于信任物体物理安全的身份认证

物理安全的身份认证方法是指依赖于用户持有的合法的物理介质硬件,如证件、钥匙、卡等有形载体或用户所具有的某些生物学特征信息,进行身份认证的方法。以智能卡的身份认证机制为例,每一个用户都配置记录有个人身份信息和 PKI 个人数字证书的智能卡,当验证身份信息时,用户插入智能卡并输入密码,认证中心(CA)帮助用户完成身份识别。这种身份认证技术的应用存在一定局限性,因为智能信息卡的读取需要专用的读卡器。

(3)基于生物学特征的身份认证

基于生物学的方案包括基于指纹识别的身份认证、基于声音识别的身份认证以及基于虹膜识别的身份认证等技术。该技术采用计算机的强大功能和网络技术进行图像处理和模式识别,具有很好的安全性、可靠性和有效性,与传统的身份确认手段相比,无疑产生了质的飞跃。近几年来,全球的生物识别技术已从研究阶段转向应用阶段,对该技术的研究和应用如火如荼,前景十分广阔。

7.4.2 信息认证

信息认证用于保证信息双方的不可抵赖性以及信息的完整性和信息的保密性,即确认信息是不是假冒的、是否被第三方修改或伪造。信息认证是指通信双方建立连接之后,对敏感的文件进行加密,即使攻击者截获文件也无法得到其准确内容;保证数据的完整性,防止截获人在文件中加入其他信息;对数据和信息的来源进行验证,以确保发信人的身份以及所收到的信息是真实的。

目前,在电子商务中广泛使用的信息认证方法主要有数据加密、数字签名、数字摘要、数字信封、数字时间戳、数字证书、CA 认证体系等技术。本节将详细介绍数字签名、数字摘要、数字信封和数字时间戳这四种信息认证技术。

1)数字签名与数字摘要

(1)相关概念

数字签名在 ISO7498-2 标准中定义为:"附加在数据单元上的一些数据,或是对数据单元所作的密码变换,这种数据和变换允许数据单元的接收者用以确认数据单元来源和数据单元的完整性,并保护数据,防止被人(例如接收者)进行伪造。"联合国贸发会的《电子签名示范法》中对数字签名的界定是:"指在数据电文中以电子形式所含、所附或在逻辑上与数据电文有联系的数据,主要用于鉴别与数据电文相关的签名人和表明签名人认可数据电文所含信息。"

数字签名要实现的功能是我们平常的手写签名要实现功能的扩展。平常在书面文件上签名的主要作用有两点,一是因为对自己的签名本人难以否认,从而确定了文件已被自己签署这一事实;二是因为自己的签名不易被别人模仿,从而确定了文件是真的这一事实。采用数字签名,也能完成这些功能:

①确认信息是由签名者发送的;

②确认信息自签名后到收到为止,未被修改过;

③签名者无法否认信息是由自己发送的。

(2)数字签名的几种方式

①私密密钥的数字签名。私密密钥的数字签名,称密钥密码技术,需要引入第三方加以控制,发方 A 和收方 B 都把自己的密钥报给第三方 AB,AB 负责双方之间的加密解密。A、B 都不知道对方的密码。具体的签名过程如下:

a. 设 BB 为管理密钥的权威机构作为第三方。在进行通信前,收方 B 和发方 A 各选一个密钥 K_A、K_B,然后都报给 BB,但发方 A 和接方 B 可以不知道对方的密钥。

b. A 将明文用自己的密钥 K_A 加密 $K_A(P)$,然后发往密钥管理权威机构 BB。

c. BB 用 K_A 对 A 发来的报文解密 $K_A(K_A(P)) = P$,然后包括 A 的姓名、地址、时间及原报文在内的内容构成一个新的报文,用收、发方都不知道的 BB 的密钥加密 $K_{BB}(A + T + P)$,送回发方 A。

d. 发方再把 BB 加密后的报文发给收方 B。

e. B 收到报文后,因 K_{BB} 而无法解密,就再把此报文 $K_{BB}(A + T + P)$ 送回 BB。

f. BB 把报文解密后再用 B 的密钥进行加密,产生 $K_B(A + T + P)$,发回 B,B 再用自己的密钥 K_B 还原出原明文 $K_B(K_B(A + T + P)) = P$。

上述步骤中由于发方和收方只知道自己的密钥而不知对方的密钥,所以密钥管理权威机构能够鉴别出发方的身份,同时也防止了双方否认篡改或还原报文的可能性。

②公开密钥的数字签名采用公司密钥的数字签名技术,不需第三方机构,只需参与双方即可实现。具体过程如下:

双方把自己的加密密钥(公开密钥)公布,解密密钥(私人密钥)不公布。假设其加密算法为 E,解密算法为 D,K_e 为加密密钥,K_d 为解密密钥。设用户 A 要向 B 发送一份消息 M,该消息由两大部分组成,一部分称作报头(用 H 表示),它由发送方的身份、接收方的身份、发送序号等组成;另一部分是要发送的消息数据(用 T 表示,T 中包含消息日期等信息)。签名者必须将他的签名验证信息公开,在这里,我们将加密密钥 K_e 公开,将解密密钥 K_d 保密,A 对消息 M 进行签名时,利用他的解密密钥 K_d 对 T 进行一次"解密"运算(此时并没有加密运算):

$$S = D_{Ke}(T)$$

S 作为签名与 H 连接在一起,作为签名后的消息 $M_s = (H, S)$ 发送给 B,B 收到后做如下的操作以验证签名。

a. 根据 H 中的信息识别发送者的身份(在这里是 A)。

b. 在公开的签名信息簿中查出 A 用于签名验证的加密密钥 K_e。

c. 利用查到的 K_e 进行一次"加密"运算:$T' = E_{Ke}(S)$。

d. 检查 T' 是否正确(是否有意义)。

如果 T' 是正确的,那么 B 就可以判断 T' 确实是由 A 发送过来的数据,因为只有 A 才知道 K_d(保密的),并且还保证在已知 K_e 的前提下任何人都无法从计算上得到 K_d。如果 T' 是不正确的,那么 B 就可以拒收消息。

在上述签名与验证过程中,接收方 B 无法伪造消息,因为他得不到 K_d;发送方 A 也不能抵赖他发送过的消息,因为只有他才知道确切的 K_d(K_d 被泄露的情况除外)。当 A 与 B 就消息的内容发生争执时,B 将 $M_s = (H,S)$ 提交给公正的第三方,第三方进行同样的验证过程,即可判断 A 是否确实发送过该消息。

在上述方法中,签名是对整个消息进行的,对需要传送的信息来讲丝毫没有扩散(如果使用的公开密钥密码体制不带来扩散),明文消息可以从签名中恢复。

上述签名方法的一个缺点是当消息较长时,需要将其分成许多组,签名时要一组一组地进行,而对手则可能改动分组的次序,但收方仍能进行验证。同时,由于公开密钥密码体制一般速度都比较慢,当消息比较长时,整个签名与验证过程的速度都会相当慢。针对这种情况,最好是将签名信息与消息分离,形成一个独立的签名块,无论消息多长,这个签名块的长度都是固定的。

2) 数字信封

数字信封是一种综合利用了对称加密技术和非对称加密技术两者的优点进行信息安全传输的一种技术。数字信封既发挥了对称加密算法速度快、安全性好的优点,又发挥了非对称加密算法密钥管理方便的优点。

如图 7.13 所示,在数字信封中,信息发送方采用对称密钥来加密信息内容,然后将此对称密钥用接收方的公开密钥来加密(这部分称数字信封)之后,将它和加密后的信息一起发送给接收方,接收方先用相应的私有密钥打开数字信封,得到对称密钥,然后使用对称密钥解开加密信息。这种技术的安全性相当高。数字信封主要包括数字信封打包和数字信封拆解,数字信封打包是使用对方的公钥将加密密钥进行加密的过程,只有对方的私钥才能将加密后的数据(通信密钥)还原;数字信封拆解是使用私钥将加密过的数据解密的过程。

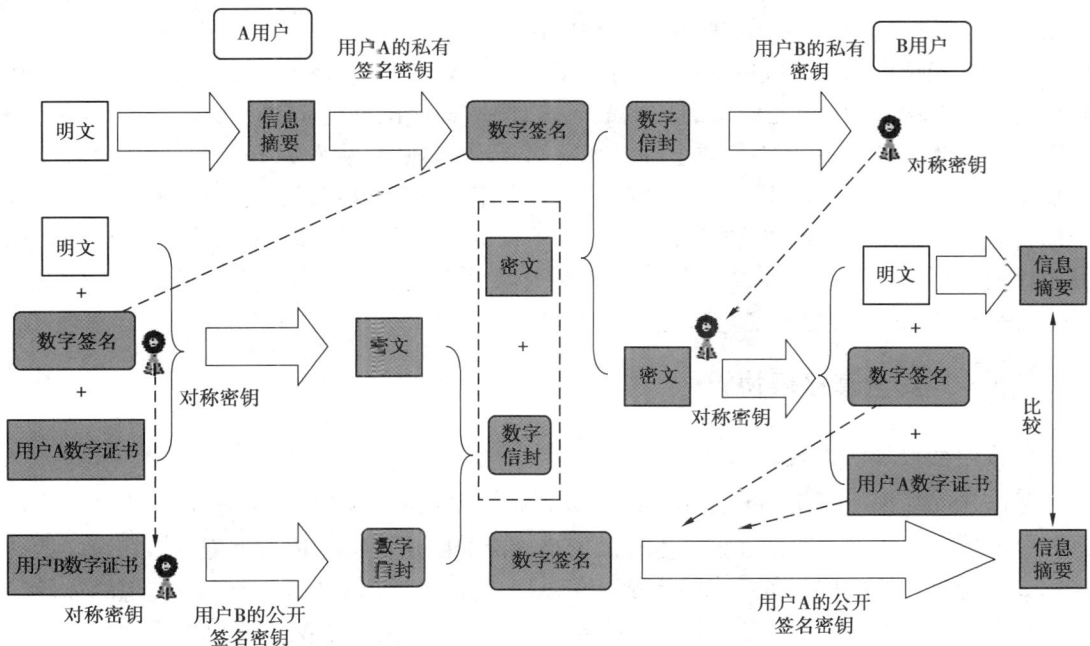

图 7.13　数字信封的工作原理

3）数字时间戳

在各种政务和商务文件中，时间是十分重要的信息。在书面合同中，文件签署的日期和签名一样均是十分重要的防止文件被伪造和篡改的关键性内容。而在电子文件中，同样需对文件的日期和时间信息采取安全措施，而数字时间戳服务（DTS：digital time-stamp service）就能提供电子文件发表时间的安全保护。时间戳是一个经加密后形成的凭证文档，包括需加时间戳的文件的摘要、DTS 收到文件的日期和时间、DTS 的数字签名 3 个部分。

时间戳的产生过程是：用户首先将需要加时间戳的文件用 HASH 编码加密形成文件摘要，然后将该文件摘要发送到 DTS，DTS 在所述文件摘要中加入收到所述文件摘要的日期和时间信息，然后再对加入日期和时间信息的新摘要文件加密（数字签名），然后送回用户。由此可见，书面签署文件的时间是由签署人自己写上的，而数字时间戳是由认证机构的 DTS 来添加的，以 DTS 收到文件的时间为依据。数字时间戳可以作为电子商务交易信息的时间认证，在一旦发生争议时作为时间凭证。

7.5 安全技术协议

要保证交易过程中数据来源可靠、传输安全、不被篡改并且能为交易各方的行为提供无可抵赖的证据，当前成熟的做法是：通过数字证书和安全检查技术解决各方身份的交叉确认；通过数字签名技术验证数据的完整性、来源可靠性，并为交易各方行为提供不可抵赖的证据；通过加密技术确保数据在传递过程中的保密性。

针对这些技术的具体应用，国内外有许多不同的安全协议和整体解决方案，其中公钥体系结构（PKI）是目前国际上公认的技术最成熟、使用最广泛的电子商务安全问题完整解决方案。在其体系结构中，PKI 集成上述技术并做了具体规定，从而为 Internet 应用提供了公钥加密和数字签名服务的平台。与 OSI 七层模型相似，PKI 仅仅提出了一种解决问题的安全框架模式。在实际应用中，许多集成商针对不同的网络应用提出了不同的商业实现标准，其中比较有名的就是由 Visa、Mastercard、IBM 等联合推出的安全电子交易协议（SET）和由 Netscape、Verisign 等推出的安全套接层协议（SSL）。

7.5.1 安全套接层协议

1）安全套接层协议概述

SSL（Secure Socktes Layer）是 Netscape 公司率先采用的一种网络安全协议，它能把在网页和服务器之间传输的数据加密。这种加密措施能够防止资料在传输过程中被窃取。因此采用 SSL 协议传输密码和信用卡号等敏感信息以及身份认证信息是一种比较理想的选择。

SSL 可以被理解成一条受密码保护的通道。通道的安全性取决于协议中采用的加密算法。目前 SSL 协议标准已经成为网络上保密通信的一种工业标准，在 C/S 和 B/S 的构架下都有广泛的应用。SSL 是介于 HTTP 协议与 TCP 协议之间的一个可选层。SSL 在 TCP 之上建立了一个加密通道，通过该通道的数据都经过了加解密过程，如图 7.14 所示。

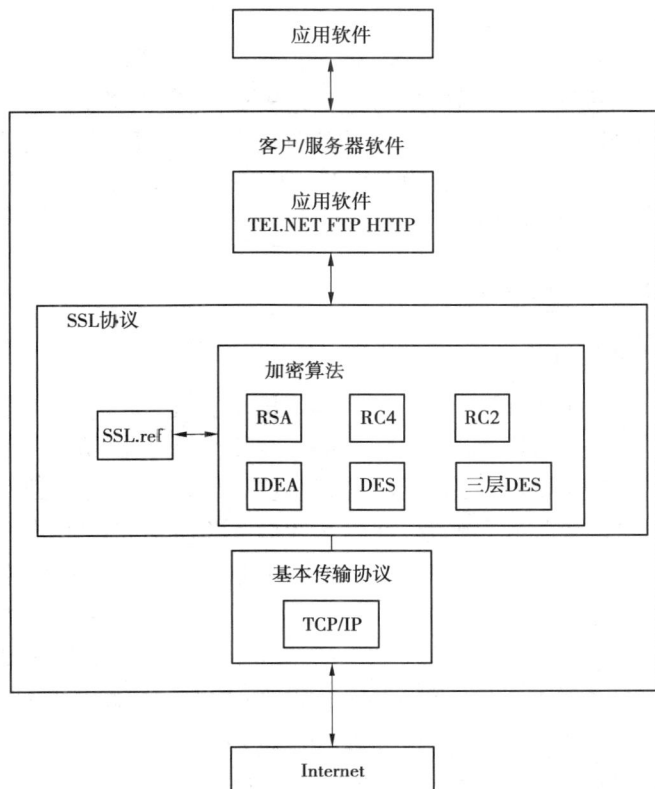

图 7.14　SSL 协议与相关网络层的关系

SSL 协议之所以能够在电子商务中得到广泛应用,是因为凡是构建在 TCP/IP 上的客户机/服务器模式都需要进行安全通信时,都可以使用 SSL 协议,而其他的安全协议,如 S-HTTP 仅适用于超文本传输协议,SET 协议则仅适宜 B2C 电子商务间的银行卡交易。同时,SSL 被大部分 Web 浏览器和 Web 服务器所内置,使用比较容易。

2)SSL 安全协议的工作流程

SSL 协议建立后,可对整个通信过程进行加密,并检查其完整性。其实现过程为:

①SSL 客户端(也是 TCP 的客户端)在 TCP 连接建立后,发出一个消息,该消息中包含了 SSL 可实现的算法列表和其他一些必要的消息。

②SSL 的服务器端将回应一个消息,其中确定了该次通信所要用的算法,然后发出服务器端的证书(其中包含了身份和公钥)。

③客户端在收到该消息后会生成一个秘密消息,并用 SSL 服务器的公钥加密后传回服务器。

④服务器用自己的私钥解密后,会话密钥协商成功,则双方可以用同一份会话密钥通信了。

SSL 协议运行的基点是商家对客户信息保密的承诺。如美国著名的亚马逊(Amazon)网上书店在它的购买说明中明确表示:"当你在亚马逊公司购书时,受到'亚马逊公司安全购买保证'保护,所以,你永远不用为你的信用卡安全担心。"但在上述流程中可以注意到,SSL协议有利于商家而不利于客户。客户的信息首先传到商家,商家阅读后再传到银行,这样,客户资料的安全性便受到威胁。商家认证客户是必要时,但整个过程中缺少了客户对商家的认证。在电子商务的开始阶段,由于参与电子商务的公司大都是一些大公司,信誉较高,这个问题没有引起人们的重视。随着参与电子商务的厂商迅速增加,对厂商的认证问题越来越突出,SSL协议的缺点完全暴露出来。SSL协议逐渐被新的SET协议所取代。

7.5.2 安全电子交易协议

1)安全电子交易协议概述

1996年2月1日,MasterCard与Visa两大国际信用卡组织会同一些计算机供应商,共同开发了安全电子交易(secure electronic transaction)协议,简称SET协议,并于1997年5月31日正式推出1.0版。SET是一种应用于因特网环境下,以信用卡为基础的安全电子支付协议,它给出了一套电子交易的过程规范。通过SET这一套完备的安全电子交易协议可以实现电子商务交易中的加密、认证机制、密钥管理机制等,保证在开放网络上使用信用卡进行在线购物的安全。

SET协议采用了对称密钥和非对称密钥体制,把对称密钥的快速、低成本和非对称密钥的有效性结合在一起,以保护在开放网络上传输的个人信息,保证交易信息的隐蔽性。

SET协议的重点是确保商户和消费者的身份及行为的认证和不可抵赖性,其理论基础是著名的不可否认机制(non-repudiation),其采用的核心技术包括:电子证书标准与数字签名、报文摘要、数字信封、双重签名等。SET协议使用数字证书对交易各方的合法性进行验证,使用数字签名技术确保数据完整性和不可否认性。SET协议还使用双重签名技术对SET交易过程中消费者的支付信息和订单信息分别签名,使得商户看不到支付信息,只能对用户的订单信息解密,而金融机构看不到交易内容,只能对支付和账户信息解密,从而充分地保证了消费者的账户和订购信息的安全性。

SET通过制定标准和采用各种技术手段,解决了一直困扰电子商务发展的安全问题,包括购物与支付信息的保密性、交易支付完整性、身份认证和不可抵赖性等,在电子交易环节上提供了更大的信任度、更完整的交易信息、更高的安全性和更少受欺诈的可能性,且具有保护消费者信用卡号不暴露给商户等优点,因此它成为目前公认的信用卡的网上交易的国际标准。

2)SET安全协议的工作流程

SET协议的工作流程可以分以下几个步骤:

①消费者使用浏览器在商家的Web主页上查看在线商品目录浏览商品。

②消费者选择要购买的商品。

③消费者填写订单,包括:项目列表、价格、总价、运费、搬运费、税费。订单可通过电子化方式从商家传过来,或由消费者的电子购物软件(Wallet)建立。有些在线商场可以让消费者与商家协商物品的价格(例如出示自己是老客户的证明,或给出了竞争对手的价格信息)。

④消费者选择付款方式。此时 SET 开始介入。

⑤消费者发送给商家一个完整的订单及要求付款的指令。在 SET 中,订单和付款指令由消费者进行数字签名。同时利用双重签名技术保证商家看不到消费者的账号信息。

⑥商家接受订单后,向消费者的金融机构请求支付认可。通过 Gateway 到银行,再到发卡机构确认,批准交易。然后返回确认信息给商家。

⑦商家发送订单确认信息给顾客。顾客端软件可记录交易日志,以备将来查询。

⑧商家给顾客装运货物,或完成订购的服务。到此为止,一个购买过程已经结束。商家可以立即请求银行将钱从购物者的账号转移到商家账号,也可以等到某一时间,请求成批划账处理。

⑨商家从消费者的金融机构请求支付。在认证操作和支付操作中间一般会有一个时间间隔,例如,在每天的下班前请求银行结一天的账。前三步与 SET 无关,从第四步开始 SET 起作用,一直到第九步,在处理过程中,通信协议、请求信息的格式、数据类型的定义等,SET 都有明确的规定。在操作的每一步,消费者、商家、网关都通过 CA 来验证通信主体的身份,以确保通信的对方不是冒名顶替。

3)SET 协议与 SSL 协议的比较

相对于 SSL 协议来说,SET 协议更为安全。但是由于 SET 协议过于复杂,处理速度慢,支持 SET 系统的费用较大,因此使用 SET 要花上极大的代价。而使用 SSL 则较为便宜(被大部分 Web 浏览器所内置)。SET 和 SSL 都要求使用密码技术和算法,都要增加计算机系统的负载,SET 需要较高的处理能力,SSL 要求的负载较小。

思 考 题

1. 电子商务安全存在哪些问题?
2. 数据安全技术与加密技术有哪些?
3. 私密密钥的数字签名如何实现?
4. 简述数据安全协议内容。

第8章
电子商务战略

📖 **本章学习目标**

- 了解电子商务战略的基本概念；
- 理解电子商务战略的规划过程；
- 了解全球背景下电子商务战略的优势与劣势。

案例导入

阿里巴巴未来的三大战略

2014年9月20日,阿里巴巴在纽交所上市后,股价一路攀高,市值先后超过Facebook和亚马逊,成为全球仅次于Google的第二大互联网公司。国内外各界都热切关注阿里下一阶段的战略。同年11月21日于广州举办的广东互联网大会暨全球移动互联网CEO峰会上,阿里巴巴UC移动事业群总裁俞永福发表主题演讲,并披露阿里巴巴集团未来的三大战略:全球化、农村电商和大数据(图8.1)。

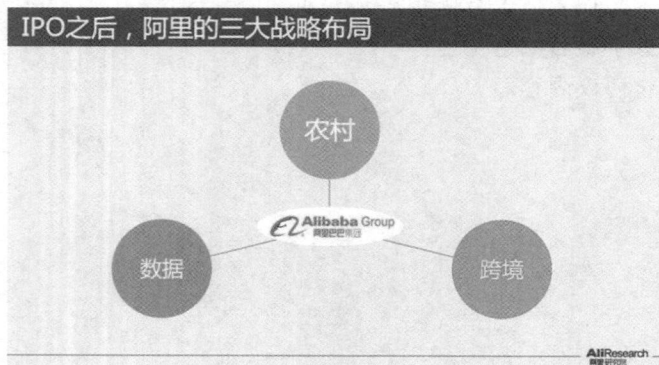

图8.1 阿里巴巴的三大战略布局

一、全球化战略

阿里巴巴全球化战略是阿里巴巴当下和未来战略的重中之重。全球化战略即立足中国、买遍全球,还要把中国的产品带出去,卖遍全球。马云说:"全球化专注在帮助中小企业迈出自己的国境,让全世界的中小企业能使用好电子商务、互联网金融、大数据、营销以及物流平台。只有让他们的业务全球化才能让全球消费者可以购买世界上任何国家和地区的产品和服务。"

2016 年,阿里巴巴集团首席执行官张勇就明确提出,将天猫国际和淘宝全球购作为进口业务的主阵地,打响全球化的第一战。"这是我们今天必须要去明确的战役目标,其他所有业务都应该围绕这两个品牌,围绕这两个业务的场景进行展开,这样才能够给消费者明晰的辨识度和用户体验。"张勇表示。

2015 年是阿里巴巴启动全球化的元年。天猫国际、速卖通、淘宝全球购等业务将阿里巴巴的"全球买、全球卖"推向一个全新的高度。值得一提的是,2015 年天猫"双 11"全球狂欢节不仅覆盖了全球 200 多个国家和地区,还邀请到了全球 39 个国家的驻华使节代表前来助阵。

二、农村战略

与全球化战略一样,农村战略同样是双向的:让中国各地的特色农产品卖得好,农民赚到钱之后,也能享受到最前沿的产品和服务。2014 年 10 月在浙江桐庐开出第一个农村淘宝服务站,阿里巴巴实施"千县万村"战略,计划在 3~5 年内投资 100 亿元,建立 1 000 个县级服务中心和 10 万个村级服务站。目前,农村淘宝服务站已覆盖全国 27 个省 6 000 多个村,2015 年,这 6 000 多村点覆盖的几十万村民首次参与到阿里巴巴的"双 11"狂欢中来。

根据中国互联网信息中心(CNNIC)统计,截至 2014 年 12 月,中国网民总体规模达到 6.49 亿,其中农村网民规模达 1.78 亿,农村网民网络购物用户规模为 7 714 万,年增长率高达 40.6%。中国农村商业基础设施仍然落后,但今天农村形势发生了巨大的变化,农村手机普及率越来越高,特别是有了淘宝和天猫的城市消费者市场以后,农民可以直接和城市生活相连接。用移动互联网技术、大数据、物流平台和互联网金融重新构建农村信息技术基础设施后,不仅仅会带来巨大的市场需求潜力,更是在解决数据鸿沟和信息平等,解决农村贫困。

三、大数据战略

过去 6 年来,阿里巴巴巨大的战略投资就是放在云计算和大数据服务上。未来十年,人类将从 IT 时代步入 Data Technology(DT) 时代。在 DT 时代,计算成为一种生产能力,而数据将会是未来创新社会最重要的生产资料,人类将会离不开数据。企业需要研究如何让数据驱动业务,让数据变成业务。

阿里巴巴被认为是全球应用大数据最成功的公司。经过过去几年在数据和技术上的投入,通过对电子商务平台上海量的客户信用数据及行为数据进行分析,诞生了蚂蚁小贷、花呗、借呗等纯大数据产品;菜鸟网络通过电子面单、物流云、菜鸟天地、智能路由分单等数据产品,为快递行业的升级转型提供了技术方法。

大数据不只是一个产业这么简单。它在社会的各个领域中都无所不在,可以与 N 个产业"相加",形成"大数据+","互联网+"的本质是连接和数据。大数据加上云计算是未来真正巨大的资源,谁拥有更多的数据,谁能够把数据处理的速度更快,能够把数据产生出价值,就能产生竞争力。2015 年 11 月 8 日,党的十八届五中全会公报提出要实施"国家大数据战略",这是大数据第一次写入党的全会决议,标志着大数据战略正式上升为国家战略。

(资料来源:http://club.1688.com/article/54827943.html)

8.1 电子商务战略概述

战略的概念源于战争实践,是筹划和指导战争全局的方略。它强调站在宏观全局的角度,分析内外环境、审视当前形势,在充分掌握自身优劣信息的基础上,作出并借以指导参与全局作战的方略。电子商务战略正是以电子商务为本体,整合电子商务发展经验,通过对产品、市场、核心业务及各种环境的深刻分析,制定并执行的推进电子商务模式不断发展的方略。

在公司战略中,互联网扮演的角色越来越重要。战略制定的第一步就是制定商务规划,即明确公司的愿景、使命和总体目标。其次是制定信息系统战略,明确实施商务战略需要用到哪些信息和相关的信息系统。信息和沟通技术战略的制定需要判断如何利用现代技术来传递信息,构建信息系统。一个电子战略就是信息系统和信息交流的衍生物。

互联网对公司战略制定的各个层面都有影响,例如产品的开发和创新、产品和服务的配送、与供应商和客户之间的关系以及市场竞争等。一般来说,战略的设计者需要把互联网当作传统竞争方式的一个补充者而不是竞争优势的一个来源。信息战略的制定者需要把互联网作为一个收集和发布信息的工具,信息沟通技术战略的制定者需要将网络技术与现有信息沟通技术进行整合。

8.2 电子商务战略实施

一个战略很重要,但是制定战略的过程更加重要。在进行电子商务战略实施之前,企业必须选择合适的电子商务战略。

战略规划,就是制订组织的长期目标并将其付诸实施,它是一个正式的过程和仪式。战略制定的过程因为各种因素,如战略的类型、实施的方法、公司规模和采用的方法等而各不相同。尽管如此,任务一个规划过程都有着 4 个主要的阶段:战略准备、战略制定、战略实施和战略评估,图 8.2。

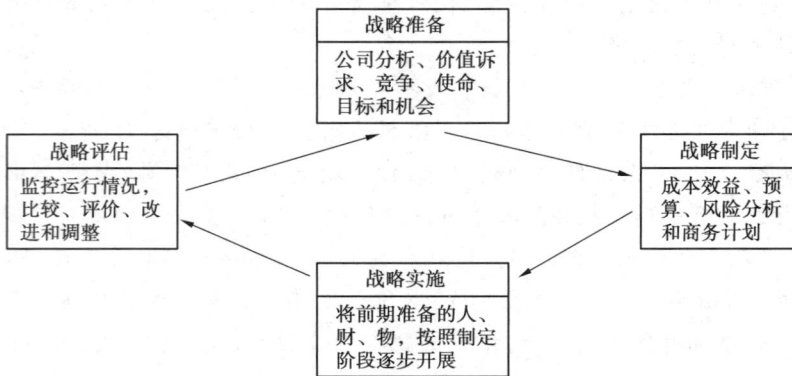

图 8.2　电子商务战略的规划过程

1）战略准备

在战略准备阶段,公司审视自身的情况,同时关注周围的环境,主要的工作包括确立公司的宗旨和目标、了解公司的优势和劣势、评价影响经营的环境因素以及完成对竞争者的分析。此时,公司管理层还需要认清互联网和其他的新兴技术对企业经营所产生的潜在的影响。在这一阶段过程中,企业应当完成的工作包括:

（1）公司分析和价值定位

公司分析包括公司愿景、公司使命、价值诉求、目标、能力、制约因素和公司的优势和劣势等。

（2）核心竞争力

所谓核心竞争力指的是一家企业对资源和经验的特殊组合。企业的核心竞争力需要花费时间来构建,而且竞争对手很难模仿。例如,谷歌的核心竞争力是独特的信息搜索技术,而 ebay 的核心竞争力则是它从事的在线拍卖。一家企业利用自己的核心竞争力来提供产品和服务,谷歌的产品是 Adword 和 Adsense,而英特尔公司则是提供各种芯片。

（3）预测

预测意味着识别对业务有影响或者有潜在影响的商业、技术、政治、经济或其他相关的因素。

（4）竞争分析和行业分析

竞争分析指的是审视经营环境,了解并解释与直接、间接以及潜在竞争者的相关的信息。最常见的是进行 SWOT 分析,所谓 SWOT 分析就是分析企业的优势、劣势、竞争对手是谁,以及竞争对手的长处和短处,机会在什么地方,市场状况等。

2）战略制定

战略制定是指确定企业任务,认定企业的外部机会与威胁,认定企业内部优势与弱点,建立长期目标,制定供选择战略,以及选择特定的实施战略。战略制定是企业基础管理的一个组成部分,是科学化加艺术化的产物,需要不断完善。在战略制定过程中必须考虑技术因素所带来的机会与威胁。技术的进步可以极大地影响到企业的产品、服务、市场、供应商、竞争者和竞争地位。

在电子商务战略中,制定的战略一般是一份电子商务项目策划书,根据这样的策划书来实施战略。在这一阶段能够完成的工作包括以下几个方面:

（1）商业机遇

如果战略准备阶段充分,企业未来的发展蓝图就会比较清晰。企业可以判断怎样的发展蓝图符合企业的大方向。同样,在第一阶段也许会识别出有些活动不符合公司的发展,那就需要考虑中止、剔除或者是外包。

（2）成本—收益分析

根据公司的宗旨和目标,必须评价每个机遇会给公司带来怎样的潜在利益,以及需要花费的潜在成本。这些成本和利益可以是资金,也可以是非资金的,可以是明确或不明确的、短期或长期的。

（3）风险分析、评价和控制

公司所指定的电子商务项目必须进行分析和评价。如果企业面临一个明显的风险，那么就需要一个风险控制。在电子商务战略中，有些商务风险都需要特别关注。

（4）商务计划

每一家企业，不管规模大小、历史长短、经营是否十分成功，都需要一个商务计划来获得资金，用切实可行的方案来实施商业计划。一个电子商务计划可能包括以下一些内容：概述、技术状况、竞争态势、经营目标、确定目标受众、建立团队、编制预算、确定资金来源、网站开发规划、网络促销规划、安排媒体发布、计划评估、各种附件和确定辅助资源。商业计划的价值诉求部分包括 4 个方面：价值定义、价值开发、价值判断、价值传递。

3）战略实施

战略实施，即战略执行，是为实现企业战略目标而对战略规划的实施与执行。企业在明晰了自己的战略目标后，就必须专注于如何将其落实转化为实际的行为并确保实现。战略实施是一个自上而下的动态管理过程。

在这一阶段能够完成的工作包括以下 3 项：

（1）项目计划

战略实施就是通过一个电子商务项目或是若干个项目来实施总的战略。项目计划包括具体的项目目标、制定时间表以及确定可以测量的业绩目标。一般来说，对每一个工程和应用，都需要制订一个项目计划。

（2）资源配置

公司的资源包括自有的资源、可以利用的资源以及可以控制的资源。这些资源可以是人力的、财力的、技术的、管理的或者以知识为基础的，这个阶段还包括商业流程外包和利用。

（3）项目管理

这是一个把各种应用和项目变成现实的过程。它包括雇用员工、购买设备、办许可证、购买或者开发软件以及签订合同等。

4）战略评估

企业所在的内外部环境的变动性，决定了要保证战略管理过程的顺利实现，必须通过战略评估体系对制定并实施的战略效果进行评价，以便采取相应的完善措施。可见战略评估决定着战略管理的成败。

战略评估一词外延十分丰富，不同的人从不同的角度对其可能有不同的理解。但从战略评估总是贯穿于战略管理的全过程的角度出发，大体上可把战略评估概括为战略分析评估，战略选择评估和战略绩效评估 3 个环节。

（1）战略分析评估

战略分析评估指运用 SWOT 分析法，评估企业内外环境状况，以发现最佳机遇。此种评估也可称作现状分析评估，它一方面要检查企业现行战略是否能为企业带来经济效益，如果不能增效就要重新考虑这种战略的可行性。另一方面通过考察外部环境，判定在现行环境下企业是否有新的机遇。最后结合两方面的结果，企业或继续执行原战略或采取适应环境要求的新战略。战略分析评估主要包括以下几个方面的内容:企业的现行战略和绩效的分析、不同战略方案的评估、对企业相关利益备选方案的评估、竞争力的评估,即对产品、市场、技术、人才、制度竞争力的评估。

（2）战略选择评估

战略选择评估指战略执行前对战略是否具有可行性的分析。此处涉及很多的评估模型。如 SAM 模型、定量战略规划模型（QSPM）、Eletre 方法（E 方法）、战略规划评估模型（SPE）。它们都是首先对环境因素进行分析,然后制订判断标准并打分最后计算出结果。SAM 方法中所包含的数学方法主要有层次分析法、熵权系数法、主观概率和效用理论等。此种方法是针对不同战略方案可行性的研究,是用数学的方法对不同的战略方案所面临的机会与威胁设定标准,通过数学的方法计算机会与威胁的权重,并以所得风险与收益的结果选择最优的战略方案。

（3）战略绩效评估

战略绩效评估是在战略执行的过程中对战略实施的结果从财务指标、非财务指标进行全面的衡量。它本质上是一种战略控制手段,即通过战略实施成果与战略目标的对比分析,找出偏差并采取措施纠正。

越来越多的企业已经充分认识到战略对于企业在激烈市场竞争中胜出的重要性,企业的认可也创造出巨大的对于战略管理的咨询需求。但是,很多时候企业忽略了战略管理是一个长期和动态的概念,制定准确的战略并推动其实施仅仅是战略成功的起点,只有对战略进行有效评估和调整才能保证企业的长期成功,原因有二:

①企业战略的成功取决于企业员工对于战略的执行能力,必须通过对战略执行情况的准确评估来发现可能的问题,在此基础上做出相应的改进。

②企业所处的环境瞬息万变,顾客、竞争对手、合作伙伴以及企业自身都在不断发生变化,技术的变革、宏观经济环境的变化、政策法规的调整更是时时对企业形成新的挑战。面对种种变化,需要不断地对战略进行验证和修正。

因此,客观高效地对正在实施的战略进行评价,并据此采取相应行动,无疑是保证企业实现既定目标的必要条件。

8.3　全球电子商务战略

自 1997 年 7 月美国政府正式公布《全球电子商务政策框架》以来,全球范围内掀起了一股电子商务的热潮,各类国际组织纷纷采取行动,为全球电子商务的发展推波助澜。企业经营是否走向全球是一个战略性问题。2010 年 6 月,市场调研机构提供的一份报告披露,全球已经有近 20 亿人经常使用网络,而在这些网络用户中,大约有 2.48 亿人在北美,8 亿人在亚洲,将近 5 亿人在欧洲。企业如果将自己的经营范围拓展到全球,市场潜力将会十分巨大。

开展全球化经营的决策可以出于很多原因,既有自身的原因,也有外部的原因。外部的原因包括竞争者在全球进行销售、消费者希望在全球各地都能购买公司的产品、文化差异和贸易壁垒等。自身的原因包括形成规模经济、寻求全球新市场、获得更多的资源、节约成本等。不同的企业走向国际化的具体原因千差万别,出于各自不同的考虑,受到各种不同因素的驱使。但是,无论出于何种原因,企业的国际化经营从根本上说都是出于整体战略的考虑,即为了寻求更大范围的竞争优势。企业国际化的动因包括 3 个:

(1)为现有的产品和服务寻找新的顾客

企业从事国际化活动最直接的动因是开发海外市场,在国内市场趋于饱和时为现有的产品和服务寻找新的顾客。随着经济全球化的发展,不同国家的消费者在需求偏好和消费习惯上有趋同的倾向,这使得企业有可能将产品和服务推向更广阔的市场。

(2)寻找低成本的资源

企业在海外市场寻找更优质和更低廉的资源,以降低生产成本,获得低成本优势。可以带来低成本优势的资源主要包括原材料、劳动力和技术。

(3)打造核心竞争力

核心竞争力是企业竞争优势的源泉,是企业比竞争对手更优秀的根本性的原因。企业将经营活动领域从单一的国内市场扩展到海外市场,可以在更大的范围内学习新的技术、管理经验,积累对顾客需求的认识,由此打造出更强的核心竞争力。

不管是因何原因,全球化的市场对于企业而言都是一块吸引力巨大的蛋糕,企业需要做出理性的规划和快速应对的机制。

8.3.1　全球化经营的好处

今日世界各地都在谈论"全球化"问题,对许多大公司而言,经营全球化事关系公司生死存亡,并涉及公司经营方式的全面改变。全球战略的优点在于能集中力量建立公司统一的竞争优势:

①能将其生产经营设施安排在最有利的国家内,或集中或分散,并对他们的战略行动统一协调。

②能将位于不同国家的活动连接起来,及时转移在技术开发、管理创新上的成果,更充分地利用公司的核心竞争力,还可选择在何处挑战竞争对手最为有利,这些都便于公司建立持久的竞争优势。

电子商务一个最主要的好处是可以以合理的成本在任何时间、地点开展业务,这也是电子商务全球化背景后的一个动因。现如今,开展全球化电子商务的成功案例有很多,例如:

①阿里巴巴公司向全球提供 B2B 交易服务。

②亚马逊公司向 190 多个国家的个人销售图书和其他商品。

③一些大公司(例如通用公司和波音公司)都称参与电子报价的外国供货商的数目持续增长。这种电子竞价的方式节省了 10% ~ 15% 的成本,还节省了 50% 的运作时间。

④很多跨国公司通过网络招聘,大幅提高了招聘员工的成功性。

8.3.2　全球化经营的阻碍

全球化带来好处和机遇的同时,也存在一些障碍。虽然有些障碍在一个国家内经营的电商企业也会遇到,但是,若是把全球影响考虑进去,就会变得更加的复杂。

1）文化差异

网络是一个由多元文化背景的消费者组成的多元化市场，开展全球化经营的过程中，每一个国家都有自己的文化。民族文化是一个国家的居民共有的价值观，这些价值观塑造了国民的行为方式和认知世界的方式。企业在经营过程中，难免因为文化之间的差异与消费者产生一定差距，例如对于网络主页上信息的集中度、颜色的使用等。克服文化障碍的解决办法就是要意识到目标市场的文化差异，只有了解了这些差异的存在，才有可以针对这些差异作出相匹配的调整。

2）语言沟通

在经济全球化、文化多样化的现代世界，语言能力正在变得愈发重要。正是通过语言，人类关于世界的知识才得以传承与传播，不同文明的交流互鉴才成为可能。虽然在现在的全球化经营过程中，企业可以将他国语言进行翻译转化，但这样耗费的成本是巨大的。2010年经调研人员对参与调查的 250 个网站调查显示，一个翻译人员把一个中等网站翻译成另外一种语言需要耗费一周时间。对于大型网站，成本可能要高达 50 万美元，主要看网站的和语言的复杂程度。虽然目前也存在一些免费的翻译软件，但是准确度又是一个值得思考的问题。

3）法律问题

全球电子商务中争议最大的问题之一便是国际法律问题。很多国家政府和国际组织都在努力寻求一些办法，希望能够步调一致，形成统一的法律标准。联合国国际贸易法委员会制定的《电子商务示范法》是一部致力于解决电子商务领域国际法律差异问题的法律，该法的目标是向各国法律组织提供一整套可接受的国际准则，从而消除阻碍电子商务发展的法律条款，同时在一个公平、现代且协调的框架下为贸易建立一个更安全的环境。该法律框架现已经被许多国家和地区采纳，包括新加坡、澳大利亚、加拿大、中国香港以及美国一些州。

4）经济问题

涉及电子商务的经济与金融问题包括政府的税费和纳税方式。在政府管理领域，税收的管理部门一直试图把应用在传统贸易领域的措施应用于电子商务领域，并且取得了很大的成功。但是，跨境销售的税收问题却是十分麻烦。装在盒子里的软件在到达一个国家关境的时候，将被征收税费。然而在网上下载的软件，一般由买方个人申报主动支付，但是这样做的人并不多。

全球电子商务面临的金融障碍是电子支付系统。为了能在网上销售，电子商务公司必须有各种灵活的支付方式，以方便不同的消费者为在线购买进行支付。然而各地的支付方式却存在一定差异。虽然信用卡在美国广泛使用，但在很多欧洲和亚洲国家，却宁愿使用非在线支付的方式来完成交易。

另外一个经济问题就是定价了。考虑到本土产品的价格和竞争，对于同一种商品，供货商想要在不同的国家制定不同的价格，但对于同一个网站而言，这种作法显然是难以做到的。

8.3.3 全球化电子商务战略的建议

在全球化电子商务发展迅速的今天,还是存在各种问题和壁垒。为此,很多国际组织和专家都提供了一些消除障碍的建议:

①全球化战略。决定一个出发点,并制定一个全球化的战略,时刻记住网站全球化就是开展业务的过程。根据目标客户决定公司开展业务的国家和使用的语言。

②了解客户。充分研究目标受众,了解其文化、偏好以及所在国的法律问题等。

③本土化经营。只要可能,在网站上尽量采用当地语言,按照当地文化习俗来达成交易条件和完成交易。

④保持全球一致性。同一企业的不同网站必须确保品牌管理、定价、公司信息和产品管理等与公司的战略保持一致。

⑤保持沟通准确性。对网站内容进行翻译时,尽量采用人工操作,以减少沟通中的理解问题,否则有可能因为一个细小的翻译错误而永久的失去客户。

⑥文本清晰,解释清楚。定价政策、隐私保护政策、联系方式、操作流程等在网上须进行详细说明,并且让客户看到。

⑦提供削减壁垒的服务。用所有货币来进行定价和支付是不太可能的,因为此为了方便客户,有必要提供货币兑换链接。在 B2B 模式下,需要把电子商务交易系统和买方的会计、财务方面的国际信息系统连接起来。

思考题

1.公司战略设计者、信息系统战略设计者以及信息沟通技术战略的设计者如何看待互联网和电子商务?

2.电子商务战略规划流程是什么?各自完成的工作包括哪些?

3.什么是全球电子商务?它有哪些优势?

4.企业以多种语言提供网站服务有哪些利弊?

第 9 章
电子商务法律问题

📖 本章学习目标

- 掌握电子商务法的概念和特征、立法概况；
- 了解电子商务中涉及的法律问题；
- 理解电子商务与知识产权问题、隐私保护问题、税收问题等的关系及其保护措施；
- 了解绿色电子商务的概念。

案例导入

"双十一"，不可不知的法律问题

现如今，11 月 11 日已经从"淘宝狂欢日"演变成整个电商领域的节日。在 2015 年 11 月 3 日举行的网络经营者"诚信守法经营"宣传活动上，阿里巴巴、京东集团等 20 多家电商平台和 130 多位网店经营者联合签名，承诺"诚信守法经营，不售假不刷单"。电子商务中都涉及哪些法律问题？我们期待今年"双十一"会有一个有序竞争的电商市场环境。

问题一："史上最严广告法"会产生哪些影响？

新修订的广告法于 2015 年 9 月 1 日起正式施行，被称为"史上最严广告法"，这会对今年的"双十一"产生什么影响呢？

浙江省社会科学院法学所副研究员唐明良告诉记者："规范、成功的广告，对于消除消费者和生产经营者之间的信息不对称十分有效。"

新修订的广告法会对"双十一"有何影响？唐明良举例说："以电子信息形式发送的广告和网络广告会有所规范。按照新修订广告法的规定，以电子信息方式发送广告的，应当明示发送者的真实身份和联系方式，并向接收者提供拒绝继续接收的方式。可以期待，以前那种给人乱发邮件，或者在互联网上强制弹出，又很难关闭的页面广告将减少。"

对于电商之前通过广告竞争甚至贬低对手的行为，唐明良称："'广告不得贬低其他生产经营者的商品或者服务'是一条老规定，它主要规范的是所谓的'比较广告'。在法律上，比较广告并不一棍子打死，但边界就是'不得贬低其他生产经营者的商品或者服务'。因此，如果网络平台之间'互黑'，贬低其他生产经营者的商品或者服务，便有可能承担相应的法律责任。按照新修订的广告法的规定，不但广告主要承担被处罚的责任，如果广告经营者、广告发布者明知或者应当知道有贬低事实的,也要被处罚。因此,'广告不得贬低其他生产经营者的商品或者服务'的规定对规范平台之间有序竞争,有一定的正面意义,但也不能放大它的功能,有序竞争关键还是要靠网络和市场自律。"

问题二:互联网企业之间的不正当竞争如何界定?

2015年11月6日,据记者报道,京东公司认为"天猫"投放广告宣称"当日达当日用""轻松购物当日达"等系片面宣传,属误导消费者以获得不正当竞争优势,故将天猫商城的运营商、天猫超市华北站的商品经营者诉至法院。

"判断这种案件中企业间是否构成不正当竞争,一般要看被告方的行为是否违反了反不正当竞争法的相关规定,即需要考虑该企业是否有违反公认的商业道德的行为,是否作了引人误解的虚假宣传等因素。如果确存在前述情况,则该企业可能涉嫌不正当竞争。"北京华讯律师事务所主任张韬律师解释说。

张韬说:"'双十一'作为一个'消费时点'由阿里巴巴集团发起,并得到了广大消费者和商家的热烈响应,成为了一个主题活动日;阿里已经通过商标注册等方式在保护自己的知识产权、维护合法权益,但其他电商平台在这一天进行的促销活动本身并不构成不正当竞争。"

"互联网企业之间竞争的加剧说明了我们国家互联网经济在迅猛发展,互联网时代是快鱼吃慢鱼的时代,竞争一定是非常激烈和残酷的。如果企业以不正当竞争的方式发展,可能就会在短时间内抢占巨大的市场份额,这对于守法经营者就有可能带来毁灭性打击。"张韬介绍说,"2014年6月,北京市第一中级法院就'涉互联网不正当竞争案件'发布了十大典型案例,这为我们判定互联网领域的不正当竞争提供了一定的参考,但是判断不正当行为的具体标准仍需明确。"

"现行的反不正当竞争法是1993年颁布施行的,立法时,显然是无法考虑和兼顾到现在的互联网企业间的激烈竞争问题的。"张韬律师建议,"我国的相关行业协会可以起到积极的引导作用,制定行业规则,引导行业自律、企业自律。现在正是互联网企业群雄逐鹿的时代,更需要讲商业文明和商业道德,否则,今天以不正当竞争的方式发展起来的企业,明天就可能成为不正当竞争的受害者。"

问题三:"7天无理由退换货"如何落实?

十二届全国人大常委会第十七次会议于11月3日下午分组审议了全国人大常委会执法检查组关于检查《中华人民共和国消费者权益保护法》实施情况的报告。全国人大常委会执法检查组的报告指出:"从检查情况看,无理由退货产生的争议在许多地方已经上升为消费者投诉的第一位。"

报告显示,争议主要集中在两个方面:一是退货范围。经营者和消费者关于哪些商品适用无理由退货存在不同理解,导致争议发生。二是对商品完好的解释。有的商家不仅要求商品本身完好,而且商品包装必须完整,甚至要求商品不得拆封、试用。还有一些商家存在故意拖延拒绝退货、折扣或赠送商品不予退货等现象。对于该现象,有记者采访了中国人民大学商法研究所所长刘俊海。

"消费者权益保护法中'7天无理由退换货'规定的是后悔权,立法意图是以无因退货为原则,以有因退货为例外。现在有些商家动辄拉出一个几十上百项的单子规定不能退货,把不能退货的例外变成常态,这是歪曲立法意图的。"刘俊海说,"消费者权益保护法中确实有兜底条款规定'其他根据商品性质并经消费者在购买时确认不宜退货的商品,不适用无理由退货',但这个兜底条款的适用范围是比较窄的,应当根据商品性质来适用,而且应当由消费者和商家一起决定,不能单独由商家来决定。"

除了退换货商品的范围外,刘俊海指出现在互联网购物中退换货还缺少一个确认程序。"应当在消费者付款前增加一步,说明是否适用 7 天无理由退换货,并由消费者点击确认才能进行到下一步交易。这一程序的设置正是消费者和商家达成合意的明确表示。"

有的商家苛刻地要求产品包装中的塑料泡沫不能损坏、包装机器塑料膜不能丢失等,刘俊海对此表示:"不影响二次销售才能退换货是个伪命题,因为所有的商品经售出后又退回,一定会有不同程度的改变,这时候商家如果还以新商品再销售,实际上是对其他消费者的一种不尊重,至少应当标明是退回货品。要求塑料包装不能损坏这些更是有违消费者权益保护法设置后悔权保护消费者的初衷。"

刘俊海给商家算了一笔账:"世界上没有哪个企业因为退换货而倒闭,反而是那些尊重消费者选择的聪明企业做大做强了。我们在制定无因退货条款时,就成本效益进行过分析,每年产生几万块钱成本的退换货,带来的可能是几百万销售额的增加,企业应当算大账。"

对于"双十一"的购物热潮,刘俊海奉劝消费者:冲动是魔鬼,要学会货比三家,还要线上线下比较,"双十一"前后比较,擦亮眼睛看清商家规定的有因退货条款,根据自身情况作出选择,这样才能过一个理性消费、科学购物的"双十一"。

(资料来源 http://www.legaldaily.com.cr/gallery/content/2015-11/10/)

9.1 电子商务法律法规概述

电子商务是近几年随着网络信息技术的发展而出现的一种新的经济现象,它的出现和发展推动了人类社会经济的迅速发展,但由于电子商务的发展具有一定的超前性,目前许多制度、法律还不能满足电子商务的要求,如征税问题、知识产权保护问题、电子商务隐私保护等一系列问题急待解决。

9.1.1 电子商务法的概念与特征

1)电子商务法的概念

法律是调整特定社会关系或社会行为的行为规范。电子商务的发展和自身的规范要求导致电子商务法的产生。由此可知,电子商务法是调整电子商务活动或行为的法律规范的总和。电子商务法,可以狭义和广义上予以解释。狭义的电子商务法,是商法在计算机通信环境下的发展,是商事法新的表现形式,是指调整以数据电讯为交易手断而形成的因为交易形式所引起的商事关系的规范体系。而广义的电子商务法更加强调电子商务中交易行为本身及其由此引出的其他问题,既注重形式方面的规范,又注重电子交易内容的规范,将电子商务法视为调整电子商务形式和内容两个方面行为规范总和。前者如联合国的《电子商务示范法》(亦称狭义的电子商务运),后者的内容更是不胜枚举,诸如联合国贸法会的《电子资金传输法》、美国的《统一计算机信息交易法》等,均属于这一类。

2)电子商务法的特征

电子商务法作为商事法律的一个新兴的领域,与其他的商事法律制度相比较,还存在一些具体的特点:

(1)国际性

电子商务显著的特点是具有国际性,在20世纪90年代中后期,世界上几乎每一个国家都与因特网相连,在因特网上已经打破了国家和地区之间的界线。由于因特网进行的电子商务活动是一种世界范围的商务活动,因此,电子商务法要以适应国际化的要求为特征,以同国际接轨为必要的特点,以此来满足解决电子商务法律问题的需要。

图9.1 电子商务监管漫画图

(2)技术性

在电子商务法中,许多法律规范都是直接或间接地由技术规范演变而成的。比如一些国家将运用公开密钥体系生成的数字签名,规定为安全的电子签名,这样就将有关公开密钥的技术规范转化成了法律要求,对当事人之间的交易形式和权利义务的行使,都有极其重要的影响。另外,关于网络协议的技术标准,当事人若不遵守,就不可能在开放环境下进行电子商务交易。所以,技术性特点是电子商务法的重要特点之一。倘若从时代背景上看,这正是21世纪知识经济在法律上的反映。技术规范的强制力,源于其客观规律性,它是当代自然法的主要渊源,理想的实证法只能对之接受,而不能违抗。

(3)开放性

从民商法原理上讲,电子商务法是关于以数据电讯进行意思表示的法律制度,而数据电讯在形式上是多样化的,并且还在不断发展之中。因此,必须以开放的态度对待任何技术手段与信息媒介,设立开放型的规范,让所有有利于电子商务发展的设想和技巧,都能容纳进来。目前,国际组织及各国在电子商务立法中,大量使用开放型条款和功能等价性条款,其目的就是为了开拓社会各方面的资源,以促进科学技术及其社会应用的广泛发展。它具体表现在:电子商务法的基本定义的开放、基本制度的开放,以及电子商务法律结构的开放这3个方面。

(4)复合性

复合性是与口头及传统的书面形式相比较而存在的。电子商务交易关系的复合性,源于其技术手段上的复杂性和依赖性。它表现在通常当事人必须在第三方的协助下,完成交易活动。比如在合同订立中,需要有网络服务商提供接入服务,需要有认证机构提供数字证书等。即便在非网络化的、点到点的电讯商务环境下,交易人也需要通过电话、电报等传输服务来完成交易。或许有企业可撇开第三方的传输服务,自备通信设施进行交易,但这样很可能徒增成本,有悖于商业规律。此外,在线合同的履行,可能需要第三方加入协助履行。比如在线支付,往往需要银行的网络化服务。这就使得电子交易形式具有复杂化的特点。实际上,每一笔电子商务交易的进行,都必须以多重法律关系的存在为前提,这是传统口头或纸面条件下所没有的。它要求多方位的法律调整,以及多学科知识的应用。

9.1.2　电子商务法的作用

随着电子通信与计算机技术的飞速发展和电子商务的广泛应用,电子商务法在经济活动中将发挥着重要的作用,这种重要作用主要表现为以下几个方面:

1)电子商务法是市场经济健康发展的有力保障

市场经济从确立到有了今天的快速发展,无时无刻不依赖于法律规范的有力保障,虽然电子商务在贸易形式上有了根本性的突破,而且在若干年后,它将成为市场经济的主要贸易形式,但其仍然是市场经济的一个组成部分。从市场经济是法制经济的根本特点来看,以法律规范来确保电子商务交易的安全与快捷是市场经济发展的必然要求。

2)电子商务法是互联网安全的有力保障

互联网的最大的问题在于其安全的脆弱性,而以互联网为基础的电子商务活动也同样深受互联网安全性的影响,网络安全问题是当前世界各国普遍关注和重视的问题。随着经济信息化的飞速发展,在计算机网络中黑客破坏活动与网络犯罪问题已日益严重。有统计表明,网络犯罪率的提升速度甚至已经超过信息化发展的速度,这将对经济秩序以及计算机信息安全构成严重的威胁。今后在我国经济发展与世界经济发展的并轨过程中,网络信息安全将面临更大的压力与挑战。电子商务法将会直接有效地打击和防止各种危害电子商务安全的违法犯罪活动,在震慑违法行为的同时,规范电子商务主体的行为,保护电子商务交易安全,保护电子商务交易主体的合法权益,从而也有力地保障了互联网的安全发展。

3)电子商务法是规范电子商务活动的有力保障

电子商务活动冲破了传统贸易的格局,使贸易形式产生了巨大的变革,面对这种全新的贸易形式,传统的法律规范有许多方面都不能适应电子商务活动的需要,电子商务法正是在这种要求下产生的,它对在互联网上进行商务交易的过程、当事人的权利义务都按照电子商务活动的特点作出规定。电子商务活动能够按照法律规范来进行,使电子商务活动有法可依,有据可查,责任明确,保障了电子商务活动按照规范进行。

9.1.3　电子商务的立法概况

1)国际电子商务立法概况

(1)联合国国际贸易法委员会的《电子商务示范法》

联合国国际贸易法委员会负责起草并于 1996 年通过的《电子商务示范法》,对电子商务的形式、法律确认、书面形式要求、签字、原件、数据电文的可接受性和证据力、电子合同的订立及有效性等重要的问题都作了明确的规定。此法在性质上既非国际公约,亦非各国公认的有拘束力的国际惯例,只是供各国参照的范本。

（2）美国的电子商务法

为了避免各州之间出现电子商务法的立法冲突,1999年7月,由300名法学教授、法官、律师等组成的"全美通用州立法委员会"草拟了《计算机及信息交易统一法》,并推荐给各州进行使用。

（3）欧洲联盟的电子商务法

欧洲联盟于1999年12月7日通过统一法令,明确规定了在某一成员国签订的电子商务合同,其效力在其他任何一个成员国都应被承认。其后,欧盟通过了2000年电子贸易的法律框架,和正在制定的电子商务法,使得电子商务法律更为规范。

（4）新加坡的电子商务法

新加坡1998年颁布了《1998电子交易法令》,采纳了联合国贸法会《电子商务示范法》的绝大部分条文,规范了电子商务中出现的多方面问题,促使新加坡融入日益兴起的全球电子商务之中。

2）国内电子商务立法概况

我国电子商务立法伴随着电子商务的开展而逐渐推进并完善,体现出"地方先行、行业先行"的特点,即立法首先以地方法规的形式出现,或者在行业中通过相对成熟的规则进行总结,最后上升为国家层次的立法。

1999年第九届全国人大第二次会议通过的《合同法》在合同形式条款中加进了"数据电文"这一新的电子交易形式。2004年8月28日经十届人大十一次会议讨论通过了《中华人民共和国电子签名法》,并于2005年4月1日正式实施,为电子商务中信息流、金融流和物流的发展提供了法律依据和法律环境,这对我国电子商务发展起到了极大的推动作用,它标志着我国首部"真正意义上的信息化法律"正式诞生。2012年12月份,又通过了《关于加强网络信息保护的决定》,为网络交易的安全进一步提供的保障。2013年12月7号,全国人大常委会在人民大会堂上召开了《电子商务法》第一次起草组的会议,正式启动了《电子商务法》的立法进程。12月27日,全国人大财经委在人民大会堂召开电子商务法起草组成立暨第一次全体会议,正式启动电子商务法立法工作。根据十二届全国人大常委会立法规划,电子商务法被列入第二类立法项目。2014年11月25日,中国全国人大常委会于全国人大会议中心召开电子商务法起草组第二次全体会议,此次会议从起草组成立至2014年12月底,进行专题调研和课题研究并完成研究报告,形成立法大纲。将就电子商务重大问题和立法大纲进行研讨。起草组已经明确提出,《电子商务法》要以促进发展、规范秩序、维护权益为立法的指导思想。

在全国性的法律、法规之外,包括北京、上海、天津、湖北、湖南等我国绝大部分省,自治区、直辖市都相继通过了信息化方面的地方法规,如2002年的《广东省电子交易条例》和2007年的《北京市信息化促进条例》。此外,一些行业规范也对规范和引导电子商务企业走上健康有序的竞争之路起到了重要的补充作用。总的来看,我国目前电子商务的立法还是相对滞后于实践,而滞后的立法反过来将阻碍电子商务的进一步发展。

9.2　电子商务交易中存在的法律问题

9.2.1　电子商务的合同问题

现在,电子商务合同的签订较多的采用双方通过电子的形式,主要的方式有 E-mail、网络电子表格、聊天记录等。这时进行交易是无纸贸易。进行无纸贸易就会遇到数字签名、电子发票、电子合同的法律地位和其所具有的效力的问题。这样的情况下会导致很多的问题出现。如电子商务是一种当事人互不见面的交易,进行交易的运行平台是网络虚拟平台,其具有的保证措施只有辨认密码和认证机构的认证。但是现阶段存在密码认证具有的虚拟性和认证机构认证的多样性致使合同的信用体系出现相对较大的疑问。进行大额的商务合作时非常危险。

9.2.2　知识产权的保护问题

现阶段的电子商务中存在知识产权保护的问题。第一,这个问题表现在著作权的保护上如互联网上的文学艺术作品 计算机软件、音乐和电影。很多人都知道,知识产权与有形财产之间存在显著的不同点。现在有很多的网站上常常进行共享软件的注册码或注册程序的公布,这种行为实际上已经侵犯了计算机软件的版权。这时,软件的设计者的合法权利已经受到了侵害。

其次,现阶段互联网走进各行各业,它的影响力逐渐增大。每个行业都注意到进行网络宣传的重要性,并开始重视网上宣传。这时法律界又出现了困扰其的新问题,就是用户进行域名抢注时出现的问题。现在申请域名实施的原则是先进行注册,但现在国内外部分知名企业的名称或商标常常被抢先抢注。目前各个国家的知识产权法律制度都没有这个方面的内容。如果出现这种情况时采用的法律一般是商标法。虽然司法机关常常对驰名企业的域名进行有效的保护,但是没有实施有效的措施进行大部分域名争端的解决。

9.2.3　电子商务交易安全问题

现阶段,电子商务进行交易安全的法律问题,主要关系到以下 4 个方面。第一,电子商务网站的安全管理大部分都存在漏洞,具有较大的隐患,非常容易受到黑客的攻击。第二,电子商务交易还没有形成科学合理的售后服务体系,常常出现顾客购买后不知找谁进行售后服务的现象。第三,电子商务网上支付是通过信用卡或虚拟银行的电子资金的划拨来完成,这就涉及网络银行与客户之间的协议及保障问题。第四,电子商务交易安全缺乏足够法律制度体系支持。现阶段,电子商务交易在我国还没有建立法律体系进行具体的保护,也没有形成清楚明了的制度,现阶段网络技术正在飞速的发展,导致现在的法治存在滞后的现象。

9.2.4　消费者权益的保护问题

关于消费者权益保护的问题,涉及两个方面:一是 ISP 提供的网络接入服务存在瑕疵或因过失给消费者造成损失时,根据《消费者权益保护法》中对接受服务的消费者的保护条款应适用于这一类纠纷。但 ICP 不具备《广告法》中相应的广告经营者的资格,当消费者合法权益受到网上不实广告侵害时是否可以适用《消费者权益保护法》这一问题没有明确的规定;二是电子商务涉及公民的隐私权的问题。如非法收集、利用个人数据,擅自泄露个人隐私、个人数据的二次开发利用等,都让消费者感到网络的不安全,而用这种侵权行为也无法找到真正的侵权者,使得消费者无处维权。这种网络侵权行为的泛滥,会使得电子商务交易的诚信基础变得更加薄弱,不利于电子商务的长久发展。

9.2.5　电子商务的税收问题

电子商务的虚拟性、多国性及无纸化的特征,使得各国以属地和属人两种原则建立起来的税收管辖权面临新的挑战。而且电子商务的纳税人身份难以确定、消费者匿名,加密技术等都会给纳税机构获取信息增加难度。

9.3　电子商务知识产权问题

9.3.1　电子商务知识产权问题中涉及的内容

伴随社会经济的发展,电子商务逐渐崛起,成为现代服务业的中流砥柱。电子商务具有诸多方面的优势,这不但体现在市场全球化、成本低廉化上,还体现在交易连续化、资源集约化上,但是在其发展的过程中问题也是不可避免的,其中网络交易的知识产权保护问题就是我们必须要面对的。相较于发达国家,我国的电子商务发展还不是很成熟,知识产权保护问题体现十分明显。具体来说,电子商务常见知识产权主要涉及以下几个方面:

1) 商标权和域名

在如今的商贸活动中,商标权保护作用越来越大,涉及商标权的问题也越来越多。很多学者认为传统的商标制度受到网络环境下商标的很大的制约,其中比较明显的就是电子商标、动态商标。而在电子商务活动中,域名代表的是企业的形象,电子商务域名抢注问题也屡见不鲜。

在互联网环境下,域名具有唯一性,与之相反的商标法实行的是分类管理,这样就造成了域名与商标的冲突。在学术界对域名的知识产权属性是存在争议的,但是其无形资产财产性是人们普遍认可的。针对具体的域名问题,大多从域名属性出发分析域名和商标的区别,以更好地解决网络环境下的纠纷问题。

2) 著作权知识产权

著作权保护建立在独创性的基础上,电子商务体现很多创造性的内容,著作权及相关权利是其重要的保护方式。从当前的情况来看,电子商务著作权涉及诸多方面的内容,不但包括商务信息著作权、复制权,还包括数据库保护、公众传播权等方面。商务信息的传播和接收是电子商务发展的重要支撑,著作权问题是网络信息的典型问题,对著作权的保护得到了学者们的普遍支持。在电子商贸活动中,数据资料的复制是难以控制的,或是暂时复制,或是永久复制,复制权问题并没有得到很好地的保护,这对电子商务的发展是十分不利的。

3）专利权知识产权

网络技术具有新颖性、实月性特征，而且具有创新性特征，正是因为这些特征使其对专利权造成了较大的冲击，如电子专利的网络申请、网上公布发明的新颖性等。专利沄属于国内法，故而带有明显的地域性特征，网上侵权行为并不能被有效发现，这样就造成网络专利权使用复杂化，关于网络专利权的侵权管辖权问题尚无定论。

9.3.2 解决电子商务知识产权问题的对策

电子商务发展过程中知识产权的问题是值得我们深思的，必须有效地解决才会有利于电子商务的进一步发展。因此，我们可以从以下几个方面着手：

1）加大网站监督力度

电子商务建立在电子商务网站的基础上，买卖双方依靠电子商务网站来进行交易，为此，知识产权的侵犯行为能够得到妥善解决，电子商务网站有很大的责任。因此，电子商务网站应该加大对经营者、商品质量等方面的监督管理，制定严格的赏罚规范，针对消费者的投诉要严查严办。

2）增强知识产权保护意识

电子商务知识产权保护具有很强的隐蔽性，人们的思想、意识对电子商务知识产权保护有着重要的作用。因此，相关部门应该加大知识产权保护常识的宣传，这样一方面可以提高消费者的辨假能力，另一方面能够提高企业或卖方的诚信守法意识，营造良好的知识产权保护氛围，推动网络理性化发展。

3）完善知识产权法律

电子商务还是一个年轻的行业，现行法律难以和其完全适应，电子商务出现的新问题难以依据现行法律得到妥善解决，在这样的背景下，要解决电子商务知识产权问题，完善知识产权法律显得尤为重要。为此，我国应该建立网络环境下的知识产权法律架构，并建立相应的基础设施提供知识产权服务，只有这样才能使企业以及消费者更好地得到法律保护。

4）开展专项整治活动

假冒商品的来源问题是知识产权保护的关键，只有抓住源头才能避免这些产品进入市场当中。为此，可以采取如下措施：其一，定期开展专项网上巡查；其二，实地监管、巡查与收缴，建立消费者投诉反馈渠道，根据相关的投诉、举报对相关电子商务网站予以监察，并给予相应的惩处。

9.4 电子商务隐私保护问题

随着网络技术的不断发展，电子商务已经成为时代发展的潮流，也因此出现了许多隐私权侵权的问题，其主要的表现在：在网络环境的影响下，商家借助于网络的快速传输，能够快速、大量、全面地收集和整理信息，在数据、信息资源的交流中，可能会出现一些潜在的问题，将网络信息平台作为隐私权的侵犯工具，主要表现的侵权行为有：

①非法窃取个人的信息数据。在网络技术应用中,由于存在着一些安全漏洞,这就使得个人的信息数据受到了侵害。在没有经过个人的允许下,将信息进行外泄,最常见的是黑客行为。对消费者的个人数据、股票、信用卡等重要的信息资源造成不同程度的侵害。

②侵犯个人的通讯隐私。电子商务应用过程中,不法分子在互联网平台中利用非法技术,对个人的邮箱等信息存储空间进行非法访问,损害了员工或者是工作人员的个人通讯隐私问题。

③网络用户侵犯别人的隐私。在网络信息技术的应用下,由于信息的快速传输,因此在日常生活中,越来越多的人开始关注自己的隐私保护,有部分人认为网络环境是一种虚拟的环境,通常是使用中只是带着一种感性的认识进行使用的,在这种环境下就缺乏人性的伦理道德和真实的情感交流,越是这种环境,人们就越容易忘记是在非现实的环境下生活、工作的,由于自身的好奇心等影响,造成隐私侵犯等行为的产生,这就威胁了他人的网络隐私权。

9.4.1 电子商务环境下隐私权受到侵犯的原因

1)互联网的开放

随着互联网的高速发展,网络本身就是一个比较广泛的环境,在网络平台中能够快速搜集个人的隐私,更容易将隐私进行分散等,这就为一些不法分子提供了非法窃取他人隐私的可能。在互联网的开放使用中,缩小了世界的范围,但也使不法分子的队伍变得强大。

2)电子商务用户的普遍化

网络环境下,使用电子商务,容易快速地将个人的信息、资料当成是公众新闻进行传播扩散。由于当前电子商务使用非常广泛,应用的人群比较广,这就造成个人信息或者是数据会引起商家的兴趣,受经济利益的驱使,不法分子将这种隐私侵权看成是谋取经济利益的手段。因此这种普遍应用电子商务的现状是影响隐私侵权的重要因素。

3)免费服务

当前电子商务的使用中,由于许多网站是免费服务的,例如在日常生活中比较常见免费电子邮箱、免费软件以及在登陆中出现了许多免费的服务。当用户填写个人的信息、资料以及其他资料时,服务商家称这种服务是正面的服务,但是用户却忽略了个人信息的商业价值,影响了电子商务的正常发展。

9.4.2 电子商务中对隐私的保护措施

1)加强网络媒体技术管理

电子商务发展中,需要对隐私保护进行重点研究。其主要的措施是:对网络媒体技术加强管理,在信息的交互中,对出现的与信息自由流动相抵触的现象需要加强保护。在平衡保护隐私权益中,合理地解决好电子商务中隐私保护问题。在加强电子商务隐私保护的情况下,杜绝影响网络媒体平台的行为,避免用户使用中造成非法信息交流的行为。网络管理人员加强网络环境的安全性,对于一些商用或者是私用的电子商务进行资格认定,在使用信息的同时要进一步加强对不良信息或者是非法的权限进行限制,使用中明确侵权责任,在不影响电子商务的正常使用中,进一步保护隐私不受侵犯,并且加强网络信息的完整、准确以及有效性,为电子商务提供安全、可靠的网络环境。

2) 加强隐私保护技术管理

随着网络环境的普遍应用,人们在网上能够快速找到一些可以帮助用户保护个人隐私的软件,来进一步加强个人隐私的保护,但是在保护软件的使用中,隐私保护技术也在逐渐加强。随着电子商务的不断发展,需要对网络隐私保护进行进一步的加强,提高电子商务隐私权的保护手段,能够将电子商务与网络隐私保护相结合,二者相互促进,加保护电子商务隐私权,促进数据信息的有效复用。

3) 通过立法来保护隐私权

我国电子商务在不断发展,但是在法律方面没有形成有效的防范措施,需要在电子商务发展的过程中将我国隐私保护与国外隐私保护联系起来,借鉴国外的先进技术以及相关的规范标准,正确使用立法规范来加强电子商务隐私保护,需要根据目前电子商务使用的有效性来采取相应的保护措施,规范电子商务的网络环境,进一步确定电子商务隐私权的具体规定。在整个行业中制订一套科学合理的隐私保护方案,根据这一标准提高隐私保护的水平,为加强我国网络环境下电子商务的有效使用提供一定的法律规范,保障电子商务的进一步发展。

4) 立法、行业自律以及第三方认证相结合

根据电子商务运行的环境,需要对网络环境下隐私保护制定相关的法律规范以及加强业界自律相结合来进一步加强隐私保护。由于在法律效应下,电子商务隐私权的保护起到了良好的发展效果,但是严格的法律对电子商务业界会产生一定的影响,因此在隐私保护中,需要将法律规范、行业自律以及第三方机构联合在一起,在完善的机制中保证业界自律规范的落实,为广大用户提供安全可靠的电子商务平台,避免了第三方机构出现侵权的行为,这样就保证了用户在电子商务中的隐私保护。

9.5 电子商务与税收

9.5.1 我国电子商务税收法律制度面临的问题

1) 电子商务与我国现行流转税的问题

(1) 电子商务对增值税的影响

增值税是一种非常普遍和常见的流转税,一般而言,任一商品通过不断流转,其价值额度会不断增长,增值税就是依据其在整个过程中增长额而征税的。在《中华人民共和国增值税暂行条例》第一条中就明确规定了哪些类型活动的主体为该税的纳税义务人。该条例中也明确规定了不同的增值税税率、增值税的计算方式、增值税的优惠条件等内容。在网络时代中,不管是国际交易还是国内交易中,消费者都可以通过网络订购商品,一般分为离线交易和在线交易。离线交易是指交易的对象并不是经过网络途径传送,此时电子商务对增值税并没有太大的影响,因为交易产品到达我国海关时,相关部门依照规定是可以代收增值税税费的。然而,假如这种商品属于通过互联网传输的在线交易,那么关于增值税的免税规定的适用则会出现漏洞。例如,为了提高我国对外贸易水平和扩大出口,我国政府主张对出口货物实施特别待遇,即零税率。假设某一纳税人在我国创建了一个买卖商品或提供各类交易服务的网站,且消费对象和范围是全球的顾客,那么如何界定一笔交易是否具有涉外性就很困难了。当纳税人试图夸大其出口的数量时,税务机关往往难以验证交易的真实性。

(2)电子商务对营业税的影响

营业税也是流转税中比较常见的一种,它是向经营者的营业额征税。《中华人民共和国营业税暂行条例》第1条规定:"在中华人民共和国境内提供本条例规定的劳务、转让无形资产或者销售不动产的单位和个人,为营业税的纳税人,应当依照本条例缴纳营业税"。第11条规定:"中华人民共和国境外的单位或者个人在境内提供应税劳务、转让无形资产或者销售不动产,在境内未设有经营机构的,以其境内代理人为扣缴义务人;在境内没有代理人的,以受让方或者购买方为扣缴义务人。"国际贸易中,当以电子网络化的形式进行交易或提供服务时,根据我国法律规定应属于应税行为。财政部、国家税务总局发通知称,经国务院批准,自2016年5月1日起,在全国范围内全面推开营业税改征增值税(以下称营改增)试点,建筑业、房地产业、金融业、生活服务业等全部营业税纳税人,纳入试点范围,由缴纳营业税改为缴纳增值税。营改增情况下,物流快递行业、电商行业商家都面临着不少的税负。目前来说,我国电子商务现行税制要素界定不明确,现行税收征管体质无法应用于电子商务税收征管等问题。营改增环境下,加强税收监管有利于电子商务行业健康合理性发展。

2)电子商务与我国现行所得税的问题

(1)电子商务对所得来源地认定的影响

我国所得税的义务人主要包含两类,居民与否决定了缴税的范围。如果不是我国的居民,只需要对于在我国境内获取的所得纳税;如果是我国居民的话,则不仅需要就境内获取的所得缴税,来源于境外的所得同样也需缴税。其中来源所得地的认定是一个关键的问题,因为这事关税收管辖权,更深层次地说就是涉及一国的税收主权和税收利益。而网络交易模式的出现,使得税务机关在认定所得出于何地时往往会产生疑惑。假设我国一居民在英国建立了一个网站,通过网站向全球销售商品,那么该居民通过这个网站获取的所得是否应该属于来源于英国的所得呢?如果我国和英国都承认该所得来源于英国,则该居民应该就该项所得向我国纳税,但他可以就在英国已缴纳的税额抵扣在我国缴纳的税收金额。如果英国承认该所得来源于其本国,而我国却予以否认,则该居民在就该项所得向我国纳税时,不得对向英国缴纳的那部分税额进行抵扣,这样就会造成双重征税。

(2)电子商务对所得税的影响

所得税,顾名思义有得才纳税,它是将各种收益所得作课税对象。所得税的制定其实是公平公正原则的体现,所得越多缴纳的税款则越多,所得越少缴纳的税款则越少,没有所得自然无须纳税。我国对所得收益是划分类别的,不同类别的收益税率固然也有所区别。依照我国法律规定,一般情况下,劳务报酬所得和特许权使用所得适用相同的税率,皆为20%,但是当劳务报酬偏高时,则不再适用20%的税率,而是执行加成征税的办法,此时税额会由于超出部分的多少而产生一定差异。但是随着交易模式不断的电子化、网络化,某些所得之间的判断标准开始模糊化。就如上述的两种基本所得,在交易实践中已经出现了相关的问题,电子数据资讯的传输就无法准确认定,徘徊在提供劳务和特许权转让之间。纳税人往往就会利用所得类型的模糊化,创造各种条件进行避税。

3)电子商务与我国现行涉外税收的问题

电子商务对总机构认定的影响如下:

外商投资企业的根据自己的经营战略,可以将总机构设在我国境内或境外,依照《企业所得税法》的规定,如果总机构设在境内,则该外资企业需要就其来自于境内外的所得纳税。在还没有进入网络时代时,总机构的设定一般是一个企业进行运转和管理的重要场所,简而言之,公司经营必须有一个物理存在的建筑实体,以便于公司人员可以集会讨论运营中遇到的种种问题并提出适当的经营策略方案。但是在互联网科技盛行以后,会议的形式也发生了改变,视频会议可以随时举行,即使没有实体建筑物,还是能够在境外进行管理与控制。科技创造了便利的环境,可总机构地点的认定也成了一个棘手的问题。假设参加视频的人员来自世界的各个地方,那到底哪个地点才算公司的决策地点,这很难去认定。电子商务对固定营业场所的影响关于非居民企业所得的征税权,主要取决于两国是否存在税收协定。例如,如果非居民所在国与我国无税收协定,我国有权就对方来在我国境内所获取的利益征税。但是如果非居民所在国存在税收协定,且非居民企业的营业利润是依靠设在我国的常设机构获取的,我国方可对此征税。在实体经营模式中,常设机构就是经营者开展营业活动的地方。这一概念包括两种含义:

一是有固定的经营场所;

二是营业代理人,但是不包括为自己经营的这种情形。

然而,电子商务交易模式的出现弱化了对固定经营场所的要求,不管是企业还是个人完全可以利用电子网络通信设备,通过建立网站进行交易,并且网站的设置不受国界的限制。

9.5.2 完善电子商务与税收的法律体系构建

1)修改和完善现行税收法律法规

网络科技的发展提供了很多机遇,但同时也带来了很多问题,现行税法体系的适用性和合理性需要完善。但是,电子商务从本质上看仅仅是将交易流程转移到互联网上实行,换而言之就是改变了买卖活动的场所,并不能就此完全否定现行税收的法律制度,因为现行的税法体系仍然能够起到一定的规范作用,只需根据电子商务具有的特性做适度修改,弥补其中的法律空白。详细做法体现在 3 个方面:

①增加一些实用具体的税法条款或条文解释,约束电子交易税收行为;

②修改现行税法中与现实发展中相矛盾的条款;

③删除现行税收法中与市场发展规律严重不相符的落后的条款;

2)制定符合我国国情的专门电子商务税收法律

目前,我国还没有专门的电子商务法律,所以当实践交易中出现相关的税收法律问题时,往往会参照传统的税法规则去处理。但是,面对电子商务的新特点,传统税法存在很多空白处,仅加以补充和修改是不够的,最根本的措施还是要制定一部符合我国国情的专门法律。

3)建立与完善电子商务相关配套法律

众所周知,电子商务是一个复杂化多样化的产业,它涉及的内容十分广泛,因此不可忽视与电子商务紧密相关的其他领域的立法,这样方可构建一个更加全面完善的电子商务法律体系。电子商务一般与金融、会计等领域关系紧密,所以这些相关领域的立法情况对电子商务税收的开展也是有着很大影响。互联网交易中往往会牵涉到电子货币、电子合同、电子签名等,加强这些方面的立法完善,将会为电子交易中支付、结算等环节提供更全面的法律保障,降低交易风险。税收是财务管理中一项很重要的工作,而电子商务税收的隐匿性、数字性给传统的会计工作带来了很大挑战,尤其是记账凭证、计税票据方面,所以需要对《会计法》加以完善,规范好票据、记账、核算、申报等一系列环节。

9.6 绿色电子商务

随着互联网的普及、信息技术的发展,电子商务迅速成为世界经济新的增长模式。为了更好地发挥电子商务的推动和引领作用,进一步加强商务领域发展方式转变和结构调整,国家、政府等相关机构需要不断规范完善电子商务运行支撑体系和综合管理服务体系,加强对电子商务发展的规划和指导,严肃处理网络不良和垃圾信息等侵权行为、打击虚假宣传和网络欺诈行为,为电子商务提供一个绿色、安全、诚信的良好环境。

9.6.1 如何实施绿色电子商务

目前,各类组织和个人都在寻求电子商务和信息技术的改进,加强绿色网络文化建设,通过电子商务降低能源成本来增加企业的盈利能力,那么企业如何实现绿色电子商务?下面是一些实施绿色电子商务的建议。

1)绿色企业

绿色企业要从企业经营的各个环节着手来控制污染与节约资源,达到企业经济效益、社会效益、环境保护效益的有机统一。绿色企业的主要特征是把生态过程的特点引入到企业中来,从生态与经济综合的角度出发,考察工业产品从绿色设计、绿色制造到绿色消费的全过程,以其协调企业生态与企业经济之间的关系,主要着眼点和目标不是消除污染造成的后果,而是运用绿色技术从根本上消除造成污染的根源,实现集约、高效,无废、无害、无污染的绿色工业生产。

2)绿色数据中心

数据中心是一整套复杂的设施。它不仅仅包括计算机系统和其他与之配套的设备,还包含冗余的数据通信连接、环境控制设备、监控设备以及各种安全装置。云计算和虚拟化等新技术的出现,使得数据中心演变成一个迥然不同的环境。随着更多系统迁移到数据中心,基础设施最佳化已直接影响到高等级服务的交付,那么数据中心优化又该如何进行? 以下提供了数据中心优化的几个方法。

(1)软件定义技术(SDX)及虚拟化

目前的管理程序已经有了很大的进展。机构已实现通过整合关键 API 来减少资源管理的工作量,负载性能也得到了显著的提高,许多软件定义技术更是得到了高度的关注,甚至已发展到软件定义数据中心的层次,关键层的抽象等级更决定了数据中心的运行效率。新的网络虚拟化等级允许管理员建立更广阔的网络环境,实现跨区域的数据中心部署。机构也不再受限于硬件需求,他们通过软件定义技术交付多级别不同效率的数据中心。

（2）云计算的利用

混合云被关注的原因有很多,其中之一就是通过云模式增加数据中心效率。数据中心的云化更成为许多机构的角力点,激烈的竞争让数据中心可以交付更完美、更廉价及更丰富的可用资源,这一切都意味着建立公有云和私有云之间的桥梁已变得更加容易,横跨不同云环境的数据中心控制已成为可能,管理员也不必再去关心物理基础设施。其中,云模式的采用更取决于公司的业务,自托管和共有环境协作也成为可能。这个领域的亮点在于云自动化、软件定义技术以及分布式基础设施管理的完善——云已经成为数据中心优化利器。

（3）优化资源使用率

随着网络的升级,许多企业都转向偏远地区建立数据中心。为了优化能源使用率,必须考虑数据中心的电力分配系统,关注服务器空闲时的耗电情况,选用根据需求进行动态分配的电力管理系统,而选择合理的电力分配方法无疑可从整体上提高数据中心能效。

（4）优化冷却及其他数据中心环境变量

数据中心环境控制一直是个艰巨的挑战,过冷和过热都会造成能源的加剧消耗及气流的循环不畅。在数据中心环境优化环节中,有多个关键点,其中包括机架的摆放、服务器的密度、地板、走道等。此外,还需要使用趋势分析系统计算当下和未来的需求。运营成本已成为数据中心优化的重点之一,环境运营上花的钱越少,基础设施上可投入的资金越多。

（5）建立管理透明性

随着数据中心分布更加广泛及云计算的深度运用,新时代的数据中心也迎来了新的挑战,而透明管理则成为克敌制胜的良策。当下,数据中心虚拟化,甚至是 DCOS 已为大家广泛接受,这些管理平台让 DCIM、自动化、云控制及其他数据中心服务进入了新的篇章。从根本上说,这些新型管理系统将数据中心所有关键组件放到了一个共同的管理环境。现在,数据和数据中心的分布已更加广泛,那么优化数据中心的最佳途径无疑就是知晓物理基础设施上运行业务运行的一切信息,这样就可以主动的做资源分配策略,以及清晰地知道什么地方需要完善。在未来,数据中心的任务只有一个——支撑更多的用户,而这个目标将促使数据中心管理平台的持续改善。

3）绿色供应链

在经济全球化的 21 世纪,企业与企业之间的竞争毫无疑问将是供应链与供应链之间的竞争。电子商务与供应链管理的集成彻底地改变了供应链上原有的物流、信息流、资金流的交互方式和实现手段,充分利用了资源、提高了效率、降低了成本、提高了服务质量。首次系统地提出绿色供应链概念的是密歇根州立大学的制造研究协会（MRC）。该协会进行了一项"环境负责制造（ERM）"研究,并于 1996 年提出了绿色供应链的概念,并将其定义为："以绿色制造理论和供应链管理技术为基础,涉及供应商、生产商、销售商和消费者,其目的是使产品从物料获取、加工、包装、运输、使用到报废处理的整个过程中,对环境影响最小、资源利用效率最高。"

基于电子商务的绿色供应链管理主要涉及如下几个方面：

（1）采购管理

通过电子商务系统，企业可以从全局范围了解业务运作情况、供应商和客户信息，并通过平衡经济效益和社会、环境效益来调整设计自己的供应链。对供应链上的物流、信息流、资金流进行有计划的控制。一方面，通过互联网提供的供应商有关信息、商品报价、商品目录，形成稳定、高效的绿色采购供应体系；另一方面，通过网上绿色采购招标等手段，集成绿色采购招标和互联网的优势，扩大采购资源的选择目标，使绿色采购工作低成本、高效率运行。

（2）订单处理

通过电子商务系统进行订单设定和订单状况管理。借助电子商务进行订单处理，当收到客户订单时，制造商可以及时分析所需产品的性能要求，判断能否达到订单中的技术要求，进一步分析实现订单的成本和利润，最终作出签单的决策。这样可以缩短订单的循环周期、减少订单的成本，大大提高企业经营的效率。

（3）生产组织

通过电子商务可以改善供应商、核心企业和客户之间的通讯，有效地降低企业生产过程成本控制的难度。核心企业可以用电子商务系统协调与供应商的准时供应程序，与多个供应商之间协调制订生产计划。

（4）配送与运输管理

通过电子商务系统，对配送中心的发货进行监视，对货物运至仓库进行跟踪，加强配货、补货、拣货和流通加工的加工作业管理，提高产品的质量，不断降低环境影响。此外，对运输资源、运输方式、运输线路优化和管理，降低运输成本，减少环境污染和资源浪费。

（5）客户服务

应用电子商务系统，核心企业的客户可以通过互联网非常方便地联络生产商了解有关服务问题，而核心企业可以通过互联网让客户方便快捷地了解企业产品的信息，接受顾客对产品的投诉，充分了解客户的需求，改善产品以赢得源源不断的客户，提高企业的知名度、美誉度和客户忠诚度。

9.6.2　绿色电子商务发展中存在的问题

绿色电子商务需要交易双方以诚信为基础，提供优质的商品和服务，通过快捷的通道完成货款的交付和商品的送达。然而网上信息的安全问题、网络欺诈问题、诚信问题等给电子商务带来了许多消极的影响，阻碍了绿色电子商务的发展。

1）信息安全问题

我国在网络安全方面与发达国家还有一定差距，这包括两方面的含义：一是技术上很难保证个人资料不外泄；二是人们的安全意识比较薄弱。信息泄露、信息窃取、数据篡改、计算机病毒和计算机犯罪，使得网络使用者面临着很大的威胁，并成为严重的社会问题之一。

2）网络诈骗问题

网络诈骗有着巨大的经济利益作为动力，而通过网络犯罪难搜寻线索，这就给不道德行为者获取非法利益留下运作空间。目前较为常见的 3 种网络欺诈类型:一是借助互联网,在网站上发布虚假信息或者利用电子邮件向消费者发送虚假广告,虚构销售市场;二是在网上架设购物网站,制作假冒的网上银行登录页面,骗取受害者的银行账号和密码,再将受害者银行卡里的钱款盗取或消费;三是利用互联网络的聊天方式交友进行诈骗,金额一般不大,容易让人受骗。

3) 网络诚信问题

电子商务发展初期,部分经营者们为了迅速掘金,出现了一些经营错位现象,假冒伪劣产品充斥着网络,由此产生的经济纠纷让人们心有余悸,而网上交易的安全性也备受质疑。不仅限于网络经济,诚信危机也已蔓延至网络文化领域:弥漫在这一新兴文化之中的低俗、恶搞现象屡禁不绝,少数网站唯利是图、背信弃义的现象屡有发生,一些黄赌毒等社会丑恶现象在网上也有"替身",社会的公序良俗受到极大挑战。一旦诚信危机愈演愈烈,则整个互联网的形象及公信力将大打折扣。

9.6.3 绿色电子商务发展中问题的对策

绿色电子商务发展存在的问题是显而易见的。因此,必须克服其所存在的问题,构建一个良好的电子商务网络环境。以下是关于绿色电子商务发展中问题的几个对策。

1) 加强网络道德教育,树立知法守法的正确理念

网络社会是现实社会的延伸,网络道德实质上是社会道德的一个延伸。每个上网的人都是网络道德的形成者,也是网络道德的受影响者。快捷便利的网上生活、丰富多彩的文化信息是网络的魅力所在,也是网民急速增长的重要原因。但拥有私密性并不等于自身的放纵,每个网民需要以道德为准绳,自觉文明上网,培养良好的上网习惯,遵守绿色电子商务"守信为荣、失信为耻、无信为忧"的原则。

2) 加快政策的研究和制定,减少虚假信息的施展空间

政府要充分重视绿色电子商务在我国经济运行中的地位和作用,协调各相关部门制定相应政策,规范交易行为,完善电子商务的法律法规,使系统化、流程化的运作为整个网络交易提供严格的流程和标准,给客户提供更好的产品和服务,建立诚信制度,减少虚假信息的提供。

3) 加强行业自律,建立诚信体系

行业自律是加强社会信用体系建设的重要内容。建立以行业自律为核心,以信用为主导的全国电子商务信用信息网络机制,健全失信惩戒制度。对那些不遵守行业操守、自身不守信用的企业或个人,出现失信行为后要把肇事者驱逐出相关行业。只有这样,对失信行为的惩罚才是真正可信的。利用信用信息,建立企业和个人信用数据库,通过网络运营,对电子商务活动的绿色信息采集、识别、监测、评价、公示,逐步实现绿色电子商务的社会化,构筑政府信用主管部门与网商沟通的平台。

4) 注意抵制各种陷阱,保护自身安全

在电子商务交易中,消费者要注意识别和抵制各种陷阱,例如低价陷阱、形象陷阱、库存

陷阱等。在签约和结算支付时所需的各种合同,要运用先进的网络技术,取得这些合同的法律效力。此外,还要加强对黑客的防范,不断更新防范标准,或者实时升级防火墙,采用数据加密技术等使自身免受各种意外损失。

思考题

1. 什么叫电子商务法? 有何特征?
2. 比较我国与其他国家电子商务法发展过程的异同。
3. 电子商务中涉及的法律问题有哪些?
4. 在开展电子商务活动过程中,如何保护自己的隐私不被泄露?

参考文献

［1］覃征.电子商务战略［M］.北京:清华大学出版社,2007.

［2］刘红璐,朱晓敏,常丹.电子商务战略［M］.北京:电子工业出版社,2009.

［3］杨兴凯.电子商务战略［M］.大连:东北财经大学出版社,2012.

［4］杨淑欣.企业实施电子商务战略的意义［A］.山东煤炭科技,2012.

［5］胡静.电子商务认证法律问题——电子商务安全与 CA 认证［M］.北京:北京邮电大学出版社,2001.

［6］张楚.电子商务法初论［M］.北京:中国人民大学出版社,2001.

［7］蒋志培.网络与电子商务法［M］.北京:法律出版社,2002

［8］孔令秋,石磊.电子商务法［M］.北京:机械工业出版社,2011.

［9］时飞.电子商务法［M］.北京:对外经济贸易大学出版社,2012.

［10］郭鹏.电子商务法［M］.北京:北京大学出版社,2013.

［11］邵兵家.电子商务概论［M］.北京:高等教育出版社,2011.

［12］张万民,孙俊国.新编电子商务概论［M］.北京:北京大学出版社,2012.

［13］蒲忠.电子商务概论［M］.北京:清华大学出版社,2013.

［14］洪勇,张永美,彭万峰.电子商务模式案例［M］.北京:经济管理出版社,2013.

［15］埃弗雷姆·特班,戴维·金,李在奎,等.电子商务:管理与社交网络视角［M］.北京:机械工业出版社,2014.

［16］童旺宇,吴红,明均仁.电子商务概论［M］.北京:人民邮电出版社,2015.

［17］张润彤.电子商务概论［M］.北京:电子工业出版社,2015.

［18］商务部"十二五"电子商务发展指导意见［Z］.商电发〔2011〕第 375 号,2011.

［19］电子商务"十二五"发展规划［Z］.工业和信息化部发,2012.

［20］姜红波.电子商务概论［M］.北京:清华大学出版社,2013.

［21］林勇.电子商务理论与实务［M］.重庆:重庆大学出版社,2009.

［22］周小勇,史吉锋.电子商务理论与实务［M］.北京:清华大学出版社,2014.

［23］董晓华.电子商务概论［M］.重庆:重庆大学出版社,2009.

［24］孟显勇.电子商务安全管理与支付［M］.北京:清华大学出版社,2014.

［25］黄岚,王喆.电子商务概论［M］.北京:机械工业出版社,2013.

［26］王晓平.电子商务环境下的物流管理［M］.北京:北京大学出版社,2014.

［27］刘喜敏,刘玉玲.电子商务法律法规［M］.大连:大连理工大学出版社,2006.

［28］陈明亮,李怀祖.网上营销模式探讨［J］.新材料产业,2000(7):77-81.

［29］张伟年.网络营销及其策略组合分析［J］.中南财经政法大学学报,2003(4):116-120.

［30］谢庆红.电子商务与物流配送［J］.商业研究,2002(2):138-139.

［31］冯晓莉.浅析电子商务与物流管理［J］.中国商贸,2010(11):58-59.

［32］林翔.移动电子商务［J］.现代通信,2003(1):18-19.

［33］佚名.移动电子商务［J］.信息通信,2001(2):30-30.

［34］孙晓娟.基于移动 App 的水果微商城设计研究［J］.中国管理信息化,2016,19(2).

［35］郭涛,李之棠,吴世忠,等.电子商务安全支付系统综述［J］.计算机应用研究,2003,20(1):1-4.

［36］张明光,魏琦.电子商务安全体系的探讨［J］.计算机工程与设计,2005,26(2):394-396.

［37］刘承水.客户关系管理与电子商务［J］.北京城市学院学报,2007(2):11-13.

［38］赵玉忠.电子商务环境下的客户关系管理［J］.技术经济与管理研究,2006(4):65-66.

［39］周涛,鲁耀斌,张金隆.网上市场与传统市场价格对比的实证分析［J］.管理评论,2006,18(11):26-30.

［40］Xiao B,Benbasat I. E-commerce product recommendation agents:use,characteristics,and impact［J］.Mis Quarterly,2007,31(1):137-209.

［41］Zhao X. On the O2O E-commerce Mode［J］.Value Engineering,2015.

［42］Payne A,Frow P. A strategic framework for customer relationship management［J］.Journal of Marketing,2005,69(4):237-251.

［43］Winer R S. A Framework for Customer Relationship Management［J］.California Management Review,2001,43(4):89-89.

［44］HaiLan,AnBao,Wang,et al. Discussion of course of E-commerce website construction based on java EE lightweight framework［C］// International Conference on Education Technology and Computer. IEEE,2010:V1-442-V1-445.